魏晉士人之身體觀

王岫林　著

作者簡介

1973 年生，高雄人，國立中山大學中國文學博士。主要研究方向為魏晉思想，發表碩士論文《由「適性安命」到「達生肆情」——西、東晉士人應世思想之轉折》、博士論文《魏晉士人之身體觀》。另發表學術論文十餘篇，散文隨筆散見於報章。

提　　要

　　魏晉士人由世變、時變、空間之變的三重之變中，體認生命的無常，結合當時自適、貴我之思想，發展出重身與樂生二理路，為魏晉身體觀之基調。

　　魏晉承續漢代以來的氣化論，與形神合一之思想，闡釋身心一體的整全之身體觀。氣流動於體內而形成身心的中介，並向外擴及身體與自然的關係上，人身自成一整全之小體，透過情感與氣的流動，而與自然之大體有著共鳴或感應。

　　魏晉士人以禮樂為自然之體現，人身則為人文與自然之體現場域。郭象以「適在體中」釋禮樂與身之關係。禮樂以一種「適」體之狀態而制作，並以一種「適」自然之道的方式，溝通天、地、人之關係，使之和諧而共存。當禮無法適體時，士人轉而以身體作為工具而反抗僵化之禮，一方面造成對禮緣人情之反思；亦形成對社會的改造與反饋。士人對於自我與身體的意識之高揚，使得身體與社會的關係，為一主動而非受制的關係。

　　士人於體察世變與明白天賦質性的不可移易之際，安於「中人」之性分，於其中求其理想與逍遙。士人於「達生」之際，「貴我」而「寧作我」，並以「適性安命」之思想應世順變。

　　本文共分七章，第一章〈緒論〉闡述研究動機及研究方法，並對相關研究成果有所回顧與整理。本文以探討魏晉士人之身體觀，亦需於此對「身體」一詞作一定義。魏晉之身體，呈現為一涵括文化與思想影響之身體氛圍，為一體現思想與文化之場域。個人之身體與其精神、思維息息相關，形體與精神，為一雙向流通之管道，為一整全身體之概念。是以魏晉之身體觀點的建構，含攝精神義（意識）、形軀（生理）義、自然氣化義、與社會義，並以士人重情而寬容身體之欲望，使身體亦含攝欲望義。

　　第二章〈魏晉的重身思想〉，以一「變」之觀點觀照魏晉士人之重身思想。士人由亂離之時代背景而產生濃厚之憂生意識，並以對自我之自覺，由憂生，轉而惜生、貴身，養生為其貴身思想之體踐；在心態上則表現為遣生而忘憂，而後「生為可樂」，後「形是我有」，由樂生之途，掌握現世身體之存在感。士人以心境上或形體上之轉變以應世變，於世之變動中，尋求身體與心態上之常。

　　重身思想亦體現於士人對外在儀容的高度關懷之上。儀以表體，可以表小體；亦可以示大體。個體的儀容之變，往往反映出國家制度之傾頹。魏晉士人以寬緩舒適且華麗之儀容觀，區別於儒家以禮教喻體與道家崇尚自然本真之儀容觀。對身體欲望之寬容與崇尚自然，使當代之儀容觀呈現出一種衣以「適」體的重身思想，及樂生思維表現出的奢華之儀容觀；以玉喻體與體自為美之思想，突顯出當代的特殊美學化身體觀點。

　　第三章〈整全而流動之體〉闡述由漢代以來的氣化觀點所衍生的形、氣、神一體觀，以天、地、人皆為氣之化成，氣的流動為身體與天地自然間之管道，人身與天體間有著符應。此種整全而流動的身體觀點，亦體現於魏晉時期的養生與文學藝術觀點中。身體為精神之展現場域，士人於通徹玄理後，精神氣韻往往流貫於體。這種整全與流動的關係，亦體現於自然之大體與人身之小體上，二者間存在著情之感應；此外，對真情的重視與對自然之欲的容許，使人

之小體與自然之大體間，有著相應之頻率。士人於洞察生非我有之際，以樂生與重情，掌握現世身體之存在感。

第四章〈身體與社會〉主要探討身體與社會的關係，其可以是正面而積極地交接；亦可以是反面地抗拒。身體可以是積極地入世以達致社會讚譽或名聲之顯揚；抑或以身體的反抗，達致對社會規範的拒斥。身體以其入世與反抗，一方面受社會之模塑；一方面亦再造了社會之新型態。

禮作為身體與社會間的橋樑，對身體有著規範作用。緣情以制禮為先秦禮之本義，禮至後代而愈形僵化，使禮儀與禮義分行。魏晉士人以對身體的重視，及禮樂源於自然的看法，使其反思禮之真意，於禮中重載自然之情，使禮情兼重，禮身合一。

第五章〈反社會的變型之體〉以身體於性別與社會中的位置為探討重點。魏晉性別身體之展現，表現在男女兩性於性別角色建構上的模糊，有男性陰柔化與女性主外、悍妒之風的型態出現。士人於禮教規範中的兩性位置之錯置，一方面造成兩性關係之改易；另一方面，亦對社會進行重構與反饋。在性別身體之外，士人透過其醜怪的狂放之體，與隱士身體的去社會化，表現出對社會的拒斥或相迎。

第六章〈魏晉的理想身體〉探討魏晉士人理想身體之建構。魏晉以氣質論身，使聖人身體的建構帶有先天質性之限制而不可學致，聖人之身體意向表現為一中和的質性之體。

聖人之體難以企及，士人轉而面對己身的「中人」之質性，並於此尋求其理想身體的建構。士人欣然接受其處「中」之質性，貴其自然本真之體，對自我身體持肯定與欣賞之態度。對中人之理想身體的建構，表現為一重真而貴我，並隨順本然性分的順性安命思想。士人重視自然本性之抒發與對欲望的寬容，既要長壽久生，亦要求現世之樂，遂將理想寄托於對仙化身體之想望。士人對己身天賦質性之接受與欣賞，以「體自為美」之觀點，構成魏晉時期獨特而多元的審美觀。

第七章〈結論〉總結全文。魏晉士人重身惜身之身體觀 緣於對世變與「形非我有」之體認。以心態與形體之轉變，以應萬化，郭象講忘憂而後生為可樂，張湛講達生肆情，均與魏晉士人緣世變而及時行樂之思維遙相呼應。在這種「隨時而變，無常迹也」之思想下，士人以其身心與世變同其流，身體與自然同其俯仰，於順應世變之中求身心之保全。

在萬變為一，萬物皆一的思想下，士人亦以「一」的觀點闡釋身體，身體之小體全為一體，而身體處於天地中，亦與天地為一體，這種整全一體而流動相通的身體觀，為魏晉身體觀之基調。身體為一精神、形軀、氣化自然、社會交融之體，精神與形軀於人體內合一，又與外在之自然、社會交融為一，以氣溝通肉體與精神，以情綰合自然與禮教，呈現為一種自然與名教，精神與肉體之完美和諧。

目次

第一章　緒　論

第一節　研究旨趣與時代界定

　　身體是我們賴以存活的基礎，亦是精神賴以寄居之處所。中西方對身體的觀點有截然不同的想法，西方以身心二元思想建構其身體觀，從柏拉圖（Plato, 427～347 B.C.）至笛卡兒（René Descartes, 1596～1650），均以崇精神、抑肉體之思想理路進行。〔註1〕直至尼采（Friedrich Nietzsche, 1844～1900）才開始重視身體。〔註2〕

　　自笛卡兒開始，更發展了一系列對身體的理論，尼采對身體的重視，更開啓西方身體研究之熱潮。相對於西方，中國思想中涉及身體觀之研究仍屬零散，並無系統之學說。儒家禮教文化有重道德之傾向，認爲身體關連於欲望，故以欲望的節制爲修身之重點，視身體爲獲得眞理之阻礙，縱任情欲將阻斷成聖成賢之機會，無形中對身體採取一種貶抑之態度，這使得中國對身體的研究受到局限。

〔註1〕柏拉圖以爲肉眼所見的物質世界是不斷變動，且充滿幻影的假象世界，故不信任感官活動，認爲其與永恆的眞理無關。詳見栗山茂久著、陳信宏譯：《身體的語言——從中西文化看身體之謎》（The expressiveness of the body and the divergence of Greek and Chinese medicine）（臺北：究竟出版社，2001年），頁134～135。

〔註2〕尼采以爲「哲學不談身體，這就扭曲了感覺的概念，沾染了現存邏輯學的所有毛病。」、「身體乃是比陳舊的靈魂更令人驚異的思想」。詳見汪民安編：《身體的文化政治學》（開封：河南大學出版社，2004年7月二刷），頁117。

中國思想一向以道德與精神提升爲重，對身體的研究實非「正道」，除醫家以外，思想家們鮮少重視身體語言。魏晉時期以其特殊的文化背景，士人於世變中體認生之無常，進而由惜生而重身，發展出重身思想，又以個體自覺意識的高揚，而有一重身貴己之身體思想的形成。對身體的重視，影響及於當代的思想、文學、人物品鑑、養生、審美觀點之上，開啓一多元而兼融的文化特色。魏晉士人對身體的重視，實爲其思想與文化之基礎，影響不可謂不大。

近來學術界對身體之研究日漸興盛，學者於純粹哲學思辨外，開始重視身體的相關議題。但觀現今中國的身體觀著作中，多著重於先秦時期儒家、道家的身體觀之研究，對魏晉的身體觀之多面向的研究猶付之闕如。筆著以爲魏晉時期除了玄學思想與士人風度外，身體觀實爲另一個可資開發之領域。

在身體觀的研究中，首先注意到的是中西方對於身體觀點的差異，及在中國重精神的思想傳統中，身體有何立足之地？又魏晉士人的身體觀點，與前代有何差異，其身體觀點與士人社會身體的建構，有何新異與傳承之處？及魏晉士人的身體觀點對當代思想、文化，與士人心態之影響，在重身的觀點之下，魏晉士人所建構的身體觀點及理想身體呈現爲何種樣貌？均爲有趣之課題與待釐清之問題。

魏晉士人以重身貴己之觀點，相異於前代儒家之重精神道德；又以樂生之思想，異於道家之去欲保生，在傳承自儒道的思想內涵之同時，魏晉士人一方面以儒家之名教作爲安頓政治與個人身心之重點，以道家思想作爲順世保生之方式；另一方面，又以其特殊的重生貴己且樂生之思想，於儒道之傳承中走出一新途。士人於世變中求一應變之法，而以一種權變之方式以求其常。

對於前代思想的傳承，除了儒道思想之外，中國傳統對於身體觀點的建構，亦爲魏晉士人所承續，以氣化成之觀點，與形神兼重的一元思想，天人相應之觀點，皆爲魏晉士人所承續，而發展出其整全而流動的身體觀。

天地萬物以氣化成，個體之形神皆爲氣之化成，而形神之間亦以氣溝通流轉，精神往往體現於形體，形體亦爲精神的表現場域。個人的小體爲一流通而整全之體，在個人的小體與自然之大體間，亦以氣爲溝通，形成一流通之管道，通過氣的流通與情之感應，人與自然互感而相契。無論是在思想上、文學藝術上、或養生的觀點上，均以一種整全而流動的觀點爲其基礎。

個體與自然爲一流通而相關聯之關係，個人之身體與社會之群體，亦爲

一流動而互相影響之關係。個體處於社會中，以禮爲身體與社會的交接工具，禮與身之間，究竟是禮對身體的束縛，抑或是身體對禮產生再造？其關係爲何？

　　魏晉士人以重身而對於自然情感有著寬容之態度，身體作爲與社會的交接工具，可以入世，亦可以反抗。士人在群體的壓力之下，對身體多所經營，以爲入世之工具；同時，其亦以身體的悖禮犯教，對社會進行反饋與改造，使得社會之大體與個人之身體，產生一雙向的交流，而非單向之壓迫。魏晉士人以其愛身與重身，對於僵化禮教對身體的壓迫產生反思，士人透過身體上對禮的運用與緣情制禮的方式，使禮重新以身體爲思考方向，禮樂既爲自然之體現，亦應適體以成，對禮的反思，顯現出魏晉士人的重身傾向。對於身體自然情性之重視，亦使士人在性別身體的建構上與社會身體的位置上，以空間的錯置，產生一種反社會之行爲，從而對社會進行反饋與改造。

　　魏晉以氣質構成之體，帶有先天之局限性，聖人之身體既不可學致，士人遂於中人的性分中，找尋其逍遙之道。士人貴己而以自身本然之性分爲美，欣然接受己身中人之性分，而順性安命，於其中得其中人之逍遙。士人既重現世之身體，並求享樂與長壽並得，亦兼求儒道思想的兼得，此種想望，反映在對養生的速效與對仙化身體的想望上。

　　本文主要探討魏晉時期士人對於身體的觀感，及當時士人所表現出來的各種身體的面向。在時代的界定方面，主要以魏晉爲限。在探討士人的行止方面，主要是以三國曹魏、兩晉的士人爲主要參考對象，從中探討當時士人對身體及形神、情志的相關議題。

　　在所涉及的思想方面，主要由劉劭的《人物志》爲起始，探討儒道合流的身體平衡思想，至王弼的形神相即之身體、郭象的適性安命之身體、至東晉張湛的至虛體玄思想。從魏晉時期主要思想家爲基準，探討當時紛陳的思想中所反映出來的身體觀點。時間上橫跨了曹魏之篡漢到東晉之亡，前後二百餘年，而涉及的儒道兼綜，禮玄雙修的思想，爲當時的思維核心。

　　在年代的劃分上，魏之年代爲西元 220～265，晉之年代爲西元 265～420，但由於所涉思想與提及之人物，往往涉及漢末，且魏晉玄學與漢末之思想關係密切。故此論文之論述時代，約於漢末之建安元年（196），歷經曹魏、西晉，至東晉之亡，約於西元 196 至西元 420 間。其間偶有述及前代及南北朝之事，則爲佐証之資而已。

第二節　「身體」釋義

在西方現象學的身體觀（Phenomenological view of body）中，身體（body）區隔於軀體（flesh），軀體表示純粹的物理事物或者是物理性的身體，爲一堆血肉所組成；身體界於精神與軀體中間，作爲二者溝通的橋樑，是心靈與軀體的結合點。

胡塞爾（E. Husserl, 1859～1938）即嚴格區分出身體（Leib, Lived body）與軀體（Körper, physical body）之分別。「軀體」以其空間性而具有「廣延性」的本質，狹義上亦被用來專門指稱人的身軀，即人的物理組成部份。「身體」一方面對應於「軀體」；另一方面又與「心靈」相對應，其構成「軀體」與「心靈」的結合點。身體「不僅僅只是一個事物，而是對精神的表達，它同時又是精神的器官」，〔註3〕其結合文化、政治、思想與社會環境之影響。

約翰・奧尼爾（John O'neill）亦以爲身體不同於軀體，其以爲身體（body）非肉體（flesh），身體是多維度、多層次的現象，其意義隨民族、性別、歷史、境遇的不同而改易。〔註4〕較純粹由血肉構成的軀體，帶有更多的屬性，多了文化與歷史層面之影響。處於社會中，身體受到各種外在環節的影響，造就出各時代與社會中具有獨特意味的身體。社會造就了身體，身體又往往是社會的反映，我們可以在當代的身體中，看見社會與文化的倒影。

在不同的學術領域中，身體以不同的形式被理解著。在社會達爾文主義（Social Darwinism）與塔爾克特・帕森斯（Talcott Parsons, 1902～1979）的功能主義（Functionalist Perspective）中，身體爲一種「生物有機體」；在馬克思主義（Marxism）裡，身體的在場是以「需要」和「自然」爲標誌的；在象徵互動主義（Symbolic Interactionism）中，身體以作爲再現的自我而出現；而在弗洛伊德主義（Freudianism）中，人的身體體現爲欲望形式的能量域。

在身體與社會的關係中，馬克思主義認爲身體既是勞動的載體又爲勞動之場所；尼采以爲肉體存在不會先於知識分類體系，身體爲一種社會建構。〔註5〕

〔註3〕　張文喜：〈論笛卡兒與胡塞爾的身體觀及其實踐意義〉，《社會科學輯刊》，2002年第3期，頁16。

〔註4〕　肉體只是身體的一個基礎的層面，當身體被視爲生理學、解剖學的對象時才是肉體。詳見（美）約翰・奧尼爾（John O neill）著、張旭春譯：《身體形態——現代社會的五種身體》（*Five Bodies：The Human Shape of Modern Society*）（瀋陽：春風文藝出版社，1999年6月），頁1。

〔註5〕　以上詳見（英）布萊恩・特納（Bryan S.Turner）著、馬海良、趙國新譯：《身

傅柯（Michel Foucault, 1926～1984）繼尼采之後，以身體為出發點，發展了譜系學，以社會上的一切組織、形式、權力技術均圍繞著身體而發展。但他的身體沒有尼采的主動力而充滿了被動性，身體處於一種被社會宰制、改造、矯正和規範的情況下，是「被一遍遍反覆訓練」的。〔註6〕身體作為精神與文化的載體，同時也體現社會對人的建構，既表現出社會對它的制約，也以身體的力量，漸進地改變社會的風俗與文化。〔註7〕身體在人存在時負載了文化，表現了文化；另一方面，消失的身體亦有其意義，儘管軀體已然消失，仍負載了某些文化與風俗的功能。〔註8〕身體不光是軀體，而是一種文化的載體，受到文化的影響。〔註9〕

此外，普萊斯勒（Helmuth Plessner, 1892～1985）將身體分為二個維度：（1）der Leib：指活生生的被激發的感官身體，個人性的、主觀的、自然的身體，可以看作是自為身體的表現。（2）der Korper：指客觀的、外在的和被體制化的身體，非個人性的、客觀的、社會的身體，可以看作是自在身體的表現。這兩種身體表現出人的雙重性質，與模稜兩可的肉身。但這種基本的對

〔註6〕　詳見汪民安編：《後身體：文化、權力和生命政治學》（長春：吉林人民出版社，2003年12月），頁17～19。福柯所謂的「身體的可變性」，指的是一種出於外在條件對身體的影響，外在的力量使得身體被形塑而發生變化，身體於此過程中也記錄了這些影響他的事件，故「身體是銘寫事件的場所」。詳見汪民安：《福柯的界限》（*The Limits of Michel Foucault*）（北京：中國社會科學出版，2002年7月），頁172。

〔註7〕　人是社會交往的動物，總不斷地將其自然身體轉化為社會身體，即轉變成社會交往的符號，此為身體的意識形態。人類學家毛斯（Marcel Mauss）指出，人的身體轉化為文化符號乃是經過一種「身體技術」（body technique）而實現的，身體符號的使用可使主體感受到身份感。汪民安編：《身體的文化政治學》（開封：河南大學出版社，2004年7月二刷），頁139。

〔註8〕　南帆以為人類的軀體是文化的基石，死去的軀體亦未喪失意義。屍體雖退出了往日的社會處境，但卻產生種種額外的社會學價值，如生命的遺跡、恐懼的對象、再生的夢想、哀思的寄托、醫學的分析、案件的線索，滙集了豐富的意義。見氏著：〈軀體的牢籠〉，收錄於汪民安編：《身體的文化政治學》，頁147。

〔註9〕　身體社會學認為人的身體觀念為一二重觀念，即物質（自然）身體與社會身體。社會學家道格拉斯（Mary Dougalas）以為社會身體限制了自然身體的感知方式；身體的自然經驗又總是受到社會範疇的修正。自然身體通過社會範疇為人所知曉，並保持一種特殊的社會方式。身體於兩種體驗之間存在著意義的不斷交換，各自強化了對方。假使只有自然身體，就無法有所謂的身體「美學化」現象。詳見汪民安編：《身體的文化政治學》，頁138～139。

此，顯示出許多理論通常只將人的身體看作某一部份，例如笛卡兒式的社會學將人體視作是 Korper，而非同時性的 Korper 和 Leib。這種將身體視爲單一特性的思想，事實上與西方傳統將人的身體分爲理性與感性二個方面，〔註10〕但卻一味地重視理性而輕視感性的身體有關。〔註11〕

在中國哲學上，身體可以分成幾個層面，葛紅兵以爲，「身」在漢語思想中分爲三個層面，第一層面爲「軀體」，是無規定性的肉體、身軀；第二層面是「身體」，是受到內驅力作用的軀體；第三層面是指「身份」，是受到外在驅力，如社會道德、文明意識等作用的身體，在這層面上，將心看爲身的主宰，爲身心二元論。〔註12〕

楊儒賓將身體建構爲一「四體一體」的身體觀，四體爲意識的身體、形軀的身體、自然氣化的身體、社會的身體，此四體不可分割，爲同一機體的不同指稱。四體相互參差，每一體均有心氣滲入，故任一體皆有其主體義，可以稱爲『身體主體』（body subject）。身體主體可含攝意識主體、代表形軀內外兩面的形氣主體、自然主體與代表社會規範體系的文化主體。〔註13〕

這種四體一體的身體觀，不但含攝了西方受社會建構與影響的身體；亦融入了中國以氣化成的氣化論之身體觀；並有著中國哲學思想中特殊的身心一元之思想。以身心並重而相融通，精神透過肢體以顯，個體並因精神之修養，使身體透顯出某種威儀與精神向度，較能全面地含攝中國對於身體的觀點。

西方大致上將身體分爲二個維度，較缺乏中國思想中對於第二層面，也就是受到內驅力作用的身體的闡釋，亦即精神的修養與精神與身體互通關係之闡述。相對於西方二元論的基礎，中國哲學以一種形神兼重的觀點，主張身心互相作用，偏一不可。〔註14〕吳光明即主張中國哲學中的身體，是身心一元的，

〔註10〕理性的身體以阿波羅爲象徵，其爲秩序、形式、理性和一致之神；感性的身體則以狄奧尼索斯爲代表，其爲性力、迷狂、激情之神。感性的身體，因爲帶有欲望，而被抑制與禁止。

〔註11〕布萊恩・特納：〈身體問題：社會理論的新進發展〉，收錄於汪民安編：《後身體：文化、權力和生命政治學》，頁15。

〔註12〕葛紅兵：〈中國思想的一個原初立場——公元3世紀前中國思想中「身」的觀念〉，《探索與爭鳴》，2004年12月，頁4。

〔註13〕詳見楊儒賓：《儒家身體觀》（臺北：中研院文哲研究所，1996年11月），〈導論：四體一體的身體觀〉，頁1～26。

〔註14〕在中國的思想中，並無本體界與現象界或精神界與物質界的劃分，現象中見本體，物質上寓精神。不同於西方身心對立的二元思想。詳見錢穆：《靈魂與心》（臺北：聯經出版社，1976年），頁13。

身體爲人進行思考的所在地，亦代表了人本身如何思考。當人進行思考時，是在身體內進行思考；當人的身體移動並發生行爲時，人是深思熟慮地活動著。思考的心與活動的身體間不可分割，身體等同於思考，思考等同於身體，合成一體而爲「身體」。〔註15〕形與神、身體與思想、身與心合而爲一。

在中國的傳統身體觀點中，以爲形神並重而以神統形，儒家以精神的充養爲修身之必要，精神之修爲，亦外顯於身體；道家則以精神之和養，達成保生全身之目的與對生命的安頓，形神之間密切相關。

身體區別於軀體與精神，而爲軀體與精神之中介，其體現出精神之向度。吳光明以爲身體體現思維，而近代西方之梅洛・龐蒂（Maurice Merleau-Ponty,1908～1961）在其《知覺現象學》裏，提到「對於講話人來說，言詞並不是翻譯已經形成的思想，而是完成思想。」，其將被當作是言語行爲的言詞，理解爲「思維的身體」，詞語成爲身體的「裝備」之一，爲「思維向感性世界的外現」，是「思維的象徵」，亦是「思維的軀體」之本身。〔註16〕於此，軀體代表思維之外現。

筆者於前代理論的基礎上，將魏晉之身體，定義爲一涵括文化與思想影響之身體氛圍，身體爲一體現思想與文化之場域，而不純粹爲一肉體。身體既爲一體現思想與文化之場域，魏晉士人之身體，無處不體現其精神與玄學思想，士人在玄理與玄學精神的貫通後，於身體展現出一種玄學之風韻，其言語、肢體動作，均爲玄學精神之體現，無論是「將無同」之語，抑或如玉之手，均爲精神的外踐於形。個人的身體行爲，包括言語與肢體動作，均與個人的精神、思維息息相關，爲一整全身體之概念。身體無處不顯思維；身體即思維。形體與精神，爲一雙向流通之管道，缺一不可而爲一整全之體。

這種形神間的交流共感，在中國的身體觀之建構上，源於氣的作用，氣化成形、神，而爲形神之中介，身體之各個感官，均以氣互相影響感應。精神之作用，往往影響形體甚巨；形體之保養，亦關乎精神之寄託。除於身體內部的交流共感外，個人之身體，更以氣之流通，與自然產生符應，因「人與陰陽通氣，身與天地並形」（張湛《列子・周穆王》注），而能通感於自然，

〔註15〕詳見黃俊傑：〈中國思想史中「身體觀」研究的新視野〉，《Modern Philosophy》，2002 年 3 月，頁 58。

〔註16〕詳見鷲田清一著、劉績生譯：《梅洛・龐蒂（Maurice Merleau-Ponty）：可逆性（Merleau-ponty）》（石家庄：河北教育出版社，2001 年 8 月），頁 153～157。

身體與自然因同質而流通感應。

身體與自然以同質而為一體，人身小體與天地之大體共為一整全之一體，不可分割，這與中國「人身小宇宙；天地小人身」之思想相應。而人文化成之禮樂，於魏晉士人的觀點裏，亦為自然之理的再現。禮樂為自然之化成，依自然之理以成，禮需緣人之情以制，禮以「適」體的思想，體現出魏晉以自然本性為尚的貴生重身思想。身體為社會規範的禮樂所體現之處所，其一方面為社會制度的規範者；亦為社會風尚的展現場域。群體意識與文化、制度，藉個體身體以展現，個體亦藉著對禮教與文化的依違態度，對社會進行反饋，個體於此層面上帶有社會性意義。

魏晉士人身體觀點的建構，以氣化成其形軀之體與精神意識，形軀與精神互感而互通。身體因氣之與自然共通，而為一體，亦與禮樂之人文化制，以情為綰合溝通之管道。人身與自然、禮樂、社會共為一體，為一整全之形式，是以不能離自然而論身體，亦無法將社會與身體分論。在這種整全而一體的情形之下，身體含攝精神義（意識）、形軀（生理）義、自然氣化義、與社會義。此外，魏晉士人以其重身與樂生之思維，重情而寬容身體之欲望，於中國之身體觀點上別開一路，使身體亦含攝欲望義。

魏晉士人之身體觀，傳承中有著創新，其身體觀點的建構，雖含攝精神義、形軀義、氣化義、與社會義，但其內涵，則與前代有顯著的不同。首先，形軀之體與精神之體透過氣的介質而得以溝通，精神往往能外顯於體表，但士人的精神之外顯，並非如儒家威儀之體般地以德潤身，而是區別於儒家道德性主體與道家精神性主體的玄學素養之提升。精神外貫於體，展現一種玄理的文化涵養。此外，其重身貴己與自然質性之為美之思維，亦體現於外在身體的表現上，士人心態與身體舉止，互為表裏。

在形軀的身體方面，魏晉的身體展現出一種對欲望的寬容，欲望於身體之中流現，區別於儒家的以德節欲與道家的棄欲全神。魏晉之身體，重先天質性之體，於自然化成之質性上，接受本然之性分，肯定身體本然的自然情性與欲望。並以自然情性的發揮，使人與自然更為貼合，人的情感之發揮，亦往往與自然節氣同其符應。在身體的自然氣化義上，雖承於前代，但更加強調身體的天賦義，接受身體本然的性分與自然之賦予，而由自然性分與欲望的發揮，達致另一種方式的與自然符應。魏晉承於道家，亦以身體的自然本性為尚，但異於道家去欲保真之思想，於身體觀點上，更加強調身體的欲

望與情性之揮灑。

　　在身體的社會義方面，魏晉士人以其強烈的個體自覺與重視自我情性之發展，對於束縛身體之禮教予以強烈的反思。士人以放任的身體實行對禮教的反抗，身體於受社會建構之餘，其亦予以積極的反饋。魏晉士人不同於儒家的守禮與道家的游離禮教，而是以放蕩之身體作為反抗僵化禮教的工具，亦以禮情的合一，強調禮以適體之觀點。士人於社會的建構上，為一主動而積極的參與者，而非被動地被制約者，對本身的肯定與對自然質性之認同，使其在建構社會規範時，以身體為首要之思考重點，突顯其重身貴己之理念。

　　魏晉士人的身體觀，展現出一種兼融而創新的特質，其致力於儒道思想的調和，與精神、肉體的並重。在萬變為一，萬物皆一的思想下，其亦以一種「一」的觀點闡釋身體，身體之小體全為一體，而身體處於天地中，亦與天地為一體，這種整全一體而流動相通的身體觀，為魏晉身體觀之基調。在這個基礎下，身體為一精神、形軀、氣化自然、社會交融之體，精神與形軀於人體內合一，又與外在之自然、社會交融為一，以氣溝通肉體與精神，以情綰合自然與禮教，呈現為一種自然與名教，精神與肉體之完美合諧，為一「萬化為一」的兼融之體。

第三節　前人研究成果之回顧

　　關於中國的身體觀研究，黃俊傑將近來國內外對中國思想上身體觀的研究論著，分為三個視野：1、作為思維方法的「身體」；2、作為精神修養之呈現的身體；3、作為政治權力展現場所的身體。〔註17〕楊儒賓在《儒家身體觀》及所編之合集《中國古代思想中的氣論及身體觀》中，提出意識、形軀、自然氣化、社會的四體一體的身體觀。並以先秦時期的身體觀有二源三派，二源是指以《周禮》為中心的威儀身體觀（攝身體觀）、以醫學為中心的血氣觀（治血氣觀）。三派則指踐形觀、自然氣化觀、禮義觀。在道家方面，其以支離觀表現莊子對社會既定規範的解構，與人復返本性之需求。此外有吳光明（Kuang-ming Wu）以英文寫成的 *On Chinese Body Thinking:A Cultural Hermeneutics*，對人的身體思維加以闡述，指出中國的思想是一種具體性的「身

〔註17〕詳見氏著：〈中國思想史中「身體觀」研究的新視野〉，《*Modern Philosophy*》，
　　　2002 年 3 月，頁 55。

體思維」。〔註18〕Angela Zito and Tani E.Barlow 所合編的 *Body, Subject and Power in China*，〔註19〕收集了十篇論文，分別論述中國文化中的身體、主體及權力的關係。其餘多以單篇論文的形式發表，多以先秦時期莊子或儒家的身體觀為論述重點，或為一概論形式。

於文學或文化的相關著作上，有劉苑如的《身體‧性別‧階級——六朝志怪的常異論述與小說美學》（臺北：中研院文哲所，2002），在六朝的志怪之基礎上以常、異之觀點闡釋性別身體；陳昌明《沈迷與超越——六朝文學之「感官」辯證》（高雄：麗文出版社，2002），由文本中感官之解析論魏晉文學之特色；黃金麟《歷史、身體、國家》（臺北：聯經出版社，2001）關注近代中國身體的形成，彌補中國近現代身體史研究之不足；曾錦坤《心靈與身體：傳統心身關係探論》（臺北：渤海堂，2002），探究心靈與身體之間的關係，此外，亦有周與沉《身體：思想與修行——以中國經典為中心的跨文化觀照》（北京：中國社會科學出版社，2005），與汪民安編《身體的文化政治學》（開封：河南大學出版社，2004）、《後身體：文化、權力和生命政治學》（長春：吉林人民出版社，2003）等著作，範圍廣泛。

此外，在醫學身體觀方面，有日人栗山茂久的《身體的語言——從中西文化看身體之謎》（臺北：究竟出版社，2001）及蔡璧名的《身體與自然——以《黃帝內經素問》為中心論古代思想傳統中的身體觀》（臺北：臺大文學院，1997）。但關於魏晉的身體之研究上，除了周翊雯的碩士論《時空之下的身體展演——「世說新語」之研究》（中興大學中國文學系碩士論文，2002）有提及身體的展演之外，並沒有出現有系統的著作。

西方無論是在哲學思想或是身體社會學方面均有非常龐大的學術體系。西方之身體社會學，主要有三種論點，代表著三種傳統。第一個論點是身體為社會之實踐，身體受各式的社會訓練與約束而體現出社會化的身體。皮埃

〔註18〕吳光明以「身體思維」有二種表現方式，一是 bodily thinking，即「思維」通過「身體」作為工具來進行思考活動，如「語言」運用「身體」器官進行陳述。二是 body thinking，即「身體」本身進行「思維」活動，「身體」本身即是一種「語言」，是「身體」本身在說話。「身體思維」是透過身體來思考，身體所體現的思維與身體聯結為一，是浸潤於身體中的思想。轉引自黃俊傑：〈中國思想史中「身體觀」研究的新視野〉，《*Modern Philosophy*》，2002 年 3 月，頁 57～59。

〔註19〕Zito, A. & Barlow, T.E. *Body, Subject and Power in China.* Chicago: University of Chicago Press, 1994.

爾・布迪厄（Pierre Bourdieu,1930～2002）即以人的習性與社會實踐息息相關。
奧立弗・沙克斯（Oliver Sacks）以爲身體的行動與內在行爲、文化、自然之
間有關聯，人的運動與社會是互動且相互作用的；第二種論點是將身體概念
化爲一個符號系統，將其當成社會意義或社會象徵符號的載體或承擔者；第
三種研究方法則將人類身體闡釋成代表和表現權力關係的符號系統，多使用
於女性主義、醫學與歷史研究。

　　近來社會學亦對身體有高度的興趣，這表現在比以往數量更多的著作
上，如約翰・奧尼爾（John O'neill, 1933～）的《五種身體》（*Five Bodies*,1985）、
《交往身體》（*Communicative Body*, 1989）；弗朗西斯・巴克（Francis Barker）
《顫抖的私人身體》（*Tremulous Private Body*, 1984）；戴維・阿姆斯特朗（David
Armstrong）的《身體的政治剖析》（*Political Anatomy of the Body*, 1983）；唐・
約翰遜（Don Jonhson）的《身體》（*Body*, 1983）；愛米麗・馬丁（Emily Martin）
的《身體中的女人》（*The Woman in The Body*, 1989）；麥克・費瑟斯通（Mike
Featherstone,）的 *body and society: an introduction*（1995），及其與麥克・海坡
沃斯（Mike Hepworth）、布萊恩・透納（Bryan Turner）等著的《身體》（*The Body*,
1991）。〔註20〕身體社會學的蓬勃發展，尤以在性別與醫學的身體研究上爲近
來之焦點。但布萊恩・特納以爲身體社會學之發展，多局限於將身體視爲隱
喻系統之研究，且多爲理論上之思辨，缺少實際研究。

　　本文於身體與社會的關係中，多受西方觀念之啓發，尤以身體受社會的制
約及身體對社會的反抗之關係中，受福柯（Michel Foucault, 1926～1984）與巴
赫定（Michail M. Bakhtin, 1895～1975）之社會學理論影響，探討身體於社會的
建構中，受制與反抗之關係。在思考身體與社會間的關係時，以西方身體社會
學的第一種論點爲切入點，思考社會對身體的形塑作用，而後跳脫西方之思維
方式，以魏晉士人對己身的重視，對社會體制有著反省與反饋。著重於士人自
覺意識與高揚自我價值之探討，是以雖由西方之理論入，卻不以其出。

　　此外，亦略爲涉及梅洛・龐蒂（Maurice Merleau-Ponty, 1908～1961）之
身體現象學觀點。西方身體現象學理論探討身體感官與物之交流，梅洛・龐
蒂即以身體知覺與行爲與世界是「相互蘊涵」的，身體感官亦密切交流並互

〔註20〕詳見（英）布萊恩・特納（Bryan S.Turner）著、馬海良、趙國新譯：《身體與
　　　　社會》（*The Body and Society*）（瀋陽：春風文藝出版社，2000年3月），第二
　　　　版導言〈社會理論的體現・身體社會學的主要分析論題〉，頁36～46。

相影響，其用「聯覺」（synesthésie）一詞，形容這種身體感官之相關性。並於身體的理論上，突破西方二元思維的身體觀點，突出「軀體性實存」，即區別於作爲物體的身體之「軀體」（corps），而突顯「軀體性」（corporéité）之問題，表現出一種既非主體亦非客體；既非精神亦非物質的兩義性（ambiguïté）思想。〔註21〕此對於本文在建構身體與萬物間的流動關係，與形神相即之思想時，亦有輔助之用。

西方之身體社會學觀點，雖於身體與社會間的關係多所探討，但其多重視身體外在現象的呈顯，人的身體，若非受制於社會而爲社會規範之體現，則爲一符號的代表者，人的自覺與主動性，及個人價值甚少成爲關注焦點，亦少見關於人的內驅力作用之精神與身體的反映。身體與社會，爲一受制與反抗的關係，或符號之系統，人的身體被壓縮而無自主性。於探討的層面上，有其局限性，故西方理論多作爲觀點的啓發與輔助之用。

第四節　研究方法與論文結構

西方對於身體有許多研究方法與理論、派別；中國則主要以氣化論的觀點論身，對身體的研究與闡釋，主要在宇宙氣化論之思想與醫家一派上，於哲學思辯問題上較少涉及身體之論述。因中西方對身體之思考實爲不同之理路，尤以西方無氣之概念，而氣之概念實爲中國論述身體之基礎，故本文在思考架構上，仍以中國之氣化觀點與形神一元思想爲主，間融以西方身體社會學之思想。

中國哲學多以形神〔註22〕問題闡釋身心關係，《淮南子》中有形滅神不滅

〔註21〕鷲田清一著、劉績生譯：《梅洛・龐蒂（Maurice Merleau-Ponty）：可逆性（*Merleau-ponty*）》（石家庄：河北教育出版社，2001 年 8 月），頁 92～109。梅洛・龐蒂於身心問題上，試圖從人類結構的發生之視點去觀察，以爲身體只有被統合到人的行爲中才成爲人體，在喪失意識等情況下，身體便可能成爲如物質一樣的軀體。詳見同書，頁 41～42。

〔註22〕倪美玲以爲中國古代哲學的形神範疇有三方面含義：1、形爲天地間有形之物；神爲萬物之根本。2、形爲生物之機體；神爲其生命活動。3、形爲物或人之外表、外貌；神爲精神靈魂。詳見氏著：〈《世說新語》的以形寫神論〉，《船山學刊》，2002 年第 3 期，頁 108。高華平則以爲形神於魏晉以前主要有兩種基本內涵：1、形爲人之肉體；神爲靈魂（具有神祇、鬼神性質，且多被解釋爲某種「精氣」）。2、《莊子》以來正式提出「精神」概念以取代「神」或「精」，其以爲莊子「將人心稱爲精，將心的妙用稱爲神。合而言之，則稱爲精神。」見氏著：《魏晉玄學人格美研究》（成都：巴蜀書社，2000 年 8 月），頁 107～108。

論；桓譚有神依形體論；范縝有形神相即、形質神用論；〔註23〕鄭鮮之、何承天有形神相資論。在道教方面，也有形神相合神爲主宰論、性命一體論。醫學方面，有形神合一論等多種說法。〔註24〕魏晉時期的形神關係亦承續形神兼重之思想理路，如何、王正始玄學以貴無思想爲主，主張以「無」爲「有」之本，正可衍伸出「以神統形」之論。無爲本、有爲末，本末不可分離，雖神爲主形爲從，然神卻不離形。郭象時期的玄學，在有無並重的思想上，理解形神關係而兼重形神。

　　高華平即認爲魏晉的形神關係經歷了類似黑格爾正、反、合的的三種理論形態的發展。第一種理論形態中，以形爲肉體；神爲靈魂、精靈。靈魂依附肉體存在，如何煉形保生爲玄學家的最大課題，服食養生之學大盛。第二種理論形態中，玄學家將肉體與靈魂的關係提升爲「哲學和美學領域表示具體存在的現象和本質的範疇」，神不只作爲靈魂，而是一種玄學最高本體道、無、玄與自然的體現。形神關係爲本末、體用的關係，以神爲本，重神輕形。第三種理論形態，則是在經過以形爲本、養生保神，與以神爲本、重神輕形之後的一種對形神關係的統一。〔註25〕但筆者以爲此三理路於魏晉時期是並行不悖的，不能強加區分爲三階段。

　　形神兼重的思想，於本文中爲魏晉身體觀之基礎，但形神問題之探討，卻不能完全代表魏晉之身體思維，因魏晉之身體觀，於形神並重之餘，特重自然情性之發揮，即對欲望與自然本性的重視，欲望與情感並無法完全歸納於形軀或精神。且身體雖爲形神之中介，卻因負載了其他諸如文化與自然之意涵，並以欲望的突顯，而不同於形神討論之範疇。魏晉士人對於自然本質的注重，與對「我」之價值的高揚，及於精神上的提升與適性思維的外貫於體，亦非傳統形神觀所能含括。且魏晉身體觀以一形神相即而共爲一體，分殊之體爲整全之體服務的思想，闡釋人體中精神與形軀的密切關係與流動性，亦外擴及與自然及人文禮教之符應。此種思維體現於哲學思辯、士人心態、文學藝術之中，〔註26〕是以以神統形或形神兼重之思想，不能完整表達

〔註23〕范縝《神滅論》中提及形與神之間的關係是：「神即形也，形即神也，是以形存則神存，形滅則神滅也。」「形者神之質，神者形之用；是則形稱其質，神言其用，形之與神，不得相異也。」
〔註24〕詳見陳兵：〈身心不二論〉，《法音月刊》，第六期（2000年），頁19。
〔註25〕見氏著：《魏晉玄學人格美研究》，頁107～116。
〔註26〕自漢代要求的巨麗大賦以來，文學創作追求巧構形似而漸成爲一種社會風

出魏晉的身體思維。

本文於研究方法上，首先以中國思想中氣化之觀點論身，而於氣成萬物之基礎上，以氣成萬物而與萬物之質性爲一，萬物皆以氣化成而流通互感，由此論身體與自然之共感關係，身心互通而成一整全之流動身體。並於此理路推而及於個體與社會群體的關係，在身體與社會之關係上，禮爲自然之體現，與氣化之身體亦能通感，而爲一體。

儒道思想之溝通既爲玄學之基礎，在上溯儒道的身體觀方面，首先以楊儒賓的儒家與道家身體觀爲主要參考對象。楊儒賓的《儒家身體觀》及其編之《中國古代思想中的氣論及身體觀》二書，整理先秦儒家與道家的身體觀，歸納出儒家的「威儀觀」與道家的「支離觀」之身體，對本文的大體構想及方法之建構有很大幫助。本文以此爲基礎，闡述魏晉士人於儒道交融的思想之下，既受前代身體思想之影響，又於特殊的時代中發展出新異的身體之觀點。

在身體與社會的關係上，以禮與身的關係爲闡釋重點，禮爲社會對於個人身體的規範，個體於社會中不可避免地受禮教約制，士人的身體對於禮的依違態度，與其中的含義，亦有可資探討之處。在禮身關係與禮情問題之外，身體的工具性意義亦爲探討重點，個體的融入群體或自外於群體，皆以身體爲其工具。魏晉士人以身體於禮教與性別位置上的錯置，或以身體於時間與空間上的運用，達致入世得高名或是反社會化之結果，亦以身體的去社會化之運用，達致一定的目的。

本文以一種小體處於大體之中，而爲一整全且不可或缺之整體的概念解釋身體與社會之間的關係，個體與群體之間有其流通與互感之管道，使得社會在對個體束縛與形塑之餘，個體亦對社會進行改造與反饋。身體並非如福柯理論中的完全受制約；另一方面，援引西方身體社會學中巴赫定醜怪身體（the grotesque body）之觀點，佐以魏晉之史料評析，士人以身體去社會化之

尚。但隨著時代之演進，藝術家們發現形式無法完全表達出美感，往往毫無生氣可言，即「規畫人形無有生氣」。轉而思考出「以神爲主者，形從而利；以形爲制者，神從而害。」（《淮南子・原道訓》），要求傳達出內在的「生氣」之「君形」說。魏晉時，顧愷之提出「以形寫神」，要求於形似的基礎上達到神似，先寫形體貌才能使對象的神氣出現，在傳神的同時又不捨棄形似，而主形神兼備，即「意得神傳，筆精形似」（張九齡〈宋使君寫眞圖贊并序〉）、「形眞而圓，神和而全」（白居易〈畫記〉），自此藝術創作的價值取向由重形轉而形神兼重。詳見李祥林：〈寫形・傳神・體道──中國古典美學形神論述要〉，《學術論壇》（1997年2月），頁84。

醜怪形式，造成對社會的反抗，使身體與社會有互動之關係。

在身體與社會的探討上，亦參考了西方關於身體社會學的專著，如約翰‧奧尼爾（John O'neill）的《五種身體》（*Five Bodies:The Human Shape of Modern Society*）、《交往身體》（*Communicative Body*），及布萊恩‧特納（Bryan S. Turner）的《身體與社會》（*The Body and Society*），這些西方身體社會學上的研究成果，對於本文有著啟發之用。

再則，在史料的收集與閱讀上，本文主要以魏晉士人為主要的研究對象，特重在史實的比戡。而於研究方法上首先採取文獻探究法，由原典的閱讀及探討來掌握當代士人的身體面貌及對身體的觀感。在史籍的閱讀及資料的收集中，特別著意於對於「身體」、「氣」、「形神」、「禮情關係」方面的資料，再追溯至先秦、漢代時期對於身體觀的相關文獻。此外，亦透過歷史文獻中對於士人儀容與身體賞鑑言論之收集，整理出當代士人之身體圖象。透過這些文獻資料，與相關記載士人言行之文集交互比對，由士人的文章與思想中去分析當時士人的思想及身體觀，由此看出當時的風尚與思潮，這是由文化史的角度去歸納分析。

此外，在思想史的角度上，主要是由劉邵、王弼與郭象、張湛等思想家著手，劉邵之思想上承漢代而下啟魏晉玄學，王弼開正始玄學之一路，而郭象與張湛，分別為西晉與東晉思想之歸納，代表了晉代思想之歸趨。由當時思想家對於身體、自然與身心關係，及對欲望的理解上，亦可以發現當代的身體觀點。亦以文本探究法，在分析思想家的思想之外，對於當代士人的文學作品予以解讀分析，亦可以從中觀及士人之心態，憂生及懼怕光陰流逝之言語充斥於士人詩文之中，反映出亂世之中的憂生與重生思想，士人以為行樂需及時，及對欲望與養生的觀點，亦為探究魏晉士人身體觀之門路。詩文中大量出現的養生與求仙之想望，反映出魏晉士人對於生之渴望與死亡之懼怕，映照出重身思想。

中國的身體在各方面都與西方身體有著觀點與詮釋上的不同，西方理論於本文中主要作為參考與啟發思路之用。按魏晉時期士人之身體觀，以其對身體欲望之滿足與重視現世之體，實不同於西方，亦異於與中國的其他朝代，即使是西方已從形神二元論轉變至尼采的超人身體而重視身體的價值，但不論是尼采的超人之主動、躍升之身體；或是傅柯的被動、被權力進犯的身體；抑或是德勒茲（Gilles Deleuze）的將身體視為欲望之機器，都與中國的，尤其

是魏晉時期的身體觀點有著很大的差異性。是以本文並不套用當代的任何理論，直讓魏晉的身體，以獨特的方式呈現，於此，本文主要是要反映魏晉士人之另一風貌，並藉由對魏晉思想、史料、文化史及文學中之文本的考察，了解當時士人的身體觀點，希冀能對當時的身體觀有更多的了解，也彌補此領域研究上的不足。

魏晉相關論題之研究所在多有，而魏晉身體觀之研究，本文可謂開其先河，魏晉思想以承儒道之內涵而有著不同之詮釋方式，本文於魏晉的重身現象之爬梳中，闡釋魏晉承於前而有新理於後之新異身體觀點，對魏晉與前代的身體觀點有所比較而理出其相承與相異之處，藉以觀其不同於前代之處。而以「變」為基調的論述方式，亦顯現出魏晉在世變、時間之變、地域、政治之萬變中，以心之轉或形之變，欲理出其「常」之努力。士人於萬變中洞徹其變，而有著種種因應之道，從應世之無心，至心態上的憂生至樂生，承於莊子思想卻不同於道家淡泊寡欲之理路。

魏晉士人承變而變，亦以此變成其常，其身體觀點之「常」，顯現為一流動而相應之形式，無論是在形神、個體與社會，或是個體與自然之間，均為一相互影響與流通之關係，在流通而不定的狀態下，亦可以說身體與其他之關係是流通而變易的，此為常中之流變。此外，對於禮與情的關係，亦顯現出士人處於變易中，欲尋求身體的情感與社會相融關係之努力。理想身體的建構，展現出士人於變的本質中，欲建構出一常之理想，成為一社會與士人共同追求之範式。本文於魏晉的重身現象上，及身心關係上，社會與身體之關係，及士人理想身體之建構上，均有所闡發，為一較為全面展望魏晉身體觀點之視角。

身體觀的研究雖於近來日漸盛行，但多屬先秦與醫家之範疇，關於魏晉身體觀之研究仍屬可資開發的領域，本文立足於諸前輩的研究成果之中，致力於發現魏晉獨特富含意義之身體觀研究，希冀於此一研究領域中起一拋磚引玉之效。

第二章　魏晉的重身思想

身體爲個人存活於世間之基礎，歷代思想家對於身體有不同的看法，先秦時期楊朱以「不以天下大利，易其脛之一毛」；道家老、莊主張精神的保養與不損肉體，《老子》於四十四章中，亦以爲知足、知止可以使身體生命保持久長，〔註1〕道家系統於身體的觀點主要立足於保身全眞的理路之上，無論是在應世或是修養上均主張精神的虛靜與全身遠害之道。

儒家系統重視道德精神的提升，孟子以身體爲精神的體現之場所，道德之提升往往映顯於身；荀子亦以「心」爲「形之君也」。在儒家重德性的影響之下，後代思想表現爲崇神抑形之大致走向。

這種崇神抑形的思想，至魏晉時期有所轉變，魏晉以世亂而處於一種學術重整的時代，傳統禮教面對嚴酷的考驗，士人的個人自覺興起。〔註2〕加以士族所擁有的龐大政治、經濟與學術上的利益，與思想上的多元化發展，使得士人將目光由大我轉向小我，開始關注賴以存活的身體。對於自我與現世身體的重視，使得士人於面對亂世時，不採儒家重精神高度而修道德與道家輕欲望、一死生的思想，而以及時行樂與養生延壽並重的方式，運用現世的身體。

〔註1〕 《老子》：「名與身熟親？身與貨熟多？得與亡熟病？是故甚愛必大費，多藏必厚亡。故知足不辱，知止不殆，可以長久。」謙之案語曰：「『熟』，各本作『孰』，『孰』，『熟』古通用。」見朱謙之：《老子校釋》（北京：中華書局，2000 年 9 月 5 刷），頁 179～180。

〔註2〕 龔鵬程指出重生貴己的思想於漢代即有龐大勢力，兩漢儒家論「春秋」時特別突出退天子、貶諸侯、譏世卿之抗議精神，即是出於「春秋重人」之堅持。相關論述見龔氏：〈從「呂氏春秋」到「文心雕龍」——自然氣感與抒情自我〉，載於中國古典文學研究會主編：《文心雕龍綜論》（台北：台灣學生，1988 年），頁 336。

　　此章以一「變」之觀點觀照魏晉士人之重身思想，緣世變而有著價值觀點上的變動，異於承平世代之身體觀點，為其特殊身體觀之外緣因素；此外，在學術與思想上的轉變與儒學的式微成為其身體觀轉變之內緣因素。為了應此變異，魏晉士人在身心上有著各種應變之法，由此成其特殊之身體觀。

　　首先闡明魏晉士人的重身思想，乃由漢末以降之亂離，而產生濃厚的憂生意識，加以士人對於自我與身體之自覺，遂由憂生，轉而惜生、貴身，由貴身而重養生；在心態上主遺生而忘憂，而後生為可樂；生為可樂而形是我有，由此掌握現世身體之存在感，更引出其樂生之身體觀。由養生與樂生這二條理路勾勒出魏晉士人之重身思想。

　　魏晉的重身思想，仍於身心一體的前提下彰顯，士人於觀人之法中，主張「觀形得神」，形體與精神間密切相關，為一雙向溝通之管道。在身心的關係上，士人取莊子全身保真之法，以為心無是非可使容形不變；亦可以是轉化形體以因應世變；此外，在玄學思想的影響下，精神充塞於體，亦使士人的形體有著高邁的精神光輝。

　　重身之思想，亦體現在當時的儀容觀點上。對於外在儀容的高度關懷，顯現出魏晉士人對於身體的重視。儀以表體，可以表小體；亦可以示大體。個體之儀容受大體之文化規範；又在某一程度上形塑出社會之風貌。個體的儀容之變，往往反映出國家制度之傾頹。而我們亦可由魏晉士人主張寬緩舒適且華麗之儀容觀上，看出士人有別於儒家以禮教喻體與道家崇尚自然本真之儀容觀點。

第一節　留戀現世的身體

　　漢代以來重氣節而輕身體的思想傳統，至魏晉時期發生變化。政治上的變亂無常與朝不保夕，使士人無暇遠慮，而將重心轉至密切關己的身體之上，《世說新語・言語》中提到：

> 王子敬語王孝伯曰：「羊叔子自復佳耳，然亦何與人事？故不如銅雀臺上妓。」〔註3〕

外在的事功與名望，於士人看來如浮華雲煙，比不上行樂與對身體之欲的及

〔註3〕　余嘉錫：《世說新語箋疏》（台北：華正書局，1993年10月），〈言語86〉，頁142。

時滿足重要。〔註4〕此外，貴族階層集財富、權勢與閒暇於一身，使士人對現世的一切產生留戀，楊立華於〈體驗、想像和語言：肉身的「放逐」及其影響〉論及：

> 照管肉身是一個複雜而多面的問題，它需要眾多外在因素的結合，
> 如財產、閒暇乃至身份和權位等等。這些因素近乎偶然地結合在六
> 朝時期知識階層的周圍，使得在這一時期士人的生活旨趣中，肉身
> 受到了前所未有的關注，……〔註5〕

士族的閒暇生活使其致力於生活的美學化經營，並留戀身體之享樂。個體自覺意識的興起，亦使士人對身體與自我有極度的重視。魏晉士人貴己而高揚自身，而身體是「自我」觀點之起源，人的一切自私或自我觀點均源於維護自己的身體。〔註6〕

　　此外，魏晉士人承莊子之重身遺物思想，莊子處亂世而選擇葆真全生，不同於屈原的感時不遇、抱石沈江，更為重視現世身體之保全。但道家主張聽任自然，不與物忤，莊子以「虛緣而葆真，清而容物」〔註7〕清虛其神，在應物處世上主張「不忮於眾」、「不譴是非，以與世俗處」，〔註8〕同樣為處亂世中的全身之道，魏晉士人對莊子的重身之基調有所承續，卻更重視身體現世之樂的發揮。

〔註4〕 楊瑞以為：「對魏晉人而言，所有的外在束縛，都對己沒有意義，在這短暫而苦難的人生中，只有生命是最珍貴的。因而，『銅雀妓』已脫離了供人享樂的既定角色內涵，而成了『人生須臾應及時享樂』的代名詞。……這些表面看來的享樂、腐敗、墮落在當時特定歷史條件下反映了對人生、生活的極力追求。」楊瑞：〈從《世說新語》看魏晉士風對女性生活的影響〉，《欽州師範高等專科學校學報》第19卷第1期（2004年3月），頁81。

〔註5〕 楊立華：〈體驗、想像和語言：肉身的「放逐」及其影響〉，《哲學門》第1卷第1冊（2000年），頁166。

〔註6〕 南帆：〈軀體的牢籠〉：「軀體是「自我」的栖居之地。……軀體的範圍也就是自私觀念所庇蔭的起碼的範圍。這樣，軀體成了私有意識的物質起源。軀體產生的一切感覺——痛、癢、飢餓、鬆弛、亢奮、緊張——均以物質的形式闡明或者注釋了「自我」這個概念。由於軀體的存在，「自我」的語義顯得具象、堅實，伸手可觸。」載於汪民安編：《身體的文化政治學》（開封：河南大學出版社，2004年7月2刷），頁148。

〔註7〕 郭慶藩輯、王孝魚整理，《莊子集釋》（臺北：華正書局，2004年7月），下冊，卷7下，〈田子方第二十一〉，頁702。

〔註8〕 郭慶藩輯、王孝魚整理，《莊子集釋》，下冊，卷10下，〈天下第三十三〉，頁1082、1099。

　　士人以重身而寬容身體之欲，王弼（226～249）注老子「故貴身於天下，若可託天下；愛以身爲天下者，若可寄天下。」句，云「無物以易其身，故曰貴也，如此乃可以託天下也。無物可以損其身，故曰愛也，如此乃可以寄天下也。」，〔註9〕闡明身體的重要性。其在解釋儒家德性之孝道時，亦加入了自然之情，「既植入了『情』的價值，又別除了『禮』的成分。」，〔註10〕給予魏晉士人的身體以足夠的情感空間。

　　士人對現世身體有著種種的留戀，以服食養生、煉丹與調息吐納之術延長壽命；於應世上亦有著種種避禍遠害之道。〔註11〕對於名士來說，如何於政治上全身而退，爲一門重要的課題。

一、譬如朝露，去日苦多——憂生之嗟

　　對於生命的感嘆，自古詩十九首以來即有「歎逝」之主題，〔註12〕吉川幸次郎將對生命的無常感稱爲「推移的悲哀」，即「人類意識到自己生存於時間之上而引起的悲哀」。〔註13〕魏晉士人對於生命的悲嘆不止在於時間上的變化與逝逝；亦在於時局之變與空間的變動方面。

　　士人於亂世中理解到生命的短暫與虛無，由於指標性的名士捲入政治鬥爭的漩渦而慘遭殺戮，使士人有朝不保夕的危慮，欲尋求自全之道。士人由

〔註9〕　朱謙之：《老子校釋》，後引論《道藏》《宋張太守彙刻四家注》引王弼語，頁50～51。

〔註10〕　徐斌：《魏晉玄學新論》（上海：上海古籍出版社，2000年12月），頁163。

〔註11〕　魏晉之際，天下多故，阮籍以亂世而不與世事，酣飲爲常。此外庾敳亦是因「天下多故，機變屢起，敳常靜默無爲。」見楊家駱：《新校本晉書》（臺北：鼎文書局，1995年6月8版），冊2，卷50，〈列傳第二十・庾峻傳附敳傳〉，頁1396。《三國志》中亦記載：「曹爽以驕奢失民，何平叔虛而不治，丁、畢、桓、鄧雖並有宿望，皆專競於世，……故雖勢傾四海，聲震天下，同日斬戮，名士減半，……」見陳壽撰、裴松之注：《三國志》（北京：中華書局，2005年2月18刷），冊3，卷28，〈魏書・王凌附令狐愚傳〉中引《漢晉春秋》語，頁759。

〔註12〕　呂正惠：〈「物色」論與「緣情」說——中國抒情美學在六朝的開展〉，載於中國古典文學研究會編：《文心雕龍綜論》，頁292。

〔註13〕　吉川幸次郎著、鄭清茂譯：〈推移的悲哀——古詩十九首的主題（上）〉，《中外文學》第6卷第4期（1977年9月），頁25。呂正惠則以爲「憂生」是秋之氣與體氣產生的同步反應，人與自然之氣的互動，使人對自然之節氣產生相應之感，而於秋之寒氣與日之西傾中體會生命將盡之憂。見氏著：〈「物色」論與「緣情」說——中國抒情美學在六朝的開展〉，載於中國古典文學研究會編：《文心雕龍綜論》，頁322～323。

世變而憂生，將生命的重心由大我轉向小我，尋求自身的生命之價值，表現在生之可貴與對死之痛惜之上。

　　亂世之中更能感受到生命的無常與脆弱，曹操（155〜220）於〈短歌行〉中嘆息人生的苦短，吟出「對酒當歌，人生幾何？譬如朝露，去日苦多。慨當以慷，憂思難忘。」，〔註14〕短暫而苦多於樂的人生使人悲慨。其子曹丕（187〜226）亦云「人亦有言，憂令人老。嗟我白髮，生一何早。」，〔註15〕父子不約而同地感嘆生之短促。曹丕於〈又與吳質書〉寫及對於時光之流變的恐懼：

> 昔日遊處，行則連輿，止則接席，何曾須臾相失，每至觴酌流行，絲竹並奏，酒酣耳熱，仰而賦詩，當此之時，忽然不自樂也，謂百年已分，可長共相保，何圖數年之間，零落略盡，言之傷心，頃撰其遺文，都為一集，觀其姓名，以為鬼錄，追思昔遊，猶在心目，而此諸子，化為糞壤，可復道哉？〔註16〕

原以為可長共相保的歡樂，無奈數年之間，零落略盡，諸子頃刻化為糞壤，使其無法自己。時間上的變化使人衰老而軀體腐朽；政治上的迫害更使名士紛紛凋零，因此魏晉士人對死亡有著感性上懼怕，理性上仍需承受之無奈心境。曹植（192〜232）雖於〈髑髏說〉中模仿莊子語調，以死為生之解脫，而不願復生：

> ……夫死之為言歸也者，歸於道也。道也者，身以無形為主，故能與化推移，陰陽不能更，四節不能虧。是故洞於纖微之域，通於恍惚之庭，望之不見其象，聽之不聞其聲。挹之不沖，滿之不盈，吹之不凋，噓之不榮，激之不流，凝之不停，寥落溟漠，與道相拘，偃然長寢，樂莫是喻。〔註17〕

其雖以死為「樂莫是喻」，但於真正面對死亡時仍無法釋懷，〔註18〕而於〈感

〔註14〕逯欽立輯校：《先秦漢魏晉南北朝詩》（臺北：木鐸出版社，1988 年 7 月），上冊，〈魏詩卷一〉，〈魏武帝曹操・樂府・短歌行〉，頁349。

〔註15〕逯欽立輯校：《先秦漢魏晉南北朝詩》，上冊，〈魏詩卷四〉，〈魏文帝曹丕・樂府・短歌行〉，頁389。

〔註16〕嚴可均校輯：《全上古三代秦漢三國六朝文》（北京：中華書局，1958 年），冊2，《全三國文》，卷7，〈魏文帝・又與吳質書〉，頁1089。

〔註17〕嚴可均校輯：《全上古三代秦漢三國六朝文》，冊2，《全三國文》，卷18，〈陳王植〉，頁1152。

〔註18〕這種強為作解的表現，是一種違心之論，一方面是要借此表現出生的黑暗與不快樂，另一方面，「作為對死的一種表現，他們的主要用意恐怕還在於借此

節賦〉中云：「恐年命之早零」，〔註 19〕道出了對生命的留戀之情。又於〈薤露行〉中以「人居一世間，忽若風吹塵。」，〔註 20〕表達人生的短促。其於詩句中云「日月不恒處，人生忽若寓。」〔註 21〕、「俯觀五嶽間，人生如寄居。」〔註 22〕、「驚風飄白日，忽然歸西山。」，〔註 23〕以「忽」、「寓」、「寄居」、「吹塵」等辭語，表達對於生命輕微，稍縱即逝之感嘆。

處於亂世而焦慮且憂生之心境，在阮籍（210～263）的〈詠懷詩〉中亦表露無疑：

> 一日復一夕，一夕復一朝。顏色改平常，精神自損消。胸中懷湯火，
> 變化故相招。萬事無窮極，知謀苦不饒。但恐須臾間，魂氣隨風飄。
> 終身履薄冰，誰知我心焦！〔註 24〕

詩中貼切地表達出士人處於萬變中的無由自己，及懼禍及身之恐懼，其如履薄冰之心焦，表達出極度不安之心理狀態。史傳言阮籍因「天下多故，名士少有全者」，於是「不與世事」而酣飲為常，顏延年以為阮籍「在晉文代常慮禍患，故發此詠耳。」，〔註 25〕當時名士多遭政治上的殺戮，阮籍保全自身的方法是藉著飲酒大醉與隱居以避開政治上的災禍，在〈詠懷詩〉中云：「繁華有憔悴，堂上生荊杞。驅馬舍之去，去上西山趾。一身不自保，何況戀妻子。」，〔註 26〕其隱居並非如伯夷、叔齊的恥食周粟，而是因為理想不能實現與欲保全性命的緣故。在焦慮之外，其亦因處於朝不保夕的局勢中而對於生命有著

以驅除內心中對死的畏懼而確立起一種『生死自然』的思想」。詳見趙遠帆：《死亡的藝術表現》（北京；群言出版社，1993 年 12 月），頁 169。

〔註 19〕嚴可均校輯：《全上古三代秦漢三國六朝文》，冊 2，《全三國文》，卷 13，〈陳王植〉，頁 1124。

〔註 20〕逯欽立輯校：《先秦漢魏晉南北朝詩》，上冊，〈魏詩卷六〉，〈陳思王曹植‧樂府‧薤露行〉，頁 422。

〔註 21〕逯欽立輯校：《先秦漢魏晉南北朝詩》，上冊，〈魏詩卷六〉，〈陳思王曹植‧樂府‧浮萍篇〉，頁 424。

〔註 22〕逯欽立輯校：《先秦漢魏晉南北朝詩》，上冊，〈魏詩卷六〉，〈陳思王曹植‧樂府‧仙人篇〉，頁 434。

〔註 23〕逯欽立輯校：《先秦漢魏晉南北朝詩》，上冊，〈魏詩卷七〉，〈陳思王曹植‧詩‧贈徐幹詩〉，頁 450～451。

〔註 24〕陳伯君校注：《阮籍集校注》（北京：中華書局，1987 年 10 月），卷下，〈詩‧詠懷五言八十二首‧其三十三〉，頁 312。

〔註 25〕陳伯君校注：《阮籍集校注》，卷下，〈詩‧詠懷五言八十二首‧集評〉李善注引顏延年語，頁 207。

〔註 26〕陳伯君校注：《阮籍集校注》，卷下，〈詩‧詠懷五言八十二首‧其三〉，頁 216。

異常的憂戚之情，其云「生命辰安在？憂戚涕沾襟。」〔註27〕、「暑度有昭回，哀哉人命微！飄若風塵逝，忽若慶雲晞。」，〔註28〕處於多變的環境中，阮籍以「終身履薄冰，誰知我心焦」表達這種深切的悲情。

對生命的愛惜與對死亡的痛惜，於魏晉時成為一種特殊的重身現象，《晉書》中載王衍（256～311）喪子時的悲痛：

> 衍嘗喪幼子，山簡弔之。衍悲不自勝，簡曰：「孩抱中物，何至於此！」
> 衍曰：「聖人忘情，最下不及於情。然則情之所鍾，正在我輩。」簡
> 服其言，更為之慟。〔註29〕

王衍以「中人」之不能忘情，道出士人對於生命與情感之重視。正是因為生命展現出種種美好，故於面對死亡時更有不能承受之痛。《世說新語》更別列出〈傷逝〉一章，其中記載：

> 王長史病篤，寢臥燈下，轉麈尾視之，嘆曰：「如此人，曾不得四十！」
> 及亡，劉尹臨殯，以犀柄麈尾著柩中，因慟絕。（〈傷逝10〉）
>
> 郗嘉賓喪，左右白郗公「郎喪。」既聞，不悲，因語左右：「殯時可
> 道。」公往臨殯，一慟幾絕。（〈傷逝12〉）〔註30〕

「慟絕」與「一慟幾絕」之表現，於重視優雅風度且往往需隱藏強烈情緒的時代中卻受到讚揚與寬容以待，士人對無法超脫死亡之情感流露，往往有著深切的理解與寬容。

面對生命的無常，士人亦以變的觀點去理解它，在《世說新語·文學》篇中記載：

> 客問樂令「旨不至」者，樂亦不復剖析文句，直以麈尾柄确几曰：「至
> 不？」客曰：「至！」樂因又舉麈尾曰：「若至者，那得去？」於是
> 客乃悟服。樂辭約而旨達，皆此類。〔註31〕

樂廣在回答「旨不至」這個問題時，以一種變化的觀念去思考，以麈尾的「至」

〔註27〕 陳伯君校注：《阮籍集校注》，卷下，〈詩·詠懷五言八十二首·其四十七〉，頁340。

〔註28〕 陳伯君校注：《阮籍集校注》，卷下，〈詩·詠懷五言八十二首·其四十〉，頁324。

〔註29〕 楊家駱：《新校本晉書》，冊2，卷43，〈列傳第十三·王戎傳附王衍傳〉，頁1236～1237。於《世說新語·傷逝4》篇中列為王戎喪子，但程炎震與余嘉錫皆以王戎之子萬，卒時年已十九，不得云孩抱中物，而為誤植。見余嘉錫：《世說新語箋疏》，〈傷逝4〉注文部份，頁638～639。

〔註30〕 引文見余嘉錫：《世說新語箋疏》，〈傷逝〉，頁638～643。

〔註31〕 余嘉錫：《世說新語箋疏》，〈文學16〉，頁205。

與「不至」說明無論是「至」或「不至」都爲一暫時而不確定的狀態，不會有永遠不變之狀態。郭象（252～312）亦以「天下未有不變」〔註32〕之觀點注莊，其云「隨時而變，無常迹也。」，〔註33〕說明了天下事物無不變之道理，對於變動移易的世事與生命，只能去接受它，因爲它是天下最大之力，郭象以爲：

> 夫無力之力，莫大於變化者也；故乃揭天地以趨新，負山岳以舍故。故不暫停，忽已涉新，則天地萬物無時而不移也。世皆新矣，而自以爲故；舟日易矣，而視之若舊；山日更矣，而視之若前。今交一臂而失之，皆在冥中去矣。故向者之我，非復今我也。我與今俱往，豈常守故哉！而世莫之覺，橫謂今之所遇可係而在，豈不昧哉！〔註34〕

變爲世之常態，魏晉士人於萬變的世事中體察到變即是常，而以一種順應世變的態度去面對變化，「守故不變，則失正矣」，〔註35〕變化不可逃，順應變化而理解萬變之化，爲應世順生之基礎：

> 夫萬物與化爲體，體隨化而遷。化不暫停，物豈守故？故向之形生非今形生，俯仰之間，已涉萬變，氣散形朽，非一旦頓至。而昧者操必化之器，託不停之運，自謂變化可逃，不亦悲乎？〔註36〕
>
> 反，變也。夫守一而不變，無權智以應物，則所適必閡矣。〔註37〕

士人以世變爲常，而人體亦爲萬化之一。萬事皆變化，身體之生死變化，爲自然之一環，郭象以爲：

> 本非人而化爲人，化爲人，失於故矣。失故而喜，喜所遇也。變化無窮，何所不遇！所遇而樂，樂豈有極乎！〔註38〕

〔註32〕郭慶藩輯、王孝魚整理：《莊子集釋》，下冊，卷7下，〈知北遊第二十二〉，「注然勃然，莫不出焉；油然漻然，莫不入焉。」句郭象注，頁747。

〔註33〕郭慶藩輯、王孝魚整理：《莊子集釋》，上冊，卷5下，〈天運第十四〉，「古之至人，假道於仁，託宿於義。」句郭象注，頁519。

〔註34〕郭慶藩輯、王孝魚整理：《莊子集釋》，上冊，卷3上，〈大宗師第六〉，「然而夜半有力者負之而走，昧者不知也。」句郭象注，頁244。

〔註35〕郭慶藩輯、王孝魚整理：《莊子集釋》，上冊，卷5下，〈天運第十四〉，「唯循大變无所湮者爲能用之。故曰，正者，正也。其心以爲不然者，天門弗開矣。」句郭象注，頁521。

〔註36〕楊伯峻撰：《列子集釋》（北京：中華書局，1997年10月5刷），卷1，〈天瑞篇〉，「運轉亡已，天地密移，疇覺之哉？」句張湛注，頁30。

〔註37〕楊伯峻撰：《列子集釋》，卷4，〈仲尼篇〉，「夫回能仁而不能反」句張湛注，頁122。

〔註38〕郭慶藩輯、王孝魚整理：《莊子集釋》，上冊，卷3上，〈大宗師第六〉，「其爲

> 蚰、鳥、蟲、獸之屬，言其變化無常，或以形而變，或死而更生，
> 終始相因，無窮已也。〔註39〕

人與蚰、鳥、蟲、獸之屬皆爲形氣轉續之變化，是以人形不爲貴；蟲形不爲賤。對於自然的形氣之變，採取一種了解並接受之態度，才能保得身體之常全，郭象又云：

> 知道者，知其無能也；無能也，則何能生我？我自然而生耳，而四
> 支百體，五藏精神，已不爲而自成矣，又何有意乎生成之後哉！達
> 乎斯理者，必能遺過分之知，遺益生之情，而乘變應權，故不以外
> 傷內，不以物害己而常全也。〔註40〕

以變之觀點理解對生命變易的無能爲力後，便能知體非我有，命非己制，以灑脫之心面對生命之消逝。但魏晉士人於理解生之變化與體之消逝的同時，卻無法以老莊思想的灑脫之道面對生死，士人因重身而以一種乘變應權之道，尋求另一種對待身體與生命之方式，即如郭象所云：

> 夫遺生然後能忘憂，忘憂而後生可樂，生可樂而後形是我有，富是
> 我物，貴是我榮也。〔註41〕

面對世變與不可抗拒的身體之衰老，士人雖欲學老莊之遺生，但對生死之情實無法超脫，於是在體生命之無常而欲忘憂之後，轉而求生之樂，並由「生可樂」而獲得身體的存在感，而能「形是我有」。爲把握短暫的時光，及時行樂成爲魏晉士人密集運用身體之方式。行樂之法以適性爲尙，可以是秉燭夜遊，亦可如曹丕之立言以求精神之不朽。無論爲何，密集地運用身體，爲魏晉士人身體觀點之一大特色。

二、且趨當生，奚遑爾後——及時行樂的身體觀

郭象既云遺生而後忘憂，而後生可樂，又云：

> 忘歡而後樂足，樂足而後身存。將以爲有樂耶？而至樂無歡；將以

　　樂可勝計邪！」句郭象注，頁245。
〔註39〕楊伯峻撰：《列子集釋》，卷1，〈天瑞篇〉，「青寧生程」句張湛注，頁17。
〔註40〕郭慶藩輯、王孝魚整理：《莊子集釋》，上冊，卷6下，〈秋水第十七〉，「知道
　　者必達於理，達於理者必明於權，明於權者不以物害己。」句郭象注，頁588。
〔註41〕郭慶藩輯、王孝魚整理：《莊子集釋》，上冊，卷6下，〈至樂第十八〉，「人之
　　生也，與憂俱生，壽者惛惛，久憂不死，何苦也！其爲形也亦遠矣。」句郭
　　象注，頁610。

> 爲無樂耶？而身以存而無憂。〔註42〕

身體的存在感，由生之樂中表現出來，生命既苦而短暫，把握現世而及時行樂，爲魏晉士人顯示身體存在價值之一種方法。生之樂可以表現爲各種方式，靜躁不同，以適性爲要。〔註43〕一些士人以密集作樂的方式增加生命的密度；另一種方式則求提高生命之質感，要求聲名的顯揚與精神的流傳，希冀肉體腐朽後精神的存續。〔註44〕

在及時行樂的思想方面，楊朱以其重身貴己之思想，成爲魏晉士人在面對有限生命時的一種應變之道，在《列子・楊朱》篇中提到：

> 百年，壽之大齊。得百年者千無一焉。設有一者，孩抱以逮昏老，
> 幾居其半矣。夜眠之所弭，晝覺之所遺，又幾居其半矣。痛疾哀苦，
> 亡失憂懼，又幾居其半矣。〔註45〕

楊朱以時光短暫而可運用之時間少之又少，主張及時行樂，此爲魏晉士人所承續。士人感於生命的短促，而云「晝短苦夜長，何不秉燭遊」。曹丕在其〈芙蓉池作〉中云：

> 乘輦夜行遊，逍遙步西園。雙渠相漑灌，嘉木繞通川。卑枝拂羽蓋，
> 脩條摩蒼天。驚風扶輪轂，飛鳥翔我前。丹霞夾明月，華星出雲
> 間。……〔註46〕

曹丕的夜間行遊表達了對時光的珍視，其於〈又與吳質書〉中亦云：「……少壯眞當努力，年一過往，何可攀援，古人思炳燭夜遊，良有以也。」，〔註47〕即如

〔註42〕郭慶藩輯、王孝魚整理：《莊子集釋》，上冊，卷6下，〈至樂第十八〉，「天下有至樂无有哉？有可以活身者无有哉？」句郭象注，頁608。

〔註43〕王羲之於〈三月三日蘭亭詩序〉中云：「夫人之相與俯仰一世，或取諸懷抱，悟言一室之內，或因寄所託，放浪形骸之外，雖趨舍萬殊，靜躁不同，當其欣於所遇，暫得於己，快然自足，曾不知老之將至。」嚴可均校輯：《全上古三代秦漢三國六朝文》，冊2，《全晉文》，卷26，〈王羲之〉，頁1609。

〔註44〕曹丕於《典論・論文》中云：「蓋文章經國之大業，不朽之盛事，年壽有時而盡，榮樂止乎其身，二者必至之常期，未若文章之無窮。是以古之作者，寄身於翰墨，見意於篇籍，不假良史之辭，不托飛馳之勢，而聲名自傳於後。」以身體有窮盡；而精神之流傳爲無窮盡，勉人爲文傳世。嚴可均校輯：《全上古三代秦漢三國六朝文》，冊2，《全三國文》，卷8，〈魏文帝〉，頁1098。

〔註45〕楊伯峻撰：《列子集釋》，卷7，〈楊朱篇〉，頁219。

〔註46〕逯欽立輯校：《先秦漢魏晉南北朝詩》，上冊，〈魏詩卷四〉，〈魏文帝曹丕・詩・芙蓉池作詩〉，頁400。

〔註47〕嚴可均校輯：《全上古三代秦漢三國六朝文》，冊2，《全三國文》，卷7，〈魏

曠達的陶淵明（365～427），亦因「日月擲人去，有志不獲騁。念此懷悲悽，終曉不能靜」而悲嘆。正因為「盛年不重來，一日難再晨」，感於時間之變易如此快速而人處其中無以對抗，故需「得歡當作樂，斗酒聚比鄰」，〔註48〕在短暫的年歲中盡情行樂。

　　士人一方面及時行樂以密集運用短暫的時光；另一方面，亦企圖以養生之方式延長肉體的壽命，以對抗身體在時間上的衰變。魏晉士人既要身體的密集行樂之量的增加；亦要長生久壽之時間上的延長。秉燭行樂不免傷身，對此，士人一方面以養生與服食之道，企圖改易體質，延長年壽；一方面主張心境的恬適與平淡以養精神。並以求仙道，為兼達長生與享樂的兩全之法。

　　服藥養生之說由來已久，但魏晉時期養生學的興盛，與亂世重身及行樂思想有很大的關聯。道教的服食延年之術於魏晉大為盛行，士人往往以服食等方式企圖改易體質與延長壽命。服食之術除了可延長壽命之外，對於人之面色紅潤與神明開朗亦有所幫助，在魏武帝的《與皇甫隆令》中云：「聞卿年出百歲，而體力不衰，耳目聰明，顏色和悅，此盛事也。所服食施行導引，可得聞乎？若有可傳，想可密示封內。」，〔註49〕何晏（190～249）亦以服寒食散而覺神明開朗，在魏晉重視人物品評及身體之美的思想下，服藥有益於外表的增色。

　　此外，服藥亦有益於房中術，在《抱朴子・釋滯》中云：「房中之法十餘家，或以補救傷損，或以攻治眾病，或以采陰益陽，或以增年延壽，其大要在於還精補腦之一事耳。」，〔註50〕何晏即以耽情聲色後容若槁木，而服藥以癒。因為要及時享今生之樂，無法放棄現世之佚樂，在尚精神修養而寡欲的道家養生方式之外，士人以服食藥物之速效，為能兼得行樂與長壽久生之道。

　　士人捨難行的道家清虛寡欲之養生論，不尚精神之修養，而以服藥煉丹為主，表現出一種追求速效之身體觀，不但行樂要及時，在養生上也要求速效之法。何晏服食寒食散獲神效後，〔註51〕士人群起仿效，除為追求名士風

　　　　文帝・又與吳質書〉，頁 1089。
〔註48〕以上陶淵明詩見逯欽立輯校：《先秦漢魏晉南北朝詩》，中冊，〈晉詩卷十七〉，
　　　　〈陶淵明・雜詩十二首〉，頁 1005～1006。
〔註49〕嚴可均校輯：《全上古三代秦漢三國六朝文》，冊 2，《全三國文》，卷 3，〈魏
　　　　武帝・與皇甫隆令〉，頁 1068。
〔註50〕王明撰：《抱朴子內篇校釋》（北京：中華書局，2002 年），卷 8，〈釋滯〉，頁
　　　　150。
〔註51〕余嘉錫：《世說新語箋疏・言語 14》中引秦丞相《寒食散論》語：「寒食散之

範外，更以寒食散能快速地改易體質之故。

及時行樂以適性爲尚，個人喜好靜躁不同，隨順個人性分而定。魏晉士人追求生命之自在自適，郭象注莊子〈逍遙遊〉時，以「小大雖殊，而放於自得之場，則物任其性，事稱其能，各當其分，逍遙一也。」，〔註52〕以爲無論大小，能自適其性，便能達於逍遙之境，尺度在自身而非由外求。

士人既要適性，在立身處世上以達觀、適意爲尚，凡事順從己意爲之。嵇康（223～262）的〈與山巨源絕交書〉中，即表現出一種率性自適的生活哲學，其云：「性有所不堪，眞不可強。……又讀莊老，重增其放。故使榮進之心日頹，任實之情轉篤。」，〔註53〕以天賦之性不可強爲扭曲，顯其率性自爲之心態。晉代張翰，思及家鄉之菰菜、蓴羹、鱸魚膾，以人生應以適志爲尚，率性地起駕而歸：

> 翰因見秋風起，乃思吳中菰菜、蓴羹、鱸魚膾，曰：「人生貴得適志，
> 何能羈宦數千里以要名爵乎！」遂命駕而歸。〔註54〕

士人之自我意識高漲，以「我」爲核心價值，寬容己身之欲望，亦肯定自我之性分，順性而行。士人以「自然」、「自得」、「自適」、「適性任情」追求適性的生活方式，張湛於《列子》注中云：「治身貴於肆任，順性則所之皆適」，〔註55〕闡釋魏晉士人貴於自適的順性之道。

順性而爲的及時行樂，往往流於欲望的放縱與不加節制，其中最具代表性的是沈溺於醉鄉酒國。西晉畢卓沉迷於酒鄉之中，而云：「得酒滿數百斛船，四時甘味置兩頭，右手持酒杯，左手持蟹螯，拍浮酒船中，便足了一生矣。」。〔註56〕繼西晉八達的放蕩作樂，東晉貴族子弟遊樂之風未嘗稍減，葛洪在〈抱朴子〉中描寫晉代士人的行樂：

> 禮教漸積，敬讓莫崇，傲慢成俗，儔類飲會，或蹲或踞，暑夏之月，

方雖出漢代，而用之者寡，靡有傳焉。魏尚書何晏首獲神效，由是大行於世，服者相尋也。」，頁74。

〔註52〕郭慶藩輯：《莊子集釋》，上冊，卷1上，〈逍遙遊第一〉，「逍遙遊第一」句郭象注，頁1。

〔註53〕嚴可均校輯：《全上古三代秦漢三國六朝文》，冊2，《全三國文》，卷47，〈嵇康・與山巨源絕交書〉，頁1321。

〔註54〕楊家駱：《新校本晉書》，冊3，卷92，〈列傳第六十二・文苑傳附張翰傳〉，頁2384。

〔註55〕楊伯峻撰：《列子集釋》，附錄二，〈列子序〉，頁279。

〔註56〕楊家駱編：《新校本晉書》，冊2，卷49，〈列傳第十九・畢卓傳〉，頁1381。

露首袒體。盛務唯在摴蒲彈棋，所論極於聲色之閒，舉足不離綺繡

紈袴之側，游步不去勢利酒客之門。〔註57〕

這種歌台舞榭，繁華極盛的情形，反映出士人處於亂世之變中，感於生命之
易逝，產生的空虛之補償心態。政治之變，影響及於皇帝。八王亂後，中原
動亂不安，東晉時仍是外患內亂不斷，統治者在內無法收復失土，外又強敵
壓迫的壓力下，採取偏安與逃避現實之態度。晉孝武帝（363〜396）於華林
園中飲酒，見長星而心生厭惡，舉杯曰：「長星，勸汝一杯酒，自古何有萬歲
天子邪！」，〔註58〕帝王尚且懷抱及時行樂，何需顧及身後事之心態，何況是
當時之士人了。在南帆〈軀體的牢籠〉一文中提到：

由於死亡所帶來的深入骨髓的悲哀，軀體對於社會秩序的反抗往往

隱含著絕望之情──這使許多反抗保留了墮落的痕跡。從酗酒、性

放縱到吸毒，軀體的反抗時常表露出不顧一切、及時行樂的傾向。

〔註59〕

士人對身體的看重與對死亡的無可奈何，表現在一連串的縱酒與行爲的放縱
上，這些不顧一切的作爲背後，更顯出士人對生命與身體的看重，正因爲過
於重視而無法排解與跳脫，是以更爲痛苦，而以生之樂與密集運用時光的方
式來舒緩其苦。這種心態深切地反映在張湛的《列子》注中：

達於理者，知萬物之無常，財貨之蹔聚。聚之，非我之功也，且

盡奉養之宜；散之，非我之施也，且明物不常聚。若斯人者，豈

名譽所勸，禮法所拘哉？設令久生，亦非所願。夫一生之經歷如

此而已，或好或惡，或安或危，如循環之無窮。若以爲樂邪？則

重來之物無所復欣。若以爲苦邪？則切己之患不可再經。故生彌

久而憂彌積也。但當肆其情，以待終耳。制不在我，則無所顧戀

也。〔註60〕

理無久住，隨時任變，而無常態，是以財貨功名，甚或人之身體，都非己所

〔註57〕楊明照：《抱朴子外篇校箋》（北京：中華書局，1996年9月2刷），上冊，卷
　　　　25，〈疾謬〉，頁601。

〔註58〕楊家駱編：《新校本晉書》，冊1，卷9，〈帝紀第九・孝武帝〉，頁242。

〔註59〕南帆以爲意志通常於某些時刻企圖率領軀體反抗其不幸遭遇，此反抗通常表
　　　　現爲無視社會秩序的橫衝直撞。見氏著：〈軀體的牢籠〉，收錄於汪民安編：《身
　　　　體的文化政治學》，頁151〜152。

〔註60〕楊伯峻撰：《列子集釋》，卷7，〈楊朱篇〉，「及其病也，……以放於盡。」句
　　　　張湛注，頁228〜230。

有，而因變任化，無法控制。人於世變的循環之中，因應之道，是以無所顧戀之心態，面對萬化之物，既無所顧戀，而能享生之樂，張湛又云：

> 任情極性，窮歡盡娛，雖近期促年，且得盡當生之樂也。惜名拘禮，內懷於矜懼憂苦以至死者，長年遲期，非所貴也。〔註61〕

> 若夫刻意從俗，違性順物，失當身之暫樂，懷長愁於一世；雖支體具存，實鄰於死者。〔註62〕

人所能做的，是在有限的人生中，發揮生命最高的密度，密集地運用身體，使人生不致虛度。張湛的思想，深刻地反映出魏晉士人處於無奈之境中，對於生命的無力感，從而急欲捉住生命的華麗之一章。

三、士當身名俱泰——隨順身體之欲

士人在及時行樂的思想影響下，密集運用生命。行樂關乎順性，個人性分不同，質性有異，有人求高名顯揚，有人求隱居閒適。高名與行樂往往不能相容，但魏晉士人以「順性則所在皆適」之方式，既能享高名，又得以享佚樂。既能如神仙隱士一般地脫俗出世，又能享現世之樂。

自古以來，面對肉體生命的終究消失，於儒家乃以積極進取的建功立業來豐富自身的精神生命，孔子「疾沒世而名不稱」、屈原「恐修名之不立」之思想，表現出儒士對聲名的重視，聲名可以為仕宦之名；亦可以是文墨之名。但精神之提升，往往對物質享受有所遏抑，儒家思想即以為享樂與重名會阻礙德性之提升，孔子云：「君子謀道不謀食。耕也，餒在其中矣；學也，祿在其中矣。君子憂道不憂貧。」，〔註63〕不重物質之欲。

道家思想鄙夷世俗之權位，視功名利祿為腐臭之物，故以隱士之出而不入為尚。莊子以名利權位殘害精神至極，以澤雉為例，〔註64〕喻榮祿對人的精神之殘害。

〔註61〕 楊伯峻撰：《列子集釋》，卷7，〈楊朱篇〉，「一日、一月、一年、十年，……非吾所謂養。」句張湛注，頁223。

〔註62〕 楊伯峻撰：《列子集釋》，卷7，〈楊朱篇〉，「矯情性以招名，吾以此為弗若死矣。」句張湛注，頁226。

〔註63〕 朱熹撰：《四書章句集注・論語集注》（北京：中華書局，2005年9月9刷），卷8，〈衛靈公〉，頁167。

〔註64〕 「澤雉十步一啄，百步一飲，不蘄畜乎樊中。神雖王，不善也。」郭慶藩輯、王孝魚整理：《莊子集釋》，上冊，卷2上，〈養生主第三〉，頁126。

　　士人在行樂適性為尚的前提下，以己意為儒、道思想作解，形成其既要高名；又要現實享樂的「聲名俱泰」之心態，在《世說新語》中記載：

　　　石崇每與王敦入學戲，見顏、原像而嘆曰：「若與同升孔堂，去人何
　　　必有間？」王曰：「不知餘人云何？子貢去卿差近？」石正色云：「士
　　　當令身名俱泰，何至以甕牖語人！」〔註65〕

石崇（249～300）於王敦將其比於子貢時，正色回應「士當令身名俱泰」。其「正色」，顯現出一種理所當然之心態，足見此思想之深入其心。其「身名俱泰」中的「身泰」，即指身體欲望的滿足，此往往與及時行樂之思想結合，而流於縱欲之行。

　　士人以重身而順性，加以要求「身泰」，對身體欲望及感官享樂採取寬容之態度而不加節制。皇帝如此，臣民亦如此，在上行下效之下，朝野上下瀰漫著一股豪奢之風。在《魏書‧高陽王雍傳》中記載：「……歲祿萬餘，粟至四萬。妓侍盈房，諸子瑝晃，榮貴之盛，昆弟莫及焉。……多幸妓侍，近百許人。」，〔註66〕其奢華享受至此。晉武帝司馬炎（236～290）雖然標榜以孝治天下，但卻荒淫奢侈，影響及於西晉的開國重臣，亦多奢侈之徒。〔註67〕例如何曾、何劭父子，石苞之子石崇，與外戚王愷、王濟，均奢侈至極。傅咸即上書批評此風：「竊謂奢侈之費，甚於天災。古者堯有茅茨，今之百姓競豐其屋。古者臣無玉食，今之賈豎皆厭粱肉。古者后妃乃有珠飾，今之婢妾被服綾羅。古者大夫乃不徒行，今之賤隸乘輕驅肥。」，〔註68〕說明了奢侈風氣之盛。

　　「身泰」之欲的追求，需要「利」的支持，是以當時士人躁競於利之追求。士人聚斂財富，搶佔山澤以經營產業，在《晉書‧杜預傳》中提到：「時王濟解相馬，又甚愛之，而和嶠頗聚斂，預常稱『濟有馬癖，嶠有錢癖。』」，〔註69〕和嶠貪財嗜利成癖，並毫不隱諱，使當時士人稱其有「錢癖」。《晉書‧王戎傳》中記載王戎（234～305）：

　　　性好興利，廣收八方園田水碓，周徧天下。積實聚錢，不知紀極，

〔註65〕 余嘉錫：《世說新語箋疏》〈汰侈10〉，頁884。
〔註66〕 楊家駱編：《新校本魏書》（臺北：鼎文書局，1975年9月），冊1，卷21，〈獻文六王列傳第九上‧高陽王傳〉，頁556～557。
〔註67〕 西晉的士人以其競奔於名利，成為歷史非常突出的一個時期。詳見羅宗強：《玄學與魏晉士人心態》（臺北：文史哲出版社，1992年11月），頁230。
〔註68〕 楊家駱：《新校本晉書》，冊2，卷47，〈列傳第十七‧傅咸傳〉，頁1324～1325。
〔註69〕 楊家駱編：《新校本晉書》，冊2，卷34，〈列傳第四‧杜預傳〉，頁1032。

每自執牙籌，晝夜算計，恒若不足。〔註70〕

其「晝夜算計」而「恒若不足」，且「不知紀極」之行徑，顯示其逐利之積極。此外，王衍家已資財山積，用之不盡，但其妻仍「聚斂無厭」，〔註71〕至命奴婢在路上擔糞。奢靡之風延及東晉，更是汰侈日甚，連主張抑浮華，不可逸遊荒醉以虛度時日的陶侃（259～334），亦是「媵妾數十，家僮千餘，珍奇寶貨富於天府」，〔註72〕奢侈享樂成爲風尚。

士人逐利的目的，在於供現世身體之享樂，是以其於逐利之際，思及身體之保全，實爲萬利之基礎。王戎於聚斂之外，處心積慮地苦思自保之計，以世亂而「與時舒卷」、「與時浮沈」，順時以保身。王衍於「矜高浮誕」而「聲名藉甚，傾動當世」之時，卻「不以經國爲念，而思自全之計」，思築三窟之計。其遇禍事時，「陽狂斫婢以自免」，與王戎的「僞藥發墮廁，得不及禍」，均於名利兼收以享現世之樂時，有一套全身保生之道。行樂與重身、貴身之思想，實爲一體。

士人於「身泰」之外，更要「名泰」。士人既要享樂，又不甘被視爲平庸之徒，故於追逐享樂中，作浮華交遊及文藝應酬，以蔚虛名，從石崇〈思歸引〉序文中所云：

> 晚節更樂放逸，篤好林藪，遂肥遁於河陽別業。其制宅也，卻阻長隄，前臨清渠，柏木幾於萬株，江水周於舍下；有觀閣池沼，多養魚鳥；家素習技，頗有秦趙之聲。出則以遊目弋釣爲事，入則有琴書之娛；又好服食咽氣，志在不朽。〔註73〕

石崇於河陽興建別館，引流以爲清渠，於此興建樓閣池台，豢養魚鵝，並有家妓、聲樂之演唱。平日與三五好友弋釣、遊宴山水，享山水之美，亦可吟

〔註70〕楊家駱編：《新校本晉書》，冊2，卷48，〈列傳第十三‧王戎傳〉，頁1234。

〔註71〕「王夷甫婦郭泰寧女，才拙而性剛，聚斂無厭，干豫人事。夷甫患之而不能禁。」、「王平子年十四、五，見王夷甫妻郭氏貪欲，令婢路上擔糞。……」余嘉錫：《世說新語箋疏》，〈規箴8、10〉，頁556、頁559。

〔註72〕陶侃：「……常語人曰：『大禹聖者，乃惜寸陰，至於眾人，當惜分陰，豈可逸遊荒醉，生無益於時，死無益於後，是自棄也。』……曰：『……老莊浮華，非先王之法言，不可行也。君子當正其衣冠，攝其威儀，何有亂頭養望自謂宏達邪！』」楊家駱：《新校本晉書》，冊3，卷66，〈列傳第三十六‧陶侃傳〉，頁1774、1779。

〔註73〕逯欽立輯校：《先秦漢魏晉南北朝詩》，上冊，〈晉詩卷四〉，〈石崇‧思歸引〉序文，頁643。

詠詩詞、享琴棋書畫之樂。名士們占盡政治、經濟之利益，興建園林以供享樂賞玩之用，怡情山水與享樂縱欲結合，並兼得清隱與文士之高名。

　　這種寬容身體之欲望，卻又要求高名之現象，遍及西東晉，在《世說新語·雅量》篇中提到：

　　　祖士少好財，阮遙集好屐，並恆自經營，同是一累，而未判其得失。
　　　人有詣祖，見料視財物；客至，屏當未盡，餘兩小簏著背後；傾身
　　　障之，意未能平。或有詣阮，見自吹火蠟屐，因歎曰：「未知一生當
　　　著幾量屐？」神色閑暢。於是勝負始分。〔註74〕

愛財於世人眼中是世俗且低下的，祖士少思及己身名譽，而遮掩閃避，對名聲的重視，使得他「意未能平」而慌亂無措。阮遙集愛木屐，木屐與寬服於崇尚玄學的當時，為清高之象徵，反為其帶來良好之聲譽，是以其「神色閑暢」。雖於文中強調祖與阮之愛物「同是一累」，但愛財與愛屐，一為腐臭之物；一為清高之象徵，於聲名的高下有天壤之別。王衍的口不言錢，同於祖士少的閃避俗物，均懼污其高名。此外，如溫太真：

　　　世論溫太真，是過江第二流之高者。時名輩共說人物，第一將盡之
　　　閒，溫常失色。〔註75〕

溫於士人品評人物時，往往因得失心太重而「失色」，可見其對高名與排名的重視。這種既要享樂；又要高名的情形，就如同余嘉錫所說的：

　　　……要之魏晉士大夫雖遺棄世事，高唱無為，而又貪戀祿位，不能
　　　決然捨去。遂至進退失據，無以自處。良以時重世族，身仕亂朝，
　　　欲當官而行，則生命可憂；欲高蹈遠引，則門戶靡託。於是務為自
　　　全之策。居其位而不事其事，以為合於老、莊清靜玄虛之道。我無
　　　為而無不為，不治即所以為治也。〔註76〕

「遺棄世事，高唱無為」為士人於世變中的保身「自全」之道，而「貪戀祿位」則是對身體之欲的發展。無論何者，均體現出當代的重身之身體觀，正因為重身，故無為順世以保身；且因為重身，故強調現世的享樂與名利的追求。在重身思想的引領下，士人於進與退，遺事與重欲之間，固然顯得進退失據、無以自處。但其自有一套應對之法，即於進退失據中，以及時行樂與

〔註74〕余嘉錫：《世說新語箋疏》，〈雅量15〉，頁356～357。
〔註75〕余嘉錫：《世說新語箋疏》，〈品藻25〉，頁517。
〔註76〕余嘉錫：《世說新語箋疏》，〈言語18〉注引嘉錫案語，頁80。

適性安命之心態上的調適，求得一種及時的解脫與逍遙，暫以忘卻人間之憂。

四、欲望的消解〔註77〕與擴充

有身體就有欲望，欲望可分為維繫生理之生之欲望，與享樂之欲望，往往生之欲望稍一擴充，即成了享樂之欲。

魏晉玄學的核心問題在溝通儒道，而以道家為本。道家思想主以欲望之消解為主，老子主張虛靜，將身體感官功能降至足以維持生命所需即可，其云：「致虛極、守靜篤，萬物並作，吾以觀其復。」，〔註78〕「虛」指心靈的空明無欲，去除一切欲望、要求。老子以為，不偏執於一隅，不執著於形體，不受欲望的驅使，才能了解自然的大道。道家了解欲望對身體的殘害更甚一切，以少私寡欲為最好的養生之法。精神虛靜與欲望減弱，是對身體最佳的保全與延續。《老子》即云：「五色令人目盲；五音令人耳聾；五味令人口爽；馳騁田獵，令人心發狂；難得之貨，令人行妨。是以聖人為腹不為目。故去彼取此。」，〔註79〕欲望的擴充往往阻礙身體的修養。

莊子亦主精神平靜，以避免精神上的耗損為養生之法，其於〈達生〉篇中，以瓦、鉤注、黃金等為賭注，貴重者往往導致心有所矜，因其「重外」，「凡外重者內拙」，〔註80〕故需看淡物質之欲。其以食、色欲望的擴充，為人自取滅亡之因：「人之所取畏者，衽席之上，飲食之閒；而不知為之戒者，過也。」，〔註81〕莊子容許生理上的基本需求，而非欲望的過度擴充。不但要節欲，還要「忘」，要忘卻利，忘卻名，還要忘我、忘人。

欲望的危險性在於能夠輕易地毀壞身體，只有將過度的身體欲望控制

〔註77〕禁欲的思想於中西方都存在，在古典與基督教時期的禁欲傳統之中，身體被視為具有威脅性且難以把握的危險現象，須受文化的控制與管理。控制身體的哺乳、排便和生殖為西方宗教哲學傳統永遠存在之要素。西方的基督教將身體界定為邪惡之物，而西方傳統中將人的身體視為肉體，具有動物性，難以駕馭而充滿激情的身體需要以飲食控制或靜坐冥思等宗教行為來規訓。詳見（英）布萊恩‧特納（Bryan S.Turner）著、馬海良、趙國新譯：《身體與社會》（The Body and Society）（瀋陽：春風文藝出版社，2000 年 3 月），第二版導言，頁 15～16。

〔註78〕朱謙之：《老子校釋》（北京：中華書局，2000 年 9 月 5 刷），16 章，頁 64～65。

〔註79〕朱謙之：《老子校釋》，12 章，頁 45～46。

〔註80〕郭慶藩輯、王孝魚整理：《莊子集釋》，上冊，卷 7 上，〈達生第十九〉，頁 642。

〔註81〕郭慶藩輯、王孝魚整理：《莊子集釋》，上冊，卷 7 上，〈達生第十九〉，頁 647。

了，身體才得以延續。道家以欲望害身而主張「少私寡欲」，魏晉士人卻寬容己身之欲，甚至容許欲望的極度擴充。

　　魏晉玄學自正始王弼到東晉張湛的思想中，均容許某種程度的身體自然情性之抒發，亦主欲望的合理發揮。玄學家主張適性與順性，自然情性固是不容壓抑，但合理的情欲之抒發，在重身思想與及時行樂的基調上，往往流爲縱欲。此外，士人於生活美學的追求與欲望的擴充之間，界限往往難以分明。

　　經濟上的富裕與行樂的思想，使士族日益重視生活美學化之追求。當生活成爲一種美學或藝術時，對基本生理需求的要求，演爲一種精益求精的藝術化之追求。食以求飽演變爲食以求精，曹植於《七啓》中提及其作魚膾之材料是「西海之飛鱗」，爲一種稱爲「文鰩」之珍貴魚類；〔註82〕《世說新語》中記載王濟以人乳飲豕，武帝憤其過奢；〔註83〕食日萬錢仍覺無下箸處的何曾，「每燕見，不食太官所設」，其子何劭更爲奢侈，「食必盡四方珍異，一日之供以錢二萬爲限」，〔註84〕士人對於飲食滋味的享受與追求不遺餘力。〔註85〕

　　食之欲亦表現在對食物的精緻要求上，我們可以由《齊民要術》中，看出當時「食不厭精，膾不厭細」的精緻飲食風氣。炙豚的方法，首先選料要「用乳下豚極肥者」，清洗時要「揩洗，割削，令極淨。小開腹，去五臟，又淨洗」，於火候上要「緩火遙炙，急轉勿住」，後以「清酒數塗以發色。取新豬膏極白淨者，塗拭佳。」，如此炙法，烤出之肉能「色同琥珀，又類眞金，入口則消，狀若凌雪，含漿膏潤，特異凡常也」，〔註86〕於滋味上入口即化，

〔註82〕嚴可均校輯：《全上古三代秦漢三國六朝文》，冊2，《全三國文》，卷16，〈陳王植·七啓〉，頁1142。

〔註83〕「武帝嘗降王武子家，武子供饌，並用瑠璃器。婢子百餘人，皆綾羅綺羅，以手擘飲食。蒸豚肥美，異於常味。帝怪而問之，答曰：『以人乳飲豚。』帝甚不平，食未畢，便去。王、石所未知作。」余嘉錫：《世說新語箋疏》，〈汰侈3〉，頁878。

〔註84〕楊家駱編：《新校本晉書》，冊2，卷33，〈列傳第三·何曾傳、附子劭傳〉，頁998～999。

〔註85〕士人於飲食上的豪侈風氣，延及南北朝，北魏高陽王元雍也是在飲食上窮極享受，「嗜口味，厚自奉養，一食必以數萬錢爲限。海陸珍饈，方丈於前。」（《洛陽伽藍記》卷三，「高陽王寺」條）。劉宋時，阮佃夫「嘗作數十人饌，以待賓客，故造次便辦，類皆如此，雖晉世王、石，不能過也。」楊家駱編：《宋書》（臺北：鼎文書局，1975年6月），冊3，卷94，〈列傳第五十四·恩倖附阮佃夫傳〉，頁2314。

〔註86〕賈思勰撰：《齊民要術》（臺北：臺灣中國書局，1980年11月臺三版），卷9，〈炙法第八十〉，頁1。

又豐潤多汁；觀之如琥珀與真金之金黃色澤賞心悅目，同時滿足視覺與味覺上之感官享受。

作魚鮓時，首先「尤宜春夏，取好乾魚」，「煖湯淨疏洗，去鱗，訖，復以冷水浸，一宿一易水，數日肉起，漉出，方四寸斬，炊粳米飯為糝，嘗鹹淡得所；取生茱萸葉布甕子底；少取生茱萸子和飯，取香而已，不必多，多則苦。一重魚，一重飯，手按令堅實，荷葉閉口，泥封，勿令漏氣，置日中，春秋一月，夏二十日便熟，久而彌好。」，〔註87〕於食用時，為防有腥味，不以刀切而以手撕食。士人對於食物之要求，連米飯亦要講究，當時流行以菰子混合香米煮飯，菰其以清香之氣，使飯香氣四溢，滿足士人之味覺與嗅覺。曹魏之傅巽於《七誨》中對此種香飯讚不絕口：「孟冬香秔，上秋膏粱。彫胡苽子，丹具東牆。濡潤細滑，流澤芬芳。」，〔註88〕晉代潘尼於其《釣賦》中亦念念不忘這種香飯：「紅麴之飯，精以菰粱，五味道洽，餘氣芬芳。」。〔註89〕在吳均的《餅說》中，對作餅的講究及原料的取得之用心，更可看出士人對於吃食之講究：「安定噎鳩之麥，洛陽董德之磨，河東長若之葱，隴西舐背之犢，抱罕赤髓之羊，張掖北門之豉。然以銀屑，煎以金銚。洞庭負霜之橘，仇池連蔕之椒，調以濟北之塩，刲以新豐之雞。」。〔註90〕士人對食物的講究與繁複制作，不僅顯出其對食之欲的重視；亦顯出士族經濟條件上的優勢。士人對食物的要求，已不再只是滿足口腹之欲，而要味覺與視覺、嗅覺的進一步結合。〔註91〕飲食非但需味美，更要於美觀上滿足視覺；於嗅覺上求味道之香美，甚至於描寫飲食文化的文章，亦要華美動人。

從士人求生之樂，到郭象的適性安命，至張湛之達生肆情，順性為尚的身體觀點於然呈顯。魏晉士人於洞查世變而後的對生死之觀點，亦由初始的

〔註87〕賈思勰撰：《齊民要術》，卷8，〈作魚鮓第七十四〉，頁12～13。

〔註88〕嚴可均校輯：《全上古三代秦漢三國六朝文》，冊2，《全三國文》，卷35，〈傅巽・七誨〉，頁1247。

〔註89〕李昉等撰：《太平御覽》（臺北：國泰文化事業有限公司，1980年1月），冊4，卷850，〈飲食部八・飯〉引潘尼《釣賦》，頁3802。

〔註90〕歐陽詢撰：《藝文類聚》（臺北：新興書局，1973年7月），冊3，卷72，〈食物部・餅〉，頁1860。

〔註91〕劉苑如以為魏晉南北朝人的生存問題已從量的維持提升到質的追求，……較之秦漢思想，增添了更濃厚的「身體性」與「物質性」，表現在自然生命的體識與存養及日常生活的經營與追求之上。相關論述見劉氏：《身體・性別・階級──六朝志怪的常異論述與小說美學》（臺北：中研院文哲所，2002年），頁19。

對死亡之憂慮與無法排解，漸轉為對生命本質的理解與洞查，尤以東晉時，佛教思想的滲入玄理，呈現出對生命的理解與超脫。

東晉張湛「明群有以至虛為宗，萬品以終滅為驗」，於看破生死之際的達生之無奈中，一反道家的降低欲望，反而提倡「治身貴於肆任」的肆情之說。雖仍承魏晉寬容欲望之理路而行，但其是由「達生」的基礎上講肆情，其於〈黃帝〉注中云：「稟生之質謂之性，得性之極謂之和；故應理處順，則所適常通；任情背道，則遇物斯滯。」，〔註92〕張湛以為人的情性有一定之賦予與限制，只要順應之，明白己身之侷限而不踰越，即可通達生命之理且所適皆宜；若過分肆情而有所踰越，則損傷其身。其肆情並非無故縱欲，是需思考過生命的本質，與通達生命之理後，於自身本然的性分之內去肆情享樂。

第二節　身體與容行

身心一如為中國身體觀之基調，魏晉士人雖重身，仍不脫此理路，身與心為相互影響之關係，內在精神往往體現於外在的身體容行之上。

士人面對世事變異，一方面以樂生表現出重身之傾向；一方面亦以身體的柔和應世以求全身。士人以莊子無心圓融的處世之道應世，求處世變而不擾其身，此種柔順應世之作為，亦為重身思想之體現。

無論是心無是非使容行不變，抑或是轉化形體以順世變，均為士人處世變中保全身心之道，其以心之「靜」與「無」對應世事之變，在變中求處世之「常」，進而於此「常」中全其身。

此外，士人習玄理，使其身體無處不體現玄學意蘊，玄理與精神往往透過身體以顯，身體為精神之實踐場域，形神為一整全而互相關聯之關係。

一、心無是非而不變其容

魏晉士人因應世變而有其應世全身之法，其取道家無心以應世之理，求是非不入於心，而能「不以毀譽自殃」，無心順世，則能不變其容，進而能全身保真，郭象云：

> 服者，容行之謂也。不以毀譽自殃，故能不變其容。〔註93〕

〔註92〕楊伯峻撰：《列子集釋》，卷2，〈黃帝篇〉，「黃帝第二」句張湛注，頁39。
〔註93〕郭慶藩輯：《莊子集釋》，上冊，卷5中，〈天道第十三〉，「吾服也恆服」句郭

無心以順有，是非不入其心，便能使外在的容行不變，一方面能全身不損；另一方面，外在容行的優雅，在當時可得到很高的評價。於時名士無不以從容舉止為尚，愈是臨事不驚，遇事不急，評價愈高。心境的變化往往導致外在容止之改易，士人以心境之轉應外在世變，心無思慮則貌無動用：

> 神役形者也。心無思慮，則貌無動用；故似不相攝御，豈物所得羣也？〔註94〕

一旦心境改變，則能無身以委蛇，以「無」之心與身，順應多變之世：

> 夫形充空虛，無身也，無身，故能委蛇。委蛇任性，而悚懼之情怠也。〔註95〕

郭象認為以空虛之情待物，無其身而能使「悚懼之情怠也」，此為心無思慮，心既能空、虛，身既能「無」，則形貌不動，容行不變。在《世說新語・雅量》篇中記載：「嵇中散臨刑東市，神氣不變。索琴彈之，奏廣陵散。」（〈雅量 2〉）、「裴叔則被收，神氣無變，舉止自若。」（〈雅量 7〉）於被收或臨刑時能神氣不變而舉止自若，因以「無身」之理應之，故使其悚懼之情怠，而能容止自若。

王夷甫在面對裴景聲的惡言時，能「不為動色」（〈雅量 11〉），裴遐被曳墜地時能「顏色不變」（〈雅量 9〉），均是無心而使容色不變。這種優雅鎮靜的風氣，在魏晉時期廣為士人所效仿，其他如王珣：

> 王東亭為桓宣武主簿，既承藉，有美譽，公甚欲其人地為一府之望。初，見謝失儀，而神色自若。坐上賓客即相貶笑。公曰：「不然。觀其情貌，必自不凡，吾當試之。」後因月朝閣下伏，公於內走馬直出突之，左右皆宕仆，而王不動。名價於是大重，咸云：「是公輔器也。」（〈雅量 39〉）

王珣有良好的出身與美譽，本能於司馬府中樹立聲望，但初因失儀而獲譏。桓溫為試探他，於朝會時走馬於署內直衝而出，王珣因其「不動」而聲名大重。以其容色「不動」，而能獲高名的，亦有夏侯太初：

> 夏侯太初嘗倚柱作書，時大雨，霹靂破所倚柱，衣服焦然，神色無變，書亦如故。賓客左右，皆跌蕩不得住。（〈雅量 3〉）

象注，頁 483。

〔註94〕 楊伯峻撰：《列子集釋》，卷 4，〈仲尼篇〉，「顧視子列子，形神不相偶，而不可與羣。」句張湛注，頁 125。

〔註95〕 郭慶藩輯：《莊子集釋》，上冊，卷 5 下〈天運第十四〉，「形充空虛，乃至委蛇。汝委蛇，故怠。」句郭象注，頁 507。

其於大雨雷擊而衣服焦然時，仍「神色無變」。此外：

> 支道林還東，時賢並送於征虜亭。蔡子叔前至，坐近林公。謝萬石
> 後來，坐小遠。蔡暫起，謝移就其處。蔡還，見謝在焉，因合褥舉
> 謝擲地，自復坐。謝冠幘傾脫，乃徐起振衣就席，神意甚平，不覺
> 瞋沮。坐定，謂蔡曰：「卿奇人，殆壞我面。」蔡答曰：「我本不爲
> 卿面作計。」其後，二人俱不介意。（〈雅量31〉）

謝萬石被擲地後，「自復坐」而「神意甚平」，絲毫不覺瞋怒，並語發幽默地
稱讚蔡爲奇人。

　　士人以無心之心境去面對外界之煩擾，爲保身全生之一種方式，老子講
「懷玉」，王弼釋其爲「懷玉者寶其眞也」，指保存心中之本眞。郭象以爲：

> 夫任自然而忘是非者，其體中獨任天眞而已，又何所有哉！故止若
> 立枯木，動若運槁枝，坐若死灰，行若游塵。〔註96〕

任自然而忘是非，則能獨運心中之本眞，在心無是非之時，則能忘其外在形
體。「無」其身，故能止若立枯木，坐若死灰，心止則形靜。唯有於心無思慮，
而貌無動用之時，才能對身體作最大程度地保全，也爲應亂世之最佳的保身
之道，此有如張湛所云：

> ……明順性命之道，而不係著五情，專氣致柔，誠心無二者，則處
> 水火而不燋溺，涉木石而不挂硋，觸鋒刃而無傷殘，履危險而無顚
> 墜；萬物靡逆其心，入獸不亂羣；神能獨游，身能輕舉；耳可洞聽，
> 目可徹照。〔註97〕

順性命之道而心不繫於五情，則能使身體有如仙人一般地處水火、觸鋒刃、
履危險而不傷其體，因任無心而萬事不入其心，使得形體上能超越身軀之限
制，而能達到一種超越之境，此爲不動其容之極致。

二、轉化形體以順世變

　　對於容色的良好控制，除於心境上的調適外，對身體本能的壓抑亦爲必
要，在栗山茂久《身體的語言——從中西文化看身體之謎》一書中指出：

> 對觀察力敏銳的人來說，「色」會透露出人們所想要掩飾的意向，甚

〔註96〕郭慶藩輯、王孝魚整理：《莊子集釋》，上冊，卷1下，〈齊物論第二〉，頁44。
〔註97〕楊伯峻撰：《列子集釋》，卷2，〈黃帝篇〉，「文侯曰：『夫子奚不爲之？』子夏
　　　　曰：『夫子能之而能不爲者也。』文侯大說。」句張湛注，頁69。

至是自己都沒有察覺的屑瑣小願。因此，描述一個人「變色」或「作色」時，所使用的形容詞通常帶有突發或不自主的意思──勃然變色，勃然作色，忿然作色，怫然作色──未經預謀、出乎意料之外、受到憤怒的支配。這些詞語指出了表情與顏色是可以互相代換的。〔註98〕

優美與高雅的姿態於某一層面上代表對身體的壓抑，需要克制己身情緒上的激動、衝動與大幅度的肢體動作。大幅度之動作易於壓抑，但「色」這種細微的情緒變化，往往難以控制，尤於猝不及防的狀況中，心境上的無心順有，撥空其情，更為常人難以達致。在顧劭的例子中，對於其子的驟逝仍無法不動其容：

> 豫章太守顧劭，是雍之子。劭在郡卒，雍盛集僚屬，自圍棋。外啟信至，而無兒書，雖神氣不變，而心了其故，以爪掐掌，血流沾褥。賓客既散，方嘆曰：「已無延陵之高，豈可有喪明之責？」於是豁情散哀，顏色自若。〔註99〕

顧劭當其子之書信不至時，明白其子已亡，雖表面上維持「神氣不變」之容止，但心動而形動，以致於「以爪掐掌，血流沾褥」，其內心實難達致平靜。為符合社會之期待，遂以「已無延陵之高，豈可有喪明之責」，使自己轉變心境，後能「豁情散哀，顏色自若」了。其以應世之期許而使心境轉變，進而轉化其外在容色。

魏晉時期對優雅風度的追求，往往使士人轉化其外在容行，以因應當時風尚，這種優雅的舉止，往往是對自然本性的強加壓抑，但因其能取譽，而使士人著力行之，如王氏兄弟：

> 王子猷、子敬曾俱坐一室，上忽發火。子猷遽走避，不惶取屐；子敬神色恬然，徐喚左右，扶憑而出，不異平常。世以此定二王神宇。（〈雅量36〉）

子猷的遽走避而不惶取屐為自然情性之呈現；而子敬神色恬然地徐喚左右，顏色「不異平常」，為強加壓抑以求優雅，但世人據此以定二王神宇。

此外，在上位者之容行有著主宰朝野風氣之作用，如東晉鎮國宰相謝安，其治國主張「鎮之以靜」，處世以幽靜閒雅著稱：

〔註98〕栗山茂久：《身體的語言──從中西文化看身體之謎》（臺北：究竟出版社，2001年），頁194。
〔註99〕余嘉錫：《世說新語箋疏》，〈雅量1〉，頁343。

謝公與人圍棊，俄而謝玄淮上信至。看書竟，默然無言，徐向局。
客問淮上利害？答曰：「小兒輩大破賊。」意色舉止，不異於常。（〈雅
量 35〉）

謝安於淝水之戰的存亡關頭，勝報來時亦喜怒不形於色，「意色舉止，不異於
常」，雖其意色不異於常，但由其後將木屐踢斷之行為，可知其是強為鎮靜。
而其早先與諸人汎海戲時，亦可以看出其鎮之以靜的風格：

謝太傅盤桓東山時，與孫興公諸人汎海戲。風起浪涌，孫、王諸人
色並遽，便唱使還。太傅神情方王，吟嘯不言。舟人以公貌閑意說，
猶去不止。既風轉急，浪猛，諸人皆諠動不坐。公徐云：「如此，將
無歸！」眾人即承響而回。於是審其量，足以鎮安朝野。（〈雅量 28〉）

謝安遇危不慌，臨險不懼之氣度使得其足以鎮安朝野，而其對個人容行的經
營與轉化則起了鎮定世局之功，其「貌閑意說」一方面為個人質性之表現，
而「吟嘯不言」之行為，則多了一份鎮靜諸公情緒之經營。

三、精神充於體而形變

容行為人應世之最外表徵，內在心境之轉變，往往外顯為外在容行，可
以是心神之轉而變易其容；亦可以隨順世變以改易其容；或是心無是非而容
行不改。內在精神亦可因充塞、流貫於身，而使外在容行有所改易，此即所
謂的「踐形」。〔註 100〕

魏晉之踐形觀，區別於以道德為考量的儒家，士人內在精神之映顯於體，
是玄理化的而非德性化的。只要能踐玄理，則身體無處不流露精神，即如王
夷甫的手持麈尾，與手都無分別（〈容止 8〉），其如玉之手，亦可以為玄理精
神之外顯。內在玄理，外顯為士人之風姿氣度。玄理之高妙精神向度，使士
人身體體現為一種如神仙般清玄之境。

魏晉士人重視形體之美，亦尚氣質之美，觀人物要視其神韻，此神韻即
是人物內在氣質的外顯於形。從劉卲的「以形顯神貴神明」，至《抱朴子》的
「瞻形得神」，〔註 101〕均闡釋了精神與身體的密切關係。精神意韻可以透過形

〔註 100〕楊儒賓以道德的充塞於體，使身體呈現威儀棣棣之狀，為儒家的「踐形」觀
　　　　　點。詳見氏著：《儒家身體觀》（臺北：中研院文哲研究所，1996 年 11 月），
　　　　　第三章，〈論孟子的踐形觀〉，頁 129～172。
〔註 101〕楊明照：《抱朴子外篇校箋》，卷 21，〈清鑒〉，頁 512。

體外顯；同樣地，觀察外在形體亦可以得知其人之內在神韻，精神與身體，非各自為政之個體，而是一雙向溝通之迴路。

玄學以「清虛」與「玄妙」之境界為尚，魏晉士人受其影響，嚮往如仙人般地氣質高妙，從容悠閒優遊山林，或清高自得隱居。士人優遊於玄學之境，並以玄理體現於身，在《世說新語‧容止》篇中就提到：

> 王長史為中書郎，往敬和許。爾時積雪，長史從門外下車，步入尚書，著公服。敬和遙望，歎曰：「此不復似世中人！」（〈容止33〉）

王濛以其美姿容而受人讚賞，但美形之外，其「性和暢，能言理，辭簡而有會」，〔註102〕以玄學上的造詣使其不自覺流露出神仙般之高妙神韻。再如司馬昱：

> 海西時，諸公每朝，朝堂猶暗，唯會稽王來，軒軒如朝霞舉。（〈容止35〉）

司馬昱「少有風儀，善容止」，於容貌上亦美，但其如軒軒朝霞般能照亮朝堂之容止，除了形貌上之美，亦因玄理精神之外顯。其「清虛寡欲，尤善玄言」，〔註103〕玄學上的高妙造詣，使其有著精神外映而如朝霞的軒軒之體，精神外貫於體而使體發光。其餘如裴楷的「玉山上行，光映照人」，在其「俊容儀」之外，亦以「精《老》、《易》」，且善宣吐，使得「左右屬目，聽者忘倦」，〔註104〕於玄學上的高深涵養，使其身體於美容止之外，亦發出光映照人之光輝。王衍亦以玄學素養而有著出於風塵之體：

> 王戎云：「太尉神姿高徹，如瑤林瓊樹，自然是風塵外物。」（〈賞譽16〉）

「神明清秀，風姿詳雅」的王衍，以「雅詠玄虛」、「妙善玄言」，唯談老莊之玄學造詣而「聲名藉甚，傾動當世」，〔註105〕展現一種如瑤林瓊樹的高徹之體。

精神之外顯，往往使身體展現出高妙神姿，可使群小退匿，如庾統：

> 庾長仁與諸弟入吳，欲住亭中宿。諸弟先上，見群小滿屋，都無相

〔註102〕楊家駱編：《新校本晉書》，冊3，卷93，〈列傳第六十三‧外戚傳附王濛〉，頁2419。

〔註103〕楊家駱編：《新校本晉書》，冊1，卷9，〈帝紀第九‧簡文帝〉，頁219～223。

〔註104〕楊家駱編：《新校本晉書》，冊2，卷35，〈列傳第五‧裴秀傳附楷〉，頁1047。

〔註105〕楊家駱編：《新校本晉書》，冊2，卷43，〈列傳第十三‧王戎傳附王衍傳〉，頁1235～1237。

避意。長仁曰：「我試觀之。」乃策杖將一小兒，始入門，諸客望其
神姿，一時退匿。（〈容止 38〉）

魏晉士人之精神外顯，往往展現爲一種通徹玄學造詣的高妙玄遠之氣韻，進
而使其具有一不同於儒家威嚴莊重之身體，近於仙人的不食人間煙火之身體
意向。而眼睛爲溝通精神與肉體之途徑，魏晉士人之精神美，透過眼神傳達
出一種高妙之韻，如杜乂與裴楷：

　　王右軍見杜弘治，歎曰：「面如凝脂，眼如點漆，此神仙中人。」時
　　人有稱王長史形者，蔡公曰：「恨諸人不見杜弘治耳！」（〈容止 26〉）

　　裴令公有儁容姿，一旦有疾至困，惠帝使王夷甫往看，裴方向壁臥，
　　聞王使至，強回視之。王出語人曰：「雙目閃閃，若巖下電，精神挺
　　動，體中故小惡。」（〈容止 10〉）

杜弘治以其「美姿容」而有盛名於江左，桓彝謂其不同於衛玠之「神清」，而
爲「形清」，〔註106〕可見其外貌之美。魏晉重視身體本身資質之美好，以氣質
之性轉化爲形體之美，士人往往因其天賦質性美好受到讚賞。但由這二則例
子中，可以發現魏晉品鑑人之美，除了外在的美形之外，由眼中流露之精神
氣韻，使其有著更高層次的美。裴令公的「雙目閃閃」若巖下電，杜弘治的
「眼如點漆」，其氣韻透過眼睛外顯，使人目之如神仙。此外如支道林，其精
神亦由眼中體現：

　　謝公云：「見林公雙眼，黯黯明黑。」孫興公見林公：「稜稜露其爽。」
　　（〈容止 37〉）

支道林「雅尚老莊」而「清識玄遠」，〔註107〕玄學造詣高邁，玄理之內化透過
其黯黯明黑之眼外現，而獲士人賞譽。眼睛與神明息息相關，士人於品鑑人
物時，往往以眼觀人，如王戎以其身材矮小而面貌平常，但是其「眼爛爛，
如岩下電」（〈容止 6〉），精神上自有一股氣勢，而不同於凡俗。此外由眼可知
其志，如：

　　潘陽仲見王敦小時，謂曰：「君蜂目巳露，但豺聲未振耳。必能食人，
　　亦當爲人所食。」

〔註106〕楊家駱編：《新校本晉書》，冊 3，卷 93，〈列傳第六十三・外戚傳附杜乂〉，
　　　　頁 2414。
〔註107〕楊家駱編：《新校本晉書》，冊 5，《九家舊晉書輯本》，〈晉諸公別傳附支遁傳〉，
　　　　頁 531。

由王敦的「蜂目」看出其內在個性。桓溫亦以其「少有雄略」、「久懷異志」之軍人氣質而有著不同的面容之呈顯：

> 溫豪爽有風概，姿貌甚偉，面有七星。少與沛國劉惔善，惔嘗稱之曰：「溫眼如紫石棱，鬚作蝟毛磔，孫仲謀、晉宣王之流亞也。」
> 〔註108〕

桓溫在面容與氣質上與玄學名士有著很大的差異，其於軍事及政治上的強烈企圖心所表現出的容止，便不同於「眼如點漆」若神仙中人的杜弘治。其面容表現為有風概而姿貌甚偉，甚至面有七星，亦有著如紫石棱之眼與若蝟毛磔之鬚。其以雄武之內質，使其外貌容止上呈現一種「姿貌甚偉」之態。

魏晉士人以為內在精神與外在形體有很大之關聯性，讚嵇康以「肅肅如松下風，高而徐引」、「嵇叔夜之為人也，巖巖若孤松之獨立；其醉也，傀俄若玉山之將崩。」，其高邁而孤傲之精神外顯於體，使其形體有一種如孤松獨立之意象。此外如和嶠：

> 庾子嵩目和嶠：「森森如千丈松，雖磊砢有節目，施之大廈，有棟梁之用。」（〈賞譽15〉）

和嶠以其「厚自崇重」，能整飭風俗，理序人倫而為政清簡，使人覺其有棟樑之材，其經世之材展現於體，使人覺其如森森之千丈松，無清高玄遠之質，而有著如松柏的質性之體。劉伶亦以放蕩不拘之個性，展現出土木形骸之體：

> 劉伶身長六尺，貌甚醜顇，而悠悠忽忽，土木形骸。（〈容止13〉）

劉伶行為獨特而富有個性，其「肆意放蕩，悠焉獨暢」，於外貌上展現出一種自然放蕩而醜顇之容。

緣玄學興盛，士人慕虛玄，其內在氣質往往流露為一種清高玄遠之氣韻，如「清鑒」、「清暢」、「清倫」、「清通」、「清真」，士人或喜以仙界的高妙之物喻身，以「飄如遊雲，矯若驚龍」、「雲中白鶴」、「龍躍雲津」、「鳳鳴朝陽」等比況士人之神姿與身體之不同於俗。

內在精神的充塞於體，與對自然本真的注重，使士人的身體呈現出一種獨特性。無論是劉伶的醜顇抑或是王夷甫的整麗，均為可資欣賞。所貴者在自然性情之散發，士人之真性情與獨特個性往往映顯於體，而使當時士人的身體形貌呈現出一種多元之風采。

〔註108〕楊家駱編：《新校本晉書》，冊4，卷98，〈列傳第六十八‧桓溫傳〉，頁2568。

第三節　魏晉儀容觀

　　對人儀容的第一印象決定了對此人的喜惡之情與友善與否，個人的裝扮或儀表亦能作爲判定其社會地位的基準。人總是自覺或不自覺地對事物體現出的外觀（the embodied look）感興趣，人們對社會的最初認識往往建立在感官和審美的印象之上，往往也透過對外貌的第一印象（prima facie）了解別人。〔註109〕對己身儀容的重視是個人成爲社會之一員，遵循社會價值觀，與社會相容的必要性。

　　「儀」也包含「容」，在重視禮儀的同時，對容貌上的修飾，與表情上的運用得宜，亦需同等的重視，在《周禮》中云：「乃教之六儀：一曰祭祀之容，二曰賓客之容，三曰朝廷之容，四曰喪紀之容，五曰軍旅之容，六曰車馬之容。」〔註110〕士人於行禮儀時，有其相應的儀容去應對，在祭祀、賓客、朝廷、喪紀、軍旅、車馬之時，各有不同的儀容表現，個人於不同場合所展現的儀容之合宜與否，象徵其品德修養是否完善。

　　魏晉士人對身體的關注，大部份表現在對身體儀容之美的賞鑑上，高門貴族處於政治與經濟各方面的優勢條件下，得以無後顧之憂地悠遊於文學與清談之中；而個體自覺意識的興起與對身體的重視，使士人們開始在儀容裝扮與身體的美學賞鑑上下功夫，當時流行的品評之風，即爲士人對身體於精神氣質與外貌上的欣賞與評論。

　　士人重視生活情調，事事講究精緻，生活上的講究，體現於身體上，即是身體的美學化。在周憲〈讀圖，身體，意識形態〉一文中提到：

> 人的美學自學不只體現在對外部生存環境的要求上，而且聚焦於人
> 自身。這種關注越來越趨向於外觀和表面，於是，日常生活的「美
> 學化」命題也就自然而然地轉化爲對身體「美學化」的追求。〔註111〕

魏晉時期對美的追求與對儀容之要求，可以說是到達了極致。其時世人對於

〔註109〕參考自（美）約翰·奧尼爾（John O'neill）著、張旭春譯：《身體形態——現代社會的五種身體》（*Five Bodies：The Human Shape of Modern Society*）（瀋陽：春風文藝出版社，1999 年 6 月），頁 9～10。

〔註110〕鄭玄注、王雲五編：《周禮》（臺北：臺灣商務書局，1967 年臺二版，四部叢刊影印本），卷 4，〈地官司徒下〉，頁 63。

〔註111〕周憲以爲對身體的關注爲視覺的欲望所致，身體的「美學化」爲人對身體視覺快感的奇求。見氏著：〈讀圖，身體，意識形態〉，載於汪民安編：《身體的文化政治學》（開封：河南大學出版社，2004 年 7 月二刷），頁 138～140。

美男子的崇拜與裝扮上的日新月異，可以看出當時極度重視身體儀容之美。

魏晉時期士人的思想重心，由政治國家的大我轉向個體小我，開始關注自身。這一方面是因為政治上的迫害使士人口不言政治；另一方面，思想上的改變亦使得士人由家國為重轉而反思己身生命之意義。而個體的基礎即為賴以生活與思想的身體，士人重視保養身體，講究養生延年；於物質生活無虞而文化發展至一定程度時，轉而追求身體的美學化。

一、衣以表體——禮教下的身體規範

在禮教文化的規範中，外在的儀容不止代表個人的身分地位；同時也表現出文化對於士人身體之教養與思想上的浸潤；〔註112〕此外，士人的衣著儀容往往表現出一個社會的文化高度，與國體之正、變。衣著的規範是否嚴密，與衣著的形式，更會間接地反映出國體的興盛或衰亡，這與樂的正聲與淫聲代表著國體之變有異曲同工之處。是以衣著儀表，一方面表現士人之小體；另一方面亦表現出國家之大體。

在小體方面，在禮教規範甚嚴的儒家思想中，往往將士人的儀容視為是內在德性的外顯與表徵，無論是個人的進德修業；抑或是參與外在社交；甚至私人活動，儀容均需整肅而合宜。〔註113〕

儒家的禮教對服飾儀容有一定之規範，不可任意為之，孔子以為「質勝文則野，文勝質則史；文質彬彬，然後君子。」，〔註114〕所謂的「質」，顯現為一種內以義而外依禮的形式，孔子以為「君子義以為質，禮以行之，孫以

〔註112〕廖建平以儀容為文化的內在積澱和外在形式化的統一，為主流文化的凝固及其相應的理想人格之外在表徵。其指出西周時，人們已明瞭儀容在生活中的重要作用，將儀容視為德性的表徵，並將其實踐於精神生活和政治活動中。使西周較夏、商文化，呈現出較為重視禮儀文化的特點。詳見氏著：〈儒家儀容觀的內涵與現代意義〉，《衡陽師專學報》（社會科學）第18卷第1期（1997年2月），頁12。

〔註113〕儒家之君子無論於居處坐臥，服飾裝扮皆有禮教之規範，《禮記》中云：「君子之居恒當戶，寢恒東首。若有疾風、迅雷、甚雨，則必變。雖夜必興，衣服冠而坐。日五盥，沐稷而靧梁，櫛用樿櫛，髮晞用象櫛，進禨進羞，工乃升歌。浴用二巾，上絺下綌。出杅，履蒯席，連用湯，履蒲席，衣布晞身，乃屨，進飲。將適公所，宿齋戒，居外寢，沐浴。史進象笏，書思對命。既服，習容，觀玉聲，乃出。」李學勤編：《十三經注疏・禮記正義》（北京：北京大學出版社，1999年12月），卷29，〈玉藻第十三〉，頁884～885。

〔註114〕朱熹撰：《四書章句集注・論語集注》，卷3，〈雍也〉，頁89。

出之，信以成之。」〔註115〕在《論語・顏淵》篇中也提到：「夫達也者，質直而好義。」〔註116〕「質」指個人的內在修養，包含義、禮、遜、信、孝、仁等修養，均為儒者必要之修為；「文」於此指外在之衣著華采、儀容裝扮。儒家講究的合宜之儀容觀，為外在儀表與內在德性之相符且並重。

在大體方面，孔子以為外在的衣著服飾關乎國之大體，故其相當重視關乎國家社稷根本的祭祀之服，其於《論語・衛靈公》篇中云：「顏淵問為邦，子曰：『行夏之時，乘殷之輅，服周之冕，樂則《韶》、《舞》。』……」，〔註117〕周代禮服中的冠冕，為周禮的精神象徵與代表，「服周之冕」並不只是單純地戴上帽子，而是具有恢復周禮之文化意涵。由此可以看出服飾對於一個文化或禮制的代表作用，穿上代表此文化的服飾，表示個人不管在精神上或身體上都服膺於此文化。

衣著不僅以表體，更是文化於小體與大體上的映現，合宜的身體儀容，呈顯出完美的文化規範。孔子理想中的士人是文、質兼具的中庸之體，不急不徐，顯現出一種莊重舒緩的樣貌來，這種莊重而中庸的身體，即是儒家所說的威儀〔註118〕之身體：

> 君子之容舒遲，……足容重，手容恭，目容端，口容止，聲容靜，頭容直，氣容肅，立容德，色容莊，坐如尸，燕居告溫溫。〔註119〕

> 為冠所以莊其首也，為履所以重其足也，衣裳襜如，劍珮鏘如，皆所以防其躁也。故曰：儼然，人望而畏之。〔註120〕

儒家以莊重為儀容表現之前提，衣冠鞋履除禦寒保暖外，更重要的是個人身份地位之象徵。穿戴於身，得以約束其體，使人為符合其身份地位而作出相對應之舉止，得以莊重其身。衣帽在此，代替禮教道德之規範，而直接地作用於身體之上。社會階層與文化涵養愈高之人，衣著於身體上的約束愈高，

〔註115〕朱熹撰：《四書章句集注・論語集注》，卷8，〈衛靈公〉，頁165。

〔註116〕朱熹撰：《四書章句集注・論語集注》，卷6，〈顏淵〉，頁138。

〔註117〕朱熹撰：《四書章句集注・論語集注》，卷8，〈衛靈公〉，頁163～164。

〔註118〕楊儒賓先生以為儒家的身體觀是一種「威儀棣棣」的威儀之身體觀，內在的德性通過身體而外顯，而顯現為一種內外交輝，具有威儀的身體。見氏著：《儒家身體觀》（臺北：中研院文哲研究所，1996年11月），第一章，〈儒家身體觀的原型〉，頁28～43。

〔註119〕李學勤編：《十三經注疏・禮記正義》，卷30，〈玉藻〉，頁925。

〔註120〕阮逸注、楊家駱編：《文中子中說注》（臺北：世界書局，1970年1月再版），卷4，〈周公篇〉，頁6。

如世家貴族得以佩帶玉佩、寶劍，但因其貴重與易響之性質，使佩帶者愈需節制己身之動作，一方面防止「忘形」而失態；一方面防止躁進之行為。是以佩帶貴重之器物，使人得以節制其身而保其完美之儀態，表現出莊重舒緩的儀容。

儀容之修飾與莊重，建立在對己身容貌與服飾的尊重上，尊重己身所穿戴之冠履，才會作出相應之行為。士人以衣約束其體之後，才能有儀表上的威儀，即「在小不寶，在大不尯，狎而不能作，習而不能順，姚不惕，卒不妄，饒裕不贏，迫不自喪，明是審非，察中居宜，此之謂有威儀。」〔註121〕

威儀為一種中庸之表現，所謂「察中居宜」。儒家的合宜，指不偏不倚、不急不徐的中庸之道，孔子云「禮乎禮！夫禮所以制中也。」，〔註122〕其講求的禮儀訓練，即是節制其體，將其訓練成合宜、適中之身體。當身體符合「中」的規律時，即為「和」，《中庸》云：

> 喜怒哀樂之未發，謂之中；發而皆中節，謂之和。中也者，天下之大本也；和也者，天下之達道也。致中和，天地位焉，萬物育焉。〔註123〕

人有自然之情性與欲望，這些情性未發作時，是屬於「隱」的狀態，這種狀態是最接近「中」的，而既已發出卻能合乎中道，即是「和」。「致中和」為中庸之狀態，在身體的儀容舉止上，衣著得體、動作合宜、言談適中，自然能達致不急不徐，從容自在的中道。

儒家強調的合宜之儀容，即是所謂的「身要嚴重」、「色要溫雅」。〔註124〕「身要嚴重」指身體於符合禮教規範下，所展現出的威儀。孔子強調「君子不重則不威」，穩重合禮是君子外在儀容之必要表現。在穩重有威儀之外，孔子又強調君子的「威而不猛」，莊重威嚴卻也不過份兇暴，體現出一種中庸合宜之道；而「色要溫雅」指儀表之溫和從容，亦為容色的中庸之道之展現。

〔註121〕賈誼著、盧文弨校：《賈誼新書》（上海：上海古籍出版社，1989年9月），卷6，〈容經〉，頁48。

〔註122〕李學勤編：《十三經注疏・禮記正義》，卷50，〈仲尼燕居第二十八〉，頁1383。

〔註123〕朱熹撰：《四書章句集注・中庸章句》，頁18。

〔註124〕廖建平指出：「『沉雅自然』、『容止可觀』的要求，就是沉穩而不浮躁，優雅而不俗套，自然而不雕琢，就其肯定的規定來說，就是要容貌辭氣寬裕溫柔，溫雅舒遲，『身要嚴重』，『色要溫雅』，直至『純若鍾山之玉』的程度。」詳見氏著：〈儒家儀容觀的內涵與現代意義〉，《衡陽師專學報》（社會科學）第18卷第1期（1997年2月），頁13。

這樣的君子，表現出一種莊重而和煦、溫和而雅正的儀容。

儒家以儀容的中庸之道爲「遠暴慢」，「暴」指威勢太過而讓人畏懼；「慢」指過於舒緩而輕浮，一爲太過；一是不及。合於中庸之儀容要不暴不慢、不急不緩，這需靠禮的節制，在《荀子·修身》篇中提到：

> 食飲、衣服、居處、動靜，由禮則和節，不由禮則觸陷生疾；容貌、態度、進退、趨行，由禮則雅，不由禮則夷固僻違，庸眾而野。〔註125〕

於食飲〔註126〕、衣飾、動靜等各方面謹守禮節儀文，則能於態度、應對進退上有著基本的修持，於大方向上不致偏失，不致在人前失態，是以禮節爲身體持中之憑據。相反地，失去禮節規範之身體，往往表現出粗俗無文之舉動。過與不及的尺度難於拿捏，禮節儀文提供了一種便捷而能良好控制身體之依據。

禮以治中，儒家於服飾與儀容上講求中庸，衣服不過於華麗也不過於貧儉，以己身之身份地位爲選擇衣著之考量：

> 君子不以紺緅飾。紅紫不以爲褻服。當暑，袗絺綌，必表而出之。緇衣羔裘，素衣麑裘，黃衣狐裘。褻裘長，短右袂。必有寢衣，長一身有半。狐貉之厚以居。去喪，無所不佩。非帷裳，必殺之。羔裘玄冠不以弔。吉月，必朝服而朝。〔註127〕

衣以表體，衣著服飾需符合己身之身份地位。禮對士人之衣著有各種限制，有一定的規範與顏色，不得踰越。深青近黑之紺色與赤而微黑的緅色均是於齋戒或喪事中穿著，故日常不穿；紅紫色是間色而非正色，雖私服亦不用此二色。禮於服飾樣式、顏色上均有一定的規範，在廖建平〈儒家儀容觀的內涵與現代意義〉一文中提到：

> 君子「不服華色之服」，「『衣錦尚絅』、惡其文之著也」。「衣之有緣，以致飾也，采素各有其宜」。「紅者赤間白也，傷於佻；紫者，赤間

〔註125〕謝墉、盧文弨集解：《荀子集解》（臺北：新興書局，1963 年 12 月再版），卷上，〈修身〉，頁 8。

〔註126〕「食不厭精。膾不厭細。食饐而餲，魚餒而肉敗，不食。色惡不食。臭惡不食。失飪不食。不時不食。割不正，不食。不得其醬，不食。肉雖多，不使勝食氣。惟酒無量，不及亂。沽酒，市脯，不食。不撤薑食，不多食。祭於公，不宿肉。祭肉，不出三日；出三日，不食之矣。」朱熹撰：《四書章句集注·論語集注》，卷 5，〈鄉黨〉，頁 119～120。

〔註127〕朱熹撰：《四書章句集注·論語集注》，卷 5，〈鄉黨〉，頁 118～119。

黑也，傷於麗」，君子都是不宜穿著的。至於男子「奇衣婦飾」，女

性化，則更是儒家所深以爲恥的。〔註128〕

儒家的服飾規範講究「中」的觀念，即不過份，衣著不但需合於身份地位，且服飾要能根據時節變化而變換顏色、布料：「春著青，夏著赤，秋著黃，冬著皂」，「暑則葛，寒則裘」，目地在「順時而適體也」。「適體」亦是禮的制作精神，符合於自然節律與適體所制作的人文規範，才是人文與自然之完美結合，亦是所謂的「中」之精神。

衣著之合宜，顯現了個人的文化涵養與道德內化之程度，是以個人的儀表合宜與否，首先由外在的容服上看出，賈誼即云：

接遇愼容謂之恭，反恭爲媟；接遇肅正謂之敬，反敬爲嫚。……動

有文體謂之禮，反禮爲濫；容服有義謂之儀，反儀爲詭。〔註129〕

服容的端正合禮爲首要，再則是與人交接時，容貌與儀表上的謹愼合禮與恭敬之情的表現。個人的文化素養由外在儀容衣著以顯，此即爲衣以表小體。

儀容除以表文化涵養外，精神的向度與道德的修養以藉儀容以顯，儒家講「誠於中，形於外」，內在道德的圓滿持中，往往外顯於士人之儀容與行止，其「中和之氣見之於容貌之間」。士人於道德修爲達致一定的程度後，道德涵養自然流顯於體，使其體無論行走坐臥均流露一股不同之氣質。此時的身體，已非外在禮教規範的他律之身體，而是由自我道德提升的自律之體，其自然呈顯出優美從容之體態，動作、言色聲氣無不適宜，即「身之倨佝，手之高下，顏色聲氣，各有宜稱。」（《新書・容經》），這種「各有宜稱」之境界，顯現出身體之自律且控制得宜，爲身體與文化完美融合之境界。

二、儀以觀世──魏晉身體的美學化經營

衣著既能表士人之小體；亦可以由個人之儀容，反觀社會之大體。衣著之正、變，往往反映出禮教規範的嚴密與否，與國勢之變化。

魏晉士人之重身，亦反映於對外在儀容的重視上，士人除對人物之容貌予以賞鑑外，亦重視外在服飾之裝扮。士人重視儀容裝扮，亦熱衷模仿名士裝扮，在《後漢書・郭太傳》中提及郭太「嘗於陳梁間行遇雨，巾一角墊，

〔註128〕廖建平：〈儒家儀容觀的內涵與現代意義〉，《衡陽師專學報》（社會科學）　第18卷第1期（1997年2月），頁14。

〔註129〕賈誼著、盧文弨校：《賈誼新書》，卷8，〈道術〉，頁58～59。

時人乃故折巾一角，以爲林宗巾。其見慕皆如此。」，〔註130〕士人追求新奇與流行，仿效名士蔚爲風潮。

　　士人對服飾與裝扮之熱衷，可由服飾樣式的日新月異，與裝扮的變化日異中看出，《晉書・五行志》中記載：

> 初，魏造白帢，橫縫其前以別後，名之曰顏帢，傳行之。至永嘉之間，稍去其縫，名無顏帢，而婦人束髮，其緩彌甚，紒之堅不能自立，髮被於額，目出而已。

服飾的改易之速，與不合禮制而改之情形，亦反映出當時的國體之變。有志之士對服飾的變異之速寄予憂心，並以此爲國家覆亡的前兆，在《晉書・五行志》的〈服妖〉條中，記載關於服裝與國體之關係：

> 無顏者，愧之言也。覆額者，慚之貌也。其緩彌甚者，言天下亡禮與義，放縱情性，及其終極，至於大恥也。

士人以「無顏帢」與婦人被髮於額之裝扮，代表著禮教的傾頹。魏晉時期不僅服飾外觀變異極大，衣著之顏色更是隨意改變。魏武帝即以「天下凶荒，資財乏匱，始擬古皮弁，裁縑帛爲白帢，以易舊服。」，傅玄（217～278）隨即認爲白非國之正色，以爲「白乃軍容，非國容也」；干寶亦以爲「縞素，凶喪之象也」，魏武帝以古表凶喪之象與象徵軍容的白色來代易舊服，不僅表現出禮教之式微，亦由此觀得亂世的衰變之象。此外，魏明帝於衣著儀容上亦不甚著意，其「著繡帽，披縹紈半袖」以見臣子，楊阜即諫「此禮何法服邪！」，《晉書》中更予以非議云：「夫縹，非禮之色。褻服尚不以紅紫，況接臣下乎？人主親御非法之章，所謂自作孽不可禳也。」，〔註131〕貴爲皇帝的武帝、明帝，均不以禮制衣，於儀容上隨意爲之，上行下效，臣下與百姓的衣著儀表亦輕易改易而不依禮制。國體與文化風尙上的多變，可由當代士人之儀表中窺見。

　　魏晉時期這種隨意改易而不以禮法爲尙的衣著，與儒家講究隨時合宜的衣著與持中的儀容觀有著顯著之差異，《晉書》中記載吳婦人之儀容，即以其急束其髮，操束太急，而失中道：

> 吳婦人修容者，急束其髮而劗角過于耳，蓋其俗自操束太急，而廉隅失中之謂也。故吳之風俗，相驅以急，言論彈射，以刻薄相尙。

〔註130〕范曄：《後漢書》（臺北：新陸書局，1964年1月），卷100，〈列傳第六十・郭太傳〉，頁836。

〔註131〕楊家駱編：《新校本晉書》，冊2，卷27，〈志第十七・五行上〉，頁822。

失中之儀，足以表國之大體，晉武帝時之衣著形式，以其上下不合比例，而
被認為有失大體：

> 武帝泰始初，衣服上儉下豐，……至元康末，婦人出兩襠，加乎交
> 領之上，此內出外也。為車乘者苟貴輕細，又數變易其形，皆以白
> 篾為純，……

《晉書》中對於衣服的「上儉下豐」，以為是「君衰弱，臣放縱，下掩上之象」，
而對以白篾為純，數度變易其形以求輕細之衣著，以其為「古喪車之遺象也」，
干寶甚至以為是晉之禍徵。此外，衣服之制上長下短，亦為干寶所不取：

> 孫休後，衣服之制上長下短，又積領五六而裳居一二。干寶曰：「上
> 饒奢，下儉逼，上有餘下不足之妖也。」〔註132〕

魏晉時期於服飾上喜新厭舊、汰換快速而不合禮法，於妝扮上亦是朝行暮改
的追求新異，無論男女，皆以外在儀容的修飾為重。

　　士人一方面重視衣著之修飾；一方面也對己身姿容予以精細地雕琢。對
儀容完美的追求，使魏晉男子熱衷以化粧術修飾容貌，時興塗抹脂粉以修飾
肌膚，使皮膚光滑白皙。傅粉之風在名士間形成風尚，如何晏的「動靜粉白
不離手，行步顧影」，此時男子以面白膚嫩、容儀細緻為美，裝扮如女子般柔
美。《世說新語・容止》篇中的記載，多是對於男子儀容之美的稱讚，形容男
子之儀容美好如玉、膚如白玉，甚而直接以「玉人」、「璧人」稱之。或以「雋
爽」、「有雋容儀」、「雋容姿」、「有美容」、「有姿容」、「美姿儀」、「容貌整麗」、
「有美形」形容男子之美貌。王右軍即讚嘆杜弘治「面如凝脂，眼如點漆」，
讚其有如神仙中人。而「有雋容姿」的裴令公，即使於病中勉強回視，亦使
人心曠神怡，可見其姿容之美。

　　士人品鑑人物時，以「膚如凝脂」或是「粗服亂頭皆好」等形容絕世美女
之辭彙來形容男子之美，可以看出不論是士人在裝扮或思想上，均踰越儒家傳
統禮教之見解，而有著新異之思想。儒家威儀且中庸的道德取向之身體形象在
此不復見，代之以純任氣質與天賦之美的身體形象。魏晉士人對於身體之美的
追求，可以是純任容貌上的麗質天生，亦可以是氣質高妙之玄學風韻，甚而向
真貴我的自然質性之追求，士人亦以為美。故其美的追求，是多元而尚個體之
獨特性的，這種各自為美的百花齊放之身體觀點，亦顯示出當時多元而不拘於

〔註132〕以上三段引文見楊家駱編：《新校本晉書》，冊2，卷27，〈志第十七・五行上〉，
　　　　頁 823～825。

一尊的文化特質，顯現士人多變而又具包容力的思想特質。

在衣以表小體的層面上，士人的衣著變異快速，不合禮制而隨新日變，顯示了個人自覺的興起與禮教規範的式微，在多元的文化背景下，士人享受著自由與多彩的儀容之變換。而重身的思想背景，又使士人重視身體的外在享樂，衣著不再是遮蔽身體與禮教中道德修爲之展現，而是流行與美觀之表現，儀容與衣著上的純任美感與隨興，顯示士人在身體美學上的超越前代，士人更因「貴我」而重視己身獨特之美。

在衣以表大體的層面上，魏晉的衣著與儀容觀體現其國體之傾頹。魏晉時期的儀容觀表現爲多元與反禮，此外，士人處於此亂世中，由偏安與自我安慰之心態轉而爲及時行樂之作爲，這可以由《晉書‧五行志》中的一則文章中看出：

> 太康中，天下爲《晉世寧》之舞，手接杯盤而反覆之，歌曰「晉世寧，舞杯盤」。識者曰：「夫樂生人心，所以觀事也。今接杯盤於手上而反覆之，至危之事也。杯盤者，酒食之器，而名曰《晉世寧》，言晉世之士苟偷於酒食之間，而知不及遠，晉世之寧猶杯盤之在手也。」〔註133〕

所謂「樂生人心，所以觀事也」，以杯盤酒食之器於手中反覆把玩，而吟唱《晉世寧》以舞之，正如其時士人以奇特變異之服爲儀容之表，均代表著國體的不正與變異，士人於酒食之間求得滿足，於儀容上求新求變，追求耳目聲色的極致之娛時，同時也顯現出此時期朝代的衰頹與變換之速。

三、寬緩而奢華——魏晉儀容觀所展現的身體意象

魏晉士人對身體儀容的觀點，明顯異於儒家中庸合宜之儀容觀。士人以享樂爲主導的思想，源於對身體的重視與愛惜，既愛身，則惜之，對於身體儀容之態度，不以束縛爲主，而主張寬緩舒適。

衣著儀表既爲身體服膺禮教規範之表現，對身體的合宜覆蓋與不暴露即象徵個人的良好教養與對他人之尊重。〔註134〕國家對人民衣著上的規範象徵

〔註133〕楊家駱編：《新校本晉書》，冊2，卷27，〈志第十七‧五行上〉，頁824。
〔註134〕儒家禮教主張於沐浴而體未乾時亦著「明衣」，避免身體的暴露。《論語》中云：「齊，必有明衣，布。」注引皇《疏》語：「齋浴時所著之衣也，浴竟，身未燥，未堪著好衣，又不可露肉，故用布爲衣，如衫而長身也。著之以待身燥。」（宋）朱熹集註、蔣伯潛廣解：《語譯廣解四書讀本》（臺北：啓明書

著對人民行使統治權，在這個前提下魏晉士人往往以裸露身體表達對統治權
力的反抗。

此外，衣著冠冕亦為對身體之束縛，衣冠雖能蔽體，也能束縛身體。〔註135〕
在《禮記》中對士人的儀容服飾有全面的規範，包括服色、質料、文飾，和時
間、空間等不同的要求，在〈坊記〉中記載了：「夫禮者，所以章疑別微，以為
民坊者也。故貴賤有等，衣服有別，朝廷有位，則民有所讓。」，〔註136〕衣冠
是實行禮的基礎，貴賤之差異，需靠衣冠服裝等來區分，「故冠而後服備，服備
而後容體正，顏色齊，辭令順。」，〔註137〕只有在「容體正，顏色齊，辭令順」
時，才能夠「禮義備」。儒家的衣冠之制不止在區分貴賤，於不同的地點與時間，
亦有嚴格的衣冠之制，例如對父母的衣著上，「為人子者，父母存，冠衣不純素。
孤子當室，冠衣不純采。」，〔註138〕人子於父母健在時不用白色之冠飾衣緣，
嫡子於父去世完喪後不以彩布緣飾衣邊。禮教不僅於特殊時刻對衣著有特殊規
範，於日常晨昏定省中，亦有嚴格之要求，〔註139〕這說明了禮教規範下的衣著
儀容，對身體是一種繁複而多重的束縛。

魏晉時期一反儒家嚴謹之冠帶服飾，崇尚寬衣、木屐，對身體的束縛減

局，出版日不詳），頁 142。

〔註135〕衣著與佩玉對於身體具有規範的功能，在《禮記・玉藻》中云：「君子在車則
聞鸞、和之聲，行則鳴佩玉，是以非辟之心無自入也。君在不佩玉，左結佩，
右設佩。……君子無故玉不去身，君子于玉比德焉。」李學勤編：《十三經注
疏・禮記正義》，卷 30，〈玉藻〉，頁 914。此外，祭祀時的冠冕亦對穿戴者的
身體施以約束，使其行動嚴謹。冕冠上垂掛之玉珠除以表明身份外，亦以遮
擋視線，使目不視邪。於兩耳附近垂下的「充耳」（瑱），亦為了「止聽」，具
有道德的象徵意義。冕冠前後之垂旒與兩旁之垂珠僅靠玉笄與絲帶固結，亦
有約束身體正襟危坐之作用。詳見周汛、高春明：《中國古代服飾大觀》（重
慶：重慶出版發行，1995 年 3 月 1 版），頁 4。

〔註136〕李學勤編：《十三經注疏・禮記正義》，卷 51，〈坊記第三十〉，頁 1403。

〔註137〕李學勤編：《十三經注疏・禮記正義》，卷 61，〈冠義第四十三〉，頁 1614。

〔註138〕李學勤編：《十三經注疏・禮記正義》，卷 1，〈曲禮上第一〉，頁 31〜32。

〔註139〕在《禮記・內則》中記載晨起時兒子的侍奉父母：「子事父母，雞初鳴，咸
盥、漱、櫛、縰、笄、總，拂髦、冠、緌、纓、端、韠、紳，搢笏。左右
佩用，左佩紛帨、刀、礪、小觽、金燧。右佩、玦、捍、管、遰、大觽、
木燧。偪、屨、著綦。」兒媳婦侍奉公婆亦有另一套衣飾規範：「婦事舅姑，
如事父母，雞初鳴，咸盥、漱，櫛、縰、笄、總，衣紳。左佩紛帨、刀礪、
小觽、金燧，右佩箴、管、線、纊、施縏帙，大觽、木燧、衿纓、綦屨。
以適父母舅姑之所。」李學勤編：《十三經注疏・禮記正義》，卷 27，〈內則
第十二〉，頁 829〜831。

輕。雖然這種衣著形式，有一部份是受了胡風與服藥的影響所致，〔註140〕但是魏晉時期的寬大服飾，與士人崇尚身體自覺，重視身體感受與解放欲望的思想相符合。寬大自由的服飾，象徵著對身體之解放，也反映出重身、貴我的思想下，對身體之寬容以待。

魏晉士人放曠自適成為風尚，當時流行的服飾，明顯帶有時代色彩與士人思想的影響。追求身體自覺的士人，於衣著上要求放寬束縛，於儀容上要求隨意自適。

魏晉時期出現一種較漢代更為舒適方便的服裝，取代漢代流行之「袍」，袍的衣領以交領為主，衣服多為雙層，較為厚重，袖子呈圓弧型，袖口窄小。而魏晉時出現的「衫」衣則與袍相反，其衣領以直襟為主，衣為輕薄的單層，袖子呈垂直型，袖口非常寬敞。衫的使用比袍更為方便，夏天時，衫襟可以用帶子綁起，使二邊的直襟相聯，亦可不繫帶子，使襟口自然敞開，隨意袒胸露肚，穿著上更加舒適。在江蘇南京西善橋出土的「竹林七賢和榮啓期」的磚印壁畫中，八位士人均穿著衫衣，有的還袒露胸部。〔註141〕此外，秦漢男子的袍服袖端大都有一收斂的袖口，叫「祛」，但魏晉時期的寬衫則省去此種袖口，袖端寬敞，〔註142〕使身體的活動更為便利。

晉武帝時衣著「上儉下豐」，上衣雖較為合體，但裙子部份卻十分寬大。至晉末而「皆冠小而衣裳博大，風流相放，輿台成俗。」，〔註143〕在《顏氏家訓・涉務篇》中亦云：「梁世士大夫，皆尚褒衣博帶，大冠高履。」，〔註144〕說明了這種「峨冠博帶，風流相放」的服飾之風，一直是晉至南朝時期的主流。士人於衣著上漸趨寬大，以舒適為主，不主張束縛身體。

儒家禮教對衣著有嚴格要求，甚至於獨處、沐浴時均有專門的衣著規範，魏晉士人在獨處時則顯得較為自由鬆散，不戴冠帽而施以巾、帽。〔註145〕漢

〔註140〕服用寒食散會引發皮膚搔癢與易破之過程，是以時人尚寬衣與忌著新衣。詳見魯迅：〈魏晉風度及文章與藥及酒之關係〉，載於魯迅、容肇祖、湯用彤著：《魏晉思想（乙編二種）》，臺北：里仁書局，1995年8月，頁8～9。

〔註141〕參考自周汛、高春明：《中國古代服飾大觀》（重慶：重慶出版發行，1995年3月1版），頁281。

〔註142〕參考自繆良云編：《中國衣經》（上海：上海文化出版社，2000年4月），頁38。

〔註143〕楊家駱編：《新校本晉書》，冊2，卷27，〈志第十七・五行上〉，頁826～827。

〔註144〕王利器撰：《顏氏家訓集解：增補本》（北京：中華書局，2002年8月3刷），卷4，〈涉務第十一〉，頁322。

〔註145〕「巾，以葛為之，形如 而橫著之，古尊卑共服也。故漢末妖賊以黃為巾，

末、魏晉時期，士人為了追求舒適流行戴頭巾，三國時諸葛亮頭戴綸巾指揮三軍，東晉陶淵明隱居時常戴一頂葛巾，還「取頭上葛巾漉酒」，〔註146〕後來甚至將需要繫裹的頭巾縫成帽子狀，省去繫裹之煩。

　　士人追求舒適，甚至於朝廷之上亦頭戴帢帽。帢帽的流行，一方面以連年征戰而內憂外患不斷，無力講究漢代之嚴整的冠冕衣裳制度；另一方面，在身體自覺與解放的觀念下，士人尚自適而選擇較為舒適的衣冠。魏武帝曹操襲用古人輕便實用之鹿皮弁，代之以縑帛而製出尖頂、無襜，前有縫隙的首服，名為「帢」，甚至穿著「帢」以接見賓客。在《三國志》中記載：「太祖為人佻易無威重，……被服輕綃，身自佩小鞶囊，以盛手巾細物，時或冠帢帽以見賓客。」，〔註147〕帢帽取代正式冠帽，成為魏晉士人主要的首服。〔註148〕

　　婦女儀容上亦求變化，發展出花樣繁複的各種髮式，〔註149〕於髮式的新變外，亦追求舒適而不受拘束的束髮方式。永嘉年間，婦女髮披於額，東晉太元年間，女子戴假髮的風氣盛行，自宮中至民間，婦女們都流行穿戴假髮：

　　　　太元中，王公婦女必緩鬢傾髻，以為盛飾。用髮既多，不可恒戴，

世謂黃巾賊。帽名猶冠也，義取於蒙覆其首，其本纚也。古者冠無幘，冠下有纚，以繒為之。後世施幘於冠，因或裁纚為帽。自乘輿宴居，下至庶人無爵者皆服之。……而江左時野人已著帽，人士亦往往而然，但其頂圓耳，後乃高其屋云。」可以見得巾與帽皆非正式之冠服，為野人或閒居時的穿戴之物。楊家駱編：《新校本晉書》，冊1，卷25，〈志第十五‧輿服〉，頁771。

〔註146〕楊家駱編：《宋書》，冊3，卷93，〈列傳第五十三‧隱逸附陶潛傳〉，頁2288。後人稱之為「漉酒巾」，唐顏真卿《咏陶淵明》一詩中提到：「手持《山海經》，頭戴漉酒巾。」牟融在《提孫君山亭》詩中云：「閒來欲著登山屐，醉裏還披漉酒巾。」都是以此為典故之例子。

〔註147〕陳壽撰、裴松之注：《三國志》，卷1，〈魏書‧武帝記第一〉注引《曹瞞傳》，頁54。

〔註148〕《晉書》中關於帢的其他記載，有海西公「著白帢單衣，步下西堂，乘犢車出神獸門」、陸機「機釋戎服，著白帢，與秀相見，神色自若」、寔弟茂「氣絕之日，白帢入棺」，記載中大多為廢帝時或被釋兵權，抑或臨死之前脫去朝服以明己志的行為，可以見得帢非一種正式而莊重的服飾。詳見楊家駱編：《新校本晉書》，冊1，卷8，〈帝紀第八‧海西公〉，頁214；冊2，卷54，〈列傳第二十四‧陸機傳〉，頁1480；冊3，卷86，〈列傳第五十六‧張軌傳附茂傳〉，頁2233。

〔註149〕此時期髮髻式樣，於魏有靈蛇髻、反綰髻、百花髻、芙蓉歸雲髻、涵烟髻；晉有纈子髻、墮馬髻、流蘇髻、翠眉惊鶴髻、芙蓉髻；南朝時有飛天紒、回心髻、歸真髻、郁葱髻、凌雲髻、隨雲髻；北朝少數民族則有叉手髻、偏髻髻等。參考自張承宗、魏向東：《中國風俗通史——魏晉南北朝卷》（上海：上海文藝出版社，2001年11月），頁79。

乃先於木及籠上裝之，名曰假髻，或名假頭。至於貧家，不能自辦，
自號無頭，就人借頭。〔註150〕

假髮可於籠上先行梳理完畢再戴，稱爲「假頭」。假髮早於先秦時期即出現，
在《事物原始》中記載：「婦人寡髮，假人之髮以爲己髮，名曰假髮。」，婦
人以頭髮稀少而假他人之髮來裝扮自己。在《左傳·哀公十七年》中亦記載：
「公自城上見己氏之妻髮美，使髡之，以爲呂姜髢。」，〔註151〕衛莊公見己氏
妻之髮豐盛而令其剪下，以裝飾己妻。「髢」、「髮」、「被錫」爲先秦時假髮的
稱謂，此時假髮之用處，多爲遮掩稀疏之髮，使其豐厚。至魏晉時期，假髮
風氣的興盛，反映出婦女對身體裝飾的新觀點，假髮在此時成爲身體裝飾的
一種，而不純粹爲掩飾稀髮。

此時期對儀容裝扮的重視，使髮式之變化亦成爲一種時尚。一方面假髮
更換髮型十分快速，滿足魏晉時人求新求變的嘗鮮心態；另一方面，假髮亦
提供婦女身體活動上的自由與便利性。婦女一旦於晨間梳理好頭髮，其行動
即受限制，於一天的活動中，無法隨意躺臥，對於崇尚身體自由之時人，無
異是束縛與折磨。假髮成了兼顧愛美、時尚與身體自由之權變方法，既可保
持容貌上的亮麗與流行；亦兼顧了身體上行動之自由。

當時亦有流行自北方民族的褲裝傳入，袴褶原被當成軍服使用：「袴褶之
制，未詳所起，近世凡車駕親戎、中外戒嚴服之。服無定色，冠黑帽，綴紫
摽，摽以繒爲之，長四寸，廣一寸，腰有絡帶以代鞶。」，〔註152〕此種上身著
褶衣，下身爲褲裝之裝扮，爲北方遊牧民族方便騎射之衣著。傳入後，因其
便利性，使用於軍裝與緊急之時，但後來亦運用於士人平時的服飾打扮之中。
此種褲管寬大的服裝，以其舒適簡便，而十分流行，在《三國志·呂範傳》
中記載，「範出，更釋褠，著袴褶，執鞭，詣閣下啓事，自稱領都督，策乃授
傳，委以眾事。」，〔註153〕《晉書·楊濟傳》云：「濟有才藝，嘗從武帝校獵
北芒下，與侍中王濟俱著布袴褶，騎馬執角弓在輦前。」。〔註154〕在謝沈居母

〔註150〕楊家駱編：《新校本晉書》，冊2，卷27，〈志第十七·五行上〉，頁826。
〔註151〕杜預註：《春秋經傳集解》（臺北：新興書局，1972年，相臺岳氏本），卷30，
〈哀公下·十七年〉，頁419。
〔註152〕楊家駱編：《新校本晉書》，冊1，卷25，〈志第十五·輿服〉，頁772。
〔註153〕陳壽撰、裴松之注：《三國志》，冊5，卷56，〈吳書·呂範傳〉中引《江表傳》
語，頁1310。
〔註154〕楊家駱編：《新校本晉書》，冊2，卷40，〈列傳第十·楊駿傳附濟傳〉，頁1181。

喪時，他「聲樂酣飲」，且「衣冠既無殊異」，因其著時人普遍穿著的袴褶，使眾人不知其正居母喪。〔註155〕由此可知，在當時褲褶爲士人日常穿著之服飾。甚至連婦女亦因其便利性而廣泛穿著，在《太平御覽》中記載：「西河無蠶桑，婦女以外國異色錦爲袴褶。」，〔註156〕袴褶之所以被稱爲「急裝」，相對於一般的「緩服」，〔註157〕自是因其方便性與機動性。褲裝的普遍流行，說明了士人於儀容裝扮上崇尚簡易輕便之風。

鞋履方面，魏晉時期流行穿屐，當時雖亦有正式的履，但士人爲求輕便往往著屐。六朝是木屐的全盛時期，士人著木屐之記載散見於各典籍中，最著名的是謝安於獲得淝水之戰捷報時折斷屐齒故事，謝靈運的登山屐亦傳頌千古。《顏氏家訓・勉學》篇中記載貴族子弟「跟高齒屐」，可見士人以屐爲日常穿著。〔註158〕著屐亦代表魏晉時人空疏狂放、恣縱輕慢之風度，爲當時最具代表性的足衣。

士人在服飾上減低對身體的束縛，於服裝的色彩上，亦追求顏色之解放。源於外族文化傳入，服裝上講求色彩鮮明、豔麗，單一色調的服飾風格不再流行，而「丈夫好服綵色」。〔註159〕衣著之花樣與色彩豐富，裝飾日益講究，兩晉十六國時期流行一種名爲「間色裙」的裙子，將二種以上顏色的布料間隔縫製而成，數種顏色相間隔地展示於同一條裙子上，色彩豐富而鮮艷。〔註160〕

除顏色外，重視裝扮的魏晉時人對衣裙上的紋飾也頗講究，奢侈華麗之風瀰漫。此時婦女竟尚富麗，對打扮極盡奢華之能事，所用質料華貴而名目繁多。婦女之首飾亦尚奢華，曹植於〈洛神賦〉中描寫婦女飾品之華麗：「奇服曠世，骨像應圖，披羅衣之璀璨兮，珥瑤碧之華琚，戴金翠之首飾，綴明珠以耀軀，

〔註155〕當時以「內外戒嚴，普著袴褶。」楊家駱編：《宋書》，冊3，卷72，〈列傳第三十二・文九王附巴陵哀王休若傳〉，頁1883。
〔註156〕李昉等撰：《太平御覽》，冊3，卷695，〈服章部十二・袴褶〉引《西河記》，頁3104。
〔註157〕「及（劉）湛被收之夕，上開門召慶之，慶之戎服履鞾縛綺入，上見而驚曰：『卿何意乃爾急裝？』慶之曰：『夜半喚隊主，不容緩服。』」楊家駱編：《宋書》，冊3，卷77，〈列傳第三十七・沈慶之傳〉，頁1996。
〔註158〕有些士族自恃爲高門，於正式場合亦著屐出席，如於《南齊書・虞玩之傳》中記載著：「太祖鎮東府，朝野致敬，玩之猶躡屐造席。」，蕭道成不以爲意，甚至觀看其木屐，虞玩之亦得意聲稱「著已二十年」。
〔註159〕楊家駱編：《新校本魏書》，冊2，卷58，〈列傳第四十六・楊播傳附弟椿傳〉，頁1289。
〔註160〕周汛、高春明：《中國古代服飾大觀》，頁348～349。

踐遠游之文履，曳霧綃之輕裾。」；〔註161〕於〈美女篇〉中亦云：「攘袖見素手，皓腕約金環。頭上金爵釵，腰佩翠琅玕。明珠交玉體，珊瑚間木難。羅衣何飄飄，輕裾隨風還。」。〔註162〕繁欽於〈定情詩〉中亦對女子的華服有所描寫，其以「綰臂雙金環」、「約指一雙銀」、「耳中雙明珠」、「香囊繫肘後」、「繞腕雙跳脫」、「佩玉綴羅纓」、「素縷連雙針」、「金薄畫帬頭」〔註163〕摹寫女子繁複之裝扮。晉代傅玄於〈有女篇〉中亦以「頭安金步搖，耳繫明月璫，珠環約素腕，翠羽垂鮮光。」〔註164〕寫女性之裝扮；張華則對貴族奢侈之裝扮多所描寫：「……被服極纖麗。……婢妾蹈綾羅。……橫簪刻玳瑁，長鞭錯象牙。足下金鑮履，手中雙莫耶。」。〔註165〕由詩人對婦女裝扮的描寫，窺見當時儀容裝扮上的繁複與奢華。

　　士人於容貌與打扮上的標新立異，顯示出魏晉時期不同以往的思考模式。士人立意新奇，服飾裝扮一月數變，思想上跳脫僵化與一元思維，在馬縞的《中華古今注》中云：

> 魏宮人好畫長眉，令作蛾眉驚鶴髻。魏文帝宮人絕所愛者，有莫瓊樹、薛夜來、陳尚衣、段巧笑，皆日夜在帝側。瓊樹始制為蟬鬢，望之飄渺如蟬翼，故曰「蟬鬢」。巧笑始以錦衣絲履作紫粉拂面。尚衣能歌舞，夜來善為衣裳，皆為一時之冠絕。〔註166〕

宮女不以時尚為足，自己發明奇趣，發明許多新奇裝扮，從長眉，至蛾眉驚鶴髻、蟬鬢、以錦衣絲履作紫粉拂面等，在外貌裝扮上有許多巧思。當時婦女無不挖空心思修飾外貌，這種尚新奇之風氣，反映出思想上的開放與包容性。

　　尚新奇而主寬緩舒適的儀容觀，顯示出魏晉士人於身體觀點上的不同以往。儒家名教規範下的身體需符合禮教，衣著與儀容的整飭，代表了禮教對

〔註161〕嚴可均校輯：《全上古三代秦漢三國六朝文》，冊2，《全三國文》，卷13，〈陳王植・洛神賦〉，頁1122～1123。

〔註162〕逯欽立輯校：《先秦漢魏晉南北朝詩》，上冊，〈魏詩卷六〉，〈陳思王曹植・樂府・美女篇〉，頁432。

〔註163〕逯欽立輯校：《先秦漢魏晉南北朝詩》，上冊，〈魏詩卷三〉，〈繁欽・定情詩〉，頁386。

〔註164〕逯欽立輯校：《先秦漢魏晉南北朝詩》，上冊，〈晉詩卷一〉，〈傅玄・有女篇〉，頁557。

〔註165〕逯欽立輯校：《先秦漢魏晉南北朝詩》，上冊，〈晉詩卷三〉，〈張華・輕薄篇〉，頁611。

〔註166〕馬縞：《中華古今注》卷中「魏宮人長眉蟬鬢」條，中華書局《四部備要》本。轉引自《中國風俗通史——魏晉南北朝卷》，頁99。

身體的約束。魏晉士人重身貴身，一改衣著約束身體、整頓儀容之觀點，為衣以「適」體，以寬緩之衣符合身體求舒適之要求，並盡量滿足身體欲望，求美與尚奢華之風氣，道盡士人對身體欲望的寬容。士人以重身並主樂生，故於身體的儀容之經營上，不同於威儀而樸素的儒家身體意向，呈現出一種寬緩且奢華之形象。

四、以玉喻體──玉化的身體

　　玉於中國為高貴之象徵，儒家於修身或品德修養上，往往以玉代表高潔之德性。於儀容觀上，士人不僅需於容行上修養，使其身體呈現出如玉的溫潤之質；此外，佩帶玉器亦使士人得以節制其行動，從而顯現出優雅而從容不迫之舉止，達到節制身體的作用。在《禮記·玉藻》中對君子之配玉有所說明：

　　　　古之君子必佩玉，右徵、角，左宮、月，趨以《采薺》，行以《肆夏》，
　　周還中規，折還中矩，近則揖之，退則揚之，然後玉鏘鳴也。〔註167〕
君子佩帶由玉珩、玉璜、玉琚、玉瑀和沖牙等串合為一之玉佩，〔註168〕佩玉而行走之時，右邊的佩玉發出合乎五音中徵、角的聲音；左邊的佩玉發出合乎宮、羽的聲音。其音合於韻律，走在寢門外至應門的路上之音與《采薺》之樂節相應，行走在寢門外至堂的路上之音與《肆夏》之樂節相合。轉身時，其路線需呈圓形，轉彎時，行走之直線要呈直角。如此則玉佩所發出的碰撞聲，會隨佩帶者身體之運行律動而發出有節奏之樂音。君子佩玉時，需節制規範其行動舉止，以免發出失禮或不悅耳之聲響。

　　佩玉不但為地位之象徵，亦有著約束身體之作用。行進中的玉佩聲響若如樂音般美好，顯示士人之身體為節制而中矩的，「鳴玉而行」而有一種「中和」之境界，此時之儀容，必定也是不急不躁地合於中庸之道。玉佩對於身

〔註167〕李學勤編：《十三經注疏·禮記正義》，卷30，〈玉藻〉，頁913～914。
〔註168〕組佩即是將形狀相異的玉佩以彩綫穿組為串，繫於腰間。「大佩」（雜佩）為組佩中最貴重者，為玉珩、玉璜、玉琚、玉瑀等串合為一體之佩飾。珩字又寫作「衡」，形多呈拱形，置於大佩上部，於兩端或中間鑽以一孔，下級以蠙珠、琚瑀等物。琚、瑀均為白玉制之圓珠，蠙珠則為蚌珠（珍珠），其作用為串連珩、璜及沖牙。「璜」形為半個玉璧，多位於大佩底部，與沖牙并列。沖牙形狀為牙狀，是由歞牙演變而來的一種玉佩。參考自周汛、高春明：《中國古代服飾大觀》，頁380～381。

體的節制作用，有如禮教對儀容的規範作用一般；另一方面，士人的身體亦藉著對禮教與佩玉的良好服膺，而得以彰顯其價值。是以玉器在古代中國，與君子的修身脫離不了關係，更與君子的內在品德有很大的關聯。

　　玉以質美而成為君子德性之象徵，儒家思想以為「君子以玉比德」。在《荀子‧法行篇》中記載子貢問孔子，何以君子貴玉而賤珉，孔子答云：

> 夫玉者，君子比德焉。溫潤而澤，仁也；縝栗而理，知也；堅剛而不屈，義也；廉而不劌，行也；折而不撓，勇也；瑕適並見，情也；扣之，其聲清揚而遠聞，其止輟然辭也。故雖有珉之雕雕，不若玉之章章。《詩》曰：『言念君子，溫其如玉。』，此之謂也。

〔註 169〕
孔子以玉之各種特質得配君子之德性，玉之色溫潤而柔和，如君子之仁德；玉質地堅硬具有紋理，如君子有智慧而處事果斷又文通理順；玉堅韌之質，如君子之義般剛直不屈；玉有廉棱而不傷物，如君子之行誼般有德而不傷人；玉之可攝磨而不輕易屈撓，似君子之勇；玉的瑕瑜互見，又似君子的誠實之情，不加隱瞞。玉的各種特質均能比於君子的良好德行，士人亦以如玉般高潔品格為修身之目標。在精神修養達致一定境界時，精神外貫於身，而使身體產生一種「玉化」之情形，〔註170〕「溫其如玉」即是形容君子於德性修養至一定程度後的如玉之身。當精神修養至一定高度時，身體往往散發出如玉之內斂而溫潤之光采，此為儒家所強調的「誠於中，形於外」，德行修而滿溢於外的精神之華。

　　道家思想中，玉亦為高潔之代表。《老子》第七十章中提到「是以聖人被褐懷玉」，指聖人不需外在的衣綉文彩，以內在本質的顯現為尚。道家以為聖人之內在精神如玉般高貴清明，晉代王弼對此注釋云：「被褐者，同其塵；懷玉者，寶其真也。聖人之所以難知，以其同塵而不殊，懷玉而不渝，故難知而為貴也。」，〔註171〕王弼解釋「懷玉者，寶其真也」，以玉代表人的真誠純樸之內在，內在本真的如實呈顯，於道家來說至為重要。道家以玉指人的自然本真，是一純樸而不被人為所污染的，如赤子之心般真切樸實的真實自我。〔註172〕道家以為處

〔註169〕謝墉、盧文弨集解：《荀子集解》，卷下，〈法行〉，頁 118。
〔註170〕詳見楊儒賓：《儒家身體觀》（臺北：中研院文哲研究所，1996 年 11 月），頁 279～286。
〔註171〕王弼著、樓宇烈校釋：《老子周易王弼注校釋‧老子道德經注》（臺北：華正書局，1981 年 9 月），下篇，〈七十章〉，頁 176～177。
〔註172〕雖於《老子》第三十九章中提到了「不欲琭琭如玉，落落如石」，但其並非指

人世間而不被污染破壞的人心，就如同玉一般地美好而眞誠。

　　道家以玉表自然之質樸；儒家以玉表道德之高尙，無論是自然或人爲，先天或後天，玉於儒、道二家來說，均代表著高尙的人品與精神，其象徵的精神高度是不容置疑的。

　　相對於儒、道二家將玉賦予一定的精神高度，以區別於形下的肉體。魏晉士人對玉的觀點卻發生了變化，士人直接將玉比附於身，甚至將身體予以玉化了。

　　魏晉士人以新穎的儀容觀點，對名士的賞譽與品評，多直接以玉喻體，以傳統代表精神光輝的玉，比擬形下之身體。阮籍於〈清思賦〉中，即云「厭白玉以爲面兮」，〔註173〕而在《世說新語‧容止》篇中記載當時對士人容貌上的品評：

> 潘安仁、夏侯湛竝有美容，喜同行，時人謂之「連璧」。（〈容止9〉）

> 裴令公有儁容儀，脫冠冕，麤服亂頭皆好。時人以爲「玉人」。見者曰：「見裴叔則如玉山上行，光映照人。」（〈容止10〉）

> 驃騎王武子是衛玠之舅，儁爽有風姿，見玠輒歎曰：「珠玉在側，覺我形穢！」（〈容止14〉）

> 有人詣王太尉，遇安豐、大將軍、丞相在坐；往別屋見季胤、平子。還，語人曰：「今日之行，觸目見琳琅珠玉。」（〈容止15〉）

> 魏明帝使后弟毛曾與夏侯玄共坐，時人謂「蒹葭倚玉樹」。（〈容止3〉）

> 王夷甫容貌整麗，妙於談玄，恒捉白玉柄麈尾，與手都無分別。（〈容止8〉）

> 王大將軍稱太尉：「處眾人中，似珠玉在瓦石間。」（〈容止17〉）

〔註174〕

德性而言，而爲老子之應世哲學。關於此句，歷代注釋不同，在王本注中云：「貴物以多而見賤。落落，石堅貌。石本賤物，以堅而自貞，是以兩不欲也。」在《後漢書‧馮衍傳》注云：「可貴可賤，皆非道眞。玉貌珞珞，爲人所貴，石形落落，爲人所賤，賤旣失矣，貴亦未得。言當處才不才之間。」此以莊子意釋老。參考自朱謙之：《老子校釋》（北京：中華書局，2000年9月5刷），頁163～164。

〔註173〕嚴可均校輯：《全上古三代秦漢三國六朝文》，冊2，《全三國文》，卷44，〈阮籍‧清思賦〉，頁1306。

〔註174〕以上引文見余嘉錫：《世說新語箋疏》，〈容止〉，頁609～614。

玉於古代為祭祀禮器，只有貴族才能擁有，中國的玉多產於新疆，質軟色白。故玉一方面代表高貴之物；一方面又是純白無瑕之象徵，且石美為玉，故玉於中國可說是姣好完美之象徵。珠於中國，亦為難得稀有之貴物，亦象徵姣白無瑕。魏晉士人以珠玉完美珍貴之特質形容面容姣好、白淨儁爽之美男子，如「蒹葭倚玉樹」、「如玉山之將崩」、「連璧」、「玉人」、「如玉山上行，光映照人」、「珠玉在側」、「琳瑯珠玉」、「似珠玉在瓦石間」、「璞玉渾金」等，均以珠玉等貴美白潔之物，比喻士人的完美外表。魏晉士人崇尚男子儀容之美，對於男子的美貌多持稱讚與欣賞的態度，士人將風姿形貌出眾的男子比喻為珠玉；容貌上平凡無奇的男子往往如同瓦礫。士人形容王夷甫的容貌整麗出眾，寫其皮膚白皙清透，如白玉柄般，如玉一般的美好膚質，將其身體進一步神聖化與美化了。不論此人的修養與人格如何，外貌上的美麗如玉，往往使其有著如玉般的高尚地位，而不同於瓦石般的凡人。

　　魏晉時男子的如玉之體，與道德修養或清明無瑕的本真無關，而純任是儀容上的美。士人在讚賞這些如玉般美貌的男子時，往往不考慮其內在品性或德性，而純粹地欣賞其體態上之美與氣質上之風度。在一些如玉的美男子中，只有少部份人如裴楷生活謹嚴而作風正派，有儒者風範，當他「出入宮省，見者肅然改容」，為一以致君堯舜為理想的有德之人。在權臣賈充當道時能公然指出其弊，於平吳之後，武帝「方修太平之化，每延公卿，與論政道，楷陳三五之風；次敘漢魏盛衰之迹」，使武帝稱善，坐者嘆服，於品行上具有高尚之風範而得以配儒家之玉德。但裴楷之所以被稱為玉人，並非因其德行高尚之考量，而是以其外表上的出眾，其「風神高邁，容儀俊爽」、「有儁容儀，脫冠冕，麤服亂頭皆好」、「如玉山上行，光映照人」，容貌姣美，以至於麤服亂頭皆美，顯示其先天姿質之美好，故而時人以玉喻之。〔註175〕

　　裴楷稱得上是內外皆美之人，但於德行上仍不無小疵。其他儀容如玉之男子，往往於德行上並不完滿，甚至傷風毀德。如「容貌整麗」且被視為「處眾中，似珠玉在瓦石間」的王衍，外表上十分出眾，有「盛才美貌，明悟若神」，

〔註175〕裴楷亦非於道德上完美無缺，其「不持儉素，每遊榮貴，輒取其珍玩。雖車馬器服，宿昔之間，便以施諸窮乏。……楷歲請二國租錢百萬，以散親族。人或譏之，楷曰：『損有餘以補不足，天之道也。』安於毀譽，其行已任率，皆此類也。」但以其於治國之政績上仍具有儒者濟世之心，而予以道德上較高之評價。以上引文見楊家駱編：《新校本晉書》，冊2，卷35，〈列傳第五‧裴秀傳附楷傳〉，頁1047～1050。

其「神情明秀，風姿詳雅」且氣質不凡，王戎曾誇讚他：「神姿高徹，如瑤林瓊樹，自然是風塵外物。」，但這樣的一個玉人，卻無德行，其愛好功名，又無治世之才，信口雌黃且貪生怕死，在其影響之下，世風「矜高浮誕，遂成風俗焉」，干寶感嘆世風之下，其以「由是毀譽亂于善惡之實，情慝奔于貨欲之塗。選者為人擇官，官者為身擇利，而執鈞當軸之士，……而世族貴戚之子弟，陵邁超越，不拘資次，悠悠風塵，皆奔競之士，列官千百，無讓賢之舉。」，〔註 176〕嘆世道之不存。王衍貪戀權位又懼怕連累，於愍懷太子被賈后誣陷時，逼女離婚以避禍，又為保全身家而作「狡兔三窟」之計，於國家危亡時，託言己非才而不願承擔責任。〔註 177〕其貪祿懼禍之行，使居官而不論世事之風氣大盛，後世王羲之、桓溫、陶弘景均以其為清談誤國之罪魁禍首。

王澄（269～312）更為狂放不羈，其「日夜縱酒，不親庶事，雖寇戎急務，亦不以在懷」，在與王衍共築三窟之計，而至荊州赴任時，旁若無人地「見樹上鵲巢，便脫衣上樹」。除縱酒外，又沈迷於投壺博戲，當他激起的流民杜弢起義時，仍然「無憂懼之意，但與機日夜縱酒，投壺博戲，數十局俱起」。又「殺富人李才，取其家資以賜郭舒」，其行導致「上下離心，內外怨叛」，但仍傲然自得而不思反省，以致於車載其尸還家時，劉琨以為「澄自取之」。〔註 178〕由這些不具德行的美男子看來，當時士人崇慕之如玉身體，並不包括德行方面的考量，純指外貌與儀表上之美。

自然的質性之美，若能加上玄理之氣質，則更高妙出眾。如玉之體雖多指儀容，但往往與玄學之素養互為表裏。玄學精神的外貫於身，使得白玉之體於體美之外，更有一種如神仙般地高妙之風度，為士人所欣賞。

當時的如玉之美男子，多於清談與玄學上的造詣精深，甚至連以儀軌自居，具有儒士風範的裴楷，亦善言談。其特精義理，擅長清談，使得聽者忘倦。其餘如「善名理、精老莊」的衛玠、「口中雌黃」的王衍、善於品鑑的王導、品目天下士人第一的王澄，均為通玄理、善清談之名士。清談帶給名士身體儀表有加分之功，精於玄理之人，往往能於儀表容貌上得到較高的評價。

〔註 176〕楊家駱編：《新校本晉書》，冊 1，卷 5，〈帝紀第五・孝愍帝〉引干寶語，頁 136。

〔註 177〕以上引文見楊家駱編：《新校本晉書》，冊 2，卷 43，〈列傳第十三・王戎傳附衍傳〉，頁 1235～1239。

〔註 178〕以上引文見楊家駱編：《新校本晉書》，冊 2，卷 43，〈列傳第十三・王戎傳附澄傳〉，頁 1239～1241。

甚至身體矮小而面貌尋常的王戎，因神采清秀而善於清談品鑑，其「善發談端，賞其要會」、「談子房、季胤之間，超然玄著」，以善於品評且佳言如屑，而得以平庸之貌，入琳琅珠玉之列。是以玉人除外形上的貌美之外，還要具備玄學素養與清談能力。具備談玄之能力，無形中帶有一種清高脫俗之感，提升己身之氣質，使自己不復如俗世中人。是以「玉人」代表一種身體上自然質性的體態膚質之完美，與玄理高妙的配合。

　　魏晉士人以無瑕白玉比喻美男子的外在儀容，將其身體玉化了。不只形容男子的膚白如玉，更進一步將其身體等同於玉，直接稱之為「玉人」、「玉樹」、「珠玉」、「連璧」、「璧人」。以玉喻身之思想，顯示出魏晉士人的思想重點，已由德性為重，轉而至以個人的身體為重，遂將高貴之玉比附於身，這在輕身體而重精神德性的前代思想中是不曾出現的。士人貴我而重身，欣賞天賦而自然質性之體，如玉之體顯現出一種自然賦予的資質之美。士人欣賞身體純粹的質性之美，而不帶道德上的要求，表現出魏晉士人追求一種美自為美的獨特身體觀。

小　結

　　魏晉士人處世變而求全身之道，其欲以莊子思想為寄托，但莊子淡泊欲望以養精神之思想，與當代士人重身之基調不符；儒家禮教思想之束縛身體與要求道德精神的提升，亦背於士人求現世之樂的想法。魏晉士人承接儒、道思想，卻又別開一路，以一種全然不同的觀點對待現世之身體。士人在注《莊子》時，雖承莊子遺生之思想，卻不走老莊忘形之理路，而主張遺生、忘憂而後可得生之樂，以「樂生」為處亂世與世變中的因應之道。其忘憂非為求得精神上的平靜，而是走向樂生之橋樑。士人以重身與樂生之二理路，建構出新變之身體觀點。

　　士人既知生之短暫，遂重視現世之身體並求生之樂，以為行樂須及時，要求生命之質與量的雙重提升。不但行樂須及時，養生亦求速效，士人藉由服藥之速效，以兼得行樂之實與壽命之延長，並以求仙道為兼得行樂與久壽之最終想望。

　　但士人的行樂，是在一種無奈的知命心態下為之，處亂世中之徬徨，與朝不保夕的悲哀，使藥與酒成為士人精神上之寄託。士人一方面藉由飲酒以

麻醉自身，避世亂與生之苦；另一方面，服藥爲士人在精神上帶來寄託，可以固現世行樂之身體，亦可以延續將來之壽命，採食仙藥與鍊丹服食成爲士人延續身體的希望寄託。但這種以藥與酒作爲基調的生命，充滿了虛幻性與病態性，呼應了當時思想中以變爲常的虛幻之基調。

士人一方面以重身而求生之樂；一方面面對無常之亂世，以身體之柔和應世，求保全其身。此無心圓融之處世作爲，亦爲士人重身思想之體現，因其重身，故求保身與不擾其精神。士人於精神上求「常」，使其外在容行不變，抑或於亂世中轉化形體以順世變，以保全身體。

但這種優雅從容之容行，有時往往是士人強加壓抑本然情性之結果。士人以容行不變之優雅構成社會之風尚，但此風尚對於人之自然情性又構成某種壓抑。士人處於社會之中，往往需要轉化思想或強加壓抑形體，以順應社會之標準。在這種情形之下，身體與社會是互相影響的。

精神與身體亦爲一相互流動之關係，士人的內在精神往往藉由身體以外顯。魏晉時期重視士人風姿氣韻之美，爲玄理精神的內化於身，而流顯於體。有別於儒家威儀之體與道家支離之體，魏晉士人的身體，透過精神的外顯，而呈現一種玄遠高妙的虛玄之體。

士人的重身思想，亦體現於當代的儀容觀點上，士人重身貴我，而使其儀容之修飾，少了對道德的服膺，而多了對於身體自然情性之舒展，對於自然情性的重視，亦使士人對於美有著不同的欣賞態度，成其多元性。講求適性全真的魏晉士人，雖欣賞男子外貌之美，對於土木形骸而具個人特色之人亦予以讚揚。美自爲美的思想，表達出魏晉士人個體自覺意識的興起，與對身體自然本質的重視。

士人於儀容上主張寬緩舒適，不取儒家對身體的嚴密而精整之衣著形式，主張純任自然而脫離衣著對人體的束縛，在道德禮教與身體抒放的拔河中，顯然地較爲重身而輕禮教之束縛。此種重身觀點亦反映在士人以玉喻身的思想上，異於儒家以玉喻德的重德性修養，與道家以玉喻真的重自然本真，士人以玉喻體，身體的自然之美，不需道德之加持，而是純任其質性之美。而以高貴之玉喻身，更顯示了身體於魏晉士人眼中的重要性。

此外，士人以樂生之思想，一反莊子之「不飾於物」，主張欲望的抒放，於儀容上講究奢華而修飾精整。士人的儀容觀點，於個體上反映出士人貴我與自適的觀點，重視自我而寬容己身之欲，於國家社會之大體上，卻反映出

國體之傾頹與禮教之式微。我們由史傳記載當時士人衣著儀容上的變異之速，窺見士人對於身體的新異觀點與國體之變動。《晉世寧》之歌舞，反映出魏晉士人於世變中，洞徹世事卻無力對應，欲把握現世之身，求現世之樂，而無奈地掩目以求樂之心態。

第三章　整全而流動之體

　　相較於西方身心二元的傳統，中國於形與神的觀點中，採取一種身心一元的思想，〔註1〕不認為靈魂或是精神、理性可以獨立存在，在《老子》中提到：「含德之厚，比於赤子」，〔註2〕「含德之厚」指精神上充實飽滿而無污染的狀態，為最自然的本真狀態，接近於道。老子視精神上的充盈為身體之厚德，其以「無知」為全身之手段，提出「塞其兌，閉其門。終身不勤」，〔註3〕以保全精神與身體之完整，強調身心之間的密切關聯性。

　　莊子重視精神上的逍遙，以精神的保全為重，在《莊子‧知北遊》中提到：

> 夫昭昭生於冥冥，有倫生於無形，精神生於道，形本生於精，而萬
> 物以形相生，……魂魄將往，乃身從之，乃大歸乎！〔註4〕

莊子以為道生精神，而精生形，形生萬物，有形之身與無形之精神皆由道而

〔註1〕（美）郝大維（Hall,D.L.）、（美）安樂哲（Ames,R.T.）以為心靈與軀體的對立在中國傳統中不存在，而中國哲學中的身體是一種「身心互滲的過程」。見氏著、施忠連譯：《漢哲學思維的文化探源》（Thinking From the Han）（南京市：江蘇人民出版社，1999 年 9 月），頁 35。西方在評論中國的醫學與哲學時，通常會強調一種身心合一的觀念，原因是中國思想中缺乏西方於人類狀態的論述中所具有的強烈二元性——聖潔的靈魂與墮落的肉體、無形的思想與物質的身體之間的強烈對立之特點。詳見栗山茂久著、陳信宏譯：《身體的語言——從中西文化看身體之謎》（The expressiveness of the body and the divergence of Greek and Chinese medicine），（臺北：究竟出版社，2001 年），頁 192。

〔註2〕朱謙之：《老子校釋》（北京：中華書局，2000 年 9 月 5 刷），55 章，頁 218。

〔註3〕朱謙之：《老子校釋》，52 章，頁 206。

〔註4〕郭慶藩輯、王孝魚整理：《莊子集釋》（臺北：華正書局有限公司，2004 年 7月），下冊，卷 7 下，〈知北遊第二十二〉，頁 741～746。

生，身與魂魄雖異形而同歸，形神同歸於道；同源於氣，而爲一體。〔註5〕其
於〈德充符〉中以更以德充於內；於外煥發於體，使身體成爲一精神寄寓之
處所，強調道德的外顯於身。

　　道家主張形神的合一與兼重，以精神的存養來保全身體。儒家孔子亦重
視身體與精神的平衡與互重，〔註6〕至孟子才較爲突顯精神的重要性而強調道
德與心，〔註7〕荀子在探討身心關係時，亦突出了心的重要性，在《荀子·解
蔽》中云：「心者形之君也，而神明之主也，出令而無所受令：自禁也，自使
也，自奪也，自取也，自行也，自止也。」，〔註8〕〈天論〉中也提到：「天職
既立，天功既成，形具而神生。」，〔註9〕他雖然以形體先形成而後有神生，
但他也強調，神爲「天君」，神統帥形，形爲神之附屬。此外在《管子·內業》
篇中亦提到：「我心治，官乃治；我心安，官乃安。」，〔註10〕在以精神修煉
爲主要修身方式的儒家傳統中，身體往往是精神修養後體顯的場所。〔註11〕

〔註5〕 關於莊子的形與精、氣之間的關係，賴錫三以爲道生精神——精神生精——
　　　　精生形——形形相生萬物，而（精）神爲氣之最純粹至精者：精爲氣之稍精
　　　　微者：形物爲氣之最粗者。詳見氏著：〈《莊子》精、氣、神的功夫和境界—
　　　　—身體的精神化與形上化之實現〉，《漢學研究》，第22卷第2期（2004年12
　　　　月），頁124～125。
〔註6〕 黃俊傑以爲孔子之所謂人，已兼包理性與情感，經驗與思辯，無法嚴格劃分
　　　　之。相關論述見氏著：〈中國思想史中「身體觀」研究的新視野〉，《MODERN
　　　　PHILOSOPHY》（2002年3月），頁56。
〔註7〕 葛紅兵以爲孔子已開始懸設與「身」對應「心」、「志」等精神性之虛踐概念，
　　　　並且試著用此概念表達與「身」之不同。是以其「實體論一元身體觀」中隱
　　　　含著「實體／虛體二元論身體觀」之因素，爲後代形成身心二元論與重道賤
　　　　身之思想提供了某種隱約之線索。此外，葛氏以爲儒家的氣、心外在於「身」，
　　　　是由身體外部進入「身」及操控、提升它。身體以其物質性，會妨礙人的升
　　　　華，需經過靜心、養氣之修煉而使「聖氣」貫注，才能「聖化」。相關論述見
　　　　氏著：〈中國思想的一個原初立場——公元3世紀前中國思想中「身」的觀念〉，
　　　　頁4～5。筆者認爲此論點有待商榷，孟子的確重神輕形，但其仍在一形神合
　　　　一之基礎上進行，其強調形、氣、心的合一，身體與道德結合，身體爲道德
　　　　之體現場域。氣、與心在身體內部作用，而以身體作爲外顯之場所。若是氣、
　　　　心於外作用於身體，則落入作者所謂的第三層面之外在驅力所作用的身體，
　　　　無視於身體本身之躍升與內驅能力。
〔註8〕 謝墉、盧文弨集解：《荀子集解》（臺北：新興書局，1963年12月再版），卷
　　　　下，〈解蔽〉，頁54。
〔註9〕 謝墉、盧文弨集解：《荀子集解》，卷下，〈天論〉，頁11。
〔註10〕管仲撰、房玄齡注：《管子》（臺北：臺灣商務印書館，1967年臺二版，四部
　　　　叢刊影印縮本），卷16，〈內業四十九〉，頁96。
〔註11〕楊儒賓將先秦時期的身體觀分爲二源三派，其中孟子的身體觀是指「踐形觀」

此後，在形神關係上，思想家們大多以重神輕形的理路去闡釋形神關係。身體此時被賦予了形而下的內涵，〔註12〕影響及於後代，漢代司馬談在《論六家要旨》中提到形神之間的關係：

> 凡人所生者神也；所托者形也。神大用則竭，形大勞則敝，形神離則死，死者不可復生，離者不可復合，故聖人重之。繇此觀之，神者生之本；形者生之具。〔註13〕

其承續神重於形之思想，以為人因有神而成為人，形體為精神所依附的器具，神一離形則死，而死不能復生，故聖人重神明。神雖為生之本，但「形神離則死」，形的重要性在於讓神依附，其於中國形神一體的基礎上重神。

魏晉玄學之初始，有劉劭的《人物志》以「以形顯神重神明」表現出一種形神相即之思想；正始玄學王弼以「貴無」思想標舉「神」之同時，亦主張形神相即而不離，以神統形而形中寓神，標示出身體的重要性；而後的郭象與張湛玄學，亦呈現出一種身心並重、形神兼濟的一元之思想。

此章以一整全而流動的身體觀為論述重點，首先闡述由漢代以來的氣化觀點所衍生的形、氣、神一體觀，以天、地、人皆為氣之化成，而互相溝通影響，氣的流動為溝通身體與天地自然間的管道，而人身與天體之間也有著某種相應之符應。次以魏晉時期對於養生的觀點為論述重點，養生的學說與實際運作，亦在一形神兼養的理路下進行。再則探討士人於文學藝術中的身體觀點，魏晉講以形寫神，於識人品鑑中講由形觀神，均為形神一體思想之表現。在對士人的品評與文學記載中，更可以看出身體全為精神的展現場域，在通徹玄理之後，精神氣韻往往流貫於士人之全體，顯現獨特之氣度，為魏晉時期獨特之踐形觀點。

之身體，主張人的身體為精神化之身體；而荀子的身體，乃「禮義觀」之身體，為一種社會化的身體。可以說，一為精神的內驅作用，自發的身體；一為社會規範的外在作用，為他律的身體。相關論述見氏著：《儒家身體觀》（臺北：中研院文哲研究所，1996年11月），第三章，〈論孟子的踐形觀──以持志養氣為中心展開的工夫論面相〉，頁129～172；第一章〈儒家身體觀的原型〉中第四節〈荀子的禮義身體觀〉，頁67～79。

〔註12〕謝有順以為中國在形神合一的基礎上，往往還是對身體的觀念有所貶抑，從古至今均有一套強大的壓抑身體之機制，認為身體為罪惡與欲望之發源地，該受約束、壓制與審判。相關論述見氏著：〈文學身體學〉，收錄於汪民安編：《身體的文化政治學》（開封：河南大學出版社，2004年7月二刷），頁197。

〔註13〕嚴可均校輯：《全上古三代秦漢三國六朝文》，冊1，《全漢文》，卷26，〈司馬談・論六家要旨〉，頁270。

最後，探討整全之體與流動之體的關係，在自然之大體與人身之小體上，存在著某種感應，即爲情，自然之節氣與變化，使人產生相感之情，而影響人身，情以氣之化成，而爲自然之大體與人身之小體的溝通管道；此外，對真情的重視與對自然之欲的容許，亦使人之小體與自然之大體間，有著相應的頻律。重情、樂生同爲魏晉士人掌握現世身體之存在感的方法，魏晉士人於洞察生非我有之際，以樂生與重情。

第一節　形、氣、神一體觀

形神不離爲中國身體觀之基調，此外，中國身體觀的特質在於「氣」〔註14〕的觀念，無論在生成論或醫學的觀點上，均以身體爲氣流貫之場域，〔註15〕並以氣爲形神的生成基礎，《孟子》中云：「氣，體之充也」；〔註16〕《管子·心術篇》中以爲「氣，身之充也」；〔註17〕《淮南子·原道訓》中亦以爲「氣者生之充也」，〔註18〕氣爲構成身體之基礎，人體中流貫著氣。〔註19〕

〔註14〕「氣」的概念可以上下其講，有形上義與形下義，形上義指先天之氣，爲未分陰陽之一氣；而形下義指後天氣，即陰陽二氣，二氣分殊而成之六氣。詳見賴錫三：〈《莊子》精、氣、神的功夫和境界——身體的精神化與形上化之實現〉，《漢學研究》，第22卷第2期（2004年12月），頁150。麥谷邦夫以爲張湛言氣，直接言人之「一氣」，與傳統的陰陽二分之氣的交會與沖和之氣不同，爲其特殊之處。收錄於小野澤精一、福永光司、山井涌等編、李慶譯：《氣的思想——中國自然觀和人的觀念的發展》（上海：上海人民出版社，1992年6月3刷），頁259～260。

〔註15〕石田秀實以爲臟、經脈之形體爲氣的住宿之場域，爲「作爲場域的身體」；流動於體內之氣才能賦予人機能與光輝，爲「流動的身體」。詳見氏著，林宜芳譯：〈由身體生成過程的認識來看中國古代身體觀的特質〉，載於楊儒賓編：《中國古代思想中的氣論及身體觀》（臺北：巨流出版，1993年），頁184～185。

〔註16〕焦循撰、沈文倬點校：《孟子正義》（北京：中華書局，2004年2月5刷），上冊，卷6，〈公孫丑上〉，頁196。

〔註17〕管仲撰、房玄齡注：《管子》，卷13，〈心術下第三十七〉，頁80。

〔註18〕何寧撰：《淮南子集釋》（北京：中華書局，1998年），上冊，卷1，〈原道訓〉，頁82。

〔註19〕關於身體中氣的認識，可參考蔡璧名：《身體與自然——以《黃帝內經素問》爲中心論古代思想傳統中的身體觀》（臺北：臺大文學院，1997年），第四章，〈氣的認識〉，頁191～275。此外，亦有石田秀實著，楊宇譯：《氣·流動的身體：中醫學原理與道教養生術》（臺北：武陵，1996年二刷）；張立文編：《氣》（北京：中國人民大學出版社，1990年12月）。

　　在以氣化成的基礎上，《莊子》以「形體保神」、「形爲神舍」之說，以精神內在於形體；形體爲精神寄寓之所之思想，溝通形神。荀子亦提出「形具而神生」之理論，以形體爲精神之本源，形神同源而同其生滅。

　　形神之所以不隔，以其同源於氣，無論是莊子云「人之生，氣之聚也；聚則爲生，散則爲死。……故萬物一也。」〔註20〕或是《管子》以「人，水也。男女精氣合，而水流形」，〔註21〕釋人之生成，均以氣爲萬物之根源。在《淮南子・精神篇》中亦提到：

　　　　……煩氣爲蟲，精氣爲人。是故精神天之有也，而骨骸者地之有也。

　　　　精神入其門，而骨骸反其根，我尚何存？〔註22〕

雖有煩氣與精氣之別，但萬物之根源皆爲氣，氣之清濁煩精化爲不同之萬物，本源皆爲氣爾。漢代思想家王充亦於《論衡》中云：

　　　　夫人（之）所以生者，陰、陽氣也。陰氣主爲骨肉，陽氣主爲精神。

　　　　人之生也，陰、陽氣具，故骨肉堅，精氣盛。〔註23〕

氣分陰陽而陽氣生爲精神；陰氣生爲骨肉，精神與肉體皆爲氣之陰陽形式的變化，合而爲人形。

一、形神相與爲一冥

　　魏晉承續漢代氣化論之觀點，於宇宙生成論上講氣化萬物；在身體觀點上以身爲氣之化成，這種自然質性的氣質之身不可後天改易。王弼即云「萬物之生，吾知其主，雖有萬形，沖氣一焉。」〔註24〕以氣爲構成天地與人的元素。阮籍於《達莊論》中云：

　　　　人生天地之中，體自然之形。身者，陰陽之積氣也；性者，五行之

　　　　正性也；情者，游魂之變欲也；神者，天地之所以馭者也。〔註25〕

〔註20〕郭慶藩輯、王孝魚整理：《莊子集釋》（臺北：華正書局有限公司，2004 年 7 月），下冊，卷 7 下，〈知北遊第二十二〉，頁 733。

〔註21〕管仲撰、房玄齡注：《管子》，卷 14，〈水地第三十九〉，頁 84。

〔註22〕何寧撰：《淮南子集釋》，中冊，卷 7，〈精神訓〉，頁 504。

〔註23〕黃暉撰：《論衡校釋》（北京：中華書局，1995 年 5 月 2 刷），冊 3，卷 22，〈訂鬼篇〉，頁 946。

〔註24〕王弼著、樓宇烈校釋：《老子周易王弼注校釋・老子道德經注》（臺北：華正書局，1981 年 9 月），下篇，〈四十二章〉，頁 117。

〔註25〕陳伯君校注：《阮籍集校注》（北京：中華書局，1987 年 10 月），卷上，〈論・達莊論〉，頁 140。

其以身爲陰陽之積氣；而情爲游魂之變欲，身、情皆爲氣之積成，〔註26〕是以氣生形而化神，神、氣、形爲一循環變化之過程，非獨立而實爲互相關聯。在《晉書》中亦提到「登廣武而長歎，則嵇琴絕響，阮氣徒存」，〔註27〕以「嵇琴」與「阮氣」象徵其人之精神風韻，阮籍之「氣」，實爲其精神氣度之傳續。

　　這種氣化萬物的思想，在晉代楊泉的《物理論》中，亦有所陳述，其以爲：「氣，自然之體也」、「皓天，元氣也」、「夫水，地之本也。吐元氣，……」，以天地爲氣所構成。天既爲氣化而成，人亦如此，「人含氣而生，精盡而死」、「人之內氣，因喜怒哀樂激越而發也」，〔註28〕人亦爲氣之化成。

　　形體既爲氣所生，精神亦爲氣之化成，杜預（222～284）在注《春秋左傳·昭公七年》之「人生始化曰魄，既生魄，陽曰魂」時，注曰「魄，形也；陽，神氣也」，〔註29〕以陽魂爲人之神氣，這與王充的陰氣生骨肉，而陽氣生精神之理論有相近之處。

　　天地與人既爲氣之化成，氣亦爲萬物間的溝通媒介，這種形、氣、神互相轉化之觀點，表現爲一形神同歸之整全的身體觀。在《老子·河上公注》中，以氣爲溝通萬物與道的媒介，其云：「一者，道始所生，太和之精氣也。」〔註30〕、「萬物始生，從道受氣，……以今萬物皆得道精氣而生。」，〔註31〕以氣溝通萬物與道。西晉皇甫謐（215～282）在〈篤終篇〉中亦以爲「形神不隔，天地之性也；尸與土并，反眞之理也。」。〔註32〕正因爲形、氣、神之同質性，是以可以互相轉化而內外相冥。

〔註26〕 所謂游魂，在《易·繫辭上》中云：「精氣爲物，游魂爲變。」孔疏云：「精氣爲物者，謂陰陽精靈之氣，氤氳積聚而爲萬物也。游魂爲變者，物既積聚，極則分散，將散之時，浮游精魄，去離物形而爲改變，則生變爲死，成變爲敗，或未死之間變爲異類也。」是以游魂亦爲氣之一種變的形式，無論是具體之形抑或精靈之神魂，均爲氣之變。

〔註27〕 楊家駱編：《新校本晉書》（臺北：鼎文書局，1995 年 6 月 8 版），冊 2，卷 49，〈列傳第十九·光逸傳〉，頁 1386。

〔註28〕 楊泉：《物理論》，北京：中華書局，1985 年影印《叢書集成初編》本。

〔註29〕 杜預註：《春秋經傳集解》（臺北：新興書局，1972 年，相臺岳氏本），卷 21，〈昭公二·七年〉，頁 308。

〔註30〕 王卡點校：《老子道德經河上公章句》（北京：中華書局，1997 年 10 月 2 刷），卷 2，〈虛心第二十一〉，「以閱眾甫，……以此。」句注，頁 87。

〔註31〕 王卡點校：《老子道德經河上公章句》，卷 1，〈能爲第十〉，「抱一，能無離」句注，頁 34。

〔註32〕 楊家駱編：《新校本晉書并附編六種》，冊 2，卷 51，〈列傳第二十一·皇甫謐傳〉，頁 1416。

　　這種萬化爲一，皆由氣生的思想，於郭象（252～312）玄學中展現爲一種萬物爲一之思想，其云：

　　　　人形乃是萬化之一遇耳，未足獨喜也。無極之中，所遇者皆若人耳，
　　　　豈特人形可喜而餘物無樂耶！〔註33〕

人與萬化皆爲氣之組成，故萬化爲一，張湛並由身爲氣之積之思想，衍生出陰陽通氣之論，無論是精神上的心智抑或是身體形骸，皆爲氣之偏積，氣散則無形：

　　　　何生之無形？何形之無氣，何氣之無靈？然則心智形骸，陰陽之一
　　　　體，偏積之一氣；及其離形歸根，則反其眞宅，而我無物焉。〔註34〕

　　　　陰陽四時，變化之物，而復屬於有生之域者，皆隨此陶運；四時改
　　　　而不停，萬物化而不息者也。〔註35〕

身既爲氣之積，與萬化皆爲自然之陶運，四時往復爲人力無法干預，同樣地，吉凶往復亦與人身不相關通：

　　　　人與陰陽通氣，身與天地並形；吉凶往復，不得不相關通也。〔註36〕

這種形、神由氣而生，生有形而形有氣；氣有靈，三者一體而異形，質性爲一而互相轉化，並與萬物爲一而相互符應之思想，爲魏晉身體觀之基礎。玄學家並由此而衍生出萬化爲一、命非己制、適性安命、達生肆情等思想，氣化而不由己制之身體，實爲魏晉玄學思想之根基。

　　魏晉雖於宇宙的氣化論方面承前代思維而沒有多大變化；〔註37〕但於經

〔註33〕郭慶藩輯、王孝魚整理：《莊子集釋》（臺北市：華正書局，2004），卷3上，
　　　　〈大宗師第六〉，「特犯人之形而猶喜之。若人之形者，萬化而未始有極也。」
　　　　句郭象注，頁245。
〔註34〕楊伯峻撰：《列子集釋》，卷1，〈天瑞篇〉，「黃帝曰：『精神入其門，骨骸反其
　　　　根，我尚何存？』」句張湛注，頁21。
〔註35〕楊伯峻撰：《列子集釋》，卷1，〈天瑞篇〉，「陰陽爾，四時爾」句張湛注，頁
　　　　2。
〔註36〕楊伯峻撰：《列子集釋》（北京：中華書局，1997年10月5刷），卷3，〈周穆
　　　　王篇〉，「一體之盈虛消息，皆通於天地，應於物類。」句張湛注，頁102。
〔註37〕關於此時期的氣化之宇宙論著作，有劉智（魏-晉）的《論天》；虞聳（晉）、
　　　　虞昺（晉）的《穹天論》；姜岌（晉）的《渾天論》；梁武帝（464～549）的
　　　　《天象論》；祖暅（梁）的《渾天論》等。但此時期的氣之概念，主要承續前
　　　　代之概念。參考自小野澤精一、福永光司、山井涌等編、李慶譯：《氣的思想
　　　　——中國自然觀和人的觀念的發展》（上海：上海人民出版社，1992年6月3
　　　　刷），頁243。此外，對於氣化宇宙的觀點，陳明恩以爲魏晉時期分爲三種理
　　　　論型態：何晏、王弼、韓康伯、《列子》、張湛以爲「氣化自然，以無爲本」；

學方面，杜預的《春秋經傳集解》對氣已十分重視，關乎天、地、人的氣論已進一步體系化。〔註 38〕當時雖於神滅與神不滅論中爭論不休，但事實上無論是神滅論或神不滅論，均以氣作爲理論之依據，神滅論以血氣生人，氣索則死立論；神不滅論則以人稟氣而生，慧遠（334～416）於《沙門不敬王者論》中之〈形盡神不滅〉一文，專門討論形神問題，其云「神形俱化，原無異統，精麤一氣，始終同宅。」，肯定形神同其生滅，神亦爲氣之化，〔註39〕是以無論形、神，皆關乎氣。

慧遠以神爲「圓應無生，妙盡無名」且能「感物而動，假數而行」之純粹且永恆之活動，依據著一種規律而運行著，可以感應萬物。〔註 40〕神可以完全超脫於形，「形有靡而神不化」，形體消亡後，神仍然存續，甚至可以在

阮籍、嵇康、郭象主張「氣本自有，陶鑠萬形」；楊泉以氣爲自然之體，氣生萬物，並以氣釋氣候之變化，但三者皆主氣化自然。詳見氏著：〈氣化自然，無爲而成──略論魏晉玄學之宇宙論面向〉，載於《哲學與文化》，第 30 卷第四期（2003 年 4 月），頁 77～93。

〔註38〕小野澤精一、福永光司、山井涌等編、李慶譯：《氣的思想──中國自然觀和人的觀念的發展》，頁 243～246。

〔註39〕蜂屋邦夫以爲神非物質，故以氣釋神於理論上似不合理，在王弼的貴無思想與神不滅論的思想中，似乎均與氣之概念不相容。但氣之概念在部份的神不滅論中被抽象化與深刻化，而與永遠的精神主體相關聯。詳見小野澤精一、福永光司、山井涌等編、李慶譯：《氣的思想──中國自然觀和人的觀念的發展》，頁 252～253。陳明恩以爲何晏以道之「全」，而能「昭音響而出氣，包形神而章光影」，隱含著「氣由道（無）出」之思想，道（無）有蘊育氣之可能；王弼亦將氣置於「有形」與「無形」之轉化階段，以氣爲世界之初始，是以何、王皆未能完全擺脫兩漢氣化論的影響。詳見氏著：〈氣化自然，無爲而成──略論魏晉玄學之宇宙論面向〉，載於《哲學與文化》，第 30 卷第四期（2003 年 4 月），頁 79～81。石田秀實則以爲氣非物質，而是「含有『物』的位相與『心』乃至『神格』的位相。」詳見氏著、林宜芳譯：〈由身體生成過程的認識來看中國古代身體觀的特質〉，載於楊儒賓編：《中國古代思想中的氣論及身體觀》，頁 183。

〔註40〕戴璉璋將慧遠對「神」的論述分爲二個重點，一是神有「體無而用有」的特點，一是神有「冥移」的功能，其云慧遠「用『精極而爲靈』來詮釋神，就是從體、用兩方面著眼的。所謂精極，是說它『無生』、『無名』、『非物』、『非數』，既不可言狀，也不能圖象。『雖有上智，猶不能定其體狀，窮其幽致』，這是從它的本質方面凸顯『無』的特性，用以標示它與具體存在的『形』是不同的。當然這『無』不是空無所有之意，因爲它有『靈』，能『圓應』，『妙物』，能『感物而動，假數而行』，這是從它的作用方面彰著『有』的特性，用以揭示它與『物』的關係。」，相關論述見戴璉璋：《玄智、玄理與文化發展》（臺北：中央研究院中國文哲研究所，2002 年 3 月），頁 226～227。

不同的形體上繼續傳續，其云：

> 火之傳於薪，猶神之傳於形；火之傳異薪，猶神之傳異形。前薪非後
> 薪，則知指窮之術妙；前形非後形，則悟情數之感深。惑者見形朽於
> 一生，便以謂神情俱喪，猶覩火窮於一木，謂終期都盡耳。〔註41〕

火之猶如精神，可以在不同的材薪與形體上傳續，這說明了精神的不滅性與
永久性，「慧遠所謂神有兩種情況：一是在『因緣密構』中『潛相傳寫』，即
在輪迴之中隨化冥移；另一種情況是在『因緣永息』中『泥洹不變』，即超越
輪迴，歸於冥寂。無論是那一種情況，神都不滅。」，〔註42〕神不滅使得佛教
的輪迴之說成為可能。

　　神不滅論的提出，事實上較為切合魏晉士人心理與精神上的需要，在《中
古風度》一書中云：「神不滅論提供了兩方面的超越。一方面，精神可以超越
變幻無定的現實，一方面，精神可以超越個體有限的生命。而這兩方面，都
是魏晉南北朝時代所苦苦追求的。」，〔註43〕魏晉士人對於生死的無法豁達，
藉由神不滅理論的提出，希冀精神的長存，透露出魏晉士人對於生命的不捨
與留戀，在《搜神記》中有一則故事：

> 晉太康中，謝家沙門竺曇，遂年二十餘，白晢端正，流俗沙門，……
> 既死後，諸年少道人詣其廟。既至，便靈語相勞問，聲音如昔時。
> 臨去云：「久不聞唄聲，思一聞之。」其伴慧觀便為作唄詑，其神猶
> 唱讚語云：「岐路之訣，尚有悽愴。況此之乖，形神分散。窈冥之歎，
> 情何可言。」既而歔欷不自勝，諸道人等皆為流涕。〔註44〕

故事中以原本歸屬於身體的感官知覺在形體消滅後移轉至精神，使精神也具
有同樣的感知活動，精神成為肉體消失後的繼續存有。在《世說新語‧傷逝》
篇中亦記載了士人死時，賓客於葬禮上作驢鳴以送別之故事，〔註45〕以為人

〔註41〕 釋僧祐撰、王雲五編：《弘明集》（臺北：臺灣商務印書館，1967 年臺二版，
　　　　四部叢刊影印縮本），卷 5，〈沙門不敬王者論‧形盡神不滅五〉，頁 65～66。
〔註42〕 戴璉璋：《玄智、玄理與文化發展》，頁 228。
〔註43〕 施惟達：《中古風度》（北京：中國社會科學出版社，2002 年 9 月），頁 46。
〔註44〕 干寶撰：《搜神記（下）》（臺北：黎明文化出版社，1996 年），中收錄陶潛撰：
　　　　《搜神後記》，卷 5，頁 9876～9877。
〔註45〕 「王仲宣好驢鳴，既葬，文帝臨其喪，顧語同游曰：『王好驢鳴，可各作一聲
　　　　以送之。』赴客皆作一驢鳴。」「孫子荊以才少所推服，唯雅敬王武子。武
　　　　子喪時，名士無不至者。子荊後來，臨尸慟哭，賓客莫不垂涕。哭畢，向靈
　　　　床曰：『卿常好我作驢鳴，今我為卿作。』體似真聲，賓客皆笑，孫舉頭曰：

死後仍具有生時的感官知覺。甚至於某些志怪故事中，精神可轉化成肉體的形式而與人密切地交往，這一方面也許與當時形氣神一體而互相轉化之思想有所關聯；另一方面，靈魂的離體而能存續，且具有生時之記憶，亦爲魏晉士人憂生之短而期望長生的理想之投射。身既不能永存，也許能賴精神以傳，而作爲中介與形成之因的氣，即是作爲有形的形體向無形之精神轉化之界質。因爲有氣之流變，形神得以溝通而互相轉化，使得魏晉的長生之夢得以藉精神之存續而實現。〔註 46〕

二、整全之一體

形神皆爲氣之蟬蛻變化，郭象以「氣自委結而蟬蛻耳」〔註 47〕闡釋身體的生成與消亡，氣自生而自委結成形，積成故有生命，氣散而人亡身不存，人無法對其用功或改易。生死皆爲氣之循環往復的變化，「一氣而萬形，有變化而無死生也。」，〔註 48〕張湛對此亦云：

> 聚則成形，散則爲終，此世之所謂終始也。然則聚者以形實爲始，以離散爲終；散者以虛漠爲始，以形實爲終，故迭相與爲終始，而理實無終無始者也。〔註 49〕

> 夫生死變化，胡可測哉？生於此者，或死於彼；死於彼者，或生於此。而形生之生，未嘗暫無。是以聖人知生不常存，死不永滅，一氣之變，所適萬形。萬形萬化而不化者，存歸於不化，故謂之機。機者，羣有之始，動之所宗，故出無入有，散有反無，靡不由之也。〔註 50〕

『使君輩存，此人死！』」余嘉錫：《世說新語箋疏》（台北：華正書局，1993年 10 月），〈傷逝 1〉，頁 636；〈傷逝 3〉，頁 637～638。

〔註 46〕賴錫三以爲魏伯陽主張的仙人並非肉身層次，而是經過內養與服食的累積而造成的身體之「變形」，是其仙人爲一種精氣神的存在。詳見氏著：〈《周易參同契》的「先天──後天學」與「內養──外煉一體觀」〉，《漢學研究》，第20 卷第 2 期（2002 年 12 月），頁 134。魏晉承漢代之道教養生觀點，其仙與長生之思想某一部份亦表現在以精神存續之觀念上。

〔註 47〕楊伯峻撰：《列子集釋》，卷 1，〈天瑞篇〉，「孫子非汝有，是天地之委蛻也」句張湛注，頁 34。

〔註 48〕郭慶藩輯、王孝魚整理：《莊子集釋》，上冊，卷 6 下，〈至樂第十八〉，「萬物皆出於機，皆入於機。」句郭象注，頁 629。

〔註 49〕楊伯峻撰：《列子集釋》，卷 1，〈天瑞篇〉，「終進乎？不知也」句張湛注，頁18～19。

〔註 50〕楊伯峻撰：《列子集釋》，卷 1，〈天瑞篇〉，「萬物皆出於機，皆入於機」句張

人之形體與精神既為氣之聚合，生死亦為氣之變化形式，是以萬變為一，理實為一，天下為一整全之概念而無分殊。所有的分殊，均在一整全概念的含蘊之下，郭象即以「羣變可一而異形可同」之觀點闡述此種全體之概念：

　　夫以萬物為本，則羣變可一而異形可同。斯迹也，將遂使後世由己
　　以制物，則萬物乖矣。〔註51〕

既以群變為一，而人與萬物皆為氣之積成與萬化之一種，是以人體亦能比附於天地，天地為人體之放大，天地萬物與現象，皆可映現於人體之中，郭象即云：

　　人之生也，形雖七尺而五常必具，故雖區區之身，乃舉天地以奉之。
　　故天地萬物，凡所有者，不可一日而相無也。一物不具，則生者無
　　由得生；一理不至，則天年無緣得終。〔註52〕

人身與天地同為自然之理的反映，人體中亦反映出天地運行之理，為天地萬物之映現。天地間萬物互相影響而不可或缺，顯現為一整全之關係，身體處於自然之中，亦為整全一體中之一部份：

　　夫體天地，冥變化者，雖手足異任，五藏殊官，未嘗相與而百節同
　　和，斯相與於無相與也；未嘗相為而表裏俱濟，斯相為於無相為也。
　　若乃役其心志以卹手足，運其股肱以營五藏，則相營愈篤而外內愈
　　困矣。故以天下為一體者，無愛為於其間也。〔註53〕

身體中雖有五藏手足之異，但其為整全身體之一部分，不能脫離全體而獨存，分殊之體為全體而服務。郭象以「百節同和」之整全身體觀，闡述天下一體之概念。

　　這種整全的身體觀，為魏晉身體思想之基調。竹林七賢的阮籍，在談及養生全性時，亦主張身心不二的整全之身體觀點，其於〈達莊論〉中云：

　　凡耳目之任，名分之施，處官不易司，舉奉其身，非以絕手足、裂
　　肢體也。……殘生害性，還為讐敵，斷割肢體，不以為痛；目視色
　　而不顧耳之所聞，耳所聽而不待心之所思，心奔欲而不適性之所

湛注，頁18。
〔註51〕郭慶藩輯、王孝魚整理：《莊子集釋》，上冊，卷5上，〈天地第十二〉，「方且本身而異形」句郭象注，頁417。
〔註52〕郭慶藩輯、王孝魚整理：《莊子集釋》，上冊，卷3上，〈大宗師第六〉，「知人之所為者，以其知之所知以養其知之所不知，終其天年而不中道夭者，是知之盛也。」句郭象注，頁224～225。
〔註53〕郭慶藩輯、王孝魚整理：《莊子集釋》，上冊，卷3上，〈大宗師第六〉，「孰能相與於无相與，相為於无相為？」句郭象注，頁265。

安，……，禍亂作則萬物殘矣！〔註54〕

耳目之官為舉奉其身之用，是以耳目為全身而服務，若是強為割裂身體之各種感官，則會使得禍亂作而萬物殘，離性背道而疾病生。分殊之體對全體有很大的影響性；相反地，整全之身體的和諧亦讓分殊之百節得以適於體而得其所。對此，郭象以為四肢、耳目與身體的關係，就有如臣妾之分際，各有所司而更相御用：

夫臣妾但各當其分耳，未為不足以相治也。相治者，若手足耳目，

四肢百體，各有所司而更相御用也。〔註55〕

身體中的器官相治而互相影響，其關係有如本末，一身和則身體中之百節皆能得適其所，進而可安：

夫本末之相兼，猶手臂之相包，故一身和則百節皆適，天道順則本

末俱暢。〔註56〕

全體與分殊之體有本末之用，是以分殊之身與全體之身具有一雙向之影響性，往往牽一髮而動全身。〔註57〕

身體中的個別器官，足以影響身體的整體運行；全體之身亦對分殊之體有所影響。既然形神相與為一冥，則神之作用亦影響及身。阮籍於〈達莊論〉中云「氣分者，一身之疾也；二心者，一身之患也。」，〔註58〕張湛亦以為「志謂心智，氣謂質性。智多故多慮，性弱故少決也。」，〔註59〕先天的氣質之性決定了人在精神心智上的多慮或少決。說明心、氣與身之密切關係，郭象亦以為：

夫眼、耳、鼻、口，各有攸司。令神凝形廢，無待於外，則視聽不

資眼、耳，齅味不賴鼻、口，故六藏七孔，四肢百節，塊然尸居，

同為一物，則形奚所倚？足奚所履？我之乘風，風之乘我，孰能辨

〔註54〕陳伯君校注：《阮籍集校注》，卷上，〈論・達莊論〉，頁142。

〔註55〕郭慶藩輯、王孝魚整理：《莊子集釋》，上冊，卷1下，〈齊物論第二〉，「其臣妾不足以相治乎」句郭象注，頁56。

〔註56〕郭慶藩輯、王孝魚整理：《莊子集釋》，上冊，卷5上，〈天地第十二〉，「技兼於事，事兼於義，義兼於德，德兼於道，道兼於天。」句郭象注，頁406。

〔註57〕梅洛・龐蒂在其「知覺現象學」的理論中，亦以為身體知覺與行為是一種「相互蘊涵」的狀態，身體的各個部份之感官活動為相互滲透、包容之關係。詳見鷲田清一著、劉績生譯：《梅洛・龐蒂（Maurice Merleau-Ponty）：可逆性（*Merleau-ponty*）》（石家庄：河北教育出版社，2001年8月），頁92。

〔註58〕陳伯君校注：《阮籍集校注》，卷上，〈論・達莊論〉，頁155。

〔註59〕楊伯峻撰：《列子集釋》，卷5，〈湯問篇〉，「汝志彊而氣弱，故足於謀而寡於斷。」句張湛注，頁174。

也？〔註60〕

神凝止可使精神提升，使眼耳鼻口等感官與精神同爲一體而相融，感官之作用不經身體之器官，而與精神冥合。在精神提升而神凝止時，形體之物質局限消失，而使形體與精神融合無間，形體之氣提升爲精神之氣。形神原本即同爲氣之聚，只有清濁之分，精神上的凝止可使形體之濁氣提升，進而與精神之清氣冥合，此即如同阮籍所說的「混一不分，同爲一體」〔註61〕之境界。此一體之境，以心之「虛」爲要件，張湛即云：

> 充猶全也。心虛則形全矣，故耳不惑聲，目不滯色，口不擇言，心
> 不用知；內外冥一，則形無震動也。〔註62〕

形神內外一體，因心之虛無而使體氣昇華，感官之作用與精神內外冥一，而使得形無震動，這亦是無心而不動其容之一種體現。形神既爲一體，則神之作用於身，使人體有著相應之作爲，張湛云：

> 心夷體閑，即進止有常數，遲疾有常度。苟盡其妙，非但施之於身，
> 乃可行之於物。〔註63〕

精神上的平靜恬然，往往影響及身，而使人身體之動作平緩舒徐，有其常度。此身心合諧而一體之關係，不僅運用於人身之上，亦可行之於人與萬物之間的聯繫上，即天人關係的相與和諧。

三、天人相應而通爲一氣

在《世說新語·文學》篇中提到殷浩與謝安的對話：

> 殷、謝諸人共集。謝因問殷：「眼往屬萬形，萬形來入眼不？」〔註64〕

其以眼爲人與萬物之溝通，而眼睛與萬形之關係，在一般的認知裏爲主動性的「往屬」之觀視；但由其問「萬形來入眼不」之句，知其意欲得知萬形與人的眼視之間，是否爲一主動且單向之流向，或者爲一雙向流返之溝通？若有溝通，是以何爲媒介，而如何溝通？

〔註60〕楊伯峻撰：《列子集釋》，卷2，〈黃帝篇〉，「竟不知風乘我邪？我乘風乎？」句張湛注，頁48。

〔註61〕陳伯君校注：《阮籍集校注》，卷上，〈論·達莊論〉，頁150。

〔註62〕楊伯峻撰：《列子集釋》，卷4，〈仲尼篇〉，「往將奚爲」句張湛注，頁124。

〔註63〕楊伯峻撰：《列子集釋》，卷5，〈湯問篇〉，「然後輿輪之外可使無餘轍，……汝其識之！」句張湛注，頁186。

〔註64〕余嘉錫：《世說新語箋疏》，〈文學48〉，頁233。

　　這個問題，可以從《晉書》另一則例子中得到回覆，其以爲在人與天之間，存在著某些符應，而人之作爲，往往與天之氣象產生感應：

> 聽之不聰，是謂不謀，言上偏聽不聰，下情隔塞，則謀慮利害，失在嚴急，故其咎急也。盛冬日短，寒以殺物，政促迫，故其罰常寒也。……君嚴猛而閉下，臣戰慄而塞耳，則妄聞之氣發於音聲，故有鼓妖。寒氣動，故有魚孽。……於《易》，《坎》爲水，爲豕，豕大耳而不聰察，聽氣毀，故有豕禍也。〔註65〕

這則例子中，以國君的「聽之不聰」、「下情隔塞」，而使國情不彰，進而影響到天象，使國家產生相應之災異現象。國君的耳目感官之失，影響到天象的變化，而使國生災異。國君的感官與天之萬象之間似有一符應，但此符應緣何而成？

　　溝通於人與萬象之間的，即是流通於人體與天體之間的同質之氣，國君的聽不聰，耳目感官受到阻隔，「嚴猛而閉下」，使其氣閉而不順暢，此氣及於臣下，使其因「戰慄而塞耳」，耳目感官亦因懼而不通。君與臣之間因耳目感官之閉，而使「妄聞之氣發於音聲」，進而使國家之氣亦生影響，而有鼓妖之禍。國君的耳目之閉，氣之不通，亦使得天地之「寒氣」動而生魚孽；亦因「聽氣」之毀而有豕禍，氣實爲人與天地間的溝通感應之橋樑。

　　氣貫通於天地之間，「日月眾星，自然浮生虛空之中，其行其止皆須氣焉」，〔註66〕使天地與萬物之間互相溝通感應，這種天人相感的思想早於《左傳》時，即以「天有六氣」，而此六氣會「淫生六疾」，天之陰、陽、風、雨、晦、明六氣，使人生寒、熱、末、腹、惑、心六疾，從天的六氣與人之六疾之間，可以看到天氣與人體的疾病之關聯，天氣與人氣之間爲一種互感而流動之關係。〔註67〕此外，《呂氏春秋》與《淮南子》中，亦持此種天人相感之論，《呂氏春秋》以爲「類同相召，氣同則合」；〔註68〕《淮南子》則云「物類之相應」、「神氣相應」，〔註69〕以天人之間有著某種感應。在《春秋繁露》

〔註65〕楊家駱編：《新校本晉書》，冊2，卷29，〈志第十九·五行下〉，頁871。

〔註66〕楊家駱編：《新校本晉書》，冊1，卷11，〈志第一·天文上〉，頁279。

〔註67〕引文見杜預註：《春秋經傳集解》（臺北：新興書局，1972年，相臺岳氏本），卷20，〈昭公一·元年〉，頁288～289。相關論述見徐復觀：《中國人性論史·先秦篇》（上海：上海三聯書店，2001年5月），附錄二，〈陰陽五行及其有關文獻的研究〉，頁451～516。

〔註68〕高誘註：《呂氏春秋》（臺北：藝文印書館，1974年1月三版），卷20，〈恃君覽第八·召類〉，頁583。

〔註69〕何寧撰：《淮南子集釋》，上冊，卷6，〈覽冥訓〉，頁450～452。

中，更以天人感應為論述重點，以為：「天將陰雨，人之病故為之先動，是陰相應而起也。天將欲陰雨，又使人欲睡臥者，陰氣也。」，〔註70〕闡述這種天人之間互相感應關聯之關係，人與自然之氣相應的情形，在醫家著作裏更為常見，如在《黃帝內經・素問・八正神明論》中即云：

> 月始生，則血氣始精，衛氣始行；月郭滿，則血氣實，肌肉堅；月
>
> 郭空，則肌肉減，經絡虛，衛氣去。〔註71〕

這種人與自然的感應，以天地之氣與日月之變對人血氣之影響為基礎。此外，基於同類相感的原則，同類之人於情之感應更甚於物，楊方於〈合歡詩〉中即以「同聲好相應，同氣自相求。」，〔註72〕謂至情之相感。或因血脈的親近而更有感應，如孫綽於《喻道論》中云：「夫父子一體，惟命同之。故母嚙其指，兒心懸駭者，同氣之感也。」，〔註73〕即以為同一血氣之母子，二者之間的感應更為密切。天人萬物之類應關係，表示人的身體並非封閉的，而是與宇宙相通貫，以氣為溝通之媒介。

在王弼的《易》注中云「情同而後乃聚，氣合而後乃羣」，〔註74〕對氣的看法與《周易略例・明爻通變》中的「同氣相求，體質不必齊也」〔註75〕相近，皆以同類相求，氣為人與萬物間的溝通媒介。此外在韓伯的《繫辭傳注》中，則是於感應的範疇中運用氣的概念，將氣視為是調和世界之關鍵。〔註76〕

氣化成萬物而成天地與人形，人與天地之間有著相應之氣以為符應。王弼在他的《老子》注中，以魂為神；魄為形，其云：「形魄不及精象」。以營為魂，是漢人的通詁，在河上公的注解中亦云：「營魄，魂魄也。」但是王弼卻將靈魄解釋為靈魂。其餘的章節注釋裏，王弼將形與魄合一，且將形、魄

〔註70〕蘇輿：《春秋繁露義證》（臺北：河洛圖書出版社，1974年3月），卷13，〈同類相動第五十七〉，頁255。

〔註71〕王冰注、王雲五編：《黃帝內經素問》（臺北：臺灣商務印書館，1967年臺二版，四部叢刊影印縮本），卷8，〈八正神明論第二十六〉，頁58。

〔註72〕逯欽立輯校：《先秦漢魏晉南北朝詩》（臺北：木鐸出版社，1988年7月），中冊，〈晉詩卷十一〉，〈楊方・合歡詩五首之一〉，頁860。

〔註73〕嚴可均校輯：《全上古三代秦漢三國六朝文》，冊2，《全晉文》，卷62，〈孫綽・喻道論〉，頁1812。

〔註74〕王弼著、樓宇烈校釋：《老子周易王弼注校釋・周易注》，〈下經・萃卦〉，《象傳》「觀其所聚，而天地萬物之情可見矣。」句注，頁445。

〔註75〕王弼著、樓宇烈校釋：《老子周易王弼注校釋・周易略例》，〈明爻通變〉，頁597。

〔註76〕相關論述見小野澤精一、福永光司、山井涌等編、李慶譯：《氣的思想——中國自然觀和人的觀念的發展》，頁238～239。

歸於地，與天、魂、精相對，如在第四章注：「地雖形魄，不法於天則不能全其寧；天雖精象，不法於道則不能保其精。」，〔註77〕他將形魄與神魂對等，而將形魄歸於地，神魂歸於天，以人之形魄與神魂與天地有著一定的聯繫。而在《老子》的思想中，有所謂的「人法地，地法天，天法道，道法自然」的說法，王弼亦按照此一理路，爲之注解：

> 法，謂法則也。人不違地，乃得全安，法地也。地不違天，乃得全載，法天也。天不違道，乃得全覆，法道也。道不違自然，乃得其性，（法自然也）。法自然者，在方而法方，在圓而法圓，於自然無所違也。……道（法）自然，天故資焉。天法於道，地故則焉。地法於天，人故象焉。……〔註78〕

王弼以「法」爲順應之意，以人順應於地而安於地，爲何要順應於地？因天地一氣而相互呼應，地有地氣，地氣亦受天之氣之影響。人處自然之中，天地等自然之氣均對人體有影響，人體若能順應之而不違，則能順應於自然而全其身，並使己身之氣與天地之氣相通而不違。人若能順應天地之氣，則天地亦會以一種無爲而無不爲的態度去成全人。事實上，無爲而無不爲並非來自於天地之態度，而是在於人與天地間的互相通貫之氣，以一種和諧之理存在時，人即可以自生自爲而不受干擾。即天地任人之自爲，「無爲無造，萬物自相治理」而「不塞其源」、「不禁其性」，使萬物能夠自然而然地生長生化。人之氣與天地四時春夏秋冬之節氣同其流動，天地之節氣與人氣同應：

> 夫人受天地之靈，蘊菁華之氣，剛柔遞用，哀樂分情。經春陽而自喜，遇秋彫而不悅。遊乎金石之端，出乎管絃之外，因物遷逝，乘流不反。〔註79〕

人的哀樂之情，與四時之春陽、秋彫之氣互相流通感應，「夫人含天地陰陽之靈，有哀樂喜怒之情。」，〔註80〕郭象亦以「人皆以天爲父」，天地之氣如父母之血脈留傳於人體一般：

〔註77〕 引文見王弼著、樓宇烈校釋：《老子周易王弼注校釋·老子道德經注》，〈上篇〉，二十五章，「人法地，……道法自然」句注，頁65；四章「道沖而用之或不盈，……象帝之先」句注，頁11。相關論述參見龔鵬程：〈東晉名教論〉，第五屆魏晉南北朝文學與思想學術研討會論文。

〔註78〕 王弼著、樓宇烈校釋：《老子周易王弼注校釋·老子道德經注》，〈上篇〉，二十五章，「人法地，……道法自然」句注，頁65。

〔註79〕 楊家駱編：《新校本晉書》，冊1，卷22，〈志第十二·樂上〉，頁677。

〔註80〕 楊家駱編：《新校本晉書》，冊1，卷19，〈志第九·禮上〉，頁579。

> 人之所因者，天也；天之所生者，獨化也。人皆以天爲父，故晝夜
> 之變，寒暑之節，猶不敢惡，隨天安之。〔註81〕

不但天爲人所因，以天爲父，而隨順其變以應之。人的形體亦與天地之理有
所符應，張湛以爲人之形以象天地：

> 人雖七尺之形，而天地之理備矣。故首圓足方，取象二儀；鼻隆口
> 宔，比象山谷；肌肉連於土壤，血脉屬於川瀆，溫蒸同乎炎火，氣
> 息不異風雲。內觀諸色，靡有一物不備；……〔註82〕

人之形體與天地之形有著相應之理，口鼻如山谷；肌肉如土壤；血脉象川瀆；
體溫同炎火，而氣息與天地之風雲相應合，天地之氣不但與人體之氣同源而
成；以氣化成之形質亦有著一定的相似性。〔註83〕

在這種整全之一體的觀念下，天地之氣與氣化之物往往與人體互相感應，
對人體有一定的影響性。因此，食用某些食物會對身體造成相應之功，食用質
性清高之物，使身體因食物之清氣而改易體質，嵇康（223～262）即以爲「凡
所食之氣，蒸性染身，莫不相應」。〔註84〕於詩文中亦云「服食改姿容。蟬蛻棄
穢累」〔註85〕、「授我神藥，自生羽翼。呼吸太和，鍊形易色」，〔註86〕以爲服
食特定的食材，可以改易姿容，甚至使身體有如蟬蛻一般地改易體質，食物對
於人體的影響，在於其氣與人之體氣的相應。而呼吸亦有相同的功效，在養生

〔註81〕 郭慶藩輯、王孝魚整理：《莊子集釋》，上冊，卷三上，〈大宗師第六〉，「彼特
　　　　以天爲父，而身猶愛之，而況其卓乎！」句郭象注，頁241。
〔註82〕 楊伯峻撰：《列子集釋》，卷4，〈仲尼篇〉，「外遊者，求備於物；內觀者，
　　　　取足於身。取足於身，游之至也；求備於物，游之不至也。」句張湛注，頁
　　　　128。
〔註83〕 地氣與人氣相感的思想，於希臘人的思想中亦然，希臘人以爲錫西厄人之男
　　　　性的特徵爲無能而女體化，體質潮濕、腹部柔軟而寒冷，缺乏熱情，彼此相
　　　　似而沒有獨特性，身體也缺乏明顯的輪廓（amorphian）與分節（anarthrian）。
　　　　其潮濕之體質，源於其處於四季變化不大的地區，不論季節均食用同樣的食
　　　　物，穿著同樣的衣服，呼吸潮濕厚重的空氣，飲用冰雪融化而成的水，使其
　　　　身心都難以具有耐力，並導致體格肥胖多肉，潮濕而鬆弛。詳見栗山茂久著、
　　　　陳信宏譯：《身體的語言——從中西文化看身體之謎》（*The expressiveness of the
　　　　body and the divergence of Greek and Chinese medicine*），頁153。
〔註84〕 嚴可均校輯：《全上古三代秦漢三國六朝文》（北京：中華書局，1958年），冊
　　　　2，《全三國文》，卷48，〈嵇康·養生論〉，頁1324。
〔註85〕 逯欽立輯校：《先秦漢魏晉南北朝詩》，上冊，〈魏詩卷九〉，〈嵇康·游仙詩〉，
　　　　頁488。
〔註86〕 逯欽立輯校：《先秦漢魏晉南北朝詩》，上冊，〈魏詩卷九〉，〈嵇康·代秋胡歌
　　　　詩·七章之六〉，頁480。

方法上，以為呼吸吐納之術可以使人鍛鍊形體，改易其氣色。

　　魏晉士人喜食菊，以其具隱士高遠清幽之質性，曹丕以為芳菊能益養生，其於〈九日與鍾繇書〉中云：「……故屈平悲冉冉之將老，思飧秋菊之落英，輔體延年，莫斯之貴，……」，〔註 87〕鍾會亦於〈菊花賦〉中云：「……芳菊始榮，……揉以玉英，納以朱脣，服之者長生，食之者通神。」「故夫菊有五美焉，圓花高懸，準天極也；純黃不雜，后土色也；早植晚登，君子德也；冒霜吐穎，象勁直也；流中輕體，神仙食也。」，〔註 88〕因菊有五美而有君子之德，是以食之可通神仙，為益生之物。菊之益生而通神，因其質性高潔而純黃不雜，以其質純而能益體。菊以其高潔而純美之氣，通過人的食用而與人之體氣相揉雜，進而改益人之體氣，使人體氣純化而可通神登仙。士人以菊之高潔形象，且其質性可轉化體質，而用為養身求仙之食物。

　　相對於清高的菊之益生，五穀則為士人所不取，嵇康以五穀易糜速腐的特質，以為其不利於體：

> 淖溺筋腋，易糜速腐；初雖甘香，入身臭處；竭辱精神，染污六府；鬱穢氣蒸，自生災蠱；饕淫所階，百疾所附；味之者口爽，服之者短祚。豈若流泉甘醴，瓊蕊玉英，金丹石菌，紫芝黃精，皆眾靈含英，獨發奇生，貞香難歇，和氣充盈，澡雪五臟，疏徹開明，吮之者體輕。又練骸易氣，染骨柔筋，滌垢澤穢，志凌青雲。……橘渡江為枳，易土而變，形之異也。納所食之氣，還質易性，豈不能哉？

五穀以其易糜速腐之質性，入人之體易生穢氣，其氣穢雜而入身臭處，進而汙染人之體氣，使體氣因而雜穢。雜穢之氣不利於精神，其鬱穢之氣「蒸」而與人之體氣混，會竭辱精神而使人生災蠱。士人以為若要改變人的體質，不能食易腐之五穀而應食眾靈含英的黃精紫芝，因黃精紫芝之氣為「和氣」，不同於五穀之穢氣，入體而和氣貞香難歇，可以使體氣和順，五臟疏徹開明，食之者能改變體質而使「體輕」，並使神志清明。氣不但為人與萬物之成因，亦會於萬物之中轉化變易而相互影響，魏晉士人相信食用氣質清高之物可使體氣改易，透過食物本身之氣與體氣之轉化而能「易氣」，是以「納所食之氣」，

〔註 87〕嚴可均校輯：《全上古三代秦漢三國六朝文》，冊 2，《全三國文》，卷 7，〈魏文帝・九日與鍾繇書〉，頁 1088。

〔註 88〕嚴可均校輯：《全上古三代秦漢三國六朝文》，冊 2，《全三國文》，卷 25〈鍾會・菊花賦〉，頁 1188。

轉化體氣而「還質易性」，對食物之氣的選擇不但成爲士人養生之要點，人之體氣亦透過食物之氣而與天地之氣相溝通。

　　不但不同質性之食物入身會使體爲之變；不同地區出產之食物亦會因爲不同地域之地氣而使食物之質性改變，食之亦會變化體氣。食物易土而變，人亦因食之而變體，對於食物之選擇不可不愼，對此嵇康云：

　　　　今不言松柏不殊于榆柳也，然則中年枯隕，樹之於重崖，則榮茂日

　　　　新。此亦毓形之一觀也。〔註89〕

同一質性之松，植於灰壤與重崖，則有中年枯隕與榮茂日新之變。嵇康闡明了地氣對於萬物之影響，所謂易土而變。同一形質處於不同的環境之中，會因其地氣之不同而有不同的生長情形。在天地一氣而與萬物通之的前提下，天地以其氣通萬物，而人之體氣透過食物之氣或所居之地氣，與自然流通。天地之氣與人之體氣互相流通而爲一開放之管道，氣不但於時間上是循環變動不止；於空間上亦爲一人與天地之循環，人透過自然環境的地氣與食物之質氣，而與天地相溝通。這與中國哲學中天人合一之思想相貫通，唐君毅即云：

　　　　……天之喜怒哀樂之情，復即表現於四時之氣，以接於吾人形體，

　　　　其情乃不只爲人心之所知，亦人之形體之所感，而未嘗與人之形體

　　　　一日相離。〔註90〕

人體本身自成一整全之小體，又與天地成爲一連成一氣，溝通無礙並相互影響的整全之大體，此即是所謂的「天地宇宙，一人之身也；六合之內，一人之制也。」，〔註91〕天地爲一放大之人身；人身則爲一小宇宙，於人身中見宇宙；於宇宙中見人身。

第二節　形神兼養以全身之身體觀

　　魏晉政治的混亂與戰亂的頻仍，使士人普遍對生命有一無常之感，外在的建功立業難於掌握且無法盡如人意，使士人轉而回歸內在，向內心的平衡與個

〔註89〕以上二則嵇康引文見嚴可均校輯：《全上古三代秦漢三國六朝文》，冊 2，《全三國文》，卷 48，〈嵇康・荅向子期難養生論〉，頁 1327、1326。

〔註90〕唐君毅：《中國哲學原論・導論篇》（臺北：台灣學生書局，1986 年 9 月），第 16 章〈原命中：秦漢魏晉天命思想之發展〉，第 4 節〈董仲舒之天人關係、及受命論〉，頁 570。

〔註91〕何寧撰：《淮南子集釋》，中冊，卷 8，〈本經訓〉，頁 567。

人價值回歸，「其時之思想中心不在社會而在個人，不在環境而在內心，不在形質而在精神。於是魏晉人生觀之新型，其期望在超世之理想，其向往為精神之境界，其追求者為玄遠之絕對，而遺資生之相對。」〔註92〕生命的無常感，與對生命的珍惜與不捨，使得魏晉時期的養生之術大為興盛，「面對人生之慘痛，他們既滿懷玄思，又對現實生命有著強烈的眷戀，探討養生延壽之道，遂成一種時尚。」〔註93〕士人眷戀生命，重視現世的身體，力求其保養完善。

一、修形保神

魏初的形神觀點承續漢代的元氣觀，以形為肉體；神為靈魂，形體為精神的寄寓之所。東晉葛洪（283～363）以為：「形者，神之宅也，故譬之於堤，堤壞則水不留矣。方之於燭，燭糜則火不居矣。身勞則神散，氣竭則命終。根竭枝繁，則青青去木矣；氣疲欲勝，則精靈離身矣。」〔註94〕闡述形神之間的密切關係，與形體的重要性。戴逵（？～395）在《流火賦》中亦云：「火憑薪以傳焰，人資氣以享年，苟薪氣之有歇，何年焰之恒延。」〔註95〕以形體為靈魂的載體，形盡則神滅。

魏晉士人了解身體的重要性及其與精神間的密切相關性，而實踐於養生方法中。魏晉時期，養生思想逐步系統化，主要以守竅類、氣法類和導引類的養生法為主，上清派由《黃庭經》發展出一套包括齋戒、叩齒、咽液、起居等的養生系統。道教養生法中非常重視形體的鍛鍊，通過模仿動物的動作、姿態，編列出各樣式之體操，使身體以運動讓氣血循環通暢，生理功能得以增進，達致健身之目的。

身體既為氣之組成，故人要養其形體，應修鍊其根本，即養氣、煉氣、守氣。道教的實踐養生法，集中於保養人的氣，無論是導引行氣、服食藥餌、房中補導，抑或日常衛生、體操等作為，均要煉氣養氣，使人元氣充實、精神旺盛，達到長壽久生之目的。

〔註92〕 湯用彤：《魏晉玄學論稿》（上海：上海古籍出版社，2001年），頁196。

〔註93〕 辛剛國：〈魏晉玄學視野中的養生論〉，《貴州社會科學》，第2期（2003年3月），頁109。

〔註94〕 王明撰：《抱朴子內篇校釋》（北京：中華書局，2002年），卷5，〈至理〉，頁110。

〔註95〕 嚴可均校輯：《全上古三代秦漢三國六朝文》，冊2，《全晉文》，卷137，〈戴逵‧流火賦〉，頁2249。

　　道教吸收古代哲學中天人合一之思想，以身體即宇宙；宇宙即身體，身體與自然有一定的聯繫與一致性。身體的每一個器官、部位，均有神明居住，此爲「身神」，〔註96〕區隔於象徵精神的「心神」，身體中的器官也各有神志，人的情志與內在器官有一定的聯繫，並互相影響著。神勞則神散，氣竭則命終，是以守形是養生的第一要旨，煉形可以養神，若是氣疲則使精神離身。守形的方法有很多種，分別爲：煉神類（坐忘、心齋、守道、定觀、存心、觀心、守一）；氣法類（行氣、胎息、閉氣、煉氣、服氣）；守竅類（守一、胎息、存神）；存思類（存思內景、存思外象）；內丹類（獨修、合修、先命後性、先性後命、性命雙修）；動功類（導引、按摩、叩齒、鳴天鼓、武術）；辟穀類（辟穀服氣、辟穀飲水、辟穀服藥）；服食類（草木藥、金丹、符水）；攝養類（行止坐臥、生活起居、飲食、語言、情緒）；道醫類（祝由、內治、外治、藥物）；房中類（御女、采戲、采補）；金丹類（無機藥物金丹、混合藥物金丹）。〔註97〕在十二類的養生術中，有許多是關於氣之鍛鍊，以氣的修鍊達到全身之目的。

　　氣之修習，要使其活動運轉如水，若氣停滯不動，則身體易壞死。《金丹心法》中即云：「天體運旋，日月星辰皆流轉，蓋陽精主動，動而有常，唯行健自強，所以永貞而不息。」，〔註98〕以形體的勞動爲養生的重點之一。陶弘景在《養性延命錄・教誡篇》中亦云：「夫流水不腐，戶樞不朽者，以其勞動數故也」。〔註99〕《抱朴子・內篇》中，有一系統的養生法，分養生之法爲「內修」、「外養」。〔註100〕「內修」爲修養心性，屬精神方面之修行；「外養」指

〔註96〕 在《老子道德經河上公章句・成象章第六》中指出：「人能養神則不死，神謂五藏之神：肝藏魂，肺藏魄，心藏神，脾藏意，腎藏精與志，五藏盡傷則五神去矣。」在魏晉時的《黃庭經》則承續了上清派的形神觀念，以爲五臟六腑是黃庭經身神系統的主要核心，在《黃庭內景玉經注・致道章第七》中云：「至道不煩決存真，泥丸百節皆有神。髮神蒼華字太元，腦神精根字泥丸，眼神明上字英玄，鼻神玉壟字靈堅，耳神空閑字幽田，舌神通命字正倫，齒神峭鋒字羅千，一面之神宗泥丸，泥丸九真皆有房。」參考自史孝進：〈道教養生學的形成與發展簡述〉，《道教論壇》（2003年1月），頁15。
〔註97〕 參考自史孝進：〈道教養生學的形成與發展簡述〉，頁13。
〔註98〕 舊題八仙合著、松飛破譯：《天仙金丹心法》（北京：中華書局，1990年8月），〈第十三積行・勞筋骨〉，頁201。
〔註99〕 陶弘景著：《養性延命錄》，卷上，〈教誡篇第一〉，載於《道藏》（北京：文物出版，1988年），冊18，頁478。
〔註100〕 漢末魏伯陽的《周易參同契》中即有陰陽、內養與外煉一體之觀點，以大易（陰陽）、黃老（內養）與爐火（外煉）爲平行的三個面向，強調其「三道由一，俱出徑路」、「同出異名，皆由一門」。詳見賴錫三：〈《周易參同契》的「先

「煉人身體」的具體方法，分爲行氣、導引、服食、衛生等範疇。葛洪更總結了華佗的《五禽戲》，編了龍導、虎引、龜咽、燕飛、蛇屈、猿据、兔掠等等仿生體操，作爲鍛鍊身體之法。〔註101〕此外，陶弘景在《養性延命錄》中，專列形體鍛鍊篇《導引按摩》，收錄導引按摩的術式與方法。導引之術對養生的作用，主要在尋求氣的運行通順之道。

　　氣的流通爲養生之基本，但身體亦不可過份勞動，需守中庸之道，不過與不及，陶弘景云：「養性之道，莫久行、久坐、久臥、久視、久聽……能中和者，必久壽也。」，〔註102〕葛洪於《抱朴子內篇・極言》中亦提到：「養生之方，唾不及遠，行不疾步，耳不極聽，目不久視，坐不至久，臥不及疲。……不欲甚勞甚逸，不欲起晚，不欲汗流，不欲多睡，不欲奔車走馬，不欲極目遠望。」，〔註103〕均說明適度運動的重要性，與不過份要求身體的原則，凡事過度即成傷害，爲養生之大忌。在身體本身氣的運作順和之外，亦需重視身體之氣與自然節氣間的流通，配合四時節氣以養其體內之氣。〔註104〕

　　魏晉士人於養生方法上，亦重煉丹採食之術，服食、服餌的風氣盛行，在《養性延命錄》中曾轉引過《神農經》的說法：

　　食穀者，智慧聰明；食石者，肥澤不老；食芝者，延年不死；食元氣者，地不能埋，天不能殺。是故食藥者，與天相畢，日月並列。

　　〔註105〕

葛洪更是相信丹藥能使人長生不老，獲得身體的永存，其云：

　　夫五穀猶能活人，人得之則生，絕之則死，又況於上品之神藥，其益人豈不萬倍於五穀耶？夫金丹之爲物，燒之愈久，變化愈妙。黃金入火，百鍊不消，埋之，畢天不朽。服此二物，鍊人身體，故能

天──後天學」與「內養──外煉一體觀」〉，《漢學研究》第20卷第2期（2002年12月），頁131。

〔註101〕陶弘景亦以虎、鹿、熊、猨、鳥等五禽動作爲導引之法。見氏著：《養性延命錄》，卷下，〈導引按摩篇第五〉，載於《道藏》，冊18，頁483。

〔註102〕　陶弘景著：《養性延命錄》，卷上，〈教誡篇第一〉，載於《道藏》，冊18，頁477。

〔註103〕王明撰：《抱朴子內篇校釋》，卷13，〈極言〉，頁245。

〔註104〕在《春秋左傳正義》中提到：「君子有四時，朝以聽政，晝以訪問，夕以脩令，夜以安身。於是乎節宣其氣，勿使有所壅閉湫底以露其體，茲心不爽，而昏亂百度。今無乃壹之，則生疾矣。」

〔註105〕陶弘景著：《養性延命錄》，卷上，〈教誡篇第一〉引《神農經》語，載於《道藏》，冊18，頁475。

令人不老不死。〔註106〕

葛洪相信服食黃金與丹藥的效果萬倍於五穀活人之作用，能使人長生久壽，士人相偕上山採食仙藥，服食養生。寒食散的盛行，說明了魏晉士人對於養形之注重，何晏「服五石散，非惟治病，亦覺神明開朗」，〔註107〕而形成一股風潮。服藥無論在精神與肉體上都能達到治療的功效，養形之餘，也達到保神、療神的目的。嵇康亦以為「上藥養命，中藥養性」，〔註108〕以藥能養性延命，多食有益。此外，丹藥以其不朽之質性，人服之亦可使形體不朽，可達致久壽之境。

若王羲之熱衷採藥，與友人「採藥石不遠千里」，當時對於服食之術與煉丹藥的重視，可以從葛洪對金丹的重視得知，他引用《皇帝九鼎神丹經》云：「雖呼吸道引，及服草木之藥，可得延年，不免於死也。服神丹令人壽無窮已，與天地相畢，乘雲駕龍，上下太清。」，〔註109〕丹藥以其速效而易於養形，而在士人間流行，丹藥與服食之物的流行，亦與當時信仰食物之氣與人體之氣能交流感應有關。

二、形神兼養

養生思想自老莊以來分為二派，一派是道家的哲理性思想；一派為道教的落實實踐。老子養生思想以養神為主、養形為輔，主張心境的恬然自適；莊子以精神之順應世事而使心神平靜，不損生害性。

養生思想至漢代愈有神貴於形之傾向，《淮南子・原道訓》中提到：「以神為主者，形從而利；以形為制者，神從而害。⋯⋯是故聖人將養其神，和弱其氣，平夷其形，而與道沈浮俛仰。」，〔註110〕以神為君形者，神貴於形，可超越形體而不受其限制。雖以神主形從，但形神兼養則為養生之大要，其又云，「形者生之舍也，氣者生之充也，神者生之制也，一失位則三者傷矣。」，〔註111〕以形神皆為生命之基礎，缺一不可。

〔註106〕王明撰：《抱朴子內篇校釋》，卷4，〈金丹〉，頁71。

〔註107〕余嘉錫：《世說新語箋疏》，〈言語14〉，頁74。

〔註108〕嚴可均校輯：《全上古三代秦漢三國六朝文》，冊2，《全三國文》，卷48，〈嵇康・養生論〉，頁1324。

〔註109〕王明撰：《抱朴子內篇校釋》，卷4，〈金丹〉，頁74。

〔註110〕何寧撰：《淮南子集釋》，上冊，卷1，〈原道訓〉，頁87～90。

〔註111〕何寧撰：《淮南子集釋》，上冊，卷1，〈原道訓〉，頁82。

　　道家雖以精神之修養爲主，但實爲重身，精神上的一切修養，最終目的
在於保全肉身之不損。在戴璉璋的《玄智、玄理與文化發展》一書中指出：

　　　依莊學，形體的生成是吾人生命得以具體存在的表徵。而形體保育著
　　　心神，於是視聽言動各有其準據與規律，這叫做性。換言之，性是由
　　　形神結合相輔共濟所呈現的。因此莊學的養生思想主張形神並重而彼
　　　此互養。他們一方面說：「若正汝形，一汝視，天和將至；攝汝知，
　　　一汝度，神將來舍。」這是從形體方面作工夫，而在心神方面得收穫；
　　　另一方面又說：「無視無聽，抱神以靜，形將自正。必靜必清，無勞
　　　汝形，無搖汝精，乃可以長生。目無所見，耳無所聞，心無所知，汝
　　　神將守形，形乃長生。」這又是從心神方面作工夫，而在形體方面得
　　　收穫。這樣的養生思想，所追求的是形神兩全。〔註112〕

道家主張無論於心神或是形體上下功夫，均爲一互相影響之全體，形神互養
而俱全。

　　魏晉士人以形神同爲生命之必要，形體與精神之保養缺一不可。曹操在
《陌上桑》中云：「交赤松，及羨門，受要秘道愛精神。食芝英，飲醴泉，拄
杖桂枝佩秋蘭。絕人事，遊渾元，若疾風遊欻飄翻。」，〔註113〕求仙之風的盛
行，說明了士人們企望長生之渴求。除了煉丹養生以求形體不滅之外；也求
精神上的栖心玄遠，遠離俗世事務。

　　魏晉士人一方面服膺道家學說的養生理論，對於精神方面主張養精保
神；另一方面，也接受道教煉丹服食之術，採藥石、練呼吸、運動導引，形
神兼養。

　　養神之方法中，以節制身體欲望爲主，肉體之欲如不能節制，會因過於
放蕩而損身害性，精神上亦因意欲之不足而無法平靜，在《老子河上公章句》
中提到：

　　　吾所以有大患者，爲吾有身，有身（則）憂其勤勞，念其飢寒，觸
　　　情縱欲，則遇禍患也。〔註114〕

〔註112〕戴璉璋：《玄智、玄理與文化發展》（臺北：中央研究院中國文哲研究所，2002
　　　　年3月），頁202。
〔註113〕逯欽立輯校：《先秦漢魏晉南北朝詩》，上冊，〈魏詩卷一〉，〈魏武帝曹操‧陌
　　　　上桑〉，頁348。
〔註114〕王卡點校：《老子道德經河上公章句》，卷1，〈猒恥第十三〉，「吾所以有大患
　　　　者，爲吾有身。」句注，頁48。

人能除情欲，節滋味，清五藏，則神明居之也。〔註115〕

治身者當除情去欲，使五藏空虛，神乃歸之。〔註116〕

除身體之欲，使身體不致因過份追求欲望而勞形費神，精神上亦得以休養平靜，神能安居於形之內，達致養生之目的。

嵇康即以精神與形體相互依存，二者缺一不可，其云：

> 精神之于形骸，猶國之有君也。神躁于中，而形喪于外，猶君昏于上，國亂于下也。……是以君子知形恃神以立，神須形以存；悟生理之易失，知一過之害生，故修性以保神，安心以全身，愛憎不棲于情，憂喜不留於意，泊然無感，而體氣和平。又呼吸吐納，服食養身，使形神相親，表裏俱濟也。

以精神爲形骸之君，神躁則形喪，故須安心以全身；而神雖爲主，亦須恃形以存，惟有形神相親，爲適宜的養生之道。精神猶如一國之君對國家之主宰一般，情緒之不平，往往使形體亦失去平衡。情緒的平靜對養生尤爲重要，養神之道在「遺」、「忘」，要使「愛憎不栖於情，憂喜不留於意，泊然無感，體氣和平」，並要克制欲望，達致心神平靜，「清虛靜泰，少私寡欲」，使精神能「曠然無憂患，寂然無思慮」，如此則能「神以默醇，體以和成」、「性氣自和」、「情志自平」。於精神上達致一種外物不入其心之自平自和之境界；於形體上則能蒸以靈芝，潤以醴泉，以求形體之養：

> 清虛靜泰，少私寡欲，知名位之傷德，故忽而不營，非欲而彊禁也；識厚味之害性，故棄而弗顧，非貪而後抑也。外物以累心不存，神氣以醇白獨著；曠然無憂患，寂然無思慮。又守之以一，養之以和，和理日濟，同乎大順。然後蒸以靈芝，潤以醴泉，晞以朝陽，綏以五絃，無爲自得，體妙心玄，忘歡而後樂足，遺生而後身存。〔註117〕

外物不入於心而能體妙心玄，兼以養體之法，才能使身存而長生。魏晉常云「遺生」，郭象講遺生而忘憂，後生可樂，而後形是有我；嵇康講「遺生而後身存」，其精神上的「忘」，即「遺生」，均是要達成「形是我有」與「身存」之目的，

〔註115〕王卡點校：《老子道德經河上公章句》，卷1，〈虛用第五〉，「天地之間」句注，頁18。

〔註116〕王卡點校：《老子道德經河上公章句》，卷1，〈無用第十一〉，「三十輻共一轂」句注，頁41。

〔註117〕以上嵇康〈養生論〉引文見嚴可均校輯：《全上古三代秦漢三國六朝文》，冊2，《全三國文》，卷48，〈嵇康·養生論〉，頁1324～1325。

在全身的基礎上講遺生。魏晉之講精神虛靜，最終目的還是在求形體之保全。

　　嵇康以爲養生需從情順理，順應身體自然的需求，才是全乎自然之道。因爲形神相親，任何一方的壓抑，均會導致另一方的不足與不滿。故於精神上要求平和、寧靜；於人的自然情性及欲望上，則主張順應其發展。嵇康以爲人皆有情，面對向秀的「感而思室，飢而後食，自然之理也」之說法，其又分「性之動」與「智之用」，而以智用逐欲，易遭患禍，其於〈答向子期難養生論〉中云：

> 今不使不室不食，但欲令室、食得理耳。夫不慮而欲，性之動也；識而後感，智之用也。性動者遇物而當，足則無餘；智用者從感而求，勌而不已。故世之所患，禍之所由，常在于智用，不在于性動。〔註118〕

主張對生理欲望的合理滿足，食色的基本滿足是爲性之動，而精神的消耗與其餘欲望的追求，則耗損人的精神，有害於養生。對性動養之以「和」，而以恬靜之心對待智用之發動，如此則心不亂，而能保形之全。

　　事實上，嵇康亦將智用收納於自然之性之中，以爲「智用則收之以恬，性動則糾之以和，使智上於恬，性足於和。」，〔註119〕無論是智用與性動，均爲人的自然情性之一，只要能合乎恬靜平和的境界，不過分使用之，均可以接受，此亦爲莊子「應物而不累於物」思想之呈顯。

　　玄學家以「遠害」與「存宜」爲養生之法，「遠害」即遠離傷生之事，嵇康於《答向子期難養生論》一文中提到：

> 養生有五難：名利不滅，此一難也；喜怒不除，此二難也；聲色不去，此三難也；滋味不絕，此四難也；神慮消散，此五難也。五者必存，雖心希難老，口誦至言，咀嚼英華，呼吸太陽，不能不回其操，不天其年也。

「五難」中兼含形體與精神上的修養，名利之心、喜怒之情、神慮精散爲對精神上之傷害；聲色、滋味則爲肉體欲望之層面，惟有去除過度的肉體欲望

〔註118〕嚴可均校輯：《全上古三代秦漢三國六朝文》，冊2，《全三國文》，卷48，〈嵇康・荅向子期難養生論〉，頁1325。

〔註119〕嵇康雖云「去欲順性，棄智抑情」，但其之「去欲」並非完全捨棄欲望，而是以淡然之心面對無限膨漲之欲望，其所欲去之欲望，爲識而後感之智用，在自然的性動之欲上，以其足而無餘，滿足基本的生理欲望之需求即可，不妨害養生。其主要以智用的導致無限擴充與得失之心，而反對智巧之害生。

與精神上的得失心，才能使生命得到平靜。此外，善養者亦需遠離外在之禍害，如莊子〈達生〉篇中所提及之單豹，善於養生，年至七十而臉色紅潤，卻因不避外難而被餓虎所食。對此，葛洪亦云：「內修形神，使延年愈疾，外攘邪惡，使禍害不干」，〔註120〕說明遠害全生之理。

「存宜」指主動地保全與親近對生命有益之事，亦包含肉體與精神二方面之涵養。養形以服食養生與呼吸吐納為基本之法，亦重服食丹藥；養神方面，嵇康以為要戒除浮躁之心，不過份躁進，於方法上需循序漸進，再輔以藝術音樂之調息，可得精神之平靜，嵇康亦以形神兼養為養生之大要。

在養形與養神之間，以「情」為綰合之路徑。嵇康所謂的「性之動」，為自然情性的發洩，其以「性足於和」，強調自然情性的合宜宣洩，以一種順應自然而合於人性的方式，處理身心關係，從而使身體的欲望之滿足與心靈的平和之境界達致一種微妙的平衡。

魏晉名士多喜自然山水，親近自然山水亦得洗滌俗世塵念之作用，透過與山水的親近，使心靈得以澄清，精神得以平靜，達致修養精神之目的，這正是所謂的「清虛日來，渣穢日去」。例如劉惔「尤好《老》、《莊》，任自然趣」，〔註121〕以寄情自然山水為樂，而王羲之更是「與東土人士盡山水之游，弋釣為娛。又與道士許邁共修服食，採藥石不遠千里，徧游東中諸郡，窮諸名山，泛滄海，嘆曰：『我卒當以樂死』。」，〔註122〕親近山水，可使神明開朗，達到精神平靜與良好修養之目的。是以王胡之在見到吳興印渚的美景時，以為「非唯使人情開滌，亦覺日月清朗。」，〔註123〕以身體的親近山水與自然景物，達致精神上的清澈平和，亦為魏晉士人形神兼養，順任情性之方式。

第三節　文學藝術中的一體之身體觀

形神之密切關聯性，於魏晉之宇宙論與氣論甚至養生論中體現。魏晉時期的文學藝術思想中，亦體現出形神相即之思想，而以氣為之溝通。

〔註120〕王明撰：《抱朴子內篇校釋》，卷6，〈微旨〉，頁124。
〔註121〕楊家駱：《新校本晉書并附編六種》，冊3，卷75，〈列傳第四十五·劉惔傳〉，頁1991。
〔註122〕楊家駱：《新校本晉書并附編六種》，冊3，卷80，〈列傳第五十·王羲之傳〉，頁2101。
〔註123〕余嘉錫：《世說新語箋疏》，〈言語81〉，頁138～139。

　　形神之間有氣流貫，在文學藝術活動中，文人的個人氣質、氣性亦對其文學作品有所影響，文人之體氣流貫於文章之中，形成相應其體之文氣。〔註124〕如曹丕在《典論‧論文》中提到的「徐幹時有齊氣」、「孔融體氣高妙」，劉勰在《文心雕龍》中云「魏之三祖，氣爽才麗」〔註125〕、「禰衡，氣揚采飛」，〔註126〕均是以士人本身之氣性對其文章有一定的影響，而使其文氣與文人之氣相符應，產生一定之風格，曹丕對此即云：

　　　　文以氣爲主，氣之清濁有體，不可力強而致。譬諸音樂，曲度雖均，
　　　　節奏同檢；至于引氣不齊，巧拙有素，雖在父兄，不能以移子弟。
　　〔註127〕

文章之文氣來自於文人本身之質性，文人以其先天氣質賦予文章一定的文氣，這種氣質在文人與文章之間流貫，不能移易於人。如《晉書》中記載嵇康的「美詞氣，有風儀」，其龍章鳳姿之「風儀」透過文詞而顯，其質性自然而峻邁不群之風韻，流露於文而別有特殊之文氣；此外，《酒德頌》亦爲劉伶之「意氣」所寄。文人除了自己本身之氣質影響文氣之外；於行文時，亦會因天地四時之氣與之相感，情動而生文，劉勰即以詩人行文之時，往往受到自然之感應，其於〈物色〉篇中云：

　　　　春秋代序，陰陽慘舒，物色之動，心亦搖焉。蓋陽氣萌而玄駒步、
　　　　陰律凝而丹鳥羞，微蟲猶或入感，四時之動物深矣。……是以詩人
　　　　感物，聯類不窮。

大自然的陽氣萌與陰律凝，因其氣之陰陽與或萌或凝，使詩人內心因其氣之入感，而「寫氣圖貌，既隨物以宛轉；屬采附聲，亦與心而徘徊」，〔註128〕

〔註124〕關於詩人與文學作品之間氣的流動之論述，可參考侯迺慧：〈由「氣」的意義與流程看文心雕龍的創作理論〉，載於中國古典文學研究會編：《文心雕龍綜論》（台北：台灣學生，1988年），頁253～281。莊耀郎亦以爲作者之氣存於文章字句之間，爲其風格與文氣，相關論述見氏著：《原氣》，師大國研所碩士論文（1984年），頁80。

〔註125〕王利器校注：《文心雕龍校證》（臺北：明文書局，1982年4月），卷2，〈樂府第七〉，頁43。

〔註126〕王利器校注：《文心雕龍校證》，卷5，〈章表第二十二〉，頁155。

〔註127〕嚴可均校輯：《全上古三代秦漢三國六朝文》，冊2，《全三國文》，卷8，〈魏文帝〉，頁1097～1098。關於文學中的氣論，可參考莊耀郎〈曹丕典論論文「氣」義探微〉，載於中國古典文學研究會編：《古典文學》第六集（臺北：臺灣學生，1984年），頁101～132。

〔註128〕以上引文見王利器校注：《文心雕龍校證》，卷10，〈物色第四十六〉，頁278。

因外物之氣而產生不同之感情，心神激盪，進而發以爲文。

一、以形寫神

　　魏晉士人於文學中主張文氣與體氣相應；氣流貫於人與文之間；亦流通於形神之間，劉勰即以爲「神居胸臆，而志氣統其關鍵」。〔註 129〕是以魏晉於藝術理論中主張以形寫神，以爲形體能體現人物之內在精神，流露其氣韻。〔註 130〕文學作品與身體之間的關係通過氣以貫通，藝術與身體之間，實爲一相互影響之關係。〔註 131〕

　　這種以形寫神，由形觀神之思想，在魏晉初期的識人之法中，已有一定的理論基礎，劉卲在《人物志》中主張由形觀神，藉此以觀察人之本質。劉卲以爲人之情性微妙玄虛而難於捕捉，非聖人難以察明，是以玄妙的精神氣度，仍需依賴實質的形體以測知。這亦是在氣之流貫的基礎上講觀形之法，精神之氣與體表之氣相流貫，而於外形中顯現其內在資質，故由體之外形、容止、談吐，可觀視人之內在：

　　　　蓋人物之本，出乎情性。情性之理，甚微而玄。非聖人之察，其孰能究之哉？凡有血氣者，莫不含元一以爲質，稟陰陽以立性，體五行而著形，苟有形質，猶可即而求之。

人皆以血氣而生，精神、情性之氣往往與體表之氣相流通，使其內質顯於外形，是以欲查其玄微之情性，需求之於形質。身體之外表、儀容、言談舉止，透露出個人情性之所在，由其骨相、容色、儀表徵知其才性，身體成爲精神寄寓且透露訊息之所。外在的形貌與內在的精神，有一種合乎秩序的對應關係，《人物志》中談論了九種徵知之法：

　　　　平陂之質在於神。明暗之實在於精。勇怯之勢在於筋。彊弱之植在

〔註 129〕王利器校注：《文心雕龍校證》，卷 6，〈神思第二十六〉，頁 187。

〔註 130〕鄭毓瑜以爲無論是創作對象之「神」或創作者之「神」，其焦點都在於「人物之神」。其以六朝之審美品鑑（包括人倫識鑒、人物畫論及文學批評）評賞之重心在人的生命本質，即「志氣」的活動及其外現之形態。見氏著：〈由「神與物遊」至「巧構形似」——劉勰的「形神」說及其與人物畫論「形神」觀念之辨析〉，載於中國古典文學研究會編：《文心雕龍綜論》，頁 385。

〔註 131〕這種身體與藝術作品之間的類比關係，西方梅洛・龐蒂亦有此說法，其以爲藝術作品本質上爲「實存本身的變調」，即作者思想與存在方式的延伸。詳見詳見鷲田清一著、劉績生譯：《梅洛・龐蒂（Maurice Merleau-Ponty）：可逆性（*Merleau-ponty*）》，頁 93～94。

於骨。躁靜之決在於氣。慘懌之情在於色。衰正之形在於儀。態度
之動在於容。緩急之狀在於言。〔註132〕

劉劭以爲可以由外在之體徵知內在情性，二者互相關聯且對應，情性影響外在
之體貌；而體貌以顯情性。因此「神」可察其本質之正邪；「精」可探知其實質
之智愚；「筋」以觀察其勢的勇敢或怯弱；「骨」可察其植之強弱；「氣」以觀其
決斷之躁靜；「色」以察其情之慘懌；「儀」以觀其形體的正衰；「容」以察其動
作之態度；「言」以觀察其狀之緩慢或急躁。透過九種外表的徵知之法，可察知
個人內在精神與情性，湯用彤即以魏晉人物品評是在「瞻外形而得其神理，視
之而會於無形，聽之聞於無音」，〔註133〕指出魏晉品人之重點在於瞻形得神。

　　魏晉人物品鑑主由漢代清議演變而來，至魏晉而特重人物之品評。曹魏
以九品中正制爲任官取人之依據，人物品鑑之結果往往成爲進官授用的憑
據，故人物品藻之風大盛。西晉時，士族統治的地位已然確定，以世襲爲主，
品鑑授官之風漸消，人物品評也由實用目的漸轉爲審美目的，士人開始重視
人物的風姿形貌、氣質風度等內在精神的呈顯。

　　無論是在人物品評或在文學藝術上，士人均重視人物的以形徵神，先以人
物的外在形體爲主要賞鑑對象，進而由形貌去徵知其精神風度與氣質，「大體而
言：劉劭的徵神，是由形而神的一種鑑識；顧、宗所主張的繪畫活動，基本上
則是以由形而神的鑑識爲基礎，再繼之以由神而形的創作表現。」，〔註134〕無
論是劉劭《人物志》的識人之法，或是《世說新語》中的人物品評，甚或是顧
愷之（約345～406）「傳神寫照」、宗炳（375～443）「澄懷味象」的傳神繪畫，
均是由人物之形貌入手，進而至神韻的鑑賞。

　　人物品鑑以精神爲欣賞重點，在《世說新語》記載的人物品鑑之評語中，
對人物的精神風姿十分注重。當時之「神」，是指人物的精神、神明、風情、神
情、神姿等，時人評論周顗「精神足以蔭映數人」（〈言語40〉注引鄧粲《晉紀》
語）、高坐「精神淵箸」（〈賞譽48〉）、衛承「神情都不關山水」（〈賞譽107〉）、
裴楷「雙目閃閃若岩下電，精神挺動」（〈容止10〉）、王夫人「神情散朗」（〈賢
媛30〉）、謝安「風神秀徹」（〈德行34〉注引《文字志》語）、王衍「風神英俊」

〔註132〕以上《人物志》引文見劉劭撰、王雲五編：《人物志》（臺北：臺灣商務印書
　　　　館，1967年臺二版，四部叢刊影印縮本），卷上，〈九徵第一〉，頁4、6。
〔註133〕湯用彤著：《魏晉玄學論稿》，載於魯迅、容肇祖、湯用彤著：《魏晉思想乙編
　　　　三種》（臺北市：里仁出版社，1995年8月），頁24。
〔註134〕戴璉璋：《玄智、玄理與文化發展》，頁235。

（〈雅量8〉余嘉錫注語）、「神姿高徹，如瑤林瓊樹」（〈賞譽16〉），均由人物之神韻著手，但人物之神姿與神明如何顯現？形上的精神風姿，仍需透過形下之形體以彰顯。裴楷以其雙目透露出精神之挺動，精神與氣質透過身體以顯。《世說新語》亦以簡練之筆調寫人物外形風貌，以其不同於俗之神情風度，凸顯出其內在神明：

> 蘇峻時，孔羣在橫塘爲匡術所逼。王丞相保存術，因眾坐戲語，令術勸酒，以釋橫塘之憾。羣答曰：「德非孔子，厄同匡人。雖陽和布氣，鷹化爲鳩，至於識者，猶憎其眼。」〔註135〕

孔羣之所以云「猶憎其眼」，因其認爲即使是鷹化爲鳩，外在的形體有所改易了，其人之內在精神與氣韻，仍會藉眼神以顯，由此可見眼神與神明之密切關聯。另一則例子中，王羲之夫人即以爲眼耳可以流露出精神氣韻，而關乎神明：

> 王尚書惠嘗看王右軍夫人，問：「眼耳未覺惡不？」答曰：「髮白齒落，屬乎形骸；至於眼耳，關於神明，那可便與人隔？」〔註136〕

其以眼、耳之關乎神明，而可以觀形查神。雖將人的身體器官區分爲「屬乎形骸」與「關於神明」的二部份，將先秦時期視爲形下之身體感官一部份賦予了形上的意義，〔註137〕但事實上，魏晉士人以爲若能踐玄理，則能使全身無處不體現精神，此留待下節論述。

　　身體的彰顯精神，以靈魂之窗之眼睛爲最，在劉劭《人物志》中，即將眼神定爲識人之一環，其云：

> 夫色見於貌，所謂徵神。徵神見貌，則情發於目。故仁，目之精，

〔註135〕余嘉錫：《世說新語箋疏》，〈方正36〉，頁317。

〔註136〕余嘉錫：《世說新語箋疏》，〈賢媛31〉，頁700。

〔註137〕先秦時期，孟子、莊子等對於感官的理解，大都採取著感官主導欲望的想法，孟子以爲「口之於味也，目之於色也，耳之於聲也，鼻之於臭也，四肢之於安佚也，性也……。」而莊子則認爲「以人之情：目欲視色，耳欲聽聲，口欲察味。」均以身體的感官追求美色聲味，四肢追求安逸，感官代表著人的動物性、充滿著欲望。因此儒家要求道德心性上的修養以節制感官欲望；道家要求減低人的欲望以合於自然，均以爲身體感官追求欲望有害生命。在栗山茂久的《身體的語言——從中西文化看身體之謎》中則以爲孟子將身體中的四肢與眼睛、鼻子、嘴巴並稱是不適當且不相稱的，因爲眼、鼻、嘴是感官，但四肢不是。他指出孟子之所以將這五者並稱是因爲他們之間有著特定的關係，四肢對於安逸的欲望與眼、耳、鼻、嘴等感官對於味覺、色、聲音、嗅覺的欲望都是對於欲望的追求。詳見氏著、陳信宏譯：《身體的語言——從中西文化看身體之謎》，頁188。

懇然以端。勇，膽之精，曄然以彊。然皆偏至之材，以勝體為質者
也。故勝質不精，則其事不遂。……五常既備，包以澹味。五質內
充，五精外章。是以目彩五輝之光也。〔註138〕

識人可以由其神情徵知其性，而人之情性發於目，觀眸子可知其才性。不同
才性所流露出之眼神不同，聖人以其中庸之性，使其眼神閃爍五彩之光輝。
眼睛亦以一形體器官，而可與神明相溝通。

魏晉時期的繪畫理論中，亦重視眼神的作用，在《世說新語‧巧藝》篇
中，顧愷之亦以眸子為人神明之所在：

顧長康畫人，或數年不點目精。人問其故？顧曰：「四體妍蚩，本無
關於妙處；傳神寫照，正在阿堵中。」（〈巧藝13〉）

顧長康好寫起人形，欲圖殷荊州，殷曰：「我形惡，不煩耳。」顧曰：
「明府正為眼爾。但明點童子，飛白拂其上，使如輕雲之蔽日。」
（〈巧藝11〉）

顧愷之以為繪畫中極度重視的應是眼神的傳達，最妙處應在眼睛，因眼睛可
以傳達個人之神韻。「傳神寫照」正是顧愷之提出的重要繪畫理論，其云：

人有長短，今既定遠近以矚其對，則不可改易闊促，錯置高下也。

凡生人亡有手揖眼視而前亡所對者，以形寫神而空其實對，荃生之
用乖，傳神之趨失矣。〔註139〕

顧愷之於繪畫時注重人物之神韻，由形體的描寫傳達出人物的精神特質及其
獨特之神韻。其重視的，不單是外在形貌的摹擬，而以補捉神韻為更高一層
的境界。其以眼於人體中的地位，有如太陽於萬物之重要性。

內在精神與氣質的呈顯，某一程度上仍依賴形體以彰顯，形體在人物品
鑑上，實佔有重要的地位。甚至在藝術成就與人物品評上，仍追求一種藉形
似以達致神似的作法。〔註140〕在書法與藝術中，亦是如此，「魏晉的門閥士族

〔註138〕劉卲撰、王雲五編：《人物志》，卷上，〈九徵第一〉，頁5～6。
〔註139〕張彥遠撰：《歷代名畫記》（北京：中華書局，1985年），卷5，〈顧愷之‧魏
晉勝流畫贊〉，頁188～189。
〔註140〕郭妍琳以為藝術作品中人物之「神」為客體的精神內涵，為「他神」，須借助
於對「形」之逼真摹寫才能體現。其以顧愷之作品中創作主體之「我」的思
想和感情，均隱藏於「形」和「他神」之中，是以形實據有作品之主導地位，
主張魏晉時期人的覺醒之意識在藝術表現上更為側重於形的表現與形之解
放。相關論述見郭妍琳：〈「形」的解放與「神」的解放——略論魏晉和晚明
「人的覺醒」在藝術上的表現〉，《金陵職業大學學報》，第17卷第2期（2002

講究由形鑒神，重視人物超凡脫俗的風度品貌、神采風韻。……晉人的『神』卻是蘊涵在書法中的『形』，即它的『筆法體勢』之中的。」，〔註141〕顧愷之雖然要「傳神寫照」，但是要傳神，首先要在形上下功夫，必需要「形具」才能「神生」，重視形體上的仔細描繪，以爲若「有一毫小失，則神氣與之俱變矣」。人物之神通過體態與服飾而顯，其又云「作人形，骨成而制衣服幘之，亦以助神」，形具爲神生之基礎。以形顯神的文學藝術觀，彰顯出形神一體且形神相互流通之思想。

二、身體全爲踐形之所

　　魏晉於身體觀點上表現爲一整全的身體概念，身體各處無不相通貫聯繫，氣於感官與精神之間相互流通影響，精神氣韻外顯於身，體爲精神之體現場域。劉邵《人物志》中，主張由外在儀表觀其內在情性，《抱朴子》中亦以爲外在儀容與體表，能流露內在精神情性，其云：

> ……必能簡精鈍於符表，詳舒急乎聲氣，料明闇於舉厝，察清濁於財色，觀取與於宜適，謂虛實於言行，考操業於閨閫，校始終於信効，善否之驗，不其易乎？〔註142〕

通過人之外在符表、聲氣、舉厝、對財色的反應、言行等方式，可察知其內在精神。是以身體的每一方面，儀容舉措，均爲精神體現之處所。體無分大小，小至聲調呼吸，大至個人的外在體表與舉止行爲，均爲精神與內在資質顯現之處所，身體與精神實爲相互關聯之一體。

　　不論是人物賞鑑或藝術理論，均顯現出精神與身體的密切關聯性。精神之流露於體，最常見的是通過眼眸。但事實上，魏晉士人於身體各處均能體現其精神氣韻，尤以玄學韻味的流露，爲當代士人身體踐形之特色。士人於玄學修養精深之時，其玄理精神往往外顯於身，而使身體流露出一種高雅玄遠之韻味，使人望若神仙。士人於通暢玄理時，身體無一處不爲玄理之體現，感官四肢甚至肢體動作無一不體現內在精神，甚至鬚髮亦與神明相關，而爲神明之外顯，在《世說新語·排調》中記載：

　　　　年 6 月)，頁 15～16。

〔註141〕郭妍琳：〈「形」的解放與「神」的解放──略論魏晉和晚明「人的覺醒」在藝術上的表現〉，頁 15。

〔註142〕楊明照：《抱朴子外篇校箋》(北京：中華書局，1996 年 9 月 2 版)，上冊，卷 21，〈清鑒〉，頁 519。

> 王子猷詣謝萬，林公先在坐，瞻矚甚高。王曰：「若林公鬚髮並全，
> 神情當復勝此不？」謝曰：「脣齒相須，不可以偏亡。鬚髮何關於神
> 明？」林公意甚惡。曰：「七尺之軀，今日委君二賢。」（〈排調 43〉）

謝萬雖云鬚髮何關於神明，以爲此與眼耳之感官不可相提並論，但於王子猷
以爲林公若鬚髮並全，神情應當更勝於此的話中，可知其以爲鬚髮實關乎神
情，名士風姿若能透過外在形體之鬚髮茂盛，則能更添韻味。鬚髮之關乎神
明，亦可由〈巧藝〉篇中的顧愷之爲裴楷益頰上三毛看出：

> 顧長康畫裴叔則，頰上益三毛。人問其故？顧曰：「裴楷儁朗有識具，
> 正此是其識具。」看畫者尋之，定覺益三毛如有神明，殊勝未安時。
> （〈巧藝 9〉）

增益三毛而能表現出裴楷之識具，人亦感覺能表現其神韻，是以由鬚髮中亦
可見神明。此外在〈排調〉中記載：

> 康僧淵目深而鼻高，王丞相每調之。僧淵曰：「鼻者面之山，目者面
> 之淵。山不高則不靈，淵不深則不清。」（〈排調 21〉）

康僧淵雖爲戲言，但其言語中亦透露了五官爲神明之展現，臉之五官可以映
現其精神。此外，桓豹奴亦因爲外表形似其舅王混，而意甚不悅，其外貌上
的形似，使得他於神情上與其舅「時似」，而更爲憎恨：

> 桓豹奴是王丹陽外生，形似其舅，桓甚諱之。宣武云：「不恒相似，
> 時似耳！恒似是形，時似是神。」桓逾不說。（〈排調 42〉）

士人的形體，往往爲精神顯現之處所，尤以魏晉士人對於玄理之深切認識，
而使玄理內化於其思想中，再外顯於身，使其全身上下無一不是玄理之體現。
此外，名士們注重優雅氣質之呈顯，更是有賴於身體之舉止，在容止舉動上
表現出和緩優雅而不急不徐，呈顯出雅緻之風韻。

　　身體亦爲士人眞性情的流露處所，士人重視人物眞性情的呈顯，在品鑑
人物時，若是對象能眞而不僞、不矯揉造作，即使貌不驚人、土木形骸，也
可得到良好的評價，在《世說新語‧容止》篇中記載了庾敳「長不滿七尺，
腰帶十圍，頹然自放。」，雖於外表上不甚出眾，但其卻因「神氣融散」、「常
自神王」（〈賞譽 42、33〉）等精神風貌上的出眾，而得到不錯的評價。再如王
右軍之坦腹東床：

> 郗太傅在京口，遣門生與王丞相書，求女壻。丞相語郗信：「君往東
> 廂，任意選之。」門生歸，白郗曰：「王家諸郎，亦皆可嘉，聞來覓

墇，咸自矜持。唯有一郎，在牀上坦腹臥，如不聞。」……（〈雅量
19〉）

其任放不拘之性格，透過坦腹以顯。在對士人的品評上，形貌亦可顯其風度，
如桓伊以杜弘治「膚清」而衛虎「奕奕神令」：

> 劉丹陽、王長史在瓦官寺集，桓護軍亦在坐，共商略西朝及江左人
> 物。或問：「杜弘治何如衛虎？」桓答曰：「弘治膚清，衛虎奕奕神
> 令。」王、劉善其言。（〈品藻42〉）

杜弘治以其膚清而比於衛虎之奕奕神令，雖有高下之別，但由外貌上的「膚清」
與精神上的「奕奕神令」之並舉，可見當時士人的神韻往往由體以顯。其餘如
劉伶的脫衣裸形，亦為其任放真性情之呈現，士人的真性情與精神氣韻，透過
身體的體態與外在容儀、舉止以外顯，精神與身體，實為相互關聯之一體。

第四節　大體與小體的融貫——流動之體〔註143〕

以氣化成的大體與小體，其間有著氣之流貫，大體與小體間互相感應流
通，為一整全與分殊的相應之關係。大體與小體之間，雖有著相應之理與流
貫之氣，但細微之至，使人無法體察。其間氣之流動與相應關係，於小體方
面，往往以「情」作為對自然的感應方式。情為氣之動，自然之節氣，對人
體之氣產生影響，而個體應之以「情」，此即所謂的「人稟七情，應物斯感」。
個體對於自然界的氣之運行，以「情」作為與之呼應之方式。

魏晉士人對情的重視，為其重身思想之一種體現，〔註144〕亦為其整全身
體觀之一環。身體的情與欲，為自然之性的一部份，為先天資質所賦予，與
形、神同為構成整全身體之一部份，不能捨其中之一，而能得生之圓滿。士
人由達生生之旨的基礎上，追求「中人」之情，不願向上提升而忘情；亦不

〔註143〕關於氣的流動之論述，可參考侯迺慧：〈由「氣」的意義與流程看文心雕龍的
　　　　創作理論〉，載於中國古典文學研究會編：《文心雕龍綜論》，頁241～252。
〔註144〕龔鵬程以為漢代即主重生，其以為《呂氏春秋》中已有「本生」與「全生」
　　　　的觀念，主張養生以全其天，並尊重生命，重己貴生。在對情的觀點上，亦
　　　　肯定情欲之必要性。是以龔氏以為先秦人性論的重點在於辨性，討論人之存
　　　　在本質；兩漢人性論之重點，正是在於對「情」的重視，但相對於《呂氏春
　　　　秋》的論情不論性，漢儒的貢獻在於深入探討性情關係。相關論述見氏著：〈從
　　　　「呂氏春秋」到「文心雕龍」——自然氣感與抒情自我〉，載於中國古典文學
　　　　研究會主編：《文心雕龍綜論》，頁315～322。

願下落為不知情者。在對情的沈溺與欲忘情之掙扎中，窺見其對情的重視與不能捨離，及其形、情、神一體之身體觀；此外，情亦為人身與自然的溝通之管道，體氣與自然之氣的感應，正是通過人體對自然的感應，即情，來溝通。是以情在人身之中為一整全之身的體現；於人與自然之間為一溝通之徑路，流動於人之小體與天地之大體間。

士人在面對以氣化成而變化循環之體時，以無心順世來全其身；並主張忘憂而樂生。樂生的觀點，在郭象為「適性」；在張湛為「肆情」，他們均在體認「形非我有」的達生之情中，主張追求現世的身體之樂，並於此掌握了現世之身體。士人在身體因應時間之流變外；政治上的時局之變，使得士人更感受時間之變的迫切，而更為急迫地尋求一確切的身體存在感。這三重之變，使得士人對於生命更感急促，而更欲掌握變化中之身體。

人處自然之中，因應各種變化，最能確切感受的，為對「情」之體認。魏晉士人以命非己制、形非我有，而需順應世變，但於萬變中，唯有對情的重視，能使士人於虛幻與萬變之生命中，得到實存感，而可以掌握現世之形。

一、憑情以會通——以「情」綰合的流動之體

正始時期，王弼提出「貴無」論，以無為世界之本源，其思想中有二個重要的觀念，一是「聖人體無，老子是有」；〔註145〕一是「聖人有情而無累於物」。其一反何晏的聖人無情之說，〔註146〕以「聖人有情」，承認聖人也有凡欲之體：

> 何晏以為聖人無喜怒哀樂，其論甚精，鍾會等述之。弼與不同，以為聖人茂於人者神明也，同於人者五情也，神明茂故能體沖和以通無，五情同故不能無哀樂以應物，然則聖人之情，應物而無累於物者也。今以其無累，便謂不復應物，失之多矣。〔註147〕

〔註145〕「王輔嗣弱冠詣裴徽，徽問曰：『夫無者，誠萬物之所資，聖人莫肯致言，而老子申之無已，何邪？』弼曰：『聖人體無，無又不可以訓，故言必及有；老、莊未免於有，恆訓其所不足。』」余嘉錫：《世說新語箋疏》，〈文學8〉，頁199。

〔註146〕何晏心目中的理想人格之形象是：「惟深也，故能通天下之志，夏侯泰初是也；惟幾也，故能成天下之務，司馬子元是也；惟神也，不疾而速，不行而至，吾聞其語，未見其人。」具有一種超越凡俗的形象。陳壽撰、裴松之注：《三國志》（北京：中華書局，2005年2月18刷），冊1，卷9，《魏書·曹爽傳》裴注引《魏氏春秋》中載何晏語，頁293。

〔註147〕陳壽撰、裴松之注：《三國志》，冊3，卷28，〈魏書·鍾會傳〉裴注引何劭《王弼傳》，頁795。

其以聖人有情而無累於物，將超凡之聖人賦予凡俗情感與自然的本能欲望，
將聖人從遙不可及的超凡之境，拉入凡間，賦予聖人以血肉之軀。其聖人觀，
從體無用有的觀點出發，主張聖人有凡俗的有情之體，具自然之性分與感情，
是「有」；這個有，可以用無去超越它。聖人能體無而能超越於有、不累於有，
可以應物卻不累於物：

> 聖人達自然之（至），暢萬物之情，故因而不爲，順而不施。除其所
> 以迷，去其所以惑，故心不亂而物性自得之也。〔註148〕

聖人兼有超越的無之神明與落實的有之情感，有無相即而不離，以無統有。
這種聖人具有凡情之說，反映了魏晉以來重身之一脈觀點，魏晉以重身而寬
容身體之欲。身體的情欲展現，一直以來被視爲會阻礙成聖之路。但王弼以
爲聖人具有凡俗之情，卻能以無爲之心超越它，能不累於情。以形下官能之
情而能入聖人之身，足見魏晉士人對於欲望的寬容。

　　對欲望的寬容之外，對欲望之合理約束，也使王弼建構出一以神統形，
以心御身的思想模式，以一更高的主體「無」去統御它，便不會過份執著於
「有」。以無爲主之心、神爲身體之統率，身體欲望便不致過分擴張而失控。
「應物而不累於物」的聖人觀，使王弼在處理「有」的身體之情性與欲望時，
能夠以「無心順有」的方式去跳脫「有」的執著，重身而不累於身。魏晉士
人所希冀中的聖人身體，是既能入世，又能超脫；既能享現世之樂，又能於
精神上超然以待。

　　如何節制欲望，王弼以爲要「從情從理」，其於注釋《周易・文言傳》時
解釋「利貞者，性情也」爲「性其情」，用性其情的方法，以道家無爲、守靜
的方式忘情。這種不動心而性其情的作法，可以達致一種「心不動而物性自
得之」的忘情境界。魏晉時期視情欲爲合理，給身體更寬廣的空間。以運用
情欲與感情，對人之自然本性主張疏通而不禁絕。王弼注解《老子》時以「不
禁其性」〔註149〕、「夫耳、目、口、心，皆順其性也。」，〔註150〕對人的自然
情性採取一「不禁」且順性的態度。向秀（211～300）在《難嵇叔夜養生論》

〔註148〕王弼著、樓宇烈校釋：《老子周易王弼注校釋・老子道德經注》，下篇，〈二十
　　　　九章〉，頁77。

〔註149〕王弼著、樓宇烈校釋：《老子周易王弼注校釋・老子道德經注》，上篇，〈十章〉，
　　　　「畜之」句注，頁24。

〔註150〕　　王弼著、樓宇烈校釋：《老子周易王弼注校釋・老子道德經注》，上篇，〈十
　　　　二章〉，「五色令人目盲，……馳騁畋獵令人心發狂」句注，頁28。

中對於人之自然情性亦抱持正面態度，其云：

> 有生則有情，稱情則自然，若絕而外之，則與無生同，何貴于有生哉？……夫人含五行而生，口思五味，目思五色，感而思室，飢而求食，自然之理也。〔註151〕

以為情感、欲望乃自然之性的真誠流露，為人之一部份。不但不需禁止，反而以其為自然之性，而能與自然相應流感。

王弼雖提出「性其情」的方式以使欲望不外顯，心懷不動。但事實上重視身體與欲望的魏晉士人往往無法達致此一境界，在《世說新語》中記載了士人對感情的重視與不可割捨，最著名的是王戎於喪子後的悲不自勝，且云「聖人忘情，最下不及情，情之所鍾，正在我輩。」〔註152〕由〈傷逝〉篇中士人對於逝者的不捨，見出超凡入聖的忘情之路難行，處於中人之輩的士人們，對於世間之情實難真正捨棄。士人不但不欲捨棄世間情感，且以情感正為我輩中人所特有之感受，反而重情容欲，以情為體世俗的入世之法。

情至深時足以害生，是以魏晉士人一方面重情；一方面也講忘形骸，嵇康在《贈秀才入軍詩》中云：「俯仰自得，游心太玄，嘉彼釣叟，得魚忘筌，郢人逝矣，誰與盡言。」；〔註153〕盧諶（285～351）在《贈劉琨詩》中曰：「誰謂言精，致在賞意。不見得魚，亦忘厥餌。遺其形骸，寄之深識。」；〔註154〕何劭（236～301）於《贈張華詩》中云：「奚用遺形骸，忘筌在得魚。」，〔註155〕士人在詩文中運用了「得意忘言」的思想，以精神的逍遙為重而欲忘形體，遺形以養神的觀念十分普遍。士人於詩文中不約而同地講遺形骸，欲以「忘」的方式，從現世重情之苦難與身體之累中解脫。

但正因為情之無法「忘」，身體之無法割捨，所以才會刻意追求忘形骸之

〔註151〕 嚴可均校輯：《全上古三代秦漢三國六朝文》，冊2，《全晉文》，卷72，〈向秀・難嵇叔夜養生論〉，頁1876。

〔註152〕 「王戎喪兒萬子，山簡往省之，王悲不自勝。簡曰：『孩抱中物，何至於此？』王曰：『聖人忘情，最下不及情；情之所鍾，正在我輩。』簡服其言，更為之慟。」余嘉錫：《世說新語箋疏》，〈傷逝4〉，頁638。

〔註153〕 逯欽立輯校：《先秦漢魏晉南北朝詩》，上冊，〈魏詩卷九〉，〈嵇康・四言贈兄秀才入軍詩・十八章之14〉，頁483。

〔註154〕 逯欽立輯校：《先秦漢魏晉南北朝詩》，中冊，〈晉詩卷十二〉，〈盧諶・贈劉琨詩〉，頁882。

〔註155〕 逯欽立輯校：《先秦漢魏晉南北朝詩》，上冊，〈晉詩卷四〉，〈何劭・贈張華詩〉，頁648。

境界。士人在重情的同時，卻又希冀能忘情，超脫世俗之情欲。但由當時諸多無法忘情而執著於情的例子中，見出士人的沉溺與無法超脫。

魏晉士人既重情而無法如聖人般忘情，且以「中人」自居而不願背離身體之情。故尋一理想之法，於「眞」〔註156〕的基礎上去實現情，情若能眞，則爲自然情性之體現，便不流於低下與卑俗。

雖然歷來思想家均將「情」列爲氣與欲望，相對於精神之虛靈。但在魏晉士人的觀點裏，眞情之流露，爲自然情性之如實體現。此自然氣性的流露，一方面使其體任自然，不入人爲之虛僞；一方面亦使其因任自然之情而能與自然之氣相通貫，進而能與天地同其流感，與自然合一。魏晉士人的求眞，可以從其詩文中見出一端，《古詩十九首》中，即云：「今日良宴會，歡樂難具陳。……令德唱高言，識曲聽其眞。」；〔註157〕阮籍於《咏懷詩》中云：「對酒不能言，悽愴懷酸辛；願耕東皋陽，誰與守其眞？」；〔註158〕嵇康《幽憤詩》中亦云：「託好老莊，賤物貴身；志在守樸，養素全眞。」；〔註159〕左思（約250～約305）《招隱詩》：「經始東山廬，果下自成榛；前有寒泉井，聊可瑩心神；峭蒨青葱間，竹柏得其眞。」；〔註160〕東晉陶淵明於《飲酒詩》中云：「此還有眞意，欲辯已忘言。」、「羲農去我久，舉世少復眞。」，〔註161〕均透露出

〔註156〕中國哲學觀點中的眞僞與西方哲學中表示客觀外在認識標準的眞（true、truth）、假（artifical、artificity）有著明顯的不同。因爲西方文化側重追求客觀外在眞理；而中國文化之內涵主要表現爲由外向內收與追求內在和諧。中國哲學中的「眞」主要指內心道德與情感上的眞誠；「僞」指客觀事物的不合原貌。先秦儒家「眞」的觀點又與道家有著不同，主要指「忠」、「信」與「誠」之概念，爲人格與道德上的誠信。道家老子之「眞」，主要是指事物之本然與原始素樸的狀態。《莊子》主要指人或事物之「眞性」，爲一種自然之狀態。「僞」的概念在古代漢語中有兩個基本涵義：一爲與「眞誠」相對之虛假詐僞之義；另一則是與天然、本然之「性情」（instinctive）相對的『人爲』、非天然（artificial）之義。相關論述見高華平：《魏晉玄學人格美研究》（成都：巴蜀書社，2000年8月），頁57～58。

〔註157〕逯欽立輯校：《先秦漢魏晉南北朝詩》，上冊，〈漢詩卷十二・古詩・古詩十九首之四〉，頁330。

〔註158〕陳伯君校注：《阮籍集校注》，卷下，〈詩・詠懷五言八十二首・其三十四〉，頁314。

〔註159〕逯欽立輯校：《先秦漢魏晉南北朝詩》，上冊，〈魏詩卷九〉，〈嵇康・幽憤詩〉，頁481。

〔註160〕逯欽立輯校：《先秦漢魏晉南北朝詩》，上冊，〈晉詩卷七〉，〈左思・招隱詩二首之二〉，頁735。

〔註161〕逯欽立輯校：《先秦漢魏晉南北朝詩》，中冊，〈晉詩卷十七〉，〈陶淵明・飲酒

魏晉士人求眞棄僞之心境。此外，名教的僵化與禮教的虛僞，使魏晉士人對「眞」有特別的重視與追求，嵇、阮的越名教任自然，即爲對虛禮的反抗與對自我眞實之情的追求。

士人以返璞歸眞去看待「情」，聖人的「不累於情」既不可行，士人轉而求「眞其情」，情若眞，則不向下落，反能因眞誠感情之流露，能任體於自然，而爲可欣賞的。

王弼亦以爲情若能近性而得眞，則有欲亦不妨害其生，其於《論語釋疑》中云：「不性其情，焉能久行其正，此是情之正也。若心好流蕩失眞，此是情之邪也。若以情近性，故云性其情。情近性者，何妨是有欲。」〔註162〕「失眞」即是所謂的情之邪；能得眞，即爲情之正，肯定人自然之性之抒發。西晉郭象更以爲性分是人所固有，應依其性分而行，「任其性命之情」、「適性爲治」。適性即是任眞，因爲「眞在性分之內」，若能任其自然之眞性，則能離虛僞之路而「任之自然，則非僞也」。其云：

> 凡得眞性，用其自爲者，……。若乃開希幸之路，以下冒上，物喪其眞，人忘其本，則毀譽之間，俯仰失錯也。〔註163〕

如喪眞忘本，則會使得俯仰失錯而大亂。張湛亦以爲人需順其自然之性分而行，其以爲萬物皆有其性，「質，性也。既爲物矣，則方員剛柔，靜躁沈浮，各有其性。」〔註164〕因其先天質性之不同，而順性爲之，此爲人之眞誠的內在本性，「至純至眞，即我之性分，非求之於外」，是以人應順其至純至眞之性而行，情任其眞則合乎自然之道。這就有如《晉書·光逸傳》中所說的：

> 理有忘言，則在情斯遣。其進也，撫俗同塵，不居名利；其退也，餐和履順，以保天眞。若乃一其本原，體無爲之用，分其華葉，開寓言之道，……〔註165〕

遣情之道，進在於與世俯仰而同其塵，退在於保其天眞。無論進退，都在於以無爲之心以任自然，是以魏晉的重情與重眞，均在一種無爲而順任自然之

詩二十首之五、二十〉，頁 998、1001。

〔註162〕王弼著、樓宇烈校釋：《老子周易王弼注校釋·論語釋疑》，「子曰：『性相近也，習相遠也。』」句注，頁 631～632。

〔註163〕郭慶藩輯、王孝魚整理：《莊子集釋》，上冊，卷1下，〈齊物論第二〉，「如求得其情與不得，無益損乎其眞。」句郭象注，頁 59。

〔註164〕楊伯峻撰：《列子集釋》，卷1，〈天瑞篇〉，「太素者，質之始也」句張湛注，頁 6。

〔註165〕楊家駱編：《新校本晉書》，冊2，卷49，〈列傳第十九·光逸傳〉，頁 1385。

心態下進行，即自然即性分。魏晉於身心一體的觀點上，容許自然情性之存在，而主重情。是以情於魏晉不爲一向下落之執累，而爲一自然全幅身體之成全。

　　情爲氣之動，不但眞情爲人身中自然之體現，情亦爲人體與自然之溝通。人與自然因均以氣化成，而有一定的符應，在《春秋繁露‧天地陰陽》中記載：

　　　　人，下長萬物，上參天地。故其治亂之故，動靜順逆之氣，乃損益陰陽之化，而搖蕩四海之內。……天地之閒，有陰陽之氣，常漸人者，若水常漸魚也。所以異於水者，可見與不可見耳，其澹澹也。然則人之居天地之閒，其猶魚之離水，一也。其無閒若氣而淖於水。水之比於氣也，若泥之比於水也。是天地之閒，若虛而實，人常漸是澹澹之中，而以治亂之氣，與之流通相殽也。〔註166〕

人處天地之中，實爲處一氣場之中，猶如魚之處水一般，不但天地萬物皆爲氣之化生，人於天地之間的溝通，亦依賴氣之運行。除了身體之氣與自然之氣依賴食物與居住地之氣性在人生理上的影響外；人的感情與精神，亦與自然有著交會流通，這種流通，靠著氣化成的情爲之綰合溝通。

　　在漢人觀念裏，人爲氣之受成，性、情亦皆爲氣之一種形式，董仲舒即云：

　　　　天之大經，一陰一陽，人之大經，一情一性。性生於陽，情生於陰。

　　　　陰氣鄙，陽氣仁。曰性善者，是見其陽也；謂惡者，是見其陰者也。

　　　〔註167〕

陰陽之氣合而成人，陽氣生性；陰氣生情，故情爲陰氣之「流通」，爲氣之化成。以氣化成之情，與人體一樣，與天地有所通感，而對人產生一定的影響，在《春秋繁露》中即提到天地四時之節氣，對人的情感之作用：

　　　　春之爲言，猶偆偆也；秋之爲言，猶湫湫也。偆偆者喜樂之貌也，湫湫者憂悲之狀也。是故春喜夏樂，秋憂冬悲，悲死而樂生。〔註168〕

大自然的春生秋謝之循環，透過季節所生之天氣與人所處之地的地氣〔註169〕對人體產生影響，這是由外對內，由大體至小體的影響；相對的，人的體氣也因與外在自然環境相流通，而使其情感受到感應。陰氣所生之情，遇春之

〔註166〕蘇輿：《春秋繁露義證》，卷17，〈天地陰陽第八十一〉，頁329～330。
〔註167〕黃暉撰：《論衡校釋》，冊1，卷3，〈本性篇〉引董仲舒語，頁139～140。
〔註168〕蘇輿：《春秋繁露義證》，卷11，〈王道通三第四十四〉，頁233～234。
〔註169〕《晉書》中提到：「叶時日於晷度，效地氣於灰管」。見楊家駱編：《新校本晉書》，冊1，卷16，〈志第六‧律曆上〉，頁473。

陽氣始動，能化陰而爲喜樂之情；若遇秋之陰氣則更生陰鬱之氣而轉爲憂悲之情。是以鄭毓瑜於〈身體時氣感與漢魏「抒情」詩——漢魏文學與楚辭、月令的關係〉一文中指出：

> 以憂慮而言，並不是個我獨有的內在情緒，而是一個流動在人與天
> 地間的氣的場域的質性或狀態。〔註170〕

情爲身體與自然的交接管道，漢人講性情，以爲性靜情動，而云「情接於物，形出於外，故謂之陽；性不發，不與物接，故謂之陰。」，〔註171〕其「依天地氣化以言性，由性論氣類交感，能感者性，感物而動者情」，是以情爲接於外物者。〔註172〕

　　自然界之變移，使人心發生相應之感情，其間有賴氣與情之流通，而人之小體與自然之大體在精神上發生聯繫與感應，亦有賴於情之作用。鍾嶸（約468～約518）於《詩品序》中云：「氣之動物，物之感人，故搖蕩性情，形諸舞詠。」，〔註173〕劉勰（約465～約532）亦云：「人稟七情，應物斯感。感物吟志，莫非自然。」，〔註174〕大自然以氣之動而使人爲之感，進而搖蕩人之性而產生相應之情；或由人之情，應自然之流變而生感觸。

　　詩人一方面透過四時節氣之影響而使情有所感；另一方面，詩人本身的思維與精神狀態，亦會使其對四時節氣產生不同之情。一般的文學作品中，多以秋之陰氣使人生憂思之情，但若是詩人在「閒居心不娛」的逍遙心境下，反倒覺得秋天是個「節運時氣舒，秋風涼且清」〔註175〕的秋高氣爽之好時節。自然之節氣與人之情氣，實爲一循環往復而相應共感之關係。

　　身體與自然間的感應，可以是於時間流逝中對生命的哀嘆，抑或是於時

〔註170〕見氏著：《文本風景——自我與空間的相互定義》（臺北：麥田出版社，2005年），單元三，〈身體時氣感與漢魏「抒情」詩——漢魏文學與楚辭、月令的關係〉，頁307。

〔註171〕黃暉撰：《論衡校釋》，冊1，卷3，〈本性篇〉，頁141。

〔註172〕龔鵬程：〈從「呂氏春秋」到「文心雕龍」——自然氣感與抒情自我〉，載於中國古典文學研究會主編：《文心雕龍綜論》，頁323。

〔註173〕嚴可均校輯：《全上古三代秦漢三國六朝文》，冊4，《全梁文》，卷55，〈鍾嶸·詩品序〉，頁3275。

〔註174〕王利器校注：《文心雕龍校證》，卷2，〈明詩第六〉，頁34。

〔註175〕逯欽立輯校：《先秦漢魏晉南北朝詩》，上冊，〈魏詩卷三〉，〈陳琳·詩〉，頁368。雖於文後有著「騁哉日月逝，年命將西傾」之嘆，但其嘆光陰之速，在於作爲下句「建功不及時，鐘鼎何所銘，……庶幾及君在，立德垂功名。」之伏筆，爲一積極而急欲建功之正面心態。

節的變易中對人內在情緒之影響；此外，自然中的景物變換，亦對人之情緒
有很大的影響。在空間的變化上，可由東晉偏安江南時，士人對身體處於空
間之變的悲涼感中看出，在《世說新語・文學》篇中提到：

> 元帝始過江，謂顧驃騎曰：「寄人國土，心常懷慚。」……
>
> 過江諸人，每至美日，輒相邀新亭，藉卉飲宴。周侯中坐而歎曰：「風
> 景不殊，正自有山河之異！」皆相視流淚。……
>
> 衛洗馬初欲渡江，形神慘頓，語左右云：「見此芒芒，不覺百端交集。
> 苟未免有情，亦復誰能遣此！」〔註176〕

從元帝的寄人國土而心常懷慚；到諸臣因山河之異以相視流淚；至衛玠的形
神慘頓，均為士人體於空間之變產生的悲涼感。因為「風景不殊」，風景之氣
不同了，〔註177〕影響及於與之交流的士人之氣，使人心生感情，而有著不同
的情懷感觸，是以衛玠有感於景物之茫茫，不復為熟悉之景氣，而心覺「百
端交集」，亦以此生其情。

　　情作為溝通人與自然間的感應橋樑，而人與自然之間，亦因情氣之流動，
使大體與小體通貫為一。

二、負氣以適變──從「形非我有」到「形是我有」

　　士人於時間的流變上感受到生命的急逝，時間的作用不止單純地使身體
衰老，亦因人與之交集生感，使人感而生情，曹植於〈行女哀辭〉中云：「……
感逝者之不追，情忽忽而失度，天蓋高而無階，懷此恨其誰訴。」。〔註178〕
但魏晉士人對生命與身體的茫然無奈與急迫之感，不止在於時間的推變上；
亦在於空間的變換與時局的變動之中，曹丕於其詩中云：

> 與君結新婚，宿昔當別離。涼風動秋草，蟋蟀鳴相隨。冽冽寒蟬吟，
> 蟬吟抱枯枝。枯枝時飛揚，身體忽遷移。不悲身遷移，但惜歲月馳。

〔註176〕以上引文見余嘉錫：《世說新語箋疏》，〈言語〉，頁91～94。
〔註177〕風景之「風」字由氣而來，是以風景又云「風物」、「景氣」，漢人論景亦有「因
　　　　氣言景」者，是以金水木火與天地日月星辰都是景氣，人可以因氣相感，構
　　　　成一「情──景」之關係。相關論述見龔鵬程：〈從「呂氏春秋」到「文心雕
　　　　龍」──自然氣感與抒情自我〉，載於中國古典文學研究會主編：《文心雕龍
　　　　綜論》，頁325。
〔註178〕嚴可均校輯：《全上古三代秦漢三國六朝文》，冊2，《全三國文》，卷19，〈陳
　　　　王植〉，頁1158。

　　歲月無窮極，會合安可知。願爲雙黃鵠，比翼戲清池。〔註179〕

別離爲時間與空間上的變遷，人與人間的親密接觸，因空間上的阻隔與時間上的變遷，使人心生悲感。而這種「身體忽遷移」的空間之變，與「但惜歲月馳」的時間之變，已足以使人心生悲感。身體上的情感之感受，又與時節之氣息相應，而更生悲涼，別離於「枯枝時飛揚」與「冽冽寒蟬吟」的時節，身體的相依之溫暖感受消失，更加上時節的寒涼之變，使人之悲感更爲深切。

　　詩人面對無法掌握的一切變數，包括時節的變易，新婚而面對的時間與空間之變中，他唯一能掌握的，即爲二人之間的深情。此時的「情」，爲人於因應外在之世變與時變時，所能確切掌握的，且因情之深且痛，讓人產生深切的存在感。在隨時而變，轉瞬即逝的虛幻世間，因情之存在，使人體悟生之切實。

　　曹植於〈慰子賦〉中亦描寫了對於其子之情，其云：

　　　彼凡人之相親，小離別而懷戀，況中殤之愛子，乃千秋而不見，入空室而獨倚，對牀帷而切歎，痛人亡而物在，心何忍而復觀，日晼晚而旣沒，月代照而舒光，仰列星以至晨，方霑露而含霜，惟逝者之日遠，愴傷心而絕腸。〔註180〕

人與人間之相親，以空間之阻隔而生懷戀之情，何況於生死之隔的無奈。既失其子而無物不引發其情，睹物思人，物雖不變而人身已逝，爲情之至深至無奈者。魏晉士人對於生死之感特爲傷痛，因其對情的重視，故於生死之際更爲難忍。嵇康於〈思親詩〉中對於母兄的哀痛之情溢於言表，思及親人之亡，「想形容兮內摧傷」，「欲一見兮路無因」，對於親人之至情與至深之哀痛流露於文中，「覩遺物兮心崩摧，中夜悲兮當告誰，……欲棄憂兮尋復來，痛殷殷兮不可裁。」〔註181〕嵇康對情的不能割捨，與莊子喪妻時的鼓盆而歌，有很大的差異，可見得嵇康在希冀隱而與仙人處之恬淡思想下，對世俗之情仍無法割捨。

　　形體既爲氣之化成，生爲氣聚；死爲氣散，生死爲氣之循環狀態，是「代

〔註179〕逯欽立：《先秦漢魏晉南北朝詩》列爲徐幹作品。見逯欽立輯校：《先秦漢魏晉南北朝詩》，上冊，〈魏詩卷三〉，〈徐幹・於清河見挽船士新婚與妻別詩〉，頁378。《玉臺新詠》則列爲魏文帝作品。

〔註180〕嚴可均校輯：《全上古三代秦漢三國六朝文》，冊2，《全三國文》卷13，〈陳王植〉，頁1125。

〔註181〕逯欽立：《先秦漢魏晉南北朝詩》，上冊，〈魏詩卷九〉，〈嵇康・思親詩〉，頁491。

謝無間，形氣轉續，其道不終。」，〔註182〕生命與身體，皆非人為所能控制，郭象云：

> 夫身者非汝所能有也，塊然而自有耳。有非所有，而況無哉？……
> 若身是汝有，則美惡、死生當制之由汝。今氣聚而生，汝不能禁也；
> 氣散而死，汝不能止也。明其委結而自成，非汝之有也。〔註183〕

人身為氣之委結而自成，「變化之道，靡所不遇，今一遇人形」，〔註184〕人形亦為偶然而成，為「陰陽氣徧交會而氣和，氣和而為人生，人生則有所倚而立也。」，〔註185〕人既為氣之偏積而成，則無論是生命或人對己身形體之把握，抑或是壽命之延長，甚或是健康、聰慧等都無法由人自己去把握，而為自然之運，郭象即以為命非己制：

> 我生有涯，天也；心欲益之，人也。然此人之所謂耳，物無非（天
> 也）。天也者，自然者也；人皆自然，則治亂成敗，遇與不遇，非人
> 為也，皆自然耳。〔註186〕

命為自然之制，人力無法干涉，有涯之生為天之自然；欲延其壽乃人為之力，但人力無法干預自然，人力對自然無所施其力。

　　張湛亦以「群有以至虛為宗，萬品以終滅為驗」之貴「虛」思想表達萬物終歸於虛無之境：

> 夫盡於一形者，皆隨代謝而遷革矣；故生者必終，而生生物者無變
> 化也。至無者，故能為萬變之宗主也。〔註187〕

氣化成萬物而為萬變之宗主，「天地一氣，萬物一形」，氣「分而為天地，散而為萬物」，〔註188〕是以人之形體亦為氣之變易：

〔註182〕楊伯峻撰：《列子集釋》，卷1，〈天瑞篇〉，「往復，其際不可終」句張湛注，頁3。

〔註183〕楊伯峻撰：《列子集釋》，卷1，〈天瑞篇〉，「汝身非汝有也，……是天地之委順也。」句張湛注引郭象語，頁34。

〔註184〕郭慶藩輯、王孝魚整理：《莊子集釋》，上冊，卷3上，〈大宗師第六〉，「今一犯人之形，而曰『人耳人耳』，夫造化者必以為不詳之人。」句郭象注，頁263。

〔註185〕楊伯峻撰：《列子集釋》，卷1，〈天瑞篇〉，「故天地含精，萬物化生」句張湛注，頁8。

〔註186〕郭慶藩輯、王孝魚整理：《莊子集釋》，上冊，卷3上，〈大宗師第六〉，「庸詎知吾所謂天之非人乎？所謂人之非天乎？」句郭象注，頁226。

〔註187〕楊伯峻撰：《列子集釋》，卷1，〈天瑞篇〉，「生之所生者死矣，……皆無為之職也。」句張湛注，頁10。

〔註188〕楊伯峻撰：《列子集釋》，卷1，〈天瑞篇〉，「雲霧也，風雨也，四時也，此積

> 所謂易者，窈冥惚恍，不可變也；一氣恃之而化，故寄名變耳。究，
> 窮也。一變而爲七九，不以次數者，全舉陽數，領其都會。既涉於
> 有形之域，理數相推，自一之九。九數既終，乃復反而爲一。反而
> 爲一，歸於形變之始，此蓋明變化往復無窮極。〔註189〕

萬物變化往復而無窮極，如同一至九的循環反覆。人之形體既爲氣之聚散，
人對自己的身體與性命亦無法掌控，一切皆爲虛僞：

> 夫稟生受有謂之形，俛仰變異謂之化。神之所交謂之夢，形之所接
> 謂之覺。原其極也，同歸虛僞。何者？生質根滯，百年乃終，化情
> 枝淺，視瞬而滅。神道恍惚，若存若亡；形理顯著，若誠若實。故
> 洞監知生滅之理均，覺夢之塗一，雖萬變交陳，未關神慮。愚惑者
> 以顯昧爲成驗遲速而致疑，故竊然而自私，以形骸爲眞宅。孰識生
> 化之本歸之於無物哉？〔註190〕

無論是生之受形，或是神交之夢、形接之覺，終其究極皆爲虛僞，是以人不
能私有其身，〔註191〕無論有形之形體或虛幻之神、夢、覺，均爲虛的衍生。
有形之形體最終亦歸於虛無；何況是虛幻之神覺，故知世人「以形骸爲眞宅」
之愚昧。

　　無論是西晉的郭象；或是東晉張湛，在氣化萬物而變易不止的基礎上講
生命之無常與身非我有，形體與壽命並非人力所能掌握。形既不爲我有，魏
晉士人卻在短暫的人生中欲捉住人生之眞實，企圖透過對情的運用，來獲得
現世身體的存在感。郭象即云：

> 夫形生老死，皆我也。故形爲我載，生爲我勞，老爲我佚，死爲我
> 息，四者雖變，未始非我，我奚惜哉！〔註192〕

雖然人力對於己身之壽與身體無法掌握，但若站在「我」的角度看待生命，
則因生死皆關乎「我」，是以形體的變易，無論是生或死或病或勞，「未始非

　　氣之成乎天者也。……奚謂不壞？」句張湛注，頁32。

〔註189〕楊伯峻撰：《列子集釋》，卷1，〈天瑞篇〉，「易變而爲一，一變而爲七，七變
　　　　而爲九。九變者，究也；一者，形變之始也」句張湛注，頁7～8。

〔註190〕楊伯峻撰：《列子集釋》，卷3，〈周穆王篇〉，「周穆王第三」句張湛注，頁90。

〔註191〕「若其有盜耶？則我身即天地之一物，不得私而有之。若其無盜耶，則外內
　　　　不得異也。」楊伯峻撰：《列子集釋》，卷1，〈天瑞篇〉，「況外物而非盜哉？」
　　　　句張湛注，頁37。

〔註192〕郭慶藩輯、王孝魚整理：《莊子集釋》，上冊，卷3上，〈大宗師第六〉，「夫大
　　　　塊載我以形，勞我以生，佚我以老，息我以死。」句郭象注，頁243。

我」。正是因爲「未始非我」，故士人可以在對現世之「我」的身體之運用上，得到此生的存在感與眞實感。

身體的存在感如何可以掌握，魏晉士人通過對「情」的重視，而能使「形爲我有」。人對情之難捨，最深刻的即爲關乎生死之情，在呂正惠的〈「物色」論與「緣情」說──中國抒情美學在六朝的開展〉中提到：

> 「情」之所以成爲哲學問題，……是作爲人對死亡的自覺而被深刻意識到的。……「情」成爲界定人的自我的必不可少的內容，成爲人之所以存在的依據。〔註193〕

對生死之難捨與別離之苦，甚或是夫妻、父子之聯繫，都是透過「情」來顯出人生之深度。若無情，則若聖人之抽離世俗或類下人之愚昧不靈，沒有入世間的眞實感受，則人生活於世間，就似隔層紗般地渺茫而不眞切。對情之重視，有郭象的順性之情，有張湛的肆情，情的運用，正是魏晉士人以超離之體而入現實之境的工具。

郭象在對於性情的理論上，主張適其本然之性情，以「用其身而適其性」以得身之妙，並以此求身之自全與自適：

> 有用則與彼爲功，無用則自全其生。夫割肌膚以爲天下者，天下之所知也。使百姓不失其自全而彼我俱適者，恍然不覺妙之在身也。
> 〔註194〕

其以無心順有的方式，用其身而適其性，則形爲我有。郭象以無心順有的方式，順任其本性之發展，則可以掌握現世之形體。雖有形者善變，但心若能順任其變而體能自適：

> 言有形者善變，不能與無形無狀者並存也。故善治道者，不以故自持也，將順日新之化而已。〔註195〕

適其性而順其情，安於本然之性分，則可以曠然無不適：

〔註193〕 呂正惠進而提出「感情本體的世界觀」一詞，以爲中國人是以「心」爲本體，感情是人生中唯一之眞實，而區別於西方以物爲本體之看法，亦不同於兩漢儒家以有關政教之「志」來界定人之主體性。見氏著：〈「物色」論與「緣情」說──中國抒情美學在六朝的開展〉，載於中國古典文學研究會編：《文心雕龍綜論》，頁305～309。

〔註194〕 郭慶藩輯、王孝魚整理：《莊子集釋》，上冊，卷2中，〈人間世第四〉，「人皆知有用之用，而莫知无用之用也。」句郭象注，頁186。

〔註195〕 郭慶藩輯、王孝魚整理：《莊子集釋》，上冊，卷5上，〈天地第十二〉，「有形者與无形无狀而皆存者盡无」句郭象注，頁428。

> 夫非譽皆生於不足。故至足者，忘善惡，遺死生，與變化爲一，曠
> 然無不適矣，又安知堯桀之所在耶！〔註196〕

曠然無不適而可得形體之樂，是以郭象主張樂其生而對世變以無心處之。在日變之世中，唯有心態上的淡然處之，與對身體之情的及時運用，爲人可以確切掌握的。郭象在命非己制，形非汝有的基礎上講忘憂而樂生，則可以使身爲我有。張湛則講達生肆情，其以爲形骸既不可恃，萬化皆歸於無物，故人於短暫之世，應達於生之旨而肆其情，其在〈楊朱篇〉注中云：

> 夫生者，一氣之暫聚，一物之暫靈。暫聚者終散，暫靈者歸虛。而
> 好逸惡勞，物之常性。故當生之所樂者，厚味、美服、好色、音聲
> 而已耳。而復不能肆性情之所安，耳目之所娛，以仁義爲關鍵，用
> 禮教爲衿帶，自枯槁於當年，求餘名於後世者，是不達乎生生之趣
> 也。〔註197〕

張湛吸收了郭象的適性之理論而提出「順性論」，發揮郭象游外宏內的精神，認爲至人的境界就是與萬物並游，乘理而無心，「應理處順，則所適常通」。生與死爲氣的暫聚與離，正因爲生命如此之短暫而無法掌握，是以人應盡當生之樂。張湛以爲，只要內心虛靜而不動不求，即能做到無心順性。「故物所以全者，皆由虛靜，故得其所安；所以敗者，皆由動求，故失其所處。」，〔註198〕只有無知無爲，心寂然而無意想，才是眞正的虛靜，如此才能順性。在〈仲尼〉注中亦云：「都無所樂，都無所知，則能樂天下之樂，知天下之知，而我無心者也。」，〔註199〕以一種無心順世的方式，達致樂天下之樂的自適境界。

西晉的郭象在身心合一的基礎上強調現世之身的重要性；而東晉張湛，則在身心合一的基礎上，更爲重視心神的統領身體，與心神的平和安定，其云：「夫德充於內，則神滿於外，無遠近幽深，所在皆明，故審安危之機而泊然自得也。」，〔註200〕以一種超越性去看待身心關係。〔註201〕

〔註196〕郭慶藩輯、王孝魚整理：《莊子集釋》，上冊，卷3上，〈大宗師第六〉，「與其譽堯而非桀也，不如兩忘而化其道。」句郭象注，頁243。
〔註197〕楊伯峻撰：《列子集釋》，卷7，〈楊朱篇〉，「楊朱第七」句張湛注，頁216。
〔註198〕楊伯峻撰：《列子集釋》，卷1，〈天瑞篇〉，「莫如靜，……失其所矣。」句張湛注，頁29。
〔註199〕楊伯峻撰：《列子集釋》，卷4，〈仲尼篇〉，「無樂無知，是眞樂眞知。」句張湛注，頁116。
〔註200〕楊伯峻撰：《列子集釋》，卷2，〈黃帝篇〉，「神氣不變」句張湛注，頁52。
〔註201〕郭象講「游外弘內」；張湛講「冥內游外」，其義理同中有異。郭象的內外相

　　張湛在面對生死之理時強調至虛，開啓了一條解脫的路徑，欲求在亂世與不可預測的人生中，找尋一最終的解脫與心神安寧之法，這也顯示出魏晉士人欲尋求心靈之平靜與解脫；但另一方面，其肆情之理，又顯示出士人對現世之樂的重視，不願意放棄現世身體的享樂，如佛教一般地看空一切，將希望寄託於西方淨土。我們在張湛思想中，看出他一方面強調身體終歸於虛；但卻要人在有限的生命中，及時行樂，且盡當生，以肆情性之所安，即於自身性分內去行樂，爲達生之旨，而能達乎生生之趣。其在達生的前提下，亦主樂生，因能樂生，則能得形骸之有：

> 夫天地委形，非我有也；飭愛色貌，矜伐智能，已爲惑矣。至於甚者，橫刲外物以爲己有，乃標名氏以自異，倚親族以自固，整章服以耀物，藉名位以動眾，封殖財貨，樹立權黨，終身欣玩，莫由自悟。故《老子》曰，「吾所以有大患，爲吾有身」；《莊子》曰：「百骸六藏，吾誰與爲親？」領斯旨也，則方寸與太虛齊空，形骸與萬物俱有也。〔註202〕

知形爲氣之委而非我有，是以對於現世之身抱持著捨離之姿態，無心而應世，但正以其心與太虛齊空，以空無之心應世變，則能得形骸之有。以其順性分而肆情，才能把握住現世之形體。

　　郭象與張湛，皆在明身之無法掌握的前提下，看待生命，郭象以適性安命；張湛講達生肆情，雖一崇有；一講虛無，〔註203〕但他們皆於洞徹生命之局限後，企圖於有限與無法把握之人生中，在對人本然情性之寬容態度下講樂生與肆情之法，尋求對虛幻人生的對應之道，尋找如曇花般易逝之身體的存在感，而以無心順情與肆情之道，以達生之樂，而能得形骸之有。

冥，主要是要「無心順有」，重點落在「有」之上。張湛的「冥內游外」，從「無」的觀點，消解事物的差異，即能「無所不盡，亦無所盡」，最後「盡理都全」，與老莊「無爲而無不爲」的思想一致。參見拙著：《由「適性安命」到「達生肆情」──西、東晉士人應世思想之轉折》，頁164~166。
〔註202〕楊伯峻撰：《列子集釋》，卷1，〈天瑞篇〉，「刋而有之，皆惑也」句張湛注，頁37。
〔註203〕湯一介以爲郭象之思想體系以論證「上知造物無物，下知有物之自造」爲主，否定本體之「無」；張湛的思想體系重在「明群有以至虛爲宗，萬品以終滅爲驗」，肯定本體之「無」。其哲學都建立在分析「有」和「無」的關係，而得出不同之結論。相關論述見湯氏：《郭象與魏晉玄學》（臺北縣：谷風出版社，1987年3月），頁324。

小　結

　　氣之觀點為中國身體觀不同於西方之處，在中國的氣化論中，氣為溝通形神之介質。魏晉於漢代氣化論的觀點上，進一步發揮對於形神之論述，無論是在思維模式或者是範圍領域的開展上，都較前代有著長足的進步。〔註204〕

　　在宇宙論上，以氣生發萬物，氣既為萬物形成之元素；亦為溝通萬物之介質。魏晉於氣生形神的論點上闡述形神之本質為一，而可以互相影響。氣構成形神，亦溝通之，形與神皆為整全身體之一部份，不可相離。分殊之體，共同為整全之身體所服務；整全之體，亦提供了分殊之體的安適之所。人身中的各別之體與人之全體，皆在氣的流轉中運行溝通，而為一流動之活體。

　　在以氣構成之基礎上，天地萬物亦以其同氣之質性，與人體之氣相貫通。人體之內分殊之體氣與精神之氣相溝通，而自為一整全之形式，此為人之小體中的整全；另一方面，人亦透過食物與所居住地之地氣，與天地之氣相溝通，人與天地為一互相影響之全體，在這個層面上，人身小體與天地大體間，亦為一流通之形式，人身成為分殊之小體，與天地之大體共為一整全的一體。

　　這種整全而流通的身體觀，反映在魏晉思想的各個層面，包括養生術與文學藝術觀點。魏晉於養生術上亦主形神雙修，以形體的修煉為保全精神的基礎，探食、服藥、煉丹、吐納、服食之法等養形之術大都以氣的保養為主，形體之氣的保全，影響及於精神，是以形體的保養亦為重要。此外，精神之不擾亦可以保身，神明不亂與虛靜無為，可得形體之保全。

　　在文學方面，士人的氣質之性，往往流露於文章之中，形成所謂的「文氣」，文學作品與文人之間，亦以氣相溝通。在觀人之法中，士人之精神氣韻，亦顯現於體表，身體為精神的顯現場域。士人由形體以觀人神韻，不但眼神得以流露出精神，身體之各部位與動作行止，皆為精神之體現。士人對玄理之洞徹往往展現於身，玄學風度透過其肢體以顯，無論是「將無同」之言；

〔註204〕戴璉璋以為：「就論述領域而言，……先秦、兩漢大致都侷限在養生問題上，而魏晉南北朝則除了養生問題外，還涉及佛教的神靈不滅、輪迴報應與繪畫藝術方面的以形寫神。……至於思維模式方面，在先秦不外乎有無雙照，在兩漢則不外乎陰陽氣化。前者本於道家，後者源自氣化論。到了魏晉南北朝，我們從嵇康的形神相親這種養生論述上看到返無全有的理趣，在慧遠的形盡神不滅這種佛學論述上看到崇本息末的理趣，而在顧愷之、宗炳的以形寫神這種繪畫論述上則看到明無因有的理趣。」詳見氏著：《玄智、玄理與文化發展》，頁243。

或是如玉之手；抑或是樹上弄雀子，皆爲玄學精神之外顯於體。

　　在萬變的世事中，士人以對情的掌握，能得實存於世之存在感，並以情爲溝通人與自然之介質，在自然時節的變化與空間之變、時間之變的虛幻中，唯有情是士人能確切掌握者，故士人樂於以「中人」之姿存在於世，不求捨離情而求重情。情亦是士人於以氣化成且變易不已之虛幻中，得以掌握現世之形的關鍵。

　　魏晉士人透過對生命的洞徹，即明瞭生死爲氣之聚散，命非己制；形非我有，而主張樂生，以對身體感官的重視與運用，追求對現世生命的切實掌握。其樂生與肆情，是在達生之後的作爲，在恣肆其情的同時，我們同時見到士人眼中與身形中對生命的無奈與恐懼。

第四章　身體與社會

　　我們的身體有二種型態，一種是生理上的身體，爲「生理身體」；一種是與我們所生存的環境、社會、風俗息息相關的身體，爲「交往身體」。人是群居的動物，不能離群索居，自然身體在群體共組的社會中，不可避免地受到群體所創造出來的環境所影響。身體與社會互相依存又互相影響，社會一方面由個體所形成，它又決定個體的生存方式；同時，個體亦不斷地建構出新的實踐與思維方式，去超越它。〔註1〕

　　身體處於社會中，承擔社會施予其上的無形壓力，身體與社會之間的關係究竟是直接而強迫的；〔註2〕抑或是互動而交流的，歷來有不同的看法。但我們由身體與社會的交互影響中可知，個體組成的社會是個體的放大；個體

〔註1〕　王曉華以爲個體的共同實踐造就出不同層次的實踐共同體，即爲「社會」。社會具有其自身深層結構的運轉體系，其決定了處於其中的個體的生存方式；同時又被個體不斷建構、超越。見氏著：《個體哲學》（上海：上海三聯書店，2002年7月），頁29～30。約翰·奧尼爾（John O'neill）亦以爲人類早已照著人類身體的形態來構想個體生命和社會制度之間的關係。而社會對個體的控制與對個人身體的作用是理智性的和交感性的（consensually）而非直接的施予的。其以爲社會對於身體的控制，多是由思想進而影響至身體上的行爲，是以社會對於心靈的控制層面較大。見氏著、張旭春譯，《身體形態──現代社會的五種身體》（*Five Bodies：The Human Shape of Modern Society*）（瀋陽：春風文藝出版社，1999年6月），頁39～40。

〔註2〕　傅柯（Michel Foucault, 1926～1984）與阿爾都塞（Louis Pierre Althusser, 1918～1990）均強調社會與歷史對主體的建構，主體爲被動且臣服的。傅柯以身體受權力所控制；阿爾都塞則認爲意識形態（指家庭、教育、語言、媒介等非強制性之機制）塑造人的身體與主體，身體並因此而獲得身分。詳見汪民安，《福柯的界限》（*The Limits of Michel Foucault*）（北京：中國社會科學出版，2002年7月），頁184～185。

亦爲社會之縮小。即，社會影響了身體；但又需靠著存在於社會之中的諸多身體，呈顯出其樣貌。我們的交往身體，即爲現在的社會之顯現。〔註3〕

　　沒有身體，即沒有社會；但社會的群體，又規範制約了形成社會的個體身體，在楊儒賓《儒家身體觀》一書中，說明了身體與社會間的關係：

> 群體（social body）檢束了軀體（physical body）呈現的方式，軀體的所作所爲永遠要受到群體（社會）範疇的修正，也惟有藉著群體的範疇，軀體才可以被理解，因此，我們可以說軀體的所作所爲事實上顯現了某種的社會觀。在這二種「體」的展現之間，意義永不停歇地交換，此體強化彼體之範疇，反之亦然。由於互動所致，因此，任何「體」本身都是極受制約的表現媒介。軀體的行住坐臥有種種的樣態，五花八門，不一而定，但都顯示了群體的壓力。〔註4〕

群體對身體的壓力，可以從程度及方式區分爲很多種，如文化、風俗對身體生活方式的影響，及在文化中對於某些特定對象的觀點，亦會影響身體的行爲模式，〔註5〕強調自律性的道德與他律性的法律，均爲群體對身體的束縛與壓力。在中國社會中，儒家文化強調士人的入世與群體生活的重要性，在儒家思想中，身體與社會交融之工具即爲「禮」，禮是群體約束身體的方式，使

〔註3〕 約翰・奧尼爾以爲身體是一個悖論，一方面被自然、社會與文化構成，人類的身體形象、身體經驗和身體知識均受制於具體的生活環境和文化形態；另一方面，身體又是構成世界的原型。人類從遠古時代便以身體爲原型去構想宇宙、社會，乃至精神的形態。我們所擁有的交往身體就是我們的世界、歷史、文化和政治經濟的總的媒介。見氏著、張旭春譯：《身體形態──現代社會的五種身體》，頁1～3。

〔註4〕 楊儒賓：《儒家身體觀》（臺北：中研院文哲研究所，1996年11月），頁77～78。

〔註5〕 陳昌明以爲「感官」的接收雖具有客觀與被動之性質，但因「感官」與「知覺」的一體並現，使我們在論及感官時，官覺已涉入「社會」與「文化」的意味。見氏著：《沈迷與超越──六朝文學之「感官」辯證》（高雄：麗文出版社，2002年6月），頁7。在生理身體中原本平等的身體器官，在不同的文化觀念中卻可以有高貴的或是低賤的差別，感官或肢體往往因爲涉入文化與社會的觀點使得人們對他們的觀點改變，賦予它們不同的文化意涵與評價。最明顯的例子是對於對襯肢體的不同體認與畸視。如左右的差別，在許多的文化中視使用右手爲正常，以使用左手的人爲異類。詳見（英）布萊恩・特納（Bryan S.Turner）著、馬海良、趙國新譯：《身體與社會》（*The Body and Society*）（沈陽：春風文藝出版社，2000年3月），第二版導言，頁10～11。這種社會的價值觀深深影響了處於如此文化系統中的我們使用雙手的習慣。

身體得以藉由群體所制定的禮之規範，融入群體之中。「禮者，體也，履也。所謂『禮』正是經由人的身體加以實踐。」、「對中國人而言，身體則是透過禮節而建構出人與人的關係」。〔註6〕荀子即十分重視禮的作用，其云：

> 故人生不能無羣，羣而無分則爭，爭則亂，亂則離，離則弱，弱則
>
> 不能勝物，故宮室不可得而居也，不可少頃舍禮義之謂也。〔註7〕

荀子以爲禮義不僅是個人融入社會的基礎，亦是修身之基本，可以發展人格、美化身體。修身發展至極點，成爲一禮身一體之身體，禮義貫注身體，而爲「禮義的身體」。〔註8〕

　　儒家以群體的和諧爲治身的重點，身體爲一入世之工具。相對於儒家積極而入世的社會身體，道家對身體與社會間的關係，則以避世與游離作爲回應，老子主張小國寡民，不認同社會國家制度。莊子更於一不得已的情況下講入世，〔註9〕以無心應世的觀點，面對無常之亂世，其「虛己以游世」，〔註10〕「明白入素，无爲復朴，體性抱神，以游世俗之間」，〔註11〕以神遊來消解身體與社會間的衝突與不適。身體「形莫若就」地順應於世，精神上則超脫抽離，以精神之「無心」去順應世俗。

　　魏晉的社會身體觀點，受到儒道二家思想影響甚深，一方面重禮而入世以求事功；一方面卻也希心玄遠，求隱求仙。一方面求入世而融入社會；一方面卻也積極地反抗社會體制。身體作爲一種入世與反抗之工具，士人的身體，一方面服膺於社會；一方面又具個體自覺，以身體再造社會。於儒道的傳承下，起其新變之局。

〔註6〕　黃俊傑：〈中國思想史中「身體觀」研究的新視野〉，《Modern Philosophy》（2002年3月），頁64～65。

〔註7〕　謝墉、盧文弨集解：《荀子集解》（臺北：新興書局，1963年12月再版），卷上，〈王制〉，頁66。

〔註8〕　參考自伍振勳：〈荀子的「身、禮一體」觀——從「自然的身體」到「禮義的身體」〉，《中國文哲研究集刊》，第19期（2001年9月），頁335。

〔註9〕　莊子以爲與社會交接的身體，無可避免地帶有功利性與目的性，雖有程度與目的的不同，但對身體的損害實爲同一，其在〈駢拇〉篇中云：「小人則以身殉利，士則以身殉名，大夫則以身殉家，聖人則以身殉天下。故此數子者，事業不同，名聲異號，其於傷性以身爲殉，一也。」郭慶藩輯、王孝魚整理：《莊子集釋》（臺北：華正書局有限公司，2004年7月），上冊，卷4上，〈駢拇第八〉，頁323。

〔註10〕　郭慶藩輯、王孝魚整理：《莊子集釋》，下冊，卷7上，〈山木第二十〉，頁675。

〔註11〕　郭慶藩輯、王孝魚整理：《莊子集釋》，上冊，卷5上，〈天地第十二〉，頁438。

　　禮於魏晉時期仍佔有重要的地位，在重視社群的魏晉時期，士人間的交遊仍需有禮節上的依恃，皇室亦於維繫政權的考量而提倡名教。但禮在魏晉，有著與前代不同的內涵，士人在重身的同時，開始思考禮的內涵與外在儀文是否符合。魏晉時期，禮的真正被崇視，是加入了真情的因素，士人以禮儀與禮義的結合為真正高尚之禮。禮法之士的有儀無情與嵇康、阮籍等名士的有情無禮，皆為禮情的分離之狀態。而後禮的意涵與價值重新被詮釋，士人於制禮時，重新加入了對身體情感的重視，「緣情以制禮」，將禮身結合。

　　本章主要探討身體與社會的關係，其可以是正面而積極地交接；亦可以是反面地抗拒。身體可以是積極地入世以達致社會讚譽或名聲之顯揚；抑或以身體的反抗，達致對社會規範的拒斥。身體以其入世與反抗，一方面受社會之模塑；一方面亦再造了社會之新型態。

　　禮作為身體與社會間的橋樑，對身體有著很大的規範作用。緣情以制禮是先秦禮之本義，至後代而禮愈形僵化，使禮儀與禮義分行。魏晉士人對身體的重視，及禮樂源於自然之看法，均使士人在面對禮制僵化的同時，反思禮之真意，將禮重新定義，於禮中重載自然之情，使禮情兼重，禮身合一。

第一節　身體的工具性

　　身體作為與社會交接的媒介，有其工具性之功用，身體可以以積極性之作為，使其在與社會交接時，出現某種顯著性的成效，這種成效，可以是社會地位的提升，或名譽、財富的增加，以獲取較高的社會價值。這種積極作為之身體，表現在魏晉士人對於身體無論是外觀或舉止上的修飾；或是藉由身體的行為舉止之修為，甚或言語上的機智，獲得通仕與高名。

　　魏晉以宗族為重，為一重視群體的社會型態，士人無論在仕進或家族的經營方面，甚至於個人行止上，均以融入社群為主要目標。魏晉之人物品鑑亦決定士人社會聲名與家族聲譽的高低。在品鑑中，無論是個人的風姿氣質、身體姿態的美感優雅，或交接應酬、談話，均影響品評的高低，進而影響家族之聲譽，故士人對身體的經營實為重要。

一、入世的身體

（一）身體為通仕、致高名之途

　　魏晉時期，在人材鑑識與識人品人的風氣下，身體不僅作爲生存的要件，也成爲通仕的工具之一。

　　漢代即十分普遍的檢形定名之刑名學，〔註12〕至魏晉時期成爲人物品鑑之法，以人物的言行舉止作爲品評士人之依據，進而加以委派官職。這種以士人身體爲識鑑的委官任職方式，使士人對身體的經營更加重視。

　　漢代以地方察舉、公府徵辟方式取士，察舉主要以士人間的輿論品評爲基準，士人透過對人物的外表、言行予以品評，作出評價，評價好壞往往影響此人的升遷。這種品評方式使獲得名望者平步青雲，默默無聞者委身溝渠，士人的進退出處，操縱於民間清議與士人的品評議論間。漢魏之際，不論是政治人材的選拔，或在學術上，均瀰漫著一股務實，求名實相符之風，《人物志》即爲此時期學術風氣之總結。〔註13〕湯用彤以爲品人之法有八，其中「品評人物由形所顯觀心所蘊」與「驗之行爲以正其名目」，〔註14〕明確指出《人物志》的察人標準，是從外形先做觀察，由外以觀內，外形可以顯現人的內心思想；而後由其行爲去驗証分類或識別是否正確，有時則同時驗証外形與行爲。觀人之時，外表與言行均可作爲識人之依據，人之聲音、臉色均可作爲觀察對象，「夫容之動作發乎心氣，心氣之徵，則聲變是也。夫氣合成聲，聲應律呂。……夫聲暢於氣，則實存貌色。」、「夫色見於貌，所謂徵神」，〔註15〕無論是內在的氣稟以

〔註12〕湯用彤云：「(《人物志》) 很早就被列入名家，其原因則在於漢魏名家與先秦惠施、公孫龍實有不同，凡循名責實，含攝量材授官、識鑒之理者均被稱爲名家。質言之，檢形定名爲當時名家學說中之中心理論。所以，名家之學又被稱爲形名學或刑名學。」見氏著：《魏晉玄學論稿》（上海；上海古籍出版社，2001年） 導讀，頁18。

〔註13〕漢魏交替之際，學術風氣起了很大的變化，湯用彤以爲其分際是在正始時期，以公元240年爲界限，而劉卲用以品評人物的《人物志》，正表現了漢末學術風氣的大概，其承續了漢末形名之風，是漢代品鑑風氣的結果，其宗旨是以綜核名實爲依歸。其云：「劉卲《人物志》之可貴或值得注意，正在於其爲正始前學風之代表作品。」《人物志》總結了漢代的形名之學，用觀人形體、行動來識察人物的內在與實質，以用作政治上任官之用。在總結漢末思想與開啓魏晉風氣，有著重要的作用。

〔註14〕其分八項分別爲：一、曰品評人物由形所顯觀心所蘊。二、曰分別才性而詳其所宜。三、曰驗之行爲以正其名目。四、曰重人倫則尚談論。五、曰察人物失於奇尤。六、曰致太平必賴聖人。七、曰創大業則尚英雄。八曰美君德則主中庸無爲。湯用彤：《魏晉玄學論稿》，頁3～8。

〔註15〕劉卲撰、王雲五編：《人物志》（臺北：臺灣商務印書館，1967年臺二版，四部叢刊影印縮本），卷上，〈九徵第一〉，頁5。

成聲氣，抑或誠於中形於外的容色，甚至內在精神風操，均是由人的外在身體
而察知內在。

《人物志》的識人品鑑之法，最終目的在於對士人仕進取官之用，突顯
出士人的身體在進仕之途的工具性意義。漢末的清議，主要作為政治上之用
途，世人所品評議論之目的，在監察政治人物的品性及施政之得失；魏晉時
期的士人身體，除了通仕之外，身體品鑑所帶來的高名及家族的利益，為當
時士人對身體的經營帶來更高的附加價值。

在講究外表的魏晉時期，外貌不特出之士人，除非遇到識人之明主，否
則往往不得重用。建安七子之一的王粲，以外貌短小而不被劉表器重，在《三
國志・王粲傳》中記載：「表以粲貌寢而體弱通侻，不甚重也。」，裴松之注
引「貌寢，謂貌負其實也。通侻者，簡易也。」，說明王粲以體弱通侻而不被
重視。王粲對此亦有一番抱怨，其云：「士之避亂荊州者，皆海內之儁傑也；
表不知所任，故國危而無輔。」，〔註16〕可以見得，士人之外表容貌有時亦成
為任官進用之依據。〔註17〕

識人品鑑除了外表的容貌外，亦在目其內在資質，內在氣質難以目測，
唯有高人才能一眼識出璞玉。經由名士所識出之璞玉，往往可得眾人之重視。
在《世說新語》與中記載郗超之二子，在傅瑗的鑑識之下，認為小兒子雖名
聲較高，但唯有大兒子能夠有所作為，保住郗家：

> 郗超與傅瑗周旋，瑗見其二子並總髮。超觀之良久，謂瑗曰：「小者
> 才名皆勝，然保卿家，終當在兄。」即傅亮兄弟也。〔註18〕

〔註16〕 陳壽撰、裴松之注：《三國志》（北京：中華書局，2005 年 2 月 18 刷），冊 3，
　　　　卷 21，〈魏書・王粲傳〉，頁 598。

〔註17〕 這種貌美易得官的情形，影響及於南朝。《南史》中記載了以身體、外貌作為致
　　　　仕的工具，以外在表現而獲官的例子：「（謝晦）美風姿，善言笑，眉目分明，
　　　　鬢髮如墨，……帝深加愛賞，從征關洛，內外要任悉委之。」（《南史・卷 19》）
　　　　「（王峻）少美風姿，善容止，仕齊為桂陽內史。梁天監初，為中書郎。武帝甚
　　　　悅其風采。與陳郡謝覽同見賞擢。」（《南史・卷 24》）「（到溉）長八足，眉目如
　　　　點，白晳美鬢髯，舉動風華，善於應答。上用為通事舍人，中書郎兼吏部、太
　　　　子中庶子。」（《南史・卷 25》）「（褚）彥回美儀貌，善容止，俯仰進退，咸有風
　　　　則。每朝會，百僚遠國使，莫不延首目送之。明帝嘗歎曰：『褚彥回能遲行緩步，
　　　　便得宰相矣。』時人以方何平叔。」（《南史・卷 28》）亦有因為貌醜而無緣當官
　　　　者，南齊時，齊高帝原想用陸慧曉為侍中，但見其形貌短小，貌不驚人，便捨
　　　　其才學而改用他人。（《南史・卷 48》）可見形貌對於仕官前途之影響。

〔註18〕 余嘉錫：《世說新語箋疏》，〈識鑒 25〉，頁 406。余嘉錫引《宋書・傅亮傳》：

車胤於年幼時得王胡之賞識而奇之，語其父其當致高名，之後每當遊集時，則命用車胤。及至車胤長大，果然「風姿美劭，機悟敏率」，後又被桓宣武所知，而位至選曹尚書：

> 車胤父作南平郡功曹，太守王胡之避司馬無忌之難，置郡於酆陰。是時胤十餘歲，胡之每出，嘗於籬中見而異焉。謂胤父曰：「此兒當致高名。」後遊集，恆命之。胤長，又爲桓宣武所知。清通於多士之世，官至選曹尚書。〔註19〕

魏晉士人對身體經營之仔細，大至整體行爲，小至一言一行，均努力爲之，常有一言以獲官的例子，例如在《世說新語》中提到：

> 顧和始爲楊州從事。月旦當朝，未入頃，停車州門外。周侯詣丞相，歷和車邊。和覓蝨，夷然不動。周既過，反還，指顧心曰：「此中何所有？」顧搏蝨如故，徐應曰：「此中最是難測地。」周侯既入，語丞相曰：「卿州吏中有一令僕才。」〔註20〕

> 阮宣子有令聞。太尉王夷甫見而問曰：「老、莊與聖教同異？」對曰：「將無同？」太尉善其言，辟之爲掾。世謂「三語掾」。衛玠嘲之曰：「一言可辟，何假於三？」宣子曰：「苟是天下人望，亦可無言而辟，復何假一？」遂相與爲友。〔註21〕

顧和與阮宣子均以一言致仕，顧和以「心是最難測」之語得周侯賞識；阮宣子的「三語掾」故事更傳誦千古，其以「將無同」短短三字，道盡當時對儒道會通的爭議與融合儒道的思想趨勢，解出玄學之精髓，於思想上高明而合宜，因而得到太尉的賞識，辟之爲掾。這種以外貌或一言半語而致仕之情形，顯示時人對士人身體行止與言語表現的重視。

此外，竹林七賢中的山濤，亦巧妙地運用其體，以位至三公，在《晉陽秋》中記載：

> 濤雅素恢達，度量弘遠，心存事外，而與時俛仰。嘗與阮籍、嵇康

「……超嘗造瑗，瑗見其二子迪及亮。亮年四五歲，超令人解亮衣使左右持去，初無吝色。超謂瑗曰：『卿小兒才名位官當遠踰於兄，然保家傳祚，終在大者。』」，頁406～407。

〔註19〕余嘉錫：《世說新語箋疏》，〈識鑒27〉中引《續晉陽秋》語：「及長，風姿美劭，機悟敏率」，頁408。。

〔註20〕余嘉錫：《世說新語箋疏》，〈雅量22〉，頁364。

〔註21〕余嘉錫，《世說新語箋疏》，〈文學18〉，頁207。

　　諸人箸忘言之契。至於羣子，屯塞於世，濤獨保浩然之度。〔註22〕
山濤原為竹林七賢之一員，因與阮籍、嵇康等相善而得高名，後又出仕為官，
位至三公。最初，山濤與嵇康等名士親近，隱居山林，悠遊度日，一方面以
身體的遠離世俗，予人高遠之印象，即利用身體的去位置化與去社會化得隱
士之高名；此外，亦以身體與與名士們的親近來獲取高名。在與嵇康、阮籍
等竹林名士交遊一段時日之後，名氣漸顯，號為竹林之交。而後被召入仕，
亦欣然赴之，明其本無隱居之志。

　　同為竹林七賢的成員，嵇康被誅而不得其死，阮籍則於痛苦中酣醉終日，
唯有山濤成功地運用了身體與名士及山水之親近，達致位高權顯的目的。隱
居終非其志，其野心可以由其與夫人的談話中見出：

　　　韓氏有才識，濤未仕時，戲之曰：「我當作三公，不知卿堪為夫人不
　　　耳？」〔註23〕
山濤本以仕進為志，竹林時期的隱居及與嵇阮的親密，為一種策略性的運作，
究其實並非「心存事外」，但卻是「與時俛仰」。其與嵇康、呂安善，而與阮籍
「箸忘言之契」，為相契之友；但於嵇康、呂安被誅後，又「與鍾會、裴秀並申
款昵。以二人居勢爭權，濤平心處中，各得其所，而俱無恨焉。」〔註24〕山濤
以身為嵇康的摯友而與陷害嵇康之鍾會相親近，且與鍾會、裴秀「並申款昵」，
身體上極其親近。嵇康以身體的無禮拒絕且羞辱了鍾會；山濤卻以身體上的親
昵親近了鍾會，身體的拒絕與親近，造成了殺身與位高權顯的差別。士人的身
體於進仕任官與保全身家的政治活動中，重要性可見一斑。

　　此外，身體亦為致高名的途徑，士人對身體的良好運用，可以使其社會
地位隨之提升。身體對於社群之服膺，於前代為對禮教之遵循，魏晉時期，
除了禮教之外，又以優雅風度的呈顯，影響士人的社會聲名甚巨。在《世說
新語·雅量》篇中記載：

　　　桓公伏甲設饌，廣延朝士，因此欲誅謝安、王坦之。王甚遽，問謝曰：
　　　「當作何計？」謝神意不變，謂文度曰：「晉阼存亡，在此一行。」
　　　相與俱前。王之恐狀，轉見於色。謝之寬容，愈表於貌。望階趨席，

〔註22〕余嘉錫，《世說新語箋疏》，〈賢媛11〉劉孝標注引《晉陽秋》，頁680。
〔註23〕余嘉錫，《世說新語箋疏》，〈賢媛11〉劉孝標注引王隱《晉書》，頁680。
〔註24〕以上引文見楊家駱編：《新校本晉書》（臺北：鼎文書局，1995年6月8版），
　　　　冊2，卷43，〈列傳第十三·山濤傳〉，頁1223～1224。

　　方作洛生詠，諷「浩浩洪流」。桓憚其曠遠，乃趣解兵。王、謝舊齊
　　名，於此始判優劣。〔註25〕

謝安、王坦之面對即將害己的桓公時，謝安以鎮定神色，詠〈洛生詠〉，使桓
公打消殺他之念頭；王坦之則因害怕而面露恐懼之貌。面對死亡的恐懼，謝
安以強加鎮定，壓抑本然之情緒，獲致較高的讚譽。

　　在崇尚優雅風度的魏晉時代，情緒上的壓抑，往往可以獲得很高的讚譽，
是以士人無不努力在自己的身體容色與情緒控制、言行上下功夫，以求能夠
平靜優雅地對待外事，而不流露任何情緒。此舉帶來的，不止是個人的名聲，
同時亦是官位的顯達與家族的高名。

　　相較於儒家的以禮教控制身體，身體以道德的充實而獲致高名；魏晉士
人對身體的經營，在於容色不變的優雅風度之呈現，與玄學素養的體現。唯
有對身體控制得宜，將身體運用至喜怒不形於色的出神入化之境，才能成為
士人讚譽之對象。

　　此外，對欲望財貨的推拒，亦能使士人獲致高名。王戎雖「為人短小，
任率不修威儀」，但其玄學上的素養與鎮靜優雅行止，使其獲得很高的聲譽。
其於玄學「善發談端，賞其要會」，阮籍賞其見識，與之相談良久，王戎並以
談論之「超然玄著」，獲得王濟之賞識。於玄學素養之外，王戎亦以其遇虎而
「獨立不動，神色自若」，使魏明帝見而奇之。王戎無論在玄學或名士風範上，
均足以獲得高評價。但其獲得高名望之關鍵，在於辭退吏賻所贈之數百萬金，
因而聲名大顯。我們反觀王戎之為人，《晉書》中記載其「性好興利」、「積實
聚錢，不知紀極」、「晝夜算計，恒若不足」，愛財又儉嗇之程度，天下人謂之
膏肓之疾。〔註26〕由此得知其非不愛財之人，其退百萬金之作為，實為一求
高名之算計。

　　除了對身體的勤加經營外，士人身體也被要求需合於玄學興味，愈能展
現玄學意蘊，愈為高妙，而能獲得較高賞譽。孔毅即以為魏晉人物品鑑雖較
不具功利效果，但對士人名聲的升降仍有一定影響，其於《魏晉名士》中云：

　　東漢以「經明行修」為最高風範，……魏晉名士對人物的品鑒首先
　　則看重此人對玄學思想的領悟和實踐的程度，一切以是否符合老莊

〔註25〕余嘉錫：《世說新語箋疏》，〈雅量29〉，頁369。
〔註26〕以上資料見楊家駱編：《新校本晉書》，冊2，卷43，〈列傳第十三‧王戎傳〉，
　　　　頁1231～1235。

思想爲依歸。其次是重孝悌，尚容止，慕風韻，敬雅量，任放達，
賞雋語等等。〔註27〕

漢代重實際事功，以政治目的爲重的身體品鑑，至魏晉時期，轉變爲對玄學
化的身體氣質之追求。玄學精神透過人物的言語與外貌、行止展現。

我們可以說，在漢代，身體是爲了顯示出政治上的功能而存在，除去政
治之功用，身體便沒有可資欣賞與引起注意的必要。身體依附於政治而以政
治目的存在，本身沒有獨立存在的意義與空間；但在魏晉時期，身體有更多
元化的發展，身體除了作爲玄學思想的載體外，士人本身的獨特性與外在容
貌、氣質亦爲品鑑之列。士人的身體較爲脫離了名教的規範，而以美學的觀
點建立一個優雅而重風度之社會氛圍。由士人對社群之價值觀的重新建立，
與此價值觀對士人身體的再模塑，我們看到士人的身體與社會之間產生的種
種交流。身體與社會之間，爲一雙向的溝通管道。

（二）身體爲宗族門戶之計

中國傳統以宗族爲重，士人所以要習禮、守禮，使身體服從社會禮制，
目的是要使己身成爲足以代表宗族，光耀門楣的身體。禮作爲身體與社會的
交接之工具，其結構是圍繞著男子從出生到死亡的所有活動所建構而成的，
在《禮記・昏義》中提到：「夫禮始於冠，本於婚，重於喪、祭，尊於朝、聘，
和於射、鄉，此禮之大體也。」，〔註28〕說明禮的施行重點，主要以男子的活
動爲主。男子於二十歲行冠禮後，開始承擔各種社會義務，主要以家族的事
務爲主。男子最重要的義務，爲繼承父親之事業，光大家族和宗族，在《冠
義》中云：「故冠於阼，以著代也。醮於客位，三加彌尊，加有成也；已冠而
字之，成人之道也。」，〔註29〕男子行冠禮後，「著代」以繼承父業，不斷地
上進以光耀家族與宗親，即「加有成」，男子的「成人之道」以這二樣義務爲
主。〔註30〕無論是加有成或成人之道，所有的學習，包含知識與禮儀上的，

〔註27〕孔毅：《魏晉名士》（四川省：巴蜀書社出版，1994年4月），頁69。
〔註28〕李學勤編：《十三經注疏・禮記正義》（北京：北京大學出版社，1999年 12
月），下冊，卷61，〈昏義第四十四〉，頁1620。
〔註29〕李學勤編：《十三經注疏・禮記正義》，下冊，卷61，〈冠義第四十三〉，頁1615。
〔註30〕在《內則》中云：「六年，教之數與方名。七年，男女不同席，不共食。八年，
出入門戶及即席飲食，必後長者，始教之讓。九年，教之數日。十年，出就
外傅，居宿於外，學書記。衣不帛襦袴，禮師初，朝夕學幼儀，請肄簡、諒。
十有三年，學《樂》誦《詩》，舞《勺》。成童，舞《象》，學射、御。二十而

均是爲了訓練男子與社會接軌，使其具有合宜的社交身體。在社群的壓力之下，身體的合宜之社會化是必要的。

魏晉時期九品官人法的實施，使門閥制度進一步鞏固，貴族擁有強大的政治、經濟利益，形成壟斷。士族爲了繼續保有這些既得利益，家族的團結與經營更形重要，無形中也加強了宗族的重要性。士人們依賴宗族得到官位、利益；同時其身體也爲了宗族的壯大與存續而努力。個體利益很大程度依賴宗族的壯大。在這個前提之下，作爲與社會交接的個人身體，並不能自由運用，而需以宗族需求爲優先考量。

此外，魏晉時期承漢末清議之風而來的評論時政、考論人材的作法，更進一步加重了宗族的重要性，宗族成員在人際關係上的刻意經營，與宗族間的互相支持而廣爲結交，成爲能長期盤踞高位、鞏固政治地位與經濟利益的保証。在朱大渭的《魏晉南北朝社會生活史》中提到：「那時個人和家庭的命運，總是同其所屬的宗族緊密相連。」〔註31〕魏晉士人對於宗族門戶的重視，由當時重視兒童的早慧中看出。士人以兒童的聰慧爲門戶未來之希望，是以《世說新語》中別列〈夙慧〉一章，如：

> 司空顧和與時賢共清言，張玄之、顧敷是中外孫，年並七歲，在牀
> 邊戲，于時聞語，神情如不相屬。暝於燈下，二兒共敍客主之言，
> 都無遺失。顧公越席而提其耳曰：「不意衰宗復生此寶。」〔註32〕

顧和之孫於其與賓客清談時，能重覆二人所言而一字不差，顧和以爲衰落的宗族竟能生出如此寶物，其孫必能振興衰落之宗族，其視孫爲寶物，乃在於能振興宗族。此外，陳群年幼時，祖父陳寔語其族人云：「此兒必興吾宗」；〔註33〕吳國諸葛恪以山越擴建軍隊，其父知悉後，大嘆：「將大赤吾族也。」；〔註34〕東晉時范汪少時孤貧，但王澄見到他時，大爲驚奇，以爲：「興范族者，必是子

冠，始學禮。可以衣裘帛，舞《大夏》，惇行孝悌，博學不教，內而不出。三十而有室，始理男事。博學無方，孫友視志。四十始仕，方物出謀發慮，道合則服從，不可則去。五十命爲大夫，服官政。七十致事。」均是以光耀家族爲前提的各種學習。李學勤編：《十三經注疏·禮記正義》，中冊，卷28，〈內則〉，頁869～870。

〔註31〕朱大渭：《魏晉南北朝社會生活史》（北京：中國社會科學出版發行，1998年），頁42。
〔註32〕余嘉錫：《世說新語箋疏》，〈夙慧4〉，頁591～592。
〔註33〕陳壽撰、裴松之注：《三國志》，冊3，卷22，〈魏書·陳群傳〉，頁633。
〔註34〕陳壽撰、裴松之注：《三國志》，冊5，卷64，〈吳書·諸葛恪傳〉，頁1431。

也。」，〔註35〕是以個人的身體與宗族密切相關。

個人的成敗，不僅關乎個人之名聲與生命，更多的是牽涉到宗族的聲名與存亡、興敗。故士人多以宗族之利益為優先，如王敦於臨危時囑咐其部下說：「我死之後……保全門戶，以計之上也」。王含軍打敗仗時，敦怒斥曰：「我兄老輩耳，門戶衰矣。」，此外如東晉名相謝安（320～385），本有隱居之志，但隨著其弟謝萬被廢黜，家族有中衰之危機，乃出而任官：

> ……時安弟萬為西中郎將，總藩任之重。……安妻，劉惔妹也，既
> 見家門富貴，而安獨靜退，乃謂曰：「丈夫不如此也？」安掩鼻曰：
> 「恐不免耳。」及萬黜廢，安始有仕進志，……〔註36〕

謝安以棲遲東土，屢召不至，而後四十餘歲出仕，可謂為宗族之計算。士人不只於自身的行為或出仕隱退時需以宗族為重，甚至有時得犧牲自己的志向以保全宗族，如阮籍的痛苦行吟，委屈其志，很大部份是為了要保全宗族之名聲與族人的性命，以致其「胸中壘塊，故須酒澆之」。〔註37〕

士人與宗族具有很深的依存關係，宗族需靠士人興旺；而士人在未出仕之前，也須依靠宗族的力量予以舉薦。漢末以來的鄉論遺風，使宗族的輿論在社會上有重要的影響力，士人的前途需依靠宗族的評價和舉荐。最重要的標準在於「孝」、「悌」二事，此二事亦取決於士人在宗族中的操行行為，是以士人無論是在出身的鄉里，抑或是賴以仕進的操行上，都與宗族密不可分。〔註38〕

士人自始即需在宗族利益與個人前途的雙重考量下，注重自身在宗族內的孝悌行為，其身體與精神上所擔負的壓力，不可謂不大。即使年長後出而為官，其身體上的一言一行，均足以影響宗族之興衰。士人一輩子與宗族無法脫離的關係，使其身體終生受制於宗族的壓力之下。

當時的婚姻關係，大多是帶有政治或經濟利益之目的的門第婚姻，這種婚姻制度又叫做「身分內婚制」，〔註39〕與當時的門閥制度緊密相關聯，與仕

〔註35〕楊家駱：《新校本晉書》，冊3，卷75，〈列傳第四十五‧范汪傳〉，頁1982。

〔註36〕楊家駱：《新校本晉書》，冊3，卷79，〈列傳第四十九‧謝安傳〉，頁2073。

〔註37〕余嘉錫：《世說新語箋疏》，〈任誕51〉，頁763。

〔註38〕朱大渭：《魏晉南北朝社會生活史》（北京：中國社會科學出版發行，1998年），頁43。

〔註39〕郭善兵以為魏晉南北朝時期的門閥政治制度是「身分內婚制」之所以產生並賴以延續的根本原因，高門大族借著彼此的婚媾來維持血統的純潔，以保其社會特權地位不受庶族寒門的侵犯，其以政治、經濟為其決定性的因素，帶

宦同爲支撐門閥世族之社會地位的二大支柱。

　　爲了維持家族的最大利益，並鞏固宗族的政治優勢，士族的婚姻大都以締結名門大族爲優先考量，藉以提升自己家族的地位或更加鞏固家族的權力，在《世說新語》中記載著：

> 周浚作安東時，行獵，值暴雨，過汝南李氏。李氏富足，而男子不在。有女名絡秀，聞外有貴人，與一婢於內宰豬羊，作數十人飲食，事事精辦，不聞有人聲。密覘之，獨見一女子，狀貌非常，浚因求爲妾。父兄不許。絡秀曰：「門戶殄瘁，何惜一女？若連姻貴族，將來或大益。」父兄從之。遂生伯仁兄弟。絡秀語伯仁等：「我所以屈節爲汝家作妾，門戶計耳！汝若不與吾家作親親者，吾亦不惜餘年。」伯仁等悉從命。由此李氏在世，得方幅齒遇。〔註40〕

絡秀家雖富足，但在講求門戶的魏晉時期，與高門貴族聯姻有非常大的利益，爲了振興門戶，選擇嫁與周浚作妾。於其子長大後，以己之屈節作妾爲例，殷殷叮嚀振興門戶之必要性。女性的身體自古以來常是被物化的對象，於婚姻或是士人的交誼中作爲交換之物，〔註41〕在魏晉以高門通婚爲尚的時代，女性的身體更是貴族確保門第興盛與提升聲望的最佳籌碼。

　　無論是士人或女性，在面對宗族大計時，往往需屈身以全大局，以己身爲籌碼以提升宗族之地位。即使貴而「與國爲體」〔註42〕的皇帝，亦需犧牲個人的喜好與身體，爲宗族著想，在《晉書》中記載孝武文李太后本出身微賤，且「形長而色黑」，宮人皆稱其爲「崑崙」，但以卜者扈謙卜其當育二貴男，而「帝以大計，召之侍寢」。〔註43〕

　　婚配之外，婦女的德行亦關係乎宗族之名聲，女子的禮儀法度關係到門

有一股濃厚的政治互利色彩。見氏著：〈二十世紀八十年代以來魏晉南北朝時期婚喪禮俗研究概述〉，《貴州文史叢刊》，2001年第4期，頁21～22。

〔註40〕余嘉錫：《世說新語箋疏》，〈賢媛18〉，頁688～689。

〔註41〕佛洛依德與李維史佗以爲近親相姦的禁忌和異性婚姻是父權運作的機制，女性一方面被規定爲繁衍子孫的工具：一方面被物化爲家族利益交易的籌碼（traffic in woman）。參考自曾珍珍著：〈粲粲三珠樹：論六朝詩賦文本兩性化的表現〉註4引文，載於東海大學中文系審訂、鍾慧玲主編：《女性主義與中國文學》（臺北：里仁，1997年4月），頁342。

〔註42〕君國同體的思想，可以由《晉書》中的記載得知：「況皇太子配貳至尊，與國爲體，固宜遠遵古禮，近同時制，屈除以寬諸下，協一代之成典。」楊家駱編：《新校本晉書》，冊1，卷20，〈志第十·禮中〉，頁622。

〔註43〕楊家駱編：《新校本晉書》，冊2，卷32，〈后妃下·孝武文李太后傳〉，頁981。

第的家風好壞，因此父兄們無不盡力教導家中女子，使其彬彬有禮，不失閨秀風範，以維持良好家風，亦可增加與高門聯姻之機會。〔註44〕為維護門第家風，世族對女性的教育仍以傳統的三從四德等儒家規範為主，婦女無論是在身體上或是在精神思想上，均以服務家族為目的。

　　女性以身體作為婚配大族的工具；男性則以身體的交遊權貴來提升其宗族地位。魏晉時期士人的交遊結黨通常以家族利益為目的，在《中國風俗通史》一書中提到門閥士族為了確保家族的長盛不衰，「呼朋結黨，互相支持就成了門閥士族們的廣泛共識」，士族以「通過遵循和發揚當時社會所認同的行為規範和價值標準」，〔註45〕結交朋黨而形成盤根錯節的人際關係網，以鞏固其既得利益。

　　交遊廣闊可以為家族帶來實質上的幫助，三國時，吳國的陸遜（183～245）曾對諸葛恪說：「在我前者，吾必奉之同升；在我下者，則扶持之。今觀君氣陵其上，意蔑乎下，非安德之基也。」，〔註46〕二人以不同的待人態度，導致不同的命運。陸遜寬以待人，扶持後進，恩澤及於三代；而諸葛恪因為恃才傲物，陵蔑朝士，終於導致殺身之禍。基於現實的考量，許多高官巨室們均思長遠之計，以禮賢下士、虛己待客，作為家族長久的資源，在《三國志》中記載董允（？～246）：

> 允嘗與尚書令費禕、中典軍胡濟等共期游宴，嚴駕已辦，而郎中襄陽董恢詣允脩敬。恢年少官微，見允停出，逡巡求去，允不許，曰：「本所以出者，欲與同好游談也，今君已自屈，方展闊積，捨此之談，就彼之宴，非所謂也。」乃命解驂，禕等罷駕不行。其守正下士，凡此類也。〔註47〕

董允的禮賢下士，使門下士人為其盡心盡力，是為了家族的長遠打算。而另一大族琅邪王氏，歷經東晉南朝而永盛不衰，為江左第一盛門，導因自王導（276～339）以來，便虛心禮賢下士，為其家族培植了雄厚的基礎。其族人

〔註44〕錢穆云：「當時人矜尚門第，慎重婚姻，……女子教育不同，則家風門規頗難維持。此正當時門第所重，則慎重婚配，亦理所宜。而一時才女賢母，亦復史不絕書。」。見氏著：《中國學術思想史論叢》（臺北：東大出版社，1985年10月3版），冊三，頁167。

〔註45〕張承宗、魏向東：《中國風俗通史——魏晉南北朝卷》（上海：上海文藝出版社，2001年11月），頁631。

〔註46〕陳壽撰、裴松之注：《三國志》，冊5，卷58，〈吳書·陸遜傳〉，頁1354。

〔註47〕陳壽撰、裴松之注：《三國志》，冊4，卷39，〈蜀書·董允傳〉，頁986。

中，知名於南朝者，自王僧虔（426～485）至其子王志，均「門風多寬恕，志尤惇厚」，「賓客游其門者，專覆其過而稱其善。兄弟子姪皆篤實謙和，時人號馬蕃諸王爲長者。」〔註48〕王氏族人的善於經營，使得王氏能夠在東晉南朝這種王朝興廢不斷的背景中長盛不衰。

士族除了推薦族人外，亦會舉薦或交結其他士人以爲己援。在吳孫權時，顧氏一族從顧雍到顧邵、顧譚等一家族之人，無不爲官爲宦，一門顯貴。顧氏一族長期把持選官取士的選曹尚書一職，因爲職位之便，所選多爲與其家族有關之人士，使其家族勢力更形龐大。此外，亦推薦他人以爲家族的後援，如顧邵：

> 自州郡庶幾及四方人士，往來相見，或言議而去，或結厚而別，風聲流聞，遠近稱之。權妻以策女。年二十七，起家爲豫章太守。……小吏資質佳者，輒令就學，擇其先進，擢置右職，舉善以教，風化大行。初，錢唐丁諝出於役伍，陽羨張秉生於庶民，烏程吳粲、雲陽殷禮起乎微賤，邵皆拔而友之，爲立聲譽。……諝至典軍中郎，秉雲陽太守，禮零陵太守，粲太子少傅。〔註49〕

顧邵提拔原本卑賤的四人並且「爲立聲譽」，待四人爲官後亦效忠於他。在太子與魯王孫霸的爭權中，吾粲站在顧氏一方而支持太子，最後下獄而死。可以見得顧氏提拔人材之作法，實爲其家族廣結外援。

反之，若是個人德行不彰，盛氣凌人等失德之行，失去的不只爲個人威望，亦會禍及家族。西晉時，何氏一門皆驕奢淫逸，傲慢無禮，何曾的長子何劭「驕奢簡貴」，次子何遵「性亦奢汰」，「奢侈過度。性既輕物，翰札簡傲」、何機「性亦矜傲」、何羨「既驕且吝，陵駕人物，鄉閭疾之如仇」，何氏族人以其輕傲奢侈與不懂經營人脈，所行離心離德，導致「永嘉之末，何氏滅亡無遺焉」。何氏家族的滅亡，說明了個人前途、存亡與宗族經營之間相輔相成的關係。

交友與交際既是爲了家族利益著想，不免帶有現實性，士人在交際時往往考量對象是否對其家族有利。是以當時的交際帶有一種濃厚的利害關係而有許多趨炎附勢、無情背信的情形出現。高門望族的王家亦如此，在《晉書·

〔註48〕姚思廉撰：《梁書》（臺北：鼎文書局，1975 年 1 月），卷 21，《列傳第十五·王志傳》，頁 320。

〔註49〕陳壽撰、裴松之注：《三國志》，冊 5，卷 52，〈吳書·顧雍傳附子邵傳〉，頁 1229。「吳」粲應爲「吾」粲之誤，《三國志》卷 57 中有《吾粲傳》，卷 58《陸遜傳》中有「太子太傅吾粲」。

郗超傳》中提到王獻之兄弟的功利行為，郗超得勢時，王氏兄第「見憚，常蹋履問訊，甚修舅甥之禮。及超死，見憚慢怠，屐而候之，命席便遷延辭避。憚每慨然曰：『使嘉賓不死，鼠子敢爾邪？』」〔註50〕這種勢利的狀況，從權貴家門前車水馬龍；沒落貴族家門可羅雀，可見一斑。董昭（156～236）對這種以利為主的交遊方式提出批評：

> 竊見當今年少，不復以學問為本，專更以交游為業；國士不以孝悌
> 清脩為首，乃以趨勢游利為先。合黨連羣，互相褒歎，以毀訾為罰
> 戮，用黨譽為爵賞，附己者則歎之盈言，不附者則為作瑕釁。至乃
> 相謂「今世何憂不度邪，但求人道不勤，羅之不博耳，又何患其不
> 知己矣，但當吞之以藥而柔調耳。」〔註51〕

士人們成黨結群，為的是鞏固自己的利益與互相幫助，而這種以利為主的交遊方式，亦是出於門第之考量。魏晉士人的交往身體，多以服務宗族為目的，為宗族利益而交遊，楊儒賓即云：

> 個人生命託於族群生命之中，在「生命一體化」的概念中，個人形
> 體的生死，只是生命形態的流轉，所以死只是「化」，而不是絕滅，
> 個人生命不以為念，族群生命才是根本。〔註52〕

士人的身體與其說是受限與受制於宗族，不如說其身體與宗族之大體互相為用。大體需小體以成；而小體亦依大體以安，在個人的身體與族群的大體之間，是互相依存而相互影響的。個人的生命之流轉，為虛幻而暫時的，只有族群的生命為永恆且實在的。

（三）以社會為鏡的美體〔註53〕

　　魏晉士人肯定自然質性之美，欣賞個體的獨特性與自我價值，但處身於社會中的士人，不可避免地受到社會風尚對身體的壓力，在人物品鑑之風盛行的魏晉時期，士人的身體受到社會強大的目光凝視，一舉一動無不關乎其個人聲名與家族聲譽，故士人多用心經營其身體。

〔註50〕楊家駱編：《新校本晉書并附編六種》，冊3，卷67，〈列傳第三十七·郗鑒傳附超傳〉，頁1804。

〔註51〕陳壽撰、裴松之注：《三國志》，冊2，卷14，〈魏書·董昭傳〉，頁442。

〔註52〕楊儒賓：《中國古代思想中的氣論及身體觀》（臺北：巨流出版社，1993年），頁233。

〔註53〕所謂的美體，在此不單是指形貌上的美，亦指氣質上或是風度上優雅之美，魏晉以重真重情之思想去觀看美，是以美可以是醜悴卻真的。

　　魏晉士人以重身、貴我為其自我意識高揚之體現，但在「我」之意識高揚的同時，士人雖高舉「我」之價值，仍不可避免地在意社會目光，受到社會風尚的制約，此由當時名士們之在意聲名，並時與他人作比較中看出，在《世說新語》中記載：

　　　　宋褘曾為王大將軍妾，後屬謝鎮西。鎮西問褘：「我何如王？」……（〈品藻 21〉）

　　　　王脩齡問王長史：「我家臨川，何如卿家宛陵？」……（〈品藻 47〉）

　　　　王中郎嘗問劉長沙曰：「我何如苟子？」……（〈品藻 53〉）

　　　　王珣疾，臨困，問王武岡曰：「世論以我家領軍比誰？」……（〈品藻 83〉）

　　　　桓玄……問王楨之曰：「我何如卿第七叔？」……（〈品藻 86〉）〔註 54〕

　　　　小庾在荊州，公朝大會，問諸僚佐曰：「我欲為漢高、魏武何如？」〔註 55〕

　　　　驃騎王武子是衛玠之舅，儁爽有風姿，見玠輒歎曰：「珠玉在側，覺我形穢！」〔註 56〕

在品評人物以定高下的魏晉時期，士人對社會目光有著很大的期待，一方面希冀肯定自我；另一方面，亦期待社會之肯定。社會大眾之品評與目光，於士人來說，正有如鏡面之反射效果，名士於大眾的品評之中，得到自我印象的反射，得以檢視自身，並藉以調整自身。

　　此外，士人在攬鏡自照時，於鏡中所見，往往並非真實之自我，而是在社會模塑下的印象之呈顯。在社會的形塑下，自我往往隱身於後，士人並於攬鏡之時，檢視自我形象與社會期待之間的差距。

　　魏晉士人處於這樣的一種矛盾之中，既倡個體的自覺與重視自我的身體與價值；卻又於當代特別盛行的人倫品鑑中承受某種壓力，於是呈現出一種既以己身為美，適性為尚，又關注社會目光的矛盾心態。當代高度發展的美學，使士人追求外貌與氣質之美，甚至生活之美；但這種社會習尚又使士人身處其中，受到一定程度的追求美之壓力，過於關注社會之目光。

〔註 54〕以上引文見余嘉錫：《世說新語箋疏》〈品藻〉，頁 526～545。
〔註 55〕余嘉錫：《世說新語箋疏》〈規箴 18〉，頁 568。
〔註 56〕余嘉錫：《世說新語箋疏》〈容止 14〉，頁 613。

何晏（190～249）「性自喜」而顧影自憐，由其「性自喜」，可以看出其自我崇拜與自覺其美的心態。而其於行進間顧影自憐的行為，與攬鏡之作用相同，一方面為迷戀自身的自戀心態，頻頻檢視己身之體態美；另一方面，其檢視自身之影，亦可能是基於對社會美感標準的不安感受，其「動靜粉帛不去手」與「行步顧影」，顯示其對身體美的關注與恐懼不美之心態。何晏身為當朝名士，以美貌聞名，其身處眾人目光焦點之中，感受社會目光之壓力，較常人更為深刻。

當自我形象與社會認同相符合時，個體往往能感受到一種優越感，如王濛以其美姿容而自信非凡，驕傲地攬鏡自照，其於鏡中看視己身之映像，即為魏晉之當代美的典範。當其美好面容出現於鏡內時，他看到的，一方面是當代美之文化標準；另一方面，亦為己身之面容與美之標準符合無誤，使其產生一種認知上的和諧之快感，而愉悅不已。同時，亦以對文化中美的標準之認同，更加奠定了此種文化與價值觀點之形成：

> 身體的關注其實就是要消滅自我與美的典範之間的差距，而差距的消失或縮小，則為個體認同一種身體文化創造了條件。身體的標準不但是普遍的美學產物，而且同時也是特定階層和群體生活方式和價值觀的體現。〔註57〕

身體以符合當代社會的文化標準，為肯定己身之必要；肯定的同時，亦加深了文化中價值觀的確立，而造成身體對社會的反饋。此種價值觀愈形確立，愈對確立此種價值觀的人產生優勢。如魏晉士人雖尚真貴自然，但因少數品鑑美男子之佳評，形成一股美容止之風氣，使美男子佔盡優勢。貌醜之人雖亦有可欣賞之處，但顯然地在愛美與尚美的領域中不被接受，這可由潘岳與左太沖出遊時，丟擲滿車的水果與瓦石之差異中看出。

魏晉士人對於身體的極度關注，反映在對己身的身體鏡像之重視上，士人不僅透過鏡面觀看自身；亦透過社會的目光看視己身。社會眾人的目光猶如鏡面一般，往往於好惡的反映中，反射出士人身體於社會價值觀中的美醜，士人藉由社會品評的好惡，調整己身，使其符合於社會中美的期待與優雅風度。在《世說新語‧雅量》篇中記載：

> 王夷甫嘗屬族人事，經時未行。遇於一處飲宴，因語之曰：「近屬尊

〔註57〕周憲：〈讀圖，身體，意識形態〉，載於汪民安編：《身體的文化政治學》，頁142。

事，那得不行？」族人大怒，便舉樏擲其面。夷甫都無言，盥洗畢，
牽王丞相臂，與共載去。在車中照鏡，語丞相曰：「汝看我眼光，乃
出牛背上。」〔註58〕

王衍在遇族人以樏擲面之羞辱後，「都無言，盥洗畢」，爾後回車照鏡。其於公
眾場合的「無言」，並非表示心無芥蒂，此由其回車後的攬鏡與語丞相之言中看
出，心中實有不平之氣。其所以於公眾場合隱忍不言，實出於當代對於優雅風
度之要求，與對他人「眼光」之重視。正因爲對社會大眾的「眼光」之重視，
使其於公開場合不發一語，後回車攬鏡自照，以檢視己身的失態與否。

　　對此，劉孝標注解曰：「王夷甫蓋自謂風神英俊，不至與人校。」，車中
的攬鏡自照，一方面爲觀看己身的風姿形貌，提醒自己，如此貌美而有風度
之人，實不需與俗人計較；另一方面，此鏡猶如規訓之鏡，代表世人之眼光，
照鏡的同時，亦提醒自己需符合社會對名士優雅風姿之期待。

　　魏晉士人由鏡中看視自身；亦由鏡中反視社會的眼光，鏡中所看視到的
己身，亦爲大眾眼中的自己。是以在觀鏡的同時，觀鏡者同時注意到自己的
身體，與社會對於身體的標準與期待，良好的身體，是己身與社會審美標準
的完美符應。發怒而醜陋的身體若映現於鏡中，亦會映現於眾人眼中，士人
之攬鏡，有時往往並非觀看自身，而是提醒己身形象需符應社會中對於美體
的規範。〔註59〕

二、反抗的身體

（一）從禮教中出走——空間身體的運用

　　在傅柯的觀點裏，認爲人的身體與世界的關係並非絕對的；而是相對的。
這種相對性關係爲一種想像性的關係，因人的意識與思想均受意識形態之影
響，是以其自覺與現實世界的關係，爲其所處社會之意識形態所賦予他的想
像。傅柯以爲這種意識形態對人的影響是無所不在且無法逃脫的，人爲群聚
的動物，處於社會團體中，不可避免地受到意識形態的影響。身體亦藉著服

〔註58〕余嘉錫：《世說新語箋疏》〈雅量8〉，頁352。
〔註59〕福柯以爲身體需要「監視」與「規訓」，身體處於社會中，往往與精神的控制
　　　　和修鍊相關。個體在社會的壓力之下不斷地「監視」己身，注意其與美的身
　　　　體規範之差距，並通過各種技術「規訓」自己的身體。相關論述見周憲：〈讀
　　　　圖，身體，意識形態〉，載於汪民安編：《身體的文化政治學》，頁143。

膺意識形態，而獲得與他人身體的近似性，並取得認同感與身份感。〔註 60〕個人身體與意識形態的相似與服從度，決定其被社會排擠或被接受。在傅柯的觀點裏，身體是被動且無法反抗的。

筆者認爲這種意識型態雖存在且深刻地影響個體，但並非不可突破，身體作爲一個被社會決定且影響的個體；同時也在影響著社會。個體處於社會中，需有某種程度的相似性以融入社群；但個體亦以其獨特性對社會進行改造與反饋。

魏晉士人在其身體受制於社會規範的同時，亦試圖以身體的抗拒，實踐自身的理想與個人的存在價值。其依違於禮教之間，試圖對社會既定規範予以反抗，無論成功與否，其所做的努力與反抗，造就了另一種社會模式與思想樣貌，此時的社會，已然改易。

士人對於社會體制的反抗與對禮教的反思，表現在對於情的重視上。魏晉士人重身而不能捨情，質疑傳統禮教中對情的不合理規範，並以身試法，在身體對情的運用上，尋求對禮教的突破與再建立。

在傳統儒家的倫常規範中，以君臣、父子、兄弟、朋友、夫婦定義感情的先後次序及重要程度。魏晉時期雖有所改易，如對父子與朋友之情的看重，〔註 61〕但對男女之情仍爲貶抑。男女間至死不渝之深情，往往成爲被譏諷的對象，荀奉倩與妻之間的堅貞愛情，荀以深情而於妻亡後隨之而亡，但卻「獲譏於世」，遭致士人以「惑溺」之嘲諷。〔註 62〕同樣是對逝者的感傷不捨，王戎的喪子，卻列於〈傷逝〉篇中，士人同情其不捨於「抱中物」之子，而同爲之慟。〔註 63〕同爲對逝者的不捨與用情，只因用情的對象一爲父子；一爲

〔註 60〕 相關論述見汪民安：《福柯的界限》，頁 185。
〔註 61〕 「荀巨伯遠看友人疾，值胡賊攻郡，友人語巨伯曰：『吾今死矣，子可去。』巨伯曰：『遠來相視，子令吾去，敗義以求生，豈荀巨伯所行邪！』賊既至，謂巨伯曰：『大軍至，一郡盡空，汝何男子，而敢獨止？』巨伯曰：『友人有疾，不忍委之，寧以我身代友人命。』賊相謂曰：『我輩無義之人，而入有義之國。』遂班軍而還，一郡并獲全。」余嘉錫：《世說新語箋疏》，〈德行9〉，頁 11。
〔註 62〕 「荀奉倩與婦至篤，冬月婦病熱，乃出中庭自取冷，還以身熨之。婦亡，奉倩後少時亦卒，以是獲譏於世。奉倩曰：『婦人德不足稱，當以色爲主。』裴令聞之曰：『此乃是興到之事，非盛德言，冀後人未昧此語。』」余嘉錫：《世說新語箋疏》，〈惑溺2〉，頁 918。
〔註 63〕 「王戎喪兒萬子，山簡往省之，王悲不自勝。簡曰：『孩抱中物，何至於此？』王曰：『聖人忘情，最下不及情。情之所鍾，正在我輩。』簡服其言，更爲之慟。」余嘉錫：《世說新語箋疏》，〈傷逝4〉，頁 638。

夫婦，而有著不同的褒貶。

　　這種對感情的分類及因用情對象的差異而產生的不同評價，乃是基於儒家的倫常觀點而來。中國倫理中以宗族及王統爲二大支柱，將忠、孝列爲道德之首。在忠與孝之下，男女之愛非但不重要，且是需要隱藏收斂的，夫妻結合是爲了延續香火與生兒育女之需，非爲感情之寄託。周代禮法中，夫妻間的尊敬之情，往往超乎親近之愛。男女完婚後，只是盡禮、盡敬，忙於家務、孝順、思嗣，少有夫妻情愛的存在。傳統的禮教中，夫妻間只有禮節而無親愛，婚姻完全陷入倫理與生殖的目的，無自然情感的呈現。

　　人的情感於禮教制度下被不自然的割裂，某一部份的感情被極度重視與擴大（如忠、孝）；某部份卻被故意的忽視與壓抑（如夫妻之情、父子之親），人處於禮教之下，離自然之本性愈遠。人的感情流露有等級之分，這是所謂由近及遠的親親之道，與賓客接，待之以禮，尊敬而不流露過份之情。但若夫妻均需以賓客之敬對待彼此，對人的自然情性真有莫大之壓抑。

　　魏晉當世不免受到儒家禮教的束縛，〔註 64〕士人爲求自然情性之抒發，往往以己身干犯禮法，例如王戎妻：

> 王安豐婦常卿安豐。安豐曰：「婦人卿婿，於禮爲不敬，後勿復爾。」
> 婦曰：「親卿愛卿，是以卿卿。我不卿卿，誰當卿卿？」遂恒聽之。
> 〔註 65〕

當王戎訓誡其妻需以禮相待時，婦人發出不平之鳴，認爲夫妻間的親近爲極其自然之事，不需矯情地束縛感情而壓抑終身。是以當婦人以己身去親近丈夫，主動「卿卿」，並說出「愛卿」這種大膽表白的話語時，其以身體的親近，破除禮教的束縛及人與人間的距離。夫妻間的身體空間之距離，含藏了長久以來不可移易的，禮教規範下對人身體之間，在時間與空間上的隔閡。看似短短的二個身體於空間上的親近，實爲其以身體爲工具，破除長久以來存在於夫妻，甚至人與人之間，由禮教形成的距離與疏離感。在禮教之下，親近如父子夫婦，卻有著最遠的身體之空間距離感。王戎妻用其身體，挑戰束縛身體的禮法規範，其以爲自然感情之流露，本需藉由肢體語言以呈顯。人的

〔註 64〕魏晉禮法之士，亦以傳統禮教規範看待夫妻關係，如「何曾性至孝，閨門整肅，自少及長，無聲樂嬖幸之好。年老之後，與妻相見，皆正衣冠，相待如賓。」楊家駱編：《新校本晉書》，冊 2，卷 33，〈列傳第三·何曾傳〉，頁 997。

〔註 65〕余嘉錫：《世說新語箋疏》，〈惑溺 6〉，頁 922。以其歸於〈惑溺〉，知時人對於夫妻之情的輕視態度。

感情之流露，應以身體在空間上的親近來表達，束縛了身體，等於束縛人之感情，情感與身體本爲一體之兩面。

阮咸同樣藉由身體上的親近以抗拒禮教束縛，其於母喪時，著重服將先前臨幸過的鮮卑婢追回，並同乘一頭驢還家：

> 阮仲容先幸姑家鮮卑婢。及居母喪，姑當遠移，初云當留婢，既發，定將去。仲容借客驢著重服自追之，累騎而返。曰：「人種不可失！」即遙集之母也。〔註66〕

阮咸以地位上的懸殊，幸其婢女，打破當時於門第上的空間之距；此外，亦以男女共乘驢之身體上的親近，突破男女間的禮教之防。阮籍亦以與鄰家女於身體上的親近，違禮犯教：

> 阮公鄰家婦有美色，當壚酤酒。阮與王安豐常從婦飲酒，阮醉，便眠其婦側。夫始殊疑之，伺察，終無他意。〔註67〕

阮籍醉時睡臥於美婦旁，雖無他意，但終以兩性於身體空間上的親近而悖禮。亦於其嫂還家時，「籍見與別」，突顯其叔嫂之情而不顧禮律。阮籍以情爲主，重自然情性之抒發，不但打破禮法於兩性身體上的規範，亦於用情之時，將身體置於一種自然而眞情流露之境。阮籍以身體在空間上的運用，突破禮法對兩性身體的空間限制，亦突出了禮需緣情之意涵。

在以身體之親近挑戰禮教對於空間的規範之外，魏晉士人亦以身體污物的方式，挑戰權威。在約翰·奧尼爾的《身體形態——現代社會的五種身體》中，提到身體污物所賦予的一種反社會性意涵：

> 所有的社會裏都存在著一些關注身體污物的奇特行爲。有的時侯或者是身體的某些部位，或某些功能，或整個身體全部，或身體的類別——被視爲是純淨之處或污穢之源。……對於污物一如對於其他許多與身體有關的東西一樣，我們的關切與其說是生理意義上的，毋寧說是道德意義上的。瑪麗·道斯注意到：……污穢便絕不是某種獨特的、孤立的事件。有污穢的地方就有系統。污物是一套對物質的分類和系統性秩序排列後所產生的副產品，即爲此秩序所不容的不適當的成份。〔註68〕

〔註66〕余嘉錫：《世說新語箋疏》，〈任誕15〉，頁735。
〔註67〕余嘉錫：《世說新語箋疏》，〈任誕8〉，頁731。
〔註68〕約翰·奧尼爾著、張旭春譯：《身體形態——現代社會的五種身體》，頁42～

每個社會自有一套規範，形成一套對物質的分類和系統性的秩序，約定或定義了某些部份為隱私，或是污穢的，此部份需隱藏起來，而不能暴露於公眾之前。將污物或私處暴露，代表對於此套系統秩序的公然挑戰，而為此秩序所不容。

污物可以是身體的排泄物，抑或是身體的某些私密部份，為身體的私密空間。在禮教的規範中，即使是男性的身體，亦需良好合宜之覆蓋，不能隨意暴露。因此身體私密空間的展示，往往意味著挑戰社會既定秩序，而有一種反抗之作用。

魏晉士人常藉著暴露身體的私密部份，作為對社會秩序的反抗，在《世說新語·任誕》篇中記載多則士人隨意脫衣的驚世駭俗之行，周顗（269～322）即於紀瞻處觀伎而露其醜穢：

> 王導與周顗及朝士詣尚書紀瞻觀伎。瞻有愛妾，能為新聲。顗於眾中
> 欲通其妾，露其醜穢，顏無怍色。有司奏免顗官，詔特原之。〔註69〕

周顗以其身體私處的暴露，使朝士不滿，欲奏免其官。身體私密空間的外顯，對於社會秩序有著一定的顛覆作用。名士禰衡亦以其「擊鼓罵曹」時的身體上之裸露，作為諷曹的工具，其以脫褲而「裸身而立」的身體私處空間之暴露，對曹氏政權作出污辱之舉。其公然的脫衣不但污辱了曹操本人；亦為對禮教規範的公然的反抗與對統一政體的挑釁。

竹林七賢中的劉伶，亦於酒後暴露出身體，使當時「秩序」中人無法忍受：

> 劉伶恆縱酒放達，或脫衣裸形在屋中，人見譏之。伶曰：「我以天地
> 為棟宇，屋室為褌衣，諸君何為入我褌中？」〔註70〕

劉伶於酒後「裸形」躺臥屋內，以為人體最自然的形式為裸形，不需強加身體以不自然的外在服飾，衣以表禮，他的脫衣，一方面宣示其身體不服從於禮教規範；一方面以人需回歸自然，駁斥虛禮的背離自然與扭曲人性，將人導向無形的牢獄之中。

事實上，最大而無形的牢獄並非實質的禮教規範；而是人心中根深蒂固的成見，人心受社會規範之教育，形成了深刻牢固之意識形態，落入一種制式且唯一的思想模式中，進而以此批判其他異類思想。劉伶欲破除這種人為成見，

43。

〔註69〕 余嘉錫：《世說新語箋疏》，〈任誕25〉引鄧粲《晉紀》語，頁742。

〔註70〕 余嘉錫：《世說新語箋疏》，〈任誕6〉，頁731。

先藉由己身私密空間的展示，其次以天地爲爲棟宇、屋室爲褌衣，打破慣性思維中既定的空間定義。誰說褌衣需穿於跨下，人爲的空間定義，可以極其寬廣，亦可以定於一尊，劉伶以其空間上的顛覆，打破人心中無形之牢籠。

在身體私密空間的展示與對思維中既定空間的顛覆之外，將身體置於一種幼稚而沒有教養的情況下，亦是對禮教或社會秩序的一種反叛，約翰·奧尼爾即云：

> 嘴是食物應去的地方；但當我們咀嚼時露出了食物或食物沾在下巴上時，它們便顯得令人噁心。邋遢的進食者往往不見容於社會和道德習俗——他們常常被人恥笑爲豬玀或沒有教養。……爲了恪守社會和道德的習俗，他們必須吃得像個人樣——即吃的方式要符合他的種族、種姓（caste）、階級、宗教以及年齡等身份，而不是——比如巳經是成人了——還像牲畜、野蠻人、異教徒或嬰兒一樣進食。〔註71〕

像嬰兒或像牲畜一樣地進食，使食物沾黏於嘴之外的其他地方，往往不能見容於社會，這是因爲食物並沒有經由人們理性規範中的規定，進入它應處的空間，而留置於不合於禮教的空間，這使既定之秩序爲之混亂。

在禮教的規範下，個人於進食、坐臥時，均有一定的法度，尤以對食物的態度爲然。對食物的渴求是動物的天性，愈有文化教養的人，在面對無法抗拒的食物時，愈能自我克制，並有著良好的進食儀態。良好的進食儀態，包含在正確的時間、空間，使食物進入正確的位置，即嘴，並且於進食時有著合宜的身體規範。

故而食物沾黏於身上、嘴邊、下巴等不合適的空間時，會令人覺得他是一個教養低下的人，令人覺得不適當或是不悅；或感覺他具有反社會的傾向。魏晉士人往往用異樣進食的方式，表達出對社會既定規範的反抗，以達致使統治者或禮制維護著難堪或不能忍受之目的。在《世說新語·任誕》篇中記載：

> 諸阮皆能飲酒，仲容至宗人閒共集，不復用常桮斟酌，以大甕盛酒，圍坐，相向大酌。時有羣豬來飲，直接去上，便共飲之。〔註72〕

阮仲容等人不以常桮斟酌；而以大甕盛酒，眾人圍聚於大甕旁，如動物一般地以嘴就食。在這則記事中，處於嚴重的時間與空間之失序行爲，在時間上，仲

〔註71〕 約翰·奧尼爾著、張旭春譯：《身體形態——現代社會的五種身體》，頁43。
〔註72〕 余嘉錫：《世說新語箋疏》，〈任誕12〉，頁734。

容與宗人「閧共集」，飲酒失時而無度；此外，在飲酒的時間順序上也失其序，在從大甕至常梧，再至嘴的時間順序上失常了，人與羣豬「同時」而共飲，亦失倫常。再於空間的意義上，食物未放置於合宜且適當之空間，而嘴亦於失常之位置就食；在身體的空間位置上，因其「圍坐，相向大酌」，更失其禮。更有甚者，與群豬共飲，人與牲畜處於同一空間，亦以同一容器就食，失其適當之位置，確爲驚世駭俗。雖然八達只於行爲上仿傚七賢，爲無德而折巾者，〔註73〕但這種身體的失序對當時的秩序維護者而言，仍有如芒刺在背。

（二）身爲心用──時間身體的運用

　　禮教規範由心靈與身體雙重的控制而約束個體，其對精神思維的影響，往往較對身體的制約，影響更爲深遠，是以對慣性思維與意識形態的突破，才能使身心得到解放，「任心靈之自然，只有超越名教的束縛，才能達到任心靈之自然。」。〔註74〕魏晉士人在思考及追求自足人格的同時，〔註75〕若身體與精神不能得兼，只能捨肉體而全精神，這種理想與現實間的無法平衡，往往造成魏晉士人心境上的痛苦與人格上的扭曲。

　　名教的僵化，對於士人身心的殘害更甚。阮籍在〈大人先生傳〉中，以爲僵化虛僞的禮法，爲使天下殘賊亂危之因，但士人卻以此爲依歸，奉行不渝。虛僞之名教爲統治者的統治工具，一旦虛僞之名教規範破滅了，所謂的禮法之士，大概只能如藏於衣中之虱般，身死火中而不自知吧。阮籍以言論駁斥虛禮之外，更直接以身體行爲反抗禮法：

> 阮籍當葬母，蒸一肥豚，飲酒二斗，然後臨訣，直言：「窮矣！」都得一號，因吐血，廢頓良久。

> 阮籍遭母喪，在晉文王坐進酒肉。司隸何曾亦在坐，曰：「明公方以

〔註73〕竹林七賢爲「有疾而爲顰」者，元康八達爲「無德而折巾」者。戴逵於〈放達爲非道論〉中云：「若元康之人，可謂好遁跡而不求其本，故有捐本徇末之弊，舍實逐聲之行，是猶美西施而學其顰眉，慕有道而折其巾角，所以爲慕者，非其所以爲美，徒貴貌似而已矣。」楊家駱編：《新校本晉書》，冊3，卷94，〈列傳第六十四·隱逸傳附戴逵傳〉，頁2457。

〔註74〕許輝、邱敏：《六朝文化》（南京市：江蘇古籍出版發行，2001），頁45。

〔註75〕湯用彤以爲：「魏晉乃罕有之亂世，哲人們一方面立言玄遠，希冀在形而上的思辨王國中逃避現世之苦難，以精神之自由彌補行動之不自由甚且難全其身的困苦。另一方面，他們又難以逃避鐵與血的現實關係之網，因而對何爲自足或至足之人格不能不有深切之思考。」見氏著：《魏晉玄學論稿》，湯一介、孫尚揚導讀，頁8。

孝治天下，而阮籍以重喪，顯於公坐飲酒食肉，宜流之海外，以正
風教。」文王曰：「嗣宗毀頓如此，君不能共憂之，何謂？且有疾而
飲酒食肉，固喪禮也！」籍飲噉不輟，神色自若。〔註76〕

阮籍於母喪中飲酒食肉，違逆喪禮中身體所應遵循的時間規範。喪禮中對於
身體於時間上的規範，有十分嚴格之規定，在《禮記‧間傳》中記載，父母
之喪時，飲食需遵循一定之時間順序，以示其哀，「既虞、卒哭，疏食水飲，
不食菜果，期而小祥，食菜果；又期而大祥，有醯醬；中月而禫，禫而飲醴
酒。始飲酒者，先飲醴酒；始食肉者，先食乾肉。」。〔註77〕阮籍卻於葬母之
時，「蒸一肥豚」，「飲酒二斗」，在食肉與飲酒的時間上失其時序，將身體置
於不合禮制之狀態，此後又吐血廢頓良久。其一方面是對至親的真情流露；
一方面亦以其身體於行禮之時間上的嚴重脫序，對當時以「孝」為重的司馬
氏政權予強烈的諷刺，使當時的禮法之士為維護既定的名教秩序，以為應將
其流之海外。

阮籍以其身體上的失時，作為反抗的工具，使人反思名教的真正意涵。
在《晉書‧阮籍傳》中記載其言論：

……有司言有子殺母者，籍曰：「嘻！殺父乃可，至殺母乎！」坐者
怪其失言。帝曰：「殺父，天下之極惡，而以為可乎？」籍曰：「禽
獸知母而不知父，殺父，禽獸之類也。殺母，禽獸之不若。」眾乃
悅服。〔註78〕

母懷胎九月而生子，於情感上較父子之間有著更深厚的聯繫，子存於母親的
子宮中九個月，是以知母，此為動物之本然性情，阮籍以母子於時間上的交
織，道出人之常情為母子至親。但在禮教中，往往突顯父子之情，而淡化母
子之情。孝原為一對長輩的崇敬之心，《禮記‧中庸》中，以為：「夫孝者，
善繼人之志，善述人之事者也。」，〔註79〕以繼承父輩的志業且能養老、敬老
即可，其本意簡單而樸實，為人的自然情感所產生的反哺之情。但於禮教中，
卻演為一種綱常名教的關係，以「父，至尊也」，〔註80〕且「天無二日，土無

〔註76〕以上引文見余嘉錫：《世說新語箋疏》，〈任誕2、9〉，頁728、732。
〔註77〕李學勤編：《十三經注疏‧禮記正義》，下冊，卷57，〈間傳第三十七〉，頁1549。
〔註78〕楊家駱編：《新校本晉書》，冊2，卷49，〈列傳第十九‧阮籍傳〉，頁1360。
〔註79〕李學勤編：《十三經注疏‧禮記正義》，下冊，卷52，〈中庸第三十一〉，頁1438。
〔註80〕鄭玄注、黃丕烈校：《儀禮》（北京：中華書局，1985年），卷11，〈喪服第十
一〉，頁160。

二王，國無二君，家無二尊，以一治之也。」，〔註81〕將父親的地位提升至無
以比擬的高度，反而抹去人的自然情感。阮籍一方面道出僵化禮教的制約人
性；一方面以爲在情與禮之間應取得平衡，禮應以人之自然情性爲重，不應
以守禮而失去本然之情。此外，阮籍以禽獸來比附文明的人類，亦有其絃外
之音。禽獸以其母孕其九月而生孺慕之情，但人經過長期的相處與文明的洗
禮，卻能做出種種傷天害理，或虛僞背情，禽獸不如的行爲，這不止是對司
馬氏之指控，亦爲對禮教失序的痛心。

　　阮籍以一種間接的方式抗爭，性情激烈的嵇康，則以一種直接而輕肆之
方式對抗司馬氏政權。身體可以作爲仕進的工具；同時亦可以作爲拒絕仕進
之工具。嵇康以其自身之高傲性格，不願矯揉造作地逢迎權貴，其於鍾會拜
會時，以一種傲慢的態度對待他：

> 鍾士季精有才理，先不識嵇康。鍾要于時賢儁之士，俱往尋康。康
> 方大樹下鍛，向子期爲佐鼓排。康揚槌不輟，傍若無人，移時不交
> 一言。鍾起去，康曰：「何所聞而來？何所見而去？」鍾曰：「聞所
> 聞而來，見所見而去。」〔註82〕

嵇康以其失時的身體，在應與來客交接時，「揚槌不輟，傍若無人」，失其交
接之禮，而又「移時不交一言」，其「不交一言」之行爲，通過「移時」的時
間上之推移，更顯無禮與輕蔑。嵇康以不發一語之時間的長度，顯示其對鍾
會的輕視，鍾會終因「不堪等待」與受辱而起身離去。

　　嵇康因身體在與人交接上的失時與失禮，引來殺身之禍，其不服禮教的
身體，在當時是驚世駭俗且無所用於仕進的，可以說是無用且違禮的身體。
其以己身給予司馬氏集團以痛擊，用肉身去反抗強大的司馬集團，最後招來
肉體的犧牲。嵇康以身體直接對抗在上位者，就如同以刀刃去砍折牛體一樣，
必然會遭致損折。嵇康以身體於空間上的消失與壽命於時間上的縮短，換取
精神的永存，如同莊子在〈養生主〉裏的：「指窮於爲薪，火傳也，不知其盡
也。」〔註83〕

　　而禰衡於辱曹時，其時間身體的運用更爲精到，禰衡以其「逸才飄舉」

〔註81〕李學勤編：《十三經注疏·禮記正義》，下冊，卷63，〈喪服四制第四十九〉，
　　　　頁1674。
〔註82〕余嘉錫：《世説新語箋疏》，〈簡傲3〉，頁767。
〔註83〕嵇康以身體作爲工具以殉其道，與莊子的薪盡火傳有著不同的意涵。道家思
　　　　想以全生保身爲主；嵇康更爲服膺的是儒家思想的濟世之心。

而受孔融推薦其才，使魏武帝傾心欲見之，但禰衡卻稱疾不肯往，使魏武帝甚忿，後乃令其爲鼓吏而圖欲辱之：

> ……後至八月朝會，大閱試鼓節，作三重閣，列坐賓客。以帛絹製衣，作一岑牟，一單絞及小褌。鼓吏度者，皆當脫其故衣，著此新衣。次傳衡，衡擊鼓爲漁陽摻檛，蹋地來前，躡馬叟腳足，容態不常，鼓聲甚悲，音節殊妙。坐客莫不忼慨，知必衡也。既度，不肯易衣，吏呵之曰：「鼓吏何獨不易服？」衡便止，當武帝前，先脫褌，次脫餘衣，裸身而立。徐徐乃著岑牟，次著單絞，後乃著褌。畢，復擊鼓摻槌而去，顏色無怍。武帝笑謂四坐曰：「本欲辱衡，衡反辱孤。」……〔註84〕

曹操欲辱之而令其擊鼓，但禰衡卻以其裸身之作爲，重重地污辱曹操。其於暴露身體的同時，於時間上的掌握與顏色無怍之神色，使其污辱更上一層。

禰衡在擊鼓之後，當著武帝之面，「先脫褌，次脫餘衣」，而後「裸身而立」，爲何不先脫衣？而「先脫褌」，原因在於下體的暴露更令人不悅而感覺受辱。在其當著曹操之面暴露下體之後，「徐徐」地著岑牟，這個「徐徐」，表達出時間上的緩慢與心態上的刻意，將下體暴露的時間延長而緩慢，不急不徐地著衣。我們見其不但裸身而立著一段時間，而後於著衣時「徐徐」而拖長時間，亦於穿衣的順序上，「先脫褌」、「次脫餘衣」，後乃徐徐「著岑牟」、「次著單絞」，最後「乃著褌」，刻意地將暴露下體的時間延至最長，而使直視他的曹操之不悅與受辱之情更爲嚴重。

在穿衣的時間之順序上，亦會因順序的不同與所佔時間之長短，予人不同的感受。若禰衡爲慌忙且神色不定地急速穿脫衣服；抑或是於穿衣的時間順序上有所不同，受辱的可能是禰衡而非曹操。但其以時間上的精確掌握，重重地污辱曹操。其狂放之作爲，使在上位者有如芒刺在背一般，不得不除之而後快，曹操後借黃祖之手以殺之。

國家有如一巨大身體，社會各階層代表身體之各種器官，階層間的運行順利，如同身體器官運作良好而和諧相處。〔註85〕統治者對於失序的身體現

〔註84〕余嘉錫：《世說新語箋疏》，〈言語 2〉劉孝標注引《文士傳》，頁 64。禰衡其狂士之形象有著震攝世俗權貴之力。

〔註85〕西方的觀念裏以國家如一巨大身體，尤其於解剖學與醫學發達後，以人體的各個器官比附國家的各種機制。亦比附身體的運作方式來設計城市的交通與機構，交通如流動之動脈與靜脈，使人們可以如健康的血球一般川流不息，

象，最簡單的方法就是加以鏟除，〔註86〕利用縮短或終結失序身體的時間生命，達致全體之和諧。肢解的身體，象徵著對既定秩序的威脅之解除；同時死亡的身體，亦可以成爲繼行者的警惕。〔註87〕國家以公開的刑罰展示對破壞秩序者身體上之污辱，但公開行刑亦須擔負一定之風險，即冒險讓犯人於群眾前顯示其對國家與秩序的輕視態度。行刑時，若犯人氣節高傲，非但無法污辱其身，反使犯人之理念獲得宣傳，因此「公開處決並不能完全嚇倒民眾，相反，它可能煽動民眾對法律的再之踐踏。」。〔註88〕

　　死亡爲時間身體的終點，自古以來世人皆恐懼死亡的到來，但若是因實踐理念而放棄身體於時間上的延續，則爲對理想最高之崇敬，亦爲對君權最高之嘲弄。嵇康於行刑時的神氣不變與高傲氣節，反使太學生爲其奔走上書：

> 嵇中散臨刑東市，神氣不變。索琴彈之，奏《廣陵散》。曲終曰：「袁孝尼嘗請學此散，吾靳固不與，《廣陵散》於今絕矣！」太學生三千人上書，請以爲師，不許。文王亦尋悔焉。〔註89〕

嵇康展現對死亡的從容與對肉體生命的看淡，對統治者有一定的反制作用。他之所以悲嘆《廣陵散》不傳，是自覺死後無人可承續其理念，哀其肉體於時間延續的斷絕之後，精神生命的無法傳續。此外，太學生三千人爲其請命上書與奔走營救，說明嵇康的身體並非罪犯的身體，而是英雄的身體。

而公園有如身體中的肺，有淨化空氣的作用。相關論述見理查・桑內特（Richard Sennett）著、黃煜文譯：《肉體與石頭——西方文明中的人類身體與城市》（*Flesh and Stone：The Body and the City in Western Civilization*）（臺北：麥田出版，2003年4月），頁340。

〔註86〕沙里斯伯里的約翰認爲國家最高統治者（potestas）在無法用慈悲的手段保護臣民的生命時，便以有德性的殘酷來攻擊邪惡，直到確保良善的安全。若人們背叛其於階序裡的位置，統治者便如同切掉生病的器官一樣，驅逐或終結不受約束者。諾赫琳（Linda Nochlin）亦以所謂的『革命肢解』（revolutionary dismemberment）來說明國家對威脅者的處置，即以確切方式殺掉過去的形體，將革命的敵人予以肢解，使其死亡成爲警惕。相關論述見理查・桑內特著、黃煜文譯：《肉體與石頭——西方文明中的人類身體與城市》，頁221、389。

〔註87〕傅柯以爲對身體的懲罰不是非理性而殘酷的行動，而是一種精心計算的儀式，統治者利用對身體的懲罰達到他統治的目的。酷刑儀式可以使犯人成爲自己罪行的宣告者，肉體一再產生或複制犯罪的眞相，肉體用最醒目的方式展現懲罰的效果，同時亦爲昭示眞理的時刻。酷刑亦爲一種權力的展示，君主通過對罪犯肉體的施暴，使人們意識到君主的無限存在，相關論述見汪民安：《福柯的界限》，頁187～188。

〔註88〕汪民安：《福柯的界限》，頁190。

〔註89〕余嘉錫：《世說新語箋疏》，〈雅量2〉，頁344。

激烈而狂放的禰衡與嵇康爲理想犧牲身體，孔融亦因大膽狂放的言行舉止而獲罪見殺。孔融在曹操打敗袁紹，攻屠鄴城，曹丕私納袁紹子袁熙之妻甄氏時，刺曰：「武王伐紂，以妲己賜周公。」，並於曹操問其出於何典故時云：「以今度之，想當然耳。」，藉古喻今，以爲譏刺。其種種言行均以譏刺僞禮而以其肉身對抗龐大的集團，氣節可敬。范曄云其：「夫嚴氣正性，覆折而己。豈有員園委屈，可以每其生哉！懍懍焉，皜皜焉，其與琨玉秋霜比質可也。」，章懷太子李賢評注「員園委屈」曰：「言寧正直以傾覆摧折，不能委曲以貪生也」。〔註90〕後曹操以「大逆不道，宜極重誅」的不忠、浮華之名義殺了孔融。名士們以其正直之心，寧以身體爲手段，而以身抗不義，犧牲肉體生命之延續，換來理想與精神的存續，肉身雖歿，而精神實存。其以肉體時間之終結，換取精神的時間之延續，使其生命於另一種意義上延續，亦使其身體達到最大的反抗之功用。

（三）無用之用──社交身體的運用

相對於以「有用」的方式讓身體積極地成就事業、晉升仕途；魏晉士人亦以一種「無用」的方式經營身體。這種無用而無功利性目的之身體，看似無用，卻有著成全生命之大用。

士人處於亂世的政治夾縫中，往往有其不能自主的痛苦與悲嘆，而緣莊子思想以爲保生全身之依據。莊子於〈人間世〉中，舉櫟社樹、不材之木、支離疏等例，櫟樹相對於「有用之木」，被匠石評爲「不材之木，無所可用」，但也因其「求無所可用久矣」，而能保其生，不若有用之木的「實熟則剝，剝則辱；大枝折，小枝泄」之害其生。商丘的不材之木則透過子綦口中，道出世人以不材與無用爲不祥，但卻是「神人之所以爲大祥也」，世人眼中的不祥與不材，正爲成全生命與形體之大用，如支離疏以其形體殘缺而能遠災避禍。

莊子哲學中，透露對世俗價值的顛覆，與對己身價值的再確定，拋開世俗的觀點與成見，用反面的思考方式看待事物。美醜、善惡、有用無用等價值觀是相對而非絕對的，需拋開對物之執著，才能得到精神的絕對自由。莊子以爲：「山木自寇也，膏火自煎也。桂可食，故伐之；漆可用，故割之。人皆知有用之用，而莫知无用之用也。」，〔註91〕以有用會招致自身的傷害與毀

〔註90〕范曄撰、李賢等注：《新校後漢書注》（臺北：世界書局，1972 年 9 月），冊 4，卷 70，〈列傳第六十・孔融傳〉，頁 2271～2280。

〔註91〕以上引文見郭慶藩輯、王孝魚整理：《莊子集釋》，上冊，卷 2 中，〈人間世第

滅；無用反能保全己身。魏晉士人藉莊子思想以全身避禍，在紛擾不安的世事中，士人藉由身體的「無用」，得以保全形體。

　　嵇康與阮籍，以身體運用方式之不同，導致不同的命運。阮籍以「不與世事，遂酣飲為常」的無用之身體保全生命；嵇康卻以激烈的言論與不肯屈服的身體招致殺身之禍。相對於嵇康的輕率直言、遇事便發，對司馬氏政權有著極直接的威脅；阮籍毀頓至極的虛弱之體，與不與人正面交相衝突的行事方式，帶給他保全生命之大用。其「發言玄遠，口不臧否人物」，雖時有驚世駭俗之言，但其口不論時政而「至慎」，司馬昭即云：「天下之至慎，其惟阮嗣宗乎！每與之言，言及玄遠，而未曾評論時事，臧否人物，真可謂至慎矣。」，〔註92〕慎默是全生之上計。

　　除此，其以飲酒大醉的無用之身以避禍，酒醉的身體，無法理事與正常思考，在世人眼中，爛醉如泥的身體是無用且累贅的，失去正常的社交身體之功能，為禮教中人所不取。但阮籍卻善於利用這種酒醉而無用之身，在司馬昭欲為其子司馬炎求婚於其女時，以不願得罪司馬氏，又不願捲入政治漩渦之中，大醉六十日而使司馬昭作罷。在鍾會數次追問他對時局之觀點，欲得其把柄而羅致其罪時，阮籍亦運用飲酒酣醉之法，免於鍾會之質問，相較於嵇康直接以身體的傲慢得罪鍾會之行為，更有保生之智慧。

　　面對權臣鍾會時，嵇康選擇以身體的無禮與拒斥得罪他；阮籍卻懂得運用無用之身，避開與其正面交往。酒醉時的話語與行為失卻正常的社交功能，往往能夠藉以規避與人交接時，話語與行為上的責任。

　　魏晉士人以無用的身體作為遠離政治鬥爭的方式，最典型的方式就是飲酒失常，或是居官無官官之事的不理世事。表面上服膺老莊思想，實際上卻有著更大的遠離政爭之用。許多名士均以在朝為官而不與政事，形成一股「朝隱」之風。在《世說新語》中記載：

　　　衛君長為溫公長史，溫公甚善之。每率爾提酒脯就衛，箕踞相對彌
　　　日；衛往溫許亦爾。（〈任誕29〉）

　　　周伯仁風德雅重，深達危亂。過江積年，恒大飲酒，嘗經三日不醒。
　　　時人謂之「三日僕射」。（〈任誕28〉）

四〉，頁170～183。

〔註92〕陳壽撰、裴松之注：《三國志》，冊2，卷18，〈魏書‧李通傳〉引王隱《晉書》語，頁536。

衛永與溫嶠常箕踞對飲終日，周顗爲官時也常飲酒大醉不醒；王忱更是飲酒至死，其至荊州當官後常一醉數日不醒，稱醉酒爲「上頓」，其云：「三日不飲酒，覺形神不復相親。」（〈任誕 52〉），這種在朝爲官卻不理政事，飲酒大醉終日的作法，成爲一種風氣。雖與當時的時尚有關，但藉酒醉以避禍或逃避現實的士人大有人在。此外，王戎位至司徒後，「雖位總鼎司，而委事僚寀。間乘小馬，從便門而出遊，見者不知其三公也。故吏多至大官，道路相遇輒避之。」，其用無所作爲而無用的身體作爲避事與遠禍之手段，亦爲身體的無用之用。

不服禮制的身體，於世人眼中亦是無所用於世的，在禮教嚴謹的時代，悖禮犯教之身體與言行，不但無益於自身的仕進，亦對個人聲望有損。但在魏晉時期，這種無用之身有時卻可成其大用。魏晉崇尚放達，故放肆不守禮教的身體，於此時卻是求得名聲顯揚之利器。這種以無用成其用的身體，成爲魏晉時期的一種特殊的身體與社會交接之模式。

魏晉時期盛行服寒食散，但服散之後往往有諸多後遺症，散發不當易成殘疾，[註93] 服藥發散不當所成爲的殘疾，或服藥後產生的瘋顛、失常行爲，亦成爲士人藉以避禍的藉口。

殘疾或瘋顛、失常的身體，往往被認爲是無用且失卻社交功能的，但若能藉此以保全生命，則此無用之體，又有著成全生命的大用。魏晉士人在不願擔任某種危險職務或是逃避與某派勢力合作時，亦藉口服藥症狀發作以遠禍。如八王之亂時，王戎勸齊王冏「委權崇讓」爲求安之計，冏謀臣葛旟怒欲斬之，戎「僞藥發墮廁，得不及禍」，[註94] 藉著僞裝藥性發作墮入廁所內而免去殺身之禍。殷顗於擔任南蠻校尉時，其弟荊州刺史殷仲堪「……將興兵內伐，告顗，欲同舉。」，殷顗不願參與，藉口服藥，「因出行散，託疾不還」。[註95] 服散後失常而失去社會交往功能的無用身體，與飲酒之後的瘋顛

〔註93〕寒食散爲劇毒之藥，服用後伴隨毒力發作，產生巨大內熱，若散發不當，易中毒。其遺害之烈，使得治療服藥後遺症的醫學成爲一種專門的學問，直至隋唐時期，這些藥方仍出現於各種醫藥典籍之內，如《諸病源候論》卷六、《千金翼方》卷十五、《醫心方》卷十九、《肘後百一方》卷三、《千金要方》卷二十四、《外台秘要方》卷三十七等，都有記載，可見其危害之烈。

〔註94〕以上王戎引文見楊家駱：《新校本晉書并附編六種》，冊2，卷43，〈列傳第十四‧王戎傳〉，頁1234。

〔註95〕楊家駱：《新校本晉書并附編六種》，冊3，卷83，〈列傳第五十三‧殷顗傳〉，頁2178～2179。殷顗後雖仍以掛念此事而憂辛，但並非以政治因素而導致身

身體，於世人眼中均爲無用，但於魏晉之亂世卻有著保全生命之大用。

第二節　禮身關係

　　禮是文化發展下的產物，明確規範人與人交往時所必要的模式，以便於依循。〔註96〕禮亦爲個體與群體的交接方式，身體透過禮，得以融入社群之中，而爲社會所接受；違禮的身體，等於宣告了與社會的關係破裂，而自外於社會。文明的發展，使禮儀制度進一步固化，人們交往時所需要的交往方式，於禮儀中被明確地規範，在《中國禮文化》一書中提到：

> 人是環境的產物。而環境，主要是文化。人的本質，即人的品德和行爲，都是由文化所決定的。所以，古禮對於人的價值，就是對於人的品德和行爲的支配作用。實際上，就是如何塑造人的問題。古禮最重視的是人，因爲人是萬物之靈，是文化的承擔者。因此，古禮始終把塑造什麼樣的人放在中心地位。〔註97〕

實行禮即是實行一種與其他個體或群體交往之行爲，通過禮的實行，形成個人處於社會中所必需的交往身體。禮作爲一種與人交往之範式，有其社會作用，接受了禮，即表示接受社會共同的價值觀，同意社會的群體意見與規範，在接受禮儀規範己身軀體的同時，同樣地，亦將己身融入社會既定的規範中。〔註98〕

　　在儒家的傳統中，士人藉由禮的實行，修養身體與克制欲望，一方面培

體的死亡。服藥仍不失爲一在亂世中保身之方法。

〔註96〕劉容以爲禮是一種社會控制，透過禮的實行，人們有制度地被柔性地管理。其引斯賓塞在《社會學原理》第二卷研究「禮儀的制度」之開頭，以爲最早的管理、最一般的管理和不斷自發地重新開始的管理，爲遵守禮儀的管理。禮教之管理方式的特殊之處在於其將管理的硬性形式隱藏於日常的交往與語言和生活方式中，而無所不在，其比單純依靠暴力更有效果。」詳見氏著：〈從反社會控制角度詮釋嵇康“越名教而任自然”思想〉，《淮北煤師院學報（哲學社會科學版)》，第23卷第6期（2002年12月），頁71。

〔註97〕鄔昌林：《中國禮文化》（北京：社會科學文獻出版社，2000年5月），頁215。

〔註98〕（美）郝大維（Hall,D.L.）、（美）安樂哲（Ames,R.T.）以爲禮使得特殊的個體接受共同的價值而與社群整合，而「身」（lived body）是具體表現自身的特殊手段。禮與身（禮通過身來表現）是儒家心目中的共同體和諧（communal harmony）之必要條件，行禮是在沿襲形式化的行爲方式之過程中表現自己。人是獨特的，須將自己和諧地結合到那種能讓他們表達自己獨特性的關係中去，以實踐社會和諧。詳見氏著、施忠連譯：《漢哲學思維的文化探源》（Thinking From the Han）（南京市：江蘇人民出版社，1999年9月），頁36～38。

養合宜的社交身體；另一方面，亦藉著身體上的修煉，達致精神上的提升。無論是社交身體的培養，或是精神上的提升，禮總關乎身體，在周與沉《身體：思想與修行──以中國經典爲中心的跨文化觀照》一書中提到：

> 儒家思想之核心的『仁』（上身下心），本即與身心相關，且『仁』之發露必循『禮』而行，『禮』亦不能不關乎身體。〔註99〕

儒家以修身爲一切行爲之基礎，治國、平天下需先從己身整頓起。中國人的身體，是與修身、禮教分不開的，〔註100〕「禮，身之幹也。」〔註101〕、「禮也者，猶體也」〔註102〕、「禮者，所以正身也」，〔註103〕說明了禮與身的密切關聯。群體社會規範出了禮儀規則，當個人身體合於禮節規範而動靜皆中節時，其與社會群體的關係必是和諧的。身體爲禮的表達途徑；禮亦藉著身體以完成、實踐，身體既是表達禮的唯一媒介，失去了身體，也就失去了表達禮之途徑，禮與身爲一體。〔註104〕

　　禮既與身體息息相關，而爲身體與社會之交接，身體與禮的關係，究竟是禮約束身體還是如何？而禮的儀式與內涵何者爲重，禮是由人所制定的，其內涵中「人」的成份究竟佔了多少？還有，禮是以何爲內涵？而禮在約束人身之同時，精神與肉體何者爲重？均是值得探討的問題。

　　如上述引文所提，「古禮最重視的是人」，禮原爲由人組成之社群所制作，作爲人與社會交接之依據。其重心在人，最終的關懷，亦在於人依禮而行後，

〔註99〕　周與沉：《身體：思想與修行──以中國經典爲中心的跨文化觀照》（北京：中國社會科學出版社，2005年1月），頁86。

〔註100〕郝大維（Hall,D.L.）、安樂哲（Ames,R.T.）以爲中國人的軀體概念與「修身」不可分離地結合在一起，軀體的表現和「舉止」，均爲自我表達的手段。因此在古典時期的中國，人性的實現是一個人的整個人格──仁──的形成和臻於至善。詳見氏著、施忠連譯：《漢哲學思維的文化探源》，頁35。

〔註101〕杜預註：《春秋經傳集解》（臺北：新興書局，1972年，相臺岳氏本），卷13，〈成公下第十三・十三年〉，頁189。

〔註102〕李學勤編：《十三經注疏・禮記正義》，中冊，卷23，〈禮器第十〉，頁740。

〔註103〕謝墉、盧文弨集解：《荀子集解》，卷上，〈修身〉，頁12。

〔註104〕郝大維（Hall,D.L.）、安樂哲（Ames,R.T.）以爲「孔子思想的一個前提是，個人的成就是按照他能夠對其施加影響的關係的狀況來加以衡量的……最廣泛意義上的『禮化』使人們能夠承擔起規定他們與他人關係的角色作用。」、「『體』字與『禮』字有相同的詞源，它們共同擁有以明確的形式表達的核心觀念。」詳見氏著、施忠連譯：《漢哲學思維的文化探源》，頁35～36。後這種禮身一體的觀念於荀子的思想中明顯呈現，其以「始乎誦經，終乎讀禮。」（〈勸學篇〉）將身體呈現爲一種禮義的身體。

身心是否達致合宜且合於自然情性之狀態。是以孔子言禮，主張禮緣自人的內心，非只是外在的行為修飾，在《論語》中提到：

> 子曰：「人而不仁，如禮何？人而不仁，如樂何？」

> 林放問禮之本。子曰：「大哉問！禮，與其奢也，寧儉；喪，與其易也，寧戚。」〔註105〕

孔子以行禮需具備內心的合情與外在的合禮，內在情性的自然宣發與外在行為的合宜，為禮之完滿實踐。仁為內在精神之體現；禮為外在行為的修為，先要有仁心之體現，後配合禮化身體之實踐。禮化之身體，亦需以仁化、義化的精神作為主幹，沒有了內心的誠敬，身體的服禮只是虛禮。禮的實義，在身心均服膺禮儀與禮義的情形下，得以實踐。所謂禮義緣於人情，完美之禮的制作，需考量當時風俗民情，緣情以制，才能兼顧自然情性與外在儀文。

禮是在一種合情而合理，以人為中心，兼重內在情志與外在儀文的適中之情形下制作的，在約束人身體行為之外，亦能出身體之鍛鍊，使精神提升。「從孔子開始，『修身』即成為知識份子的一個必要件。『修身』最初源於古代『禮』的傳統，是外在的修飾，但孔子以後已轉化為一種內在的道德實踐，……」，〔註106〕知識份子的修身由單純對身體的禮化之規範，轉化成一種內在德性之提升。另一方面，對身體言行的外在控制易流於形式，故孔子主張以內在精神的提升，彌補外在修身的不足之處，《大學》中記載：「欲脩其身者，先正其心」，〔註107〕心正而意誠之後，才能給予修身正確的方向。

一、禮樂為自然之體現

魏晉之世，上位者對禮的濫用，使士人開始反思禮之真義。有志之士以社交身體的背離社會，與行為上的反禮，欲喚起士人對禮的內涵之重新重視。並反思禮與自然、禮與身之間的關係，嵇康、阮籍以為禮出於自然，強調禮與人身的相應關係，抗拒僵化不合情之禮教對人體的束縛。

〔註105〕朱熹撰：《四書章句集注・論語集注》（北京：中華書局，2005 年 9 月 9 刷），卷 2，〈八佾第三〉，頁 61～62。

〔註106〕儒者修身以追求精神上的提升，這牽涉到士人藉著提升己身之「道」，達致足以與「勢」對抗之高度。余英時以為中國的『道』不同於西方，並無一組織形式，其莊嚴性只能透過知識份子的自重自尊得以顯現。詳見氏著：《士與中國文化》（上海：上海人民出版社，2003 年 9 月），頁 108～110。

〔註107〕朱熹撰：《四書章句集注・大學章句》，頁 3。

　　阮籍對於禮、樂，主張一爲外在行爲之約束；一爲內在情性之陶冶，二者不可偏廢。阮籍以「禮樂外內」之思想，表達文化對於身體之作用，不止在於外在行爲上的訓練；亦重內在精神與情性之抒發，其於〈樂論〉中云：

> ……身不是好，而淫亂愈甚者，禮不設也。刑教一體，禮樂外內也。刑弛則教不獨行，禮廢則樂無所立。尊卑有分，上下有等，謂之禮；人安其生，情意無哀，謂之樂。……禮定其象，樂平其心，禮治其外，樂化其內，禮樂正而天下平。

阮籍以爲禮治其身而樂治其心，身心的內外平和，端賴禮樂的內外陶治以順氣治心。禮以治外在言行，主導身體在尊卑有分，上下有等的社會中之行爲規範；樂以安其生，使人內心之「情意無哀」，對內在之情性予以調節宣導。故禮樂一體，樂以平心化內；禮以定象治外。

　　這種對人內在情性之疏導，使人爲之禮樂與自然之情性有所關聯，阮籍更主張樂成於自然，其於〈樂論〉中，以樂爲萬事之儀，順自然之氣以成：

> 故聖人立調適之音，建平和之聲，……入于心，淪于氣，心氣和洽，則風俗齊一。聖人之爲進退頫仰之容也，將以屈形體，服心意，便所修，安所事也。歌咏詩曲，將以宣平和，著不逮也。鐘鼓所以節耳，羽旄所以制目，聽之者不傾，視之者不衰，耳目不傾不衰，則風俗移易，故移風易俗，莫善于樂也。

樂成於自然之氣，於道德荒壞之時，成爲人爲秩序之依據。樂既由自然之氣以成，入於人心而理順其氣，使人體內之氣和順，使人之「心氣和洽」。自然之氣與人身之氣相通感而調和、平順，進而使天地與人皆不生悖逆之氣，氣順則和洽，達致風俗和洽之作用。

　　此外，以自然之氣化成之鐘鼓，因自然之氣與人之五官耳目之氣相通，而可以節耳；羽旄可以制目，使人視聽耳目能不傾不衰。耳目之氣順治，則不思淫音美色，進而使風俗移易，而可以「去風俗之偏習，歸聖王之大化」。故自然化成之樂，有一定之教化功能，這種對人體的教化，源於自然之氣與人身之氣的通暢和洽，使人體因與自然相通，而體氣和順。氣正則體正，於內使人不思邪淫；於外能使外在之衰氣不入，保其體氣之正，此猶如阮籍所說的「樂者，使人精神平和，衰氣不入，天地交泰，遠物來集，故謂之樂也。」，樂爲溝通天地與人之介質，聖人作樂，依自然以成。阮籍於〈樂論〉中云：

> 昔先王制樂，……必通天地之氣，靜萬物之神也；固上下之位，定

性命之眞也。

制樂之後，樂之氣能周通及物，則能使天地之萬物和諧：

夫雅樂周通則萬物和，質靜則聽不淫，易簡則節制全神，靜重則服
人心，此先王造樂之意也。〔註108〕

是以樂不但能通天地上下之氣，靜萬物之神，亦爲一種人與自然之間的溝通。
可以說，人爲之制依自然以成，此制作又能化成人間之秩序，使其合宜而通
順萬物，反饋至天地，而使天下之秩序順合。人於氣和而正之狀態下，爲一
最好的狀態，亦因氣之流感，與天地有所交通。嵇康亦以爲樂自天地而生，
其於〈聲無哀樂論〉中云：

夫天地合德，萬物貴生，寒暑代往，五行以成，故章爲五色，發爲
五音。音聲之作，其猶臭味在于天地之間，其善與不善，雖遭遇濁
亂，其體自若而不變也。

樂爲自然之產物，其「體自若而不變」，不因外在環境而改變。這種生於自然之
樂，因氣與人產生關聯。嵇康以爲樂與人的神氣相關，其於〈琴賦并序〉中以
音樂可以「導養神氣、宣和情志、處窮獨而不悶者，莫近於音聲也」，〔註109〕
音樂因能導養人體之氣，宣洩自然情性，使氣和志平，故對人體有著調和之作
用。夏侯玄（209～254）於〈辨樂論〉中亦云：

阮生云，律呂協則陰陽和，音聲適則萬物類。天下無樂，而欲陰陽
和調，災害不生，亦以難矣。言律呂音聲，非徒化治人物，可以調
和陰陽，蕩除災害也。〔註110〕

以樂有調和天地陰陽之作用，樂不但可以順化人身之氣，亦可使陰陽之氣賴
以平治，原因即在於樂爲自然之氣的化生，自然之氣順治，天地陰陽亦可以
和諧。故樂爲溝通天地陰陽與人之中介，爲一自然之產物。郭象亦以爲「禮
者，世之所以自行耳，非我制。」，〔註111〕以禮爲自然之產物，並非人爲制作。
禮樂既爲自然之化成，人爲制作之名教，亦爲自然之理的體現，袁宏（328～

〔註108〕以上〈樂論〉引文見嚴可均校輯：《全上古三代秦漢三國六朝文》，冊2，《全
　　　　三國文》，卷46，〈阮籍・樂論〉，頁1313～1314。

〔註109〕嚴可均校輯：《全上古三代秦漢三國六朝文》（北京：中華書局，1958年），
　　　　冊2，《全三國文》，卷47，〈嵇康・琴賦并序〉，頁1319。

〔註110〕嚴可均校輯：《全上古三代秦漢三國六朝文》，冊2，《全三國文》，卷21，〈夏
　　　　侯玄〉，頁1168。

〔註111〕郭慶藩輯、王孝魚整理：《莊子集釋》（臺北市：華正書局，2004年），卷3
　　　　上〈大宗師第六〉，「以禮爲翼」句郭象注，頁238。

378）即以為：

> 夫君臣父子，名教之本也。然則名教之作，何為者也？蓋準天地之
> 性，求之自然之理，擬議以制其名，因循以弘其教，辯物成器，以
> 通天下之務者也。〔註112〕

名教中的君臣父子之序，為倫理之根本，而此根本又源於自然之理，是以天
下之名與議之擬定，皆以自然理序為其準則。

　　阮籍的樂論，以樂之治心順氣為重點，強調一種內外之氣的通感。此外，
樂雖與人之情性相通，但對於人之自然欲望，是調節而非放縱。其主張禮樂
對人的欲望是予以適度的節制，節之以和。樂雖出於自然而調合自然，雖出
於情性而節順情性，其於〈樂論〉中云：

> 樂有節適，九成而已，陰陽調達，和氣均通，……故孔子在齊聞
> 《韶》，三月不知肉味，言至樂使人無欲，心平氣定，不以肉為滋
> 味也。〔註113〕

在樂以調心之後，進而固上下之位，定性命之眞。樂的定心，是為了全體的
社會秩序著想。人為之禮樂，最終在於定社會之和諧，而這種和諧，是在模
仿自然之制的狀態下達成的，人作為參與社會之一份子，其重要性在於融入
社會，成為整全大體中之一部份，禮樂即是人與社會交接之工具，嵇康於〈聲
無哀樂論〉中云：

> ……於是言語之節，聲音之度，揖讓之儀，動止之數，進退相須，
> 共為一體。

這種共為一體的整全身體，需要身體各部份的相互配合，即言語有節、聲音
合度、揖讓合儀、動止進退相合等各個分殊之體的體現禮。身與禮的互相配
合，即禮身不分，禮身共為一體之體現，而這種一體，需要各個分殊之體的
合於儀。

　　分殊之體合各於儀，體現為一整全的和諧之體，此整全而順和之人體，
亦通過氣與自然之氣相溝通，自然之大體與人身之小體，在禮與樂等文化的
層面上交和。人之體與自然，及禮樂，應和諧地共存，而本質為一，其就如

〔註112〕袁宏：《後漢紀》（臺北：臺灣商務印書館，1968年12月），下冊，卷26，〈後
　　　　漢孝獻皇帝紀〉，頁316。
〔註113〕嚴可均校輯：《全上古三代秦漢三國六朝文》，冊2，《全三國文》，卷46，〈阮
　　　　籍・樂論〉，頁1314。

嵇康於〈琴賦并序〉中所言的：

> 若夫三春之初，麗服以時，乃攜友生，以遨以嬉。涉蘭圃，登重基，
> 背長林，翳華芝，臨清流，賦新詩。嘉魚龍之逸豫，樂百卉之榮滋，
> 理重華之遺操，慨遠慕而長思。〔註114〕

自然與樂本爲一體之二面，人體既與節氣相應合，亦應於合宜之節氣中，登山臨水，使自然之氣與人體之氣相通感，而合之以樂音，理之以文氣。如此既能理情而宣志，亦使人文與自然處於一種相協而相應之理中。

　　禮樂既爲人心與自然之相符應，應爲一自然而符合人性之制作，而非制式之規範，嵇康於〈難自然好學論〉中即云：

> 六經以抑引爲主，人性以從欲爲歡；抑引則違其願，從欲則得自然。
> 然則自然之得，不由抑引之六經；全性之本，不須犯情之禮律。故
> 仁義務於理僞，非養眞之要術；廉讓生於爭奪，非自然之所出也。……
> 則人之眞性無爲，正當自然，耽此禮學矣。〔註115〕

嵇康文中以禮非自然之物而與人性相違背，其本意並非反對禮教，其反對的，是僵化而悖於人情之禮教。禮樂之制作，若能以「人」爲考量，「以心爲主」，禮教之中便能顯出人之眞性，其於〈聲無哀樂論〉中又云：

> ……樂之爲體，以心爲主，故無聲之樂，民之父母也。至八音會諧，
> 人之所悅，亦總謂之樂。然風俗移易，不在此也。〔註116〕

嵇康以爲能移風易俗的並非人爲制作之樂音，而是人心與自然之相和諧，音樂既由自然而生發，其根本亦在於人心，爲人精神情感之體現。是以合宜之禮樂，不能一成不變，而應與時俱化，阮籍對此，亦於〈樂論〉中云：

> 然禮與變俱，樂與時化，故五帝不同制，三王各異造，非其相反，
> 應時變也。〔註117〕

禮應時變而爲自然與人之間的溝通，文化爲順應自然之理而成，禮是爲身體所用的，故所重在身，郭象以「禮者，形體之用，樂者，樂生之具。忘其具，

〔註114〕嚴可均校輯：《全上古三代秦漢三國六朝文》，冊2，《全三國文》，卷47，〈嵇康·琴賦并序〉，頁1320。

〔註115〕嚴可均校輯：《全上古三代秦漢三國六朝文》，冊2，《全三國文》，卷50，〈嵇康·難張遼叔自然好學論〉，頁1336～1337。

〔註116〕以上嵇康〈聲無哀樂論〉引文見嚴可均校輯：《全上古三代秦漢三國六朝文》，冊2，《全三國文》，卷49，〈嵇康·聲無哀樂論〉，頁1329、1333。

〔註117〕嚴可均校輯：《全上古三代秦漢三國六朝文》，冊2，《全三國文》，卷46，〈阮籍·樂論〉，頁1314。

未若忘其所以具也。」，〔註118〕說明禮爲身用之道理。禮既爲身之用，則應以人、情爲最終考量，不應以禮抑情，或悖情而行禮。人所制作的禮樂制度，在於「適」其體而合其情，郭象即云「至樂者，適而已。適在體中，故無別形。」，〔註119〕禮、樂與體爲一體之二面，非壓抑與制約之狀態。禮樂對於體，以一種「適」體，即合宜順和之狀態與人體共存，亦以一種「適」天地之道的方式，溝通天地與人，使之和諧。

二、禮身分離

禮與身體之關係密切，儒家思想主張士人無論在生活細節或時間上，都須與不離禮，《禮記》中云「禮樂不可斯須去身」〔註120〕、「若無禮，則手足無所錯，耳目無所加，進退揖讓無所制」，〔註121〕禮與身體之關係，是全面而細微的，身體上微妙的行禮動作，往往有著巨大的表意功能。〔註122〕

禮的表意功能，是在禮儀與禮義合一的情形下達成。禮至後期愈流於虛文，徒具形式而無內涵，儀與義因而殊途。在《中國禮文化》中提到禮儀與禮義的分流：

> 中國的禮，與廣義的文化是同一的概念，是一個無所不包的系統。……中國的禮文化，在三代以上，還是混而爲一的統一整體。只是隨著春秋戰國的社會大變革，「禮崩樂壞」形勢的出現，而不得不產生形式與內容（即禮儀與禮義）的分離。儒學正是這一分離的產物。〔註123〕

禮儀原本出於自然，源於心中對他人的尊敬與體諒之心，而產生種種對待交

〔註118〕郭慶藩輯、王孝魚整理：《莊子集釋》，卷3上〈大宗師第六〉，「可矣，猶未也。」句郭象注，頁284。

〔註119〕郭慶藩輯、王孝魚整理：《莊子集釋》，卷5下〈天運第十四〉，「林樂而无形」句郭象注，頁508。

〔註120〕李學勤編：《十三經注疏・禮記正義》，下冊，卷48，〈祭義〉，頁1331。

〔註121〕李學勤編：《十三經注疏・禮記正義》，下冊，卷50，〈仲尼燕居第二十八〉，頁1384。

〔註122〕鄒昌林以爲禮儀在古代爲傳授經驗、交流感情與儲存信息的工具。中國古代將禮看得十分重要，於禮的細微差別亦標識得非常清楚。見氏著：《中國禮文化》，頁51。

〔註123〕鄒昌林：《中國禮文化》，頁18。鄒氏以爲一旦古禮在形式上與社會生活產生脫節，在人們不能理解禮卻需延續古禮的傳統之下，出於繼承文化傳統的需要而將禮義與禮儀分離。詳見同書，頁64。

接之法。在《禮記‧樂記》以「禮樂之說，管乎人情矣」〔註124〕、「中正無邪，禮之質也」，〔註125〕說明禮緣於人情，為中正無邪之心的外在體現。在這種情形之下，心中之敬與外在之行相符，禮儀與禮義合而為一。但在春秋戰國「禮崩樂壞」之混亂局面下，禮的形式與內涵不復統一。儒家於這樣一個環境下，提倡以禮義為主，儀文為輔的觀念，強調「以義制儀」。並以禮需應時而變，即如《禮記》中所說的「禮，時為大，順次之，體次之，宜次之，稱次之。」〔註126〕

漢代則通過「義起」的方式來恢復禮制，企圖將分裂的禮統一起來，但由漢代的婚禮看來，並無多大的效果。東漢鮑宣娶妻，馬融嫁女，均「裝送資賄甚盛」，「家世豐豪，裝遣甚盛」，漢末董卓要聘一再醮之婦，即要「軒輜百乘、馬二十匹，奴婢錢帛充路」，極其奢靡。奢侈的嫁娶之風從貴族瀰漫至民間，此種奢靡之風，影響及於魏晉之際，在《顏氏家訓‧治家》篇中提到：

> 近世嫁娶，遂有賣女納財，買婦輸絹，比量父祖，計較錙銖，責多
> 還少，市井無異。〔註127〕

婚姻論財成為風尚，婚嫁時對於婚禮聘金的要求，使婚姻成為買賣關係。往往至迎娶時，雙方仍爭論財禮的多少，婚禮至此已無「禮」存在，徒留外在的財聘形式。從漢末的虛禮形式，直至魏晉時期對禮法的濫用，顯示禮教的儀義之分愈形嚴重。

魏晉以一亂世，欲維持禮之實質更加困難。三國時期，各國皆以明法強兵為主，禮教的束縛愈見薄弱。曹魏於葬禮上即主張薄葬，魏武帝遺詔：

> 天下尚未安定，未得遵古。百官當臨殿中者，十五舉音，葬畢便除。
> 其將兵屯戍者，不得離部。〔註128〕

文帝亦以為「封樹之制，非上古也，吾無取焉」，並「無為封樹，無立寢殿，……無施葦炭，無藏金銀銅鐵，一以瓦器，合古塗車、芻靈之義」。〔註129〕曹氏父子的薄葬，影響曹魏乃至晉朝的喪葬禮儀，〔註130〕顛覆了傳統的葬禮禮俗。

〔註124〕李學勤編：《十三經注疏‧禮記正義》，下冊，卷38，〈樂記〉，頁1116。
〔註125〕李學勤編：《十三經注疏‧禮記正義》，中冊，卷37，〈樂記第十九〉，頁1090。
〔註126〕李學勤編：《十三經注疏‧禮記正義》，中冊，卷23，〈禮器第十〉，頁719。
〔註127〕王利器：《顏氏家訓集解》（台北：明文書局，1990年3月），卷1，〈治家第五〉，頁53。
〔註128〕楊家駱編：《新校本晉書并附編六種》，冊1，卷20，〈志第十‧禮中〉，頁613。
〔註129〕陳壽撰、裴松之注：《三國志》，冊1，卷2，〈魏書‧文帝紀第二〉，頁81。
〔註130〕郭善兵提到魏晉之際，曹魏統治區域盛行薄葬；而吳、蜀承繼漢制實行厚葬。

此外，在《晉書・禮志》中記載：

> 魏武以正月崩，魏文以其年七月設妓樂百戲，是則魏不以喪廢樂
> 也。……魏氏直以訖葬爲節，嗣君皆不復諒闇終制。〔註131〕

魏文帝以父喪而仍置妓樂百戲，且喪葬皆不復古禮。但曹氏眞正對禮法的破壞，不在於喪禮之革易，而在於其行爲上展現出禮的儀義之分離。

曹操自發令徵求「不仁不孝而有治國用兵之術」之人，〔註132〕對世風造成影響，後曹氏家族更以實際作爲破壞禮教，如曹氏爲奪漢家天下，入宮殺伏皇后及其父伏完，使得伏氏「宗族死者數百人」。〔註133〕其後之司馬氏，更標舉禮教大旗，以「孝」爲重。其於奪權時誅殺曹爽三族，司馬師更以「無復母子恩」爲由，以不孝之罪名廢齊王曹芳。〔註134〕曹氏與司馬氏皆於標榜禮教治國的背後，作盡一連串誅殺忠賢，違禮犯教之事，顯示出禮之虛僞。

阮籍於〈詠懷詩〉中，即道盡當時虛僞的禮法之士之嘴臉：

> 洪生資制度，被服正有常。尊卑設次序，事物齊紀綱。容飾整顏色，
> 磬折執圭璋。堂上置玄酒，室中盛稻粱。外厲貞素談，戶內滅芬芳。
> 放口從衷出，復說道義方。委曲周旋儀，姿態愁我腸。〔註135〕

阮籍痛惜禮儀與禮義的分離，其以違禮而任放的身體，抗議禮教之虛僞。不論是曹氏與司馬氏的有儀而無義；或是名士們有義而無儀之行止，均爲一禮身分離之狀態。禮唯有在與身體於儀與義的完美結合時，才能發揮其積極而正面的與社會交接之作用，否則無論是有儀無義或是有義無儀，均對身心有某種程度的傷害，使人處於一種扭曲而痛苦的狀態中，而不能合宜地與社會交接。

西晉至東晉出現皇室薄葬而門閥世族厚葬的現象。大致上薄葬習俗在魏晉時期始終占據主流地位。綜觀魏晉時期，呈現薄葬由強至弱；厚葬則呈由弱至強的趨勢。詳見氏著：〈二十世紀八十年代以來魏晉南北朝時期婚喪禮俗研究概述〉，《貴州文史叢刊》（2001年第4期），頁21。

〔註131〕楊家駱編：《新校本晉書并附編六種》，冊1，卷20，〈志第十・禮中〉，頁618～619。

〔註132〕陳壽撰、裴松之注：《三國志》，冊1，卷1，〈魏書・武帝紀第一〉注引《魏書》，頁49。

〔註133〕陳壽撰、裴松之注：《三國志》，冊1，卷1，〈魏書・武帝紀第一〉注引《曹瞞傳》，頁44。

〔註134〕陳壽撰、裴松之注：《三國志》，冊1，卷4，〈魏書・三少帝紀第四〉注引《魏書》語，頁130。

〔註135〕陳伯君校注：《阮籍集校注》（北京：中華書局，1987年10月），卷下，〈詩・詠懷五言八十二首・其六十七〉，頁377。

　　禮義即爲人情之體現，禮源於情，亦以節情。禮之實行，在使人之情性得到合宜的約束與宣洩，得一適中之狀態，在《禮記》序中即云「夫禮者，……原始要終，體之乃人情之欲。」〔註136〕而《禮記‧禮運》篇中釋禮與情之關係：

> 何謂人情？喜、怒、哀、懼、愛、惡、欲，七者弗學而能。何謂人義？父慈、子孝、兄良、弟弟、夫義、婦聽、長惠、幼順、君仁、臣忠，十者謂之人義。講信修睦，謂之人利，爭奪相殺，謂之人患。故聖人之所以治人七情，修十義，講信修睦，尚辭讓，去爭奪，捨禮何以治之？飮食男女，人之大欲存焉。死亡貧苦，人之大惡存焉。故欲惡者，心之大端也。人藏其心，不可測度也。美惡皆在其心，不見其色也，欲一以窮之，捨禮何以哉！〔註137〕

禮源於對人的自然情欲之疏導與節制，而非對人性的強加壓抑。古禮中對於人性之情感，是持正面而肯定的態度，但隨禮教之僵化，情與禮愈難相容，而導致情、禮的分離，這亦是禮的儀與義分離之必然結果。在《後漢書》中記載戴良母喪時兄弟二人不同的行徑：

> 及母卒，兄伯鸞居廬啜粥，非禮不行。良獨食肉飮酒，哀至乃哭，而二人俱有毀容。或問良曰：「子之居喪，禮乎？」良曰：「然。禮所以制情佚也，情苟不佚，何禮之論！夫食旨不甘，故致毀容之實。若味不存口，食之可也。」論者不能奪之。良才既高達，而論議尚奇，多駭流俗。〔註138〕

戴良以「禮所以制情佚也，情苟不佚，何禮之論？」說明禮情一致的道理。儀文只是外在形式，重要的是於行禮之時有情的內涵。由其兄的「居廬啜粥，非禮不行」之守禮儀，與戴良的「獨食肉飮酒，哀至乃哭」之眞情，可以看出當時儀義與禮情的分離，情禮之間無法眞正統一。

　　魏晉之亂世中，情禮的悖離更爲明顯，此由阮籍的喪母「散髮坐床，箕踞不哭」之不崇禮制，〔註139〕而裴楷（237～291）以俗中人自居，行事皆由禮之相異行爲看出，在《世說新語》中記載：

〔註136〕李學勤編：《十三經注疏‧禮記正義》，上冊，〈禮記正義序〉，頁2。
〔註137〕李學勤編：《十三經注疏‧禮記正義》，中冊，卷22，〈禮運〉，頁689。
〔註138〕范曄撰、李賢等注：《新校後漢書注》，冊4，卷83，〈逸民列傳第七十三‧戴良傳〉，頁2773。
〔註139〕余嘉錫，《世說新語箋疏》，〈任誕9〉：「阮籍當葬母，蒸一肥豚，飮酒二斗，然後臨訣，直言：『窮矣！』都得一號，因吐血，廢頓良久。」，頁732。

> 阮步兵喪母，裴令公往弔之。阮方醉，散髮坐牀，箕踞不哭。裴至，
> 下席於地，哭弔唁畢，便去。或問裴：「凡弔，主人哭，客乃爲禮。
> 阮既不哭，君何爲哭？」裴曰：「阮方外之人，故不崇禮制；我輩俗
> 中人，故以儀軌自居。」時人歎爲兩得其中。（〈任誕 11〉）

裴楷以「方外之人」謂阮；以「俗中人」謂己等禮法之士，禮、情在「方外」
與「俗中」明顯地被區分了，這種區分，顯示出魏晉士人對禮的虛化與情禮
的分治已有確實之體認，但仍因欲守既定之社會規範，而繼續虛僞地守禮。

此外，禮本爲社會中規範人與人交接時應對進退之依據，是一種相對呼
應之行爲，無法由單方面達成。裴楷的行禮，應於「主人哭」的狀態下，作
出相應之行爲，即「客乃爲禮」；但其在主人不哭的情形下，仍「哭泣盡哀而
退」，在行禮的對象沒有回應之下，仍行禮如儀，依照喪禮的步驟爲之，且「了
無異色」。〔註 140〕裴楷在無對象回應的情形下自行行禮，且神色無異，這如同
默劇一般地行禮之行爲，顯示出當時禮的虛僞程度，而時人卻歎爲兩得其中，
禮情之分義於焉昭然。情與禮至此已不可得兼，崇尙自然情性之阮籍，即以
「禮豈爲我輩設也」之語，道出情禮之間的鴻溝。

情禮的殊途，使士人難以適從，正因爲情與禮難以兼顧，放達之士選擇
違禮而從情；禮法之士則選擇服從禮制而壓抑自然情感之流露，如王戎與和
嶠之例：

> 王戎、和嶠同時遭大喪，俱以孝稱。王雞骨支床，和哭泣備禮。武
> 帝謂劉仲雄曰：「卿數省王、和不？聞和哀苦過禮，使人憂之。」仲
> 雄曰：「和嶠雖備禮，神氣不損；王戎雖不備禮，而哀毀骨立。臣以
> 和嶠生孝，王戎死孝。陛下不應憂嶠，而應憂戎。」〔註 141〕

具守儀文規範的和嶠，事事備禮，卻神氣不損；而禮儀不備的王戎，卻哀毀骨
立，其對於父母的懷念與傷痛，爲眞正發自內心的深刻情感之流露。對比事事
盡禮的和嶠，於哭泣哀苦之餘卻能神氣不損，只是行禮皆備而無實際之情。

守禮意味著對自然情性的壓抑，這對於重情的魏晉士人是難以忍受的，
士人對於死亡的哀傷與無奈，往往透過喪禮中對逝者的不捨而流露，情是他
們對逝者生氣盡失之體唯一的回憶。但眞情之流露，往往不符合禮節儀文，
在《世說新語》中記載著：

〔註 140〕余嘉錫：《世說新語箋疏》，〈任誕 11〉中引《名士傳》語，頁 734。
〔註 141〕余嘉錫：《世說新語箋疏》，〈德行 17〉，頁 19～20。

顧彥先平生好琴，及喪，家人常以琴置靈床上。張季鷹往哭之，不
勝其慟，遂徑上床，鼓琴作數曲，竟，撫琴曰：「顧彥先頗復賞此不？」
因又大慟，遂不執孝子手而出。(〈傷逝7〉)

王子猷、子敬俱病篤，而子敬先亡。子猷問左右：「何以都不聞消息？
此已喪矣。」語時了不悲，便索輿來奔喪，都不哭。子敬素好琴，
便徑入坐靈床上，取子敬琴彈，弦既不調，擲地云：「子敬，子敬，
人琴俱亡！」因慟絕良久。月餘亦卒。(〈傷逝16〉)

張季鷹臨顧彥先之喪，因「不勝其慟」而「徑上床」，後撫琴痛哭，又「不執
孝子手而出」。王子猷奔子敬之喪，「都不哭」而「徑入坐靈床上」，種種違禮
之行，緣於過於重情。由張季鷹的「大慟」與王子猷的「慟絕良久」、「月餘
亦卒」，知其因過於哀傷而失其應行之禮，以重情而違禮，但這種以情違禮之
行徑，在重情之魏晉時期，往往因其真情流露而使人動容。但孫子荊則因重
情而受到士人的嘲笑：

孫子荊以有才少所推服，唯雅敬王武子。武子喪時，名士無不至者。
子荊後來，臨屍慟哭，賓客莫不垂涕。哭畢，向靈床曰：「卿常好我
作驢鳴，今我為卿作。」體似真聲，賓客皆笑，孫舉頭曰：「使君輩
存，此人死。」(〈傷逝3〉)

孫子荊與王武子作別，臨屍慟哭，使得賓客莫不垂涕，深為感動，後其作驢
鳴以為別，因其「體似真聲」，使賓客皆笑，由賓客的訕笑行為與孫子荊的認
真話語中，看出客之守禮而無情與孫之重情而違禮之分。

這種情禮之分，顯示出禮的儀與義之支離，而禮的儀義之分，亦使禮與
自然身體分離了。對此，有志之士不得不以一種「論尚奇，多駭流俗」的悖
禮之行，希冀由此反思禮的意義。

三、禮身合一

魏晉之際，禮的虛偽僵化與禮情之分更形嚴重，有識之士對此亦提出解
決之道，以為禮應緣情而立，並且因時制宜。陳羣（？～236）於〈諸王國相
不應為國王服斬縗議〉中，即以為「諸王國相不應為國王服斬縗，古今異制，
損益不同。」[註142] 以禮應損益來解決古今異制的問題。田瓊亦以「違禮適

〔註142〕嚴可均校輯：《全上古三代秦漢三國六朝文》，冊2，《全三國文》卷26〈陳羣〉，
頁1198。

「權」回答劉德關於「失君父終身不得者，其臣子當得婚否？」之問，其以「若終身不除，是絕祖嗣也。除而成婚，違禮適權也。」，〔註143〕以權變之觀點來看待禮。晉國建立之時，亦以新禮爲立國之秩序：

> 及晉國建，文帝又命荀顗因魏代前事，撰爲新禮，參考今古，更其
> 節文，羊祜、任愷、庾峻、應貞並共刊定，成百六十五篇，奏之。
> 〔註144〕

其參考今古之制而爲新禮，顯現古禮已不適於當代而急需變革。

是以情禮之間的調合與平衡，在東晉之前即廣爲士人們所討論。魏初至西晉的士人，以爲情與禮難以兼備，而有方外之人與禮教中人的區別。晉太元十八年（393），車胤（？～約400）以庶子服其庶母爲「違禮犯制，宜加裁抑」之舉。庶子爲其生母服喪爲人情之所必然，但於禮制則不合，車胤以爲「頃年已來，各申私情，更相擬襲，漸以成俗。縱而不禁，則聖典滅矣。夫尊尊親親，立人之本，王化所由，二端而已。」，〔註145〕個人私情的親親之道與聖典所依的王化之禮制，有著不能跨越之鴻溝，以王化爲重的禮法往往壓抑個人私情。

西晉時，情、禮的分離達致最大的程度，不僅是情禮的分道，士人之任情，使情成爲矯情而非眞情。士人亦爲情禮的兼融，作出討論，杜預（222～284）即以禮「存諸內」而制〈除服諒闇制〉，其以爲「君子之於禮，有直而行，曲而殺；有經而等，有順而去之，存諸內而已。」，〔註146〕其言在當時可謂異議，〔註147〕其對古禮的變革及以爲禮應存諸內的思想，群臣以爲怪，但後以爲其「違禮以合時」。

杜預之立制，一方面顯示當時情與禮的分制，士人仍以禮重於情，而以緣情制禮爲異議；另一方面，顯示某些士人對情禮之間已有一定的反思。後隆安四年孝武文李太后（？～400）崩，因其出身微賤，朝臣商議其服制問題，

〔註143〕嚴可均校輯：《全上古三代秦漢三國六朝文》，冊2，《全三國文》卷29〈田瓊‧答劉德問〉文，頁1213。
〔註144〕楊家駱編：《新校本晉書》，冊1，卷19，〈志第九‧禮上〉，頁581。
〔註145〕楊家駱編：《新校本晉書》，冊1，卷20，〈志第十‧禮中〉，頁628～629。
〔註146〕楊家駱編：《新校本晉書》，冊1，卷20，〈志第十‧禮中〉，頁622。
〔註147〕當時禮法之士仍以違禮而諸事不爲，在《世說新語‧方正13》中提到：「杜預拜鎮南將軍，朝士悉至，皆在連榻坐，時亦有裴叔則。羊稚舒後至，曰：「杜元凱乃復連榻坐客？」不坐便去。杜請裴追之，羊去數里住馬，既而俱還杜許。」羊琇以杜預讓客人坐連榻爲無禮之行，不坐便去。

後以太皇太后「名位允正，體同皇極」，在「情禮兼申」的前提下，應「理制備盡」。是以群臣在「母以子貴」且「既稱夫人」之情的考量之下，以爲於禮制上應「禮服從正」，且因「禮祖不厭孫，固宜追服無屈」，是以「緣情立制」，〔註148〕於禮情上達到一種平衡而兼融之道。

郭象在對西晉玄學作出整理時，以爲情禮的不相容，是當時禮的淪喪之因，而以情與禮爲「守母存子」的關係，以「遊外以經內」使禮情相容，其云：

> 夫知禮意者，必遊外以經內，守母以存子，稱情而直往也。若乃矜乎名聲，牽乎形制，則孝不任誠，慈不任實，父子兄弟，懷情相欺，豈禮之大意哉！〔註149〕

其一方面指出當時士人們懷情相欺的虛禮行爲；另一方面，又指出禮的眞實意涵，是「稱情而直往」，即是守母以存子的禮、情合一之狀態。其亦以禮需依時而制：

> 況夫禮義，當其時而用之，則西施也；時過而不棄，則醜人也。〔註150〕

> 夫先王典禮，所以適時用也。時過而不棄，即爲民妖，所以興矯效之端也。〔註151〕

> 時移世異，禮亦宜變，故因物而無所係焉，斯不勞而有功也。〔註152〕

郭象以因時制宜的禮情合一來解決情禮不容的問題。這種「當其時而用之」的思想，正適應了隨後建立的東晉政權對於禮的需要，即禮的權變之道。

東晉士人以亡國之痛與環境上的巨變，重新思及禮教的意涵。〔註153〕新

〔註148〕引文見楊家駱編：《新校本晉書》，冊1，卷32，〈后妃下・孝武文李太后傳〉，頁982。

〔註149〕郭慶藩輯、王孝魚整理：《莊子集釋》，冊上，卷3上，〈大宗師第六〉，「是惡知禮意」句郭象注，頁267。

〔註150〕郭慶藩輯、王孝魚整理：《莊子集釋》，冊上，卷5下，〈天運第十四〉，「彼知矉美而不知矉之所以美」句郭象注，頁516。

〔註151〕郭慶藩輯、王孝魚整理：《莊子集釋》，冊上，卷5下，〈天運第十四〉，「圍於陳蔡之間，七日不火食，死生相與鄰，是非其眯邪？」句郭象注，頁513。

〔註152〕郭慶藩輯、王孝魚整理：《莊子集釋》，冊上，卷5下，〈天運第十四〉，「勞而無功，身必有殃。彼未知夫无方之傳，應物而不窮者也。」句郭象注，頁514。

〔註153〕東晉統治者對西晉玄學誤國的檢討，使其重新思及儒學與禮治的重要性，而有儒學之復興。另一方面，南方士族多儒學世家，東晉立國時，顧榮、紀瞻、賀循、陸曄、陸玩等大量南方士族進入東晉政權，使儒學的正統地位進一步

建之政權亦需禮教以維持秩序上的安定，但以往的禮制已無法解決東晉時期新面臨的各種特殊又複雜的問題。是以如何制定新禮以維持秩序，又如何使禮符合時代的需求，是當時的新課題。

　　禮需要變通，但如何變通？東晉士人對禮學的變通，即是所謂的「緣情制禮」，〔註154〕尋求一種情禮兼融的狀態。

　　東晉對禮的權變，可由士人對君親問題的思考及解決上看出，禮的最高精神，在中國為孝與忠，以往的禮教，將君提升至孝之上，但魏晉以宗族為重及重視自然情感，使君親問題被重新討論，〔註155〕在《世說新語・輕詆18》中記載：

> 簡文與許玄度共語，許云：「舉君、親以為難。」簡文便不復答。許
> 去後而言曰：「玄度故可不至於此。」

儒家於道德上首重忠孝，但忠孝的先後，於三國前是可容許有所選擇的，〔註156〕直至魏晉時期，忠孝的先後被放大的討論。晉代時，孝先於忠的觀念成形，甚至連君王也難以反駁。這種觀點，雖有其政治上的背景，〔註157〕但我們亦可以由魏晉士人重情的角度來探討此一風氣。相對於傳統以君為上的倫理思想，君父先後的論辯，更可以看出當時士人對情的重視與對禮的反思。簡文帝（320～372）之「不復答」，足見當時家族勢力的抬頭，與情之價值的真正提高。在這

確立。此外，北方胡族的大興儒學亦使東晉產生壓迫感。相關論述見劉偉航：《三國倫理研究》（成都：巴蜀書社，2002年9月），頁277～281。

〔註154〕在《通典》中引用了魏晉時人對於禮、情的看法，徐邈云：「禮緣情耳。」（卷一百一「朋友相為服議」引徐說）；徐廣云：「緣情立禮。」（卷一百二「改葬前母及出母服議」條）；張憑云：「禮者，人情而已。」（卷一百三「久喪不葬服議」條）。在《顏氏家訓》卷二〈風操篇〉中亦云：「禮緣人情，恩由義斷。」

〔註155〕余英時以為魏晉所謂「名教」是泛指整個人倫秩序而言，尤以君臣與父子兩倫為全部秩序的基礎。後由於門第勢力的擴大，父子之倫（家族秩序）在理論上超乎君臣之倫（政治秩序）之上。詳見氏著：《士與中國文化》，頁358～359。關於尊君思想的式微，請參考同書，頁359～362。

〔註156〕唐長孺以為從漢代到三國，對於「君親相校，自古如斯」的說法與盡忠或盡孝的看法是因人而異，甚至是容許有選擇的空間的。詳見氏著：〈魏晉南北朝的君父先後論〉，《魏晉南北朝史論拾遺》（出版地不詳，1982年），頁238～243。

〔註157〕晉代門閥制度的形成與確立，使得依賴孝以維繫家族門風的士族們更加確立孝道的重要性，孝道的實踐，具有經濟上與政治上的作用，是以孝先於忠的觀點已然形成。而唐長孺先生以為司馬氏雖是儒學大族，但是奪取政權的行徑卻使他們無法提倡「忠」，轉而以提倡「孝」來維護本身的利益，並掩護自身在儒家倫常上的缺失。參見氏著：《魏晉南北朝史論拾遺》，頁243～244。

種尚情的意識與時空的變動之下，緣情制禮是一定的趨勢。

東晉時對於禮的變革頻仍，摯虞（？～約311）即多次上疏，表明宜新定喪服禮，對於喪服中的各種禮制亦有所討論，如弟子為師服之禮，在服與不服之間，士人多所討論。此外，「嫂叔服」亦為一例，以往有無嫂叔服之例是一個爭議，但在魏晉累世同居的風氣中，嫂叔之間的關係更為密切，既有同居一門之實情，但卻無相對應的禮法，是以當時曹羲（？～249）在〈申蔣濟叔嫂服議〉中，即以「嫂叔，共在一門之內，同統先人之祀，有相奉養之義，而無服紀之制，豈不詭哉！」，〔註158〕來說明應緣情以制禮。此外由於時代喪亂，常有「二親為戎狄所破，存亡未可知」的情形，當時士人基於「不廢婚宦」的原則，以服喪不應喪期無數，而應以三年為限，「三年之外，便宜婚宦，胤嗣不可絕，王政不可廢故也」。〔註159〕此禮法之制，緣於門第制度的維持之情，而予以相應之禮，亦是情禮互相協調之一例。〔註160〕

魏晉時期重視個人情感與自我覺醒；另一方面，傳統門閥士族的維繫又需禮法綱常來維護，門第更需要傳統的禮教規範，來培養出子弟的孝友德行，是以當時對於《孝經》的重視，正是源於維持門第家風的要求。個體自覺與禮教規範看似衝突，實際上互為依歸，余英時即以為：「士的個體自由是以家族本位的群體綱紀為其最基本的保障的」、「個別的士並不能離開家族基礎而有其獨立的社會意義」，〔註161〕士人的個體自覺需於家族的基礎上實現，個體之情的抒發與家族之禮的維繫兼俱，使情、禮平衡與兼重，為士人首要之課題。士人重新考慮情的因素以改造禮，緣情以制禮。對禮的重視，使得玄學家於談玄之餘，也深通禮制；禮學家亦通三玄，士人禮玄兼修，禮不但為清談之「玄門」，〔註162〕清談時更有相應之禮以配合之。〔註163〕

〔註158〕嚴可均校輯：《全上古三代秦漢三國六朝文》，冊2，《全三國文》，卷20，〈曹羲〉，頁1163。

〔註159〕楊家駱編：《新校本晉書》，冊1，卷20，〈志第十‧禮中〉，頁642。

〔註160〕關於「嫂叔服」與「父母乖離知死亡及不死亡服議」的論述，參見余英時：《士與中國文化》一書中〈緣情制禮〉一章，頁377～380。

〔註161〕余英時：《士與中國文化》，頁385。

〔註162〕「劉尹與桓宣武共聽講禮記。桓云：『時有入心處，便覺咫尺玄門。』劉曰：『此未關至極，自是金華殿之語。』」余嘉錫：《世說新語箋疏》，〈言語64〉，頁123。

〔註163〕余英時以為清談本身已發展出一套禮節規範而成為名士的一種約束，例如張譏少了麈尾便不願清談，是以麈尾成為清談所需的「禮」。東晉以後士大夫所共有的一些「情」皆有各種形式的「禮」與之相應，為一長期的「以禮化情」

　　禮爲身體與社會之交接；情爲人性自然之體現，禮情如何達到平衡，實爲困難，前代以重禮而抑情，但魏晉以其重情與人性之覺醒，對於情之寬容，往往凌越禮之上，而有「以情壞法」的出現，在《晉書・刑法志》中提到：

　　　　至惠帝之世，政出羣下，每有疑獄，各立私情，刑法不定，獄訟繁滋。

劉頌（？～300）亦以爲「近世以來，法漸多門，令甚不一」，〔註164〕當時雖世亂而無律，但各以私情而裁量禮法，亦爲當時盛行之現象。這種因情立法的情形，逮於江左而仍「人立異議，高下無狀」，熊遠即於〈奏請議獄皆準律令〉中云：「自軍興以來，法度陵替，至於處事不用律令。競作屬命，人立異議，曲適物情，虧傷大例。……若每隨物情，輒改法制，此爲以情壞法。法之不一，是謂多門，開人事之路，廣私請之端，非先王立法之本意也。」，可見當時在禮情的考量上，因多以情爲量度之重點，以致於有臣子的上疏請求「平刑」〔註165〕之說。對此，熊遠以爲「不得任情以破成法」，「不得直以情言，無所依準，以虧舊典也」，〔註166〕在任情而害法之下，士人亦以情的過分重視而傷害社會秩序。

　　情禮之關係，於劉頌之言中表達貼切，其以爲「無情則法徒克，有情則撓法」，〔註167〕情與禮法之間，需求一平衡與兼重。張湛即以爲禮樂不可廢，應用其用而去其失：

　　　　唯棄禮樂之失，不棄禮樂之用，禮樂故不可棄，故曰：未知所以革
　　　　之之方。〔註168〕

而所謂緣情以制禮，即是禮與身之結合，以往士人服膺禮法時，身體的自然情性受到某一程度的壓抑，使禮與身不能密切結合。此時，在情與禮之間的爭論與改易，說明了士人重視情的因素，而重新將情作爲制定禮法的考量，

之發展過程。詳見氏著：《士與中國文化》，頁384～385。

〔註164〕以上引文見楊家駱編：《新校本晉書》，冊2，卷30，〈志第二十・刑法〉，頁935。

〔註165〕郭璞提出「平刑」之說，即「刑無輕重，用之唯平」，倡言法律不能因爲量情而隨之改易。

〔註166〕楊家駱編：《新校本晉書》，冊2，卷30，〈志第二十・刑法〉，頁938～939。

〔註167〕楊家駱編：《新校本晉書》，冊2，卷30，〈志第二十・刑法〉中載劉頌上疏文，頁937。

〔註168〕楊伯峻撰：《列子集釋》（北京：中華書局，1997年10月5刷），卷4，〈仲尼篇〉，「吾始知《詩》《書》、禮樂無救於治亂，……此樂天知命者之所憂。」句張湛注，頁116。

亦使身與禮更加接近，禮身能夠合一。

　　蔡謨（281～356）即以爲身需依禮而行，身與禮是一體之顯現，在《世說新語·方正 40》中記載：

　　　　王丞相作女伎，施設床席。蔡公先在坐，不說而去，王亦不留。

蔡謨以王丞相作女伎，不甚愉悅地拂袖而去，表明了其維護禮教的心態甚堅。在《晉書》中亦提及蔡謨於褚太后臨朝時，商議褚裒的進見時應行的禮儀：

　　　　褚太后臨朝時，議褚裒進見之典，蔡謨、王彪之並以：「虞舜、漢高
　　　　祖猶執子道，況后乎！王者父無拜禮。」尚書八座議以爲：「純子則
　　　　王道缺，純臣則孝道虧。謂公庭如臣，私覲則嚴父爲允。」〔註169〕

女兒臨朝聽政，父爲臣，父當執君臣之禮還是父子之禮，爲一難題。對於進見之禮的討論，後以「太常殷融議依鄭玄義，衛將軍裒在宮庭則盡臣敬，太后歸寧之日自如家人之禮。」〔註170〕作爲解決之道，顯示出當時對於禮的靈活運用與緣情以制禮的人性化觀點。

　　蔡謨對於禮制十分講究，遇有不合禮制之處，立即糾正並提出古禮之依據。不但言此禮爲何要行，且說明以往行禮之意涵，其所提倡的禮制並非純以古禮之形式爲重，而是重視禮的實際內涵與情之融合。在《晉書》中記載其言論：

　　　　咸康四年，成帝臨軒，遣使拜太傅、太尉、司空。儀注，太樂宿縣
　　　　於殿庭。門下奏，非祭祀宴饗，則無設樂之制。太常蔡謨議曰：「凡
　　　　敬其事則備其禮，禮備則制有樂。樂者，所以敬事而明義，非爲耳
　　　　目之娛，故冠亦用之，不惟宴饗。宴饗之有樂，亦所以敬賓也。故
　　　　郤至使楚，楚子饗之，郤至辭曰：『不忘先君之好，貺之以大禮，重
　　　　之以備樂。』尋斯辭也，則宴樂之意可知矣。……古者，天王饗下
　　　　國之使，及命將帥，遣使臣，皆有樂。故詩序曰：『皇皇者華，君遣
　　　　使臣也。』又曰：『采薇以遣之，出車以勞還，杕杜以勤歸。』皆作
　　　　樂而歌之。……」〔註171〕

說明樂並非純爲耳目之娛而設，而是爲了「敬事而明義」，故於冠禮或是宴饗中均有樂之存在，但宴饗中的樂爲敬賓之用而非娛耳目視聽之樂。其以樂的

〔註169〕楊家駱：《新校本晉書并附編六種》，冊1，卷21，〈志第十一·禮下〉，頁658
　　　　～659。
〔註170〕楊家駱：《新校本晉書并附編六種》，冊2，卷32，〈康獻褚皇后〉，頁658～
　　　　659。
〔註171〕楊家駱，《新校本晉書并附編六種》，冊1，卷21，〈志第十一·禮下〉，頁660。

實際內涵之說明，使行禮之人明白所行禮儀之用與爲何而行，不盲目重視外在儀文。禮爲人所制作而規範人身，正如張湛所言，所有治世之道皆爲工具，而非永久之制：

> 詩書禮樂，治世之具；聖人因而用之，以救一時之弊；用失其道，則無益於理也。〔註172〕

> 治世之術實須仁義。世既治矣，則所用之術宜廢。若會盡事終，執而不舍，則情之者寡而利之者眾。衰薄之始，誠由於此。以一國而觀天下，當今而觀來世，致弊豈異？唯圓通無閡者，能惟變所適，不滯一方。〔註173〕

禮樂儀文皆以救一時之弊，規範當世之行，世治則重典宜廢，若是執著而不捨，則會使禮教僵化而無益於世，是以對於禮，張湛以爲要「惟變所適」，而不滯於一方，通變而用之，則可得情禮之並。

士人理想中的緣情而通變之禮，是禮與身體、情感合而爲一，與人的內在情性相互呼應，爲一種自然而合於人情之禮。此正呼應禮樂爲自然之體現之觀點，禮既出於自然，應與自然化成之人體有著相應之共感，而非制約之關係，郭象即以爲：

> 知夫至樂者，非音聲之謂也；必先順乎天，應乎人，得於心而適於性，然後發之以聲，奏之以曲耳。故咸池之樂，必待黃帝之化而後成焉。〔註174〕

樂聲需順乎天而應乎人，與自然相應合，此外，亦與人體相應，「得於心而適於性」，此得心適性之道，即爲緣情以制之道，緣情性而制作之樂，不僅與人之氣息相感而相應，更能調息人的內在情性而使之和。張湛亦以爲「禮度在身，考驗由人。愛惡從之，物不負己。」〔註175〕、「修，治也。言治汝所用仁義之術，反於自然之道，然後可載此言於身上也。」。〔註176〕

〔註172〕楊伯峻撰：《列子集釋》，卷4，〈仲尼篇〉，「將以治天下，遺來世」句張湛注，頁115。

〔註173〕楊伯峻撰：《列子集釋》，卷4，〈仲尼篇〉，「此道不行一國與當年，其如天下與來世矣？」句張湛注，頁115。

〔註174〕郭慶藩輯、王孝魚整理：《莊子集釋》，冊上，卷5下，〈天運第十四〉，「吾奏之以人，徵之以天，行之以禮義，建之以大清。」句郭象注，頁503。

〔註175〕楊伯峻撰：《列子集釋》，卷8，〈說符篇〉，「我必惡之」句張湛注，頁240。

〔註176〕楊伯峻撰：《列子集釋》，卷2，〈黃帝篇〉，「脩汝所以，而後載言其上」句張湛注，頁67。

　　所謂的「禮度在身」、「愛惡從之」，即禮以緣情之意，治身所用的仁義之術，需從身體為出發點，由人自然情感之愛惡立制，如此則可使其制用於身而不悖反。禮與體，為一體之二面，唯有禮情合一，身體與社會才能處於最大的和諧。

小　結

　　身體作為與社會交接之橋樑，可以是順從社會；亦可以反叛社會，可以積極地以身體作為進仕之途，與社會交接；亦可以消極地運用身體以作為反抗社會的工具。身體的工具性，在與社會的互動中顯現，身體一方面可以作為社會的縮影；另一方面，卻又是顛覆社會的利器。

　　身體順從於禮教規範，表現了對於文化的向心力與服從；不順從禮法，顯示了抗拒、挑戰權威的意義。身體的服從與抗拒與否，表現了對所處社會之價值觀的態度。

　　禮作為身體與社會的交接之途徑，可以是對身體的壓抑與束縛；亦可以是身體據以表現之路徑。嵇、阮的越名教以任自然，用身體的反叛提醒世人當代禮儀的僵化與儀義之分離，其以身體為工具，反思禮的真諦。魏晉士人由對禮的濫用到反思禮之真義，其對禮的態度之轉變，反映出其對身體之重視。

　　禮之制作緣於自然之情，作為人與社會交接的途徑，如何兼顧自然情性與人文化制，成為制禮的思考重點。魏晉士人以禮樂為自然之體現，闡釋禮之內涵，以禮、樂為人置身文化涵養中的內外之陶冶。禮的異化對士人來說，是割裂身心與違背自然的。士人因而重新以人的身體為出發點，去思考禮的儀義之結合。緣情以制禮的思想之重現，使魏晉士人在禮與情之間，尋得一個兩得其中的平衡點。

　　我們由魏晉時期對於禮的反思，與士人對於禮的緣情以制，發現士人於僵化禮制中注入的一股新力量，此力量源於士人對身體與情感之重視。而我們亦從魏晉士人對於禮制的思考上，看到了身體與社會並非單向的制約關係，人的身體處於社會之中，受社會禮制之規範；亦於社會規範中反思，而重新對社會規範予以改造，身體與社會為一雙向交流的管道。正如禮應緣情以制一般，出自於情之禮，最終應回歸於情。

第五章　反社會的變型之體

　　個體依禮之規範而與社會達成交接，完成身體的社會化；反之，身體的反禮與狂放，顯現出與社會的疏離，而自外於社會。疏離的社交身體若為一個例時，對社會之影響不大；但若身體的反社會行為成為一種社會現象，則會使社會之大體為之改易。

　　在禮與身體的互動關係上，我們由士人的緣情以制禮，理解當世的身體與社會為一交流互通之關係。魏晉士人在緣身體之情以制新禮的同時，亦以其狂放之變體改造了社會，以其個體之「變」而成其社會之「常」。

　　此章由身體的「位置」，談身體與社會的關係，及小體對大體的反饋作用。個人之小體依靠禮教規範以融入社會，並於與社會的交接中尋找自身的位置，在禮教被破壞之後，個人之小體，應處於何位置，而其所處之位置，又顯示了何種意義？

　　此章先以性別身體為探討重點，魏晉的性別身體之展現，表現在男女兩性在性別角色建構上的模糊。於當時的文獻記載中，可以看出兩性角色之建構，異於傳統男主陽，女主陰；男主外，女主內之形式，而有男性陰柔化與女性主外、悍妒之風的型態出現。兩性身體的親近，代表了禮教在某一程度上的式微，士人於禮教規範中的兩性位置上脫序了，其位置的錯位與脫離，一方面造成了兩性關係的改變；另一方面，也對社會進行重構，表現了小體對大體的反饋與改造。

　　其次述及反社會化的身體，探討魏晉名士在醜怪的狂放之體，與去社會化的隱士身體中，所顯現的身體之位置的變化，士人透過身體的去位置化，而有著反社會或入世之差別。

第一節　異於常統的性別身體——性別位置的錯置

性別包含了二種意涵，一是「生理性別」（sex）；一是「社會性別」（gender），二者的關係緊密而不可分。「生理性別」爲「生物性、器官性的男女分野」；「社會性別」爲「社會文化的分工，是由歷史性、文化性、集體性因素所組構成的社會預期、社會規範」。〔註1〕男女兩性除了體態與生理上的差異性之外，在個性與特質上也有所不同，這種特質往往由社會建構而成。〔註2〕在《神秘的舞蹈——人類性行爲的演化》一書中指出：

> 正如人類學家安·波琳（Anne Bolin）所指出，在許多文化中，性別并非純粹是依據生殖器來「歸類」的，而是在社會上「努力完成」的。……不同的文化卻賦予相同的生物學現象以不同的意義。正如波琳所說的，「性別其實是五花八門的」。〔註3〕

巴特勒（Judith Butler, 1956～）亦以爲兩性身體的定位與認同與文化息息相關，禮教規範了個人表達身體欲望之方式與性別的認同，將一致性強加於人的身體欲望之上，使人被二分爲男性和女性。被規範了的欲望表現，本質上爲一種性別扮演，與生理構造無關。〔註4〕

在男性主宰的社會中，男性的身體往往被賦予陽剛堅毅與理性之特質；女性身體則具有柔弱順從，與較爲情緒化之特性。〔註5〕男女身體的社會建

〔註1〕 詳見梅家玲：〈六朝志怪人鬼姻緣故事中的兩性關係——以「性別」問題爲中心的考察〉，載於成功大學中文系編輯：《魏晉南北朝文學與思想學術研討會論文集·三》（臺北：文津，1997年9月），頁57。

〔註2〕 哈定（Jennifer Harding）以爲性（sex）與性別（gender）的區分，在某種程度上被賦予合法性，在此區分下，性別是一種文化建構，可以在文化內被不斷再建構。見氏著、林秀麗譯：《性與身體的解構》（*Sex acts : practices femininity and masculinity*）（臺北：韋伯文化，2000年5月），頁83。

〔註3〕 （美）琳·馬古利斯、多雷昂·薩甘（Lynn Margulis & Dorion Sagan）著、潘勛譯：《神秘的舞蹈——人類性行爲的演化》（*Mystery Dance : On the Evolution of Human Sexuality*），北京：中國社會科學出版社，1999年10月，頁82～83。

〔註4〕 參考自曾珍珍：〈粲粲三珠樹：論六朝詩賦文本兩性化的表現〉，載於東海大學中文系審訂、鍾慧玲主編：《女性主義與中國文學》（臺北：里仁，1997年4月），頁341～342。

〔註5〕 《創世紀》的神話中，女人作爲男人的背叛者而被創造出來的，女性性徵尤其與道德和宗教等誘惑的陰暗面聯繫在一起。在這種基督教傳統中，男人逐漸與精神和理性相聯；而女人則與有爭議的事物和激情相聯繫。」詳見（英）布萊恩·特納（Bryan S. Turner）著，馬海良、趙國新譯：《身體與社會》（*The Body and Society*）（瀋陽：春風文藝出版社，2000年3月），第二版導言，頁

構，顯示出男性身體絕對優勢的處境；相反的，女性處於生理與文化中都明顯低劣的位置，與瘋狂、非理性、情緒化等負面字眼相關聯，在亞里士多德（Aristotel，384～322 B.C.）與加倫（Galen,129～216）留下來的道德與醫學遺產中，女性以其瘋狂、非法性與畸變之特質，被視為可怕的動物與劣等之創造物。〔註6〕

　　這種社會建構下的性別觀點，有時甚至會影響到人們對於自然身體，即生理身體的看法。男女自然身體原本有著差異，〔註7〕但受到社會對性別身體以強勢的文化觀點去建構的影響，男女先天體型與結構上的不同往往被賦予文化內涵。〔註8〕

　　男性與女性的身體被賦予不同的特質及功用，社會依據分工的原則區分男女身體為二個不同的屬性。男性身體以其代表強壯、理性、自律、規範及有效率，而被歸入「公領域」，為充滿「文化」的理性身體；女性則以其易受情緒控制，感性、無效率而被歸於「私領域」，充滿著自然的，如性、生殖力、原始情感關係之身體功能。〔註9〕

17。

〔註 6〕　詳見（英）布萊恩・特納（Bryan S.Turner）著，馬海良、趙國新譯：《身體與社會》第二版導言，頁 20。

〔註 7〕　在中國的醫書中，兩性的自然身體從出生之初即有著明顯的不同，《黃帝內經素問》中云：「女子七歲，腎氣盛，齒更髮長。二七而天癸至，任脈通，太沖脈盛，月事以時下，故有子。……太夫八歲腎氣實，髮長齒更。二八腎氣盛，天癸至，精氣溢瀉，陰陽和，故能有子。……」男性以八為基數的成長週期，區別於女性以七為基數之週期。引文見崔為譯注：《黃帝內經・素問譯注》（哈爾濱：黑龍江人民出版社，2003 年 1 月），卷 1，〈上古天眞論篇第一〉，頁 3。

〔註 8〕　希臘人以為體熱主宰了人類的生成，女性的胎兒因懷孕初期於子宮中沒有良好地加溫而較像液體，冷而黏濕且較不具形體。詳見理查・桑內特（Richard Sennett）著、黃煜文譯：《肉體與石頭：西方文明中的人類身體與城市》（Flesh and Stone：The Body and the City in Western Civilization）（臺北：麥田出版，2003 年 4 月），頁 52。此外，在希波克拉底的胚胎學中，以男性較乾燥火熱；而女性是潮濕寒冷：其陰冷潮濕的體質與不良的關節又象徵了軟弱而又怯懦的個性。詳見栗山茂久著、陳信宏譯：《身體的語言——從中西文化看身體之謎》（The expressiveness of the body and the divergence of Greek and Chinese medicine）（臺北：究竟出版社，2001 年），頁 153。

〔註 9〕　詳見哈定（Jennifer Harding）著、林秀麗譯：《性與身體的解構》，頁 37。其又以為在一連串的二元對立中，心靈／身體、文化／自然、客觀性／主體性、理性／情緒、人類／動物，男性連結於心靈／文化／客觀性／人類，而被視作唯一正確的知識主體（Harding,S.,1986; Seidler, 1994）。其有能力獨立於他們身體的歷史和文化的偶然性之外而思考與行動，其身體在此被有效地去實

男女兩性的身體，不只是在先天體態與功能上的差異，事實上我們在提及男性與女性的身體時，不可避免地已先行置入文化與思想上對兩性的制式劃分，兩性的身體含具文化意涵，而不純粹為生理上的劃分。兩性的身體，亦因其文化性而有各自所屬的領域與位置，在禮教嚴明的時代中，嚴守性別身體的正確位置，為一服膺社會且規範良好的身體。

男女兩性於社會身體上的建構，不僅於公私領域中有所劃分，於階級的次序上亦有嚴格的上下之別，不容逾越。在中國的人倫秩序中，將男女的差異比擬自然秩序，而為一種天尊地卑、男尊女卑的觀念，在《周易・序卦傳》中云：

> 有天地，然後有萬物；有萬物，然後有男女；有男女，然後有夫婦；
> 有夫婦，然後有父子；有父子，然後有君臣；有君臣，然後有上下；
> 有上下，然後禮義有所錯。〔註10〕

> 天尊地卑，乾坤定矣。卑高以陳，貴賤位矣。動靜有常，剛柔斷矣。
> 方以類聚，物以群分，吉凶生矣。……乾道成男，坤道成女。乾知
> 大始，坤作成物。〔註11〕

天尊而地卑，以天地比附人身的思想，使得男女之社會地位有著上下之區分，為一不容變更之秩序，「至此，男女性別由原本的自然符號，提升為道德秩序、權力關係最直觀、有力的政治符號。」〔註12〕在社會的規範下，男女的身體有著既定的位置，在活動範圍中有著公私的領域之位置；而於社會地位中，有著尊卑的上下之位置。位置的錯置，不僅代表著個人之小體的失常；亦反映出社會之大體的失序。

一、男性身體

兩性特質以社會建構而具有明顯而截然不同之特性。事實上，兩性的特質並非絕對的區分，弗洛姆（Erich Fromm, 1900～1980）以為每個人身上都混

體化了。同書，頁 108。

〔註10〕王弼著、樓宇烈校釋：《老子周易王弼注校釋・周易注》（臺北：華正書局，1981 年 9 月），附〈序卦傳〉，頁 583。

〔註11〕王弼著、樓宇烈校釋：《老子周易王弼注校釋・周易注》，附〈繫辭上〉，頁 535～536。

〔註12〕劉苑如：《身體・性別・階級——六朝志怪的常異論述與小說美學》（臺北：中研院文哲所，2002 年），頁 43。

合著兩類特徵，基於這一性格結構，也許人類在深層心理中根本上普遍潛伏著或強或弱的易性衝動。巴特勒（Judith Butler, 1956～）亦以「社會性別表演理論」主張性傾向是一種不斷改變的表演，無需以性感官為生理基礎，每個人都是易性者。〔註 13〕人們於道德禮教的規範中，在社會往往努力扮演己身的性別角色，壓抑與忽視不同性別的身體特質。〔註 14〕

　　社會建構中的男性具有剛強之形象，以象徵力量之肌肉為其重要象徵。希臘人即以為個性強烈的人，雙腿關節良好且肌腱發達，其強健之腳踝代表了勇敢的心靈。〔註 15〕男性與女性的區別，於體表肌肉的有無中被明顯地區隔出來。女性因先天體質上並無明顯的肌肉，而被認為是虛弱、沒有特性，且膽小不成熟的。此外，受歧視的外族人，亦被認為不具強健肌肉之特徵。在兩性甚至種族的區別上，肌肉成為分辨男性，尤其是具理性而受尊重的高等男性之身體的辨別方法。〔註 16〕

　　西方以肌肉的具有力量區別兩性特徵；在中國的傳統中，雖不強調肌肉，但男性仍以其力量區別於女性，男性較女性強健而有力量，其力量可以是體力上的，或是權力與經濟上的，以其支配柔弱之女性。

（一）膚柔骨脆——男體女性化〔註 17〕

　　西方以男體的柔弱為野蠻與不光榮；但魏晉時期的男性，卻以女性化為風尚，男性傅粉薰香，行動女性化，甚至顧影自憐，絲毫不以男子氣慨的喪

〔註 13〕　參考自李玲：〈易性想像與男性立場——茅盾前期小說中的性別意識分析〉，中國文化研究（2002 年夏之卷），頁 147～148。

〔註 14〕　弗洛伊德（Freud Sigmund,1856～1939）認為人類基本上是雙性的。琳・馬古利斯與多雷昂・薩甘（Lynn Margulis & Dorion Sagan）亦認為所有的人都是雌雄同體，身體中的細胞除了精子與卵子之外，都是雙性的。詳見氏著、潘勛譯：《神秘的舞蹈——人類性行為的演化》（*Mystery Dance：On the Evolution of Human Sexuality*），（北京：中國社會科學出版社，1999 年 10 月），頁 263～264。

〔註 15〕　肌肉與良好的關節代表了強壯而有力量的人，通常指有生氣的、成熟的、獨特的、勇敢強壯的、歐洲人、男人，區別於虛弱瀕死的、不成熟的、不具個人特色的、膽小的、亞洲人、女人。詳見栗山茂久著、陳信宏譯：《身體的語言——從中西文化看身體之謎》，頁 154。

〔註 16〕　希臘人將不同種族的錫西厄人視為「女體化」，以將外族男性去勢化作為對他們的污辱。詳見栗山茂久著、陳信宏譯：《身體的語言——從中西文化看身體之謎》，頁 153。

〔註 17〕　此所指的男體女性化，並非是一種雌雄同體（Androgyny）的雙性人，而是男性具有女性化傾向，有著女性氣質（Effeminacy），或偏愛女性裝扮，以區別於傳統男性社會所建構的男性形象。

失爲意。這固然與東、西方對於男性肌肉的重視程度有關，但當時社會風尙的影響，亦使得此時期的男體女性化較爲普遍與流行。男體的女性化，打破了兩性於性別身體上的既定建構，亦於某一程度上，顯現出禮教的式微與士人對身體欲望之重視。

　　男體的女性化，最明顯地表現在男性的女性裝扮上。當時男子盛行傅粉薰香，何晏即「性自喜，動靜粉白不去手，行步顧影。」〔註18〕與魏明帝會面時，更因其面白而使明帝疑其傅粉：

> 何平叔美姿儀，面至白；魏明帝疑其傅粉。正夏月，與熱湯餅。既
> 噉，大汗出，以朱衣自拭，色轉皎然。〔註19〕

當時貴族男性的傅粉爲普遍的行爲，爲一種社會風尙。〔註20〕在《晉書·五行志》中提到：

> 尚書何晏好服婦人之服，傅玄曰：「此妖服也。夫衣裳之制，所以定
> 上下殊內外也。《大雅》云：『玄袞赤舄，鉤膺鏤鍚』，歌其文也。《小
> 雅》云：『有嚴有翼，共武之服』，詠其武也。若內外不殊，王制失
> 敘，服妖既作，身隨之亡。……」〔註21〕

傅玄以「服妖」看待這種男性好服婦人之服的風尙，其以爲衣裳之制，爲定上下、殊內外的社會禮教規範，一旦打破兩性於禮制上的區別，則會使「身隨之亡」。身體與外在服制上的關係密切，衣不僅以表儀，更以表體。社會之大體對個人小體有約制作用；個人之小體對社會大體亦有反向的回饋作用，其身之亡，可以是大體之禮教的傾衰；亦可以是個人之小體處於社會中的無法定位。小體的服飾與性別觀念之「正確」與否，〔註22〕關乎社會大體與個人身體的位置之正。

　　此時上至帝王，下至士人，均有女性裝扮的愛好者，魏明帝即因爲「好婦

〔註18〕陳壽撰、裴松之注：《三國志》（北京：中華書局，2005年2月18刷），冊1，卷9，〈魏書·諸夏侯曹傳第九·曹爽傳〉注引《魏略》，頁292。

〔註19〕余嘉錫：《世說新語箋疏》，〈容止2〉，頁608。

〔註20〕此風延及南朝，男性薰衣剃面更爲流行。在《顏氏家訓·勉學》中記載：「梁朝全盛之時，貴游子弟，……無不薰衣剃面，傅粉施朱，……著高齒屐。……」見王利器：《顏氏家訓集解（增補本）》（北京：中華書局，2002年8月3刷），卷第三，〈勉學第八〉，頁148。男性將象徵男性的臉部鬍鬚剃去，擦粉施朱。北齊時，文宣帝甚至塗抹粉黛，穿著麗錦綺麗之服微行於市里之中。

〔註21〕楊家駱：《新校本晉書》，冊2，卷27，〈志第十七·五行志上〉，頁822～823。

〔註22〕此處之「正確」，指是否合乎當代的禮教之規範。

人之飾」，改變了由後漢以來沿用的天子冠冕，以珊瑚珠代替眞白玉珠。〔註23〕
這種男性的異裝行爲，是對傳統性別二分的一元觀念之質疑，〔註24〕異裝行爲
的出現及流行，亦使個人的身體得以跳離傳統的性別位置，得到更多自由。

　　再則是薰香，漢朝末年，胡香傳入中國，男子薰香之風，日漸普及。魏
晉士人薰香風氣之盛，曹操爲相時，還曾頒禁香之令，〔註25〕但成效不大。
曹丕對薰香亦爲熱中，曾因其香氣濃郁而驚嚇到馬，致使馬驚嚙其膝。〔註26〕
在《世說新語》中亦記載著：

> 謝遏年少時，好著紫羅香囊，垂覆手。太傅患之，而不欲傷其意，
> 乃譎與賭，得即燒之。（〈假譎14〉）

> 石崇廁，常有十餘婢侍列，皆麗服藻飾。置甲煎粉、沈香汁之屬，
> 無不畢備。又與新衣著令出，客多羞不能如廁。……（〈汰侈2〉）

謝遏好配紫羅香囊，石崇於廁內置甲煎粉、沈香汁以薰香，此外，韓壽亦因
與賈充女通而身著奇香之氣，士人好薰香，成爲風氣。

　　當時男子之美，藉由面白膚嫩、香氣盈人等女性化特質而表現，區別於
傳統男性的粗獷特質。魏晉男性以其女性傾向的身體，顛覆了傳統思想中對
男性的制式化刻版印像。魏晉男性的身體，除卻一元思想下的制式二分法，
不只可具陽剛特質，亦可以具女性之柔美特質，呈現爲一種兼有兩性特徵於
一體的特殊之性別身體。此時的男性身體，已非傳統觀念中以陽性爲剛；陰
性爲柔的制式化身體，可以陰柔、美麗；也可以陽剛、勇武，帶有一種不確
定的，飄忽不定的性傾向，使士人能擺脫傳統賦予兩性的制式身體規範，而
更爲自由。在《三國志》中記載著曹植與邯鄲淳相會之情形：

> 植初得淳甚喜，延入坐，不先與談。時天暑熱，植因呼常從取水自
> 澡訖，傅粉。遂科頭拍袒，胡舞五椎鍛，跳丸擊劍，誦俳優小說數

〔註23〕楊家駱：《新校本晉書》，冊1，卷25，〈志第十五・輿服志〉，頁766。

〔註24〕李銀河以爲除了易性行爲之外，異裝行爲也是超性別潮流中的一個重要形態。
異裝行爲的一個重要意義在於其是對二分的既定概念之挑戰，亦是對男性和女
性這種分類法的質疑。詳見氏著：〈關於"酷兒"理論〉，載於汪民安編：《身
體的文化政治學》（開封：河南大學出版社，2004年7月二刷），頁107。

〔註25〕「魏武令曰：『昔天下初定，吾便禁家內不得香薰，……吾不好燒香，恨不遂
所禁，今復禁不得燒香，其以香藏衣著身亦不得。』」李昉等撰：《太平御覽》，
冊4，卷981，〈香部一・香〉引曹操語，頁4344。

〔註26〕「帝將乘馬，馬惡衣香，驚嚙文帝膝，帝大怒，即便殺之。」見陳壽撰、裴松
之注：《三國志》，冊3，卷29，〈魏書・方技傳第二十九・朱建平傳〉，頁810。

千言訖，謂淳曰：「邯鄲生何如邪？」於是乃更著衣幘，整儀容，與淳評說混元造化之端，品物區別之意，然後論羲皇以來賢聖名臣烈士優劣之差，次頌古今文章賦誄及當官政事宜所先後，又論用武行兵倚伏之勢。〔註27〕

傳統對於兩性的身體模塑，同時實現於曹植的身體之中。曹植於澡沐後「傅粉」，後以其傅粉之精心修飾過的身體，而「科頭拍袒」、「胡舞五椎鍛，跳丸擊劍」。我們可以想像一個滿臉蜜粉、香氣芬芳而柔美如女性之人，舞劍跳丸的畫面，與傳統中虎虎生風而肌肉強健的男性舞劍者，有著截然不同的身體印象之呈顯。曹植以一傅粉薰香之女性化身體，行男子的舞劍之事，可以說在身體的性別形象塑造上，脫離了原本應置的位置，而走向中間模糊的地帶。若我們只觀看後文，其舞劍、評議時事、論用武行兵倚伏之勢之行為，為當時男性之一般日常活動，符合男子的身體形象之規範，但以其「傅粉」，便使其身體走出傳統的男性模塑之體，而置於與傳統性別規範不同之位置。

魏晉士人以重視己身而開始傾聽身體的訴求，不再遵守傳統禮教思想中對於身體性屬的嚴格分際，而可較為自由地遊走其間。傅粉是為了面容上的姣好可人，而擊劍跳舞則為男性原本的活動，士人可以因愛美而傅粉；亦可以從事傳統的男性活動，男性與女性的身體形象，同時顯現於一個身體之中。

正因為跳脫傳統性別規範，使魏晉士人於身體的運用上更為靈活而自由，男性脫離「男兒有淚不輕彈」的刻板性別印象，可以流淚亦可以重情。王戎對其子之不捨令人動容，荀奉倩亦因對其妻的深刻感情而傷感以亡。傳統社會中的性別塑造，以女性為柔弱、感性而無理性的，只有女性才能為情傷感落淚。但魏晉重視身體的自然情性之抒發與欲望的舒展，男性亦重情而易於流露感情，其身體承載了女性的柔弱與情緒特質，顛覆傳統剛強而理性之身體印象。

傳統禮教對於兩性身體的壓抑十分沈重，無論男性或女性，其身體均處於嚴格的社會性別建構中。禮教對身體的規範與要求，是對自然身體的一大束縛，這樣的壓力，對要求自我解放與個體自覺的士人來說，無異是一項沈重的負擔，曾珍珍於〈粲粲三珠樹：論六朝詩賦文本兩性化的表現〉一文中指出：

魏晉名士誇張與顛倒性別的扮裝行為或係一種顛覆儒教身體政治的

〔註27〕見陳壽撰、裴松之注：《三國志》，冊3，卷21，〈魏書‧王衛二劉傅傳第二十一‧王粲傳〉注引《魏略》，頁603。

具體行動，期使人的情性和慾望能從禮教與自然的二元對立中獲得
解脫，進而探索開放、多元的表達。〔註28〕

男性身體於傳統的禮教規範中，承負著巨大的壓力與責任，當然傳統於女性
身體所施予的壓力也不小，但多為德性上的要求，女性於情感抒發與身體裝
扮上，相對地較為自由。在禮教嚴謹的時代，男性情感宣洩上之需求，往往
只能藉由某類的文體與文學形式，如緣情之詩以抒發。〔註29〕男性亦以其理
性形象之塑造而與欲望絕緣，故其於政治上的野心，與欲親君上的欲望，往
往只能假藉女性對於君王的愛慕之情以顯現，藉由受欲望與情緒控制的女體
形象，巧妙地藉著女聲表達其欲望。〔註30〕

男性的身體，在政治與情感上的壓抑是更為巨大的，士人們為求身體情
感上的解放，於某一方面向女性特質靠攏，從而避免過多對於身體自然情感
的壓抑。士人們於女性化的性別傾向上，找到情緒的出口與宣洩之管道，得
以較為自由地伸展身體與放縱情緒。〔註31〕

男體的女性化，一方面滿足男性追求新變之嗜美心態；亦兼顧身體於情
感宣洩上的必要。士人以一種取巧的方式，於性別的位置上選擇某一方式的
錯位，以使身體獲得更大的情性伸展空間，其以性別位置的倒置，獲得某些
自由；但於身體所處的社會位置上，又固守男性本然之地位，以維護男性應
有之利益。這種性別身體位置的錯置與社會身體位置上的固守，使士人一方

〔註28〕 曾珍珍：〈棻棻三珠樹：論六朝詩賦文本兩性化的表現〉，載於東海大學中文
系審訂、鍾慧玲主編：《女性主義與中國文學》，頁316。

〔註29〕 曾珍珍以為六朝詩論主張「詩緣情而綺靡」，以女聲入詩似為詩反身指涉
（self-reflexive）的文類特色，相對於代表問政公共空間的奏議：詩主以抒解
個人的情感，被劃歸為女性化的文體。自漢迄魏晉，直接以男聲表達慕情之
文寥寥無幾，此種失衡的現象為儒家文化的象徵語言（symbolic order）對情
欲表達的制約效果。男性代表理性；女性則為情欲的象徵，此為語言層次上
的兩性分工。詳見氏著：〈棻棻三珠樹：論六朝詩賦文本兩性化的表現〉，載
於東海大學中文系審訂、鍾慧玲主編：《女性主義與中國文學》，頁319。

〔註30〕 李玲以為封建君臣關係與男女關係有著同構性，封建等級制度下的男性作
家，有時需借助女性境遇向君王或上司傾訴衷腸。詳見氏著：〈易性想象與男
性立場——茅盾前期小說中的性別意識分析〉，《中國文化研究》（2002年，夏
之卷），頁147～148。

〔註31〕 曾珍珍以為「六朝詩人獨具雙性想像（androgynous imagination）」，以「雙性
兼美表達對任誕、自由的精神崇仰」。見氏著：〈棻棻三珠樹：論六朝詩賦文
本兩性化的表現〉，載於東海大學中文系審訂、鍾慧玲主編：《女性主義與中
國文學》，頁317。

面可使身體之情性有所抒發；一方面亦不錯失其已有的社會身體之位置，可以兼顧自然情性與社會地位，而爲一兩全其美之法。

身體性別位置的錯置，一方面使身體脫離日常的綱常規範，有著更爲自由的發展自然情性之空間；另一方面，這種對禮教的反叛與對情性的寬容，不僅顯現出魏晉對自然身體的重視，亦顯現出士人的身體對既定社會規範之反叛與反饋，塑造出另一種社會的性別規範。

（二）性別變亂〔註32〕

傳統對於兩性的關係，以異性結合的異性戀文化爲主，在社會建構的異性戀文化中，個人的生理性別與社會性別相符合，對社會的價值觀建立與兩性性別的認知有很大的助益，可起穩定社會秩序之功用。在李銀河〈關於"酷兒"理論〉一文中提到：

> 在傳統的性和性別觀念中，異性戀機制的最強有力的基礎在於生理性別、社會性別和性欲這三者之間的關係，一個人的生理性別就決定了他的社會性別特徵和異性戀的欲望。……異性戀霸權仍舊認爲，性欲的表達是由社會性別身份決定的，而社會性別身份又是由生理性別決定的。〔註33〕

個人於出生後，其生理性別決定其社會性別關係與情欲投射之對象，此爲一簡單而可套用於大眾之模式，依照個人的生理性別決定其社會性別，爲建立社會性別秩序之快速而易行之法。若大眾能依此而行，則能不生悖亂，而達成一理性之秩序。

禮教社會之秩序的建立，首先即要求對身體欲望，如飲食與性欲的適當節制。性欲的節制，一方面包括節制欲望；此外，則是確保男女兩性的異性夫婦關係之存續。混亂的同性關係，不但破壞禮教制度，亦會對陰陽合和之

〔註32〕 所謂的性別變亂，指的是在常態的異性戀文化中，與異性戀主流文化或是正統社會的性別規範不符合的性傾向。「常態」指的是「異性戀制度和異性戀霸權，也包括那種僅僅把婚內的性關係和以生殖爲目的的性行爲當做正常的、符合規範的性關係和性行爲的觀點。」，性別變亂可能包括了與異性戀行爲相背反的同性戀行爲，或是雙性戀行爲，抑或是超性別（transgender）行爲。「超性別」行爲包括「異裝和易性，還包括既不異裝也不易性但是喜歡像另一個性別的人那樣生活的人。」參考自李銀河：〈關於"酷兒"理論〉，載於汪民安編：《身體的文化政治學》，頁 103、107。
〔註33〕 李銀河：〈關於"酷兒"理論〉，載於汪民安編：《身體的文化政治學》，頁 104。

關係有所擾亂。是以禮教制度中，首先確定的即是男女之別，由陰陽二分的自然規律中，衍生出各種規則，包括社會的秩序與政治上的尊卑之分。男女之別，成為所有社會與政治秩序的基礎，故陰陽的變亂影響茲大。

在中國以傳續宗族為重的文化中，異性戀文化更形重要，男女異性戀關係不但影響家族的傳續及家族中之秩序；更關乎宇宙間的平衡，與國家社會秩序。中國之身體觀往往以天喻人，人身與自然之間有著流通而符應之關係，是以陰陽失序的個人身體，不但會危及國家之秩序，使國家失去平衡，更使自然之氣隨之變亂。

個體與天地之體間，以氣互相流通感應，陰陽二氣的推移，不僅影響了天候與四時節氣的變化，更為萬物化生之基礎。在人的生成論上，陰陽氣化而成人，陽氣成男；陰氣成女。兩性之陰陽二氣的平衡，與天地之氣互通而影響及於宇宙間的氣之協調。是以兩性的性別變亂可以是整體宇宙失常的一種預兆，在劉苑如的《身體‧性別‧階級——六朝志怪的常異論述與小說美學》一書中指出：

> 凡變性者、雌雄同體及無性繁殖等性別變亂者，不僅是生理上的性別（sex）重疊，屬於身體變異的一群，同時因其性別角色（gender）的混同，男女無辨可能連帶造成行為舉措、服飾動向的錯亂，使得國體、甚至整個宇宙體都蒙受其影響，成為整個宇宙失常的先兆。

〔註34〕

陰陽的無法平衡，不只影響到兩性間的性別認同問題，還會牽涉到社會的風氣與整個國體，禮教與社會秩序因此被破壞。是以歷來均將男女性別的錯亂情形視為是一種災變，視之如同於自然的災變，是國家巨大災難的前兆。在《晉書》中即提到：

> 惠帝元康中，安豐有女子周世寧，年八歲，漸化為男，至十七八而氣性成。京房《易傳》曰：「女子化為丈夫，茲謂陰昌，賤人為王。」此亦劉元海、石勒蕩覆天下之妖也。

〔註34〕劉苑如：《身體‧性別‧階級——六朝志怪的常異論述與小說美學》，頁45。劉苑如並以為魏晉志怪小說中的性別變亂之成因，可以歸納為氣之變化。中國傳統觀念中存在著氣化一元之觀念，性別變異可以歸因於「氣變」或是「氣異」之故，「氣變」又可以分為常變與異變。常變為長期處於某一特殊場域的氣影響而變化為單性繁殖；而異變則指那些由於氣反、氣亂而發生男變女、女變男的變性人或雙性人的情形。參見同書，頁20。

> 光熙元年，會稽謝眞生子，頭大而有髮，兩踵反向上，有男女兩體，
> 生便作丈夫聲，經一日死。此皇之不極，下人伐上之痾，於是諸王
> 有僭亂之象也。

陰陽的混爲一體，抑或陰化陽，陽化陰之性別變亂，足以影響天地自然之氣的規律，爲亂象之徵。男女氣亂的行爲，除了較爲少見的陰陽轉化之體，亦表現在同性戀的行爲上。魏晉時存在許多同性戀行爲，《晉書》中即記載咸寧、太康之後男寵大興，以致於妖氣作：

> 惠帝之世，京洛有人兼男女體，亦能兩用人道，而性尤淫，此亂氣
> 所生。自咸寧、太康之後，男寵大興，甚於女色，士大夫莫不尚之，
> 天下相倣效，或至夫婦離絕，多生怨曠，故男女之氣亂而妖形作也。
> 〔註35〕

同性戀行爲在西方起源甚早，甚至多有記載。〔註36〕魏晉時期男寵之興，反映出同性戀行爲的盛行。魏明帝即以佞幸朗與孔桂而載於史傳：

> 朗隨母氏畜於公宮，太祖甚愛之，每坐席，謂賓客曰：「世有人愛假
> 子如孤者乎？」〔註37〕

> 桂性便辟，曉博弈、蹴鞠，故太祖愛之，每在左右，出入隨從。桂
> 察太祖意，喜樂之時，因言次曲有所陳，事多見從，數得賞賜，人
> 多饋遺，桂由此侯服玉食。太祖既愛桂，五官將及諸侯亦皆親之。
> 〔註38〕

〔註35〕 以上引文見楊家駱編：《新校本晉書》，冊2，卷29，〈志第十九‧五行下‧人痾〉，頁907～908。

〔註36〕 希臘文化欣賞男性身體之美，同性戀行爲興盛。其同性戀行爲以雙方爲地位相當而年齡相懸殊的男性公民爲主，爲柏拉圖式的愛情。其時之同性戀行爲，爲青年男性於成長過程中發展道德與理性之必要環節。羅馬時代的同性戀行爲，則以地位懸殊之男性奴隸裝扮爲女性特質之易裝者，爲男奴隸主之宣洩情欲的工具。羅馬文化對同性戀行爲抱持批判之態度，視希臘性行爲及同性戀行爲的隨便，緣於毫無節制的飲食習慣。黃洋分析希臘同性戀之盛行，緣自婦女社會地位的低下及單性的社交環境；羅馬的女性經濟與社會地位較爲提高，而阻止了同性戀的發生。參考自吳少梅：〈同性戀與古代羅馬社會——一項歷史學的分析〉，《陝西師範大學學報（哲學社會科學版）》，第29卷第3期（2000年9月），頁43～48。

〔註37〕 陳壽撰，裴松之注：《三國志》，冊1，卷3，〈魏書‧明帝紀第三〉注引《魏氏春秋》，頁100。

〔註38〕 陳壽撰，裴松之注：《三國志》，冊1，卷3，〈魏書‧明帝紀第三〉注引《魏略》，頁100～101。

魏明帝佞幸男寵，使得當時的五官將及諸侯皆親近之。魏之汝南王悅，亦「爲性不倫，俶黨難測」，崔延夏以左道與之游，合服仙藥松朮之屬，其又「絕房中而更好男色」，以至於「輕忽妃妾，至加捶撻」。〔註39〕石季龍（295～349）亦以寵惑優童鄭櫻桃而殺其妻郭氏，〔註40〕後更納清河崔氏女，櫻桃又譖而殺之。男寵之興在當時不只爲一社會現象，亦爲社會動亂之因，傳統家族倫理往往因男寵興盛而被破壞。

　　魏晉男性的同性戀行爲，情感投射的對象多爲異性裝扮之同性，即爲具女性特質之男性身體。男性愛賞同性之身體，於公開場合亦不避諱同性間身體的親密接觸，在《藝文類聚》中記載明帝寵愛曹肇，「寢止恆同」，「常與帝戲，睹衣物，有不獲，輒入御帳，服之徑出，其見親寵，類此比也。」，此外，丁期亦以美貌見寵於桓玄（369～404）：

　　　　桓玄寵丁期，朝賢論事，賓客聚集，恆在背後坐。食畢，便迴盤與之。

　　　　期雖被寵，而謹約不敢爲非。玄臨死之日，期乃以身捍刃。〔註41〕

曹肇以「有殊色」而獲明帝之寵愛，二人之間的親密程度至「寢止恆同」而「常與帝戲」；同樣地，丁期亦因「婉孌有容采」而獲桓玄之寵嬖，於朝賢論事而賓客聚集之場合，亦恆坐其背後。二人皆以貌美而獲主上之親近與寵愛。此時的男性因較不具備傳統男性剛毅強壯之特質，於體態上表現出女性特質，而出現許多同性相吸引的情形。在劉克的〈道教房中文化與西曲歌的情愛命題〉一文中提到：

　　　　風流的江南，男性沉湎男色成風，性心理學告訴我們，他們在與男

　　　　寵「同臥起」的情景中大凡都是要以女性面目出現的，……〔註42〕

男性對同性間的情誼毫不避諱，公開讚揚男性體態之美，於詩中讚美男性妍麗多姿之身體，用「香膚柔澤」、「芙蓉」、「綺靡」、「美目」、「窈窕」、「臉若桃紅」等詞描述男性身體。一般用於描述女性體態美的形容詞，在魏晉時期廣泛地運用於男子的身體形容上，晉代張翰在《周小史》詩中即讚美曰：

〔註39〕楊家駱編：《新校本魏書》（臺北：鼎文書局，1975 年 9 月），冊 1，卷 22，〈孝文五王列傳第十・汝南王傳〉，頁 593。

〔註40〕楊家駱：《新校本晉書》，冊 4，卷 106，〈載記第六・石季龍・上〉，頁 2761。

〔註41〕歐陽詢等撰、木鐸編譯室編輯：《藝文類聚》（臺北：文光出版社，1974 年 8 月），冊 2，卷 33，〈人部十七・寵幸〉，頁 576。

〔註42〕劉克：〈道教房中文化與西曲歌的情愛命題〉，《南昌大學學報》（人社版），第 35 卷第 3 期（2004 年 5 月），頁 93。

> 翩翩周生，婉孌幼童。年十有五，如日在東。香膚柔澤，素質參紅。
> 團輔圓頤，菡萏芙蓉。爾形既淑，爾服亦鮮。輕車隨風，飛霧流煙。
> 轉側綺靡，顧眄便妍。和顏善笑，美口善言。〔註43〕

周小史以其女性特質而爲人所憐愛，其身體成爲被歌詠與愛慕的對象。當時流行的人物品鑑中，亦隱含對同性的愛慕之情，士人以玉比喻男體之潤美，又以「脫冠冕，麤服亂頭皆好」等喻美人之詞語，讚美男性身體。

男同性戀之風盛行，其伴侶往往以女性特質出現，說明此時男性的同性愛戀之行爲，往往是對異性愛戀匱乏的另一種投射作用，這可能與當時女性較強悍之風氣有關，造成男性在欲望上的轉向。另一方面，個人自覺也使魏晉士人反抗禮教的束縛，以身體的覺醒，重視己身的情欲自主，亦爲士人對傳統異性戀文化之束縛身體的反抗。〔註44〕

異性戀文化是否合於人性，是另一層次的問題。但異性戀作爲一種文化建構上的需要，有其維持社會秩序之必要性。在這種父權體制的建構下，規範單一的性別制度，亦約束了情欲的多元化，個人的身體不可避免地受到壓抑與扭曲。魏晉士人以及時行樂之思想，寬容己身之欲，欲跳脫嚴格的性別框架與異性戀模式，尋求己身的性別身體之自主性。

士人一方面追求性別身體的自主性；另一方面，其身體仍爲宗族而服務。在延續宗族及以宗族爲重的前提下，士人一方面在性自主上以同性戀獲得一些越軌之滿足；另一方面，仍服膺於宗族傳統。當時廣泛存在雙性交往之行爲，在同性相吸的風氣背後，傳統的異性戀婚配關係亦持續進行。

除同性戀與異性婚配之外，雙性戀之行爲在當時亦爲盛行。雙性戀的性別關係，較同性戀於性別位置上更爲模糊與脫離常軌，其存在是對「正常人」、女同性戀者和男同性戀者的區分質疑，表現爲一越軌的（transgressive）形象。其於性別位置上占據一曖昧不清的位置，表現出性別身份的不確定性。〔註45〕

〔註43〕歐陽詢等撰、木鐸編譯室編輯：《藝文類聚》，冊2，卷33，〈人部十七·寵幸〉引張翰《周小史》詩，頁576。

〔註44〕巴特勒以爲在異性戀文化規範下，被制約化了的男女角色將人性片面化，違背肉體內多重情欲的現實。是以同性戀者的易性扮裝和性別越界，正是揭穿性別之虛構性，以情欲的多元化表現解構單一性別認同，顛覆一元獨尊的父權制度。參考自曾珍珍：〈粲粲三珠樹：論六朝詩賦文本兩性化的表現〉，載於東海大學中文系審訂、鍾慧玲主編：《女性主義與中國文學》，頁342

〔註45〕詳見李銀河：〈關於"酷兒"理論〉，載於汪民安編：《身體的文化政治學》，頁108。

其解構了性別的二分結構，對一元的文化建構更具破壞力量。

雙性戀盛行的情形，顯示此時性別建構之混亂。在《晉書》中記載著苻堅（338～385）對姊弟專寵之情形：

> 初，堅之滅燕，沖姊爲清河公主，年十四，有殊色，堅納之，寵冠後庭。沖年十二，亦有龍陽之姿，堅又幸之；姊弟專寵，宮人莫進。
>
> 長安歌之曰：「一雌復一雄，雙飛入紫宮。」〔註46〕

這種「一雌復一雄，雙飛入紫宮」的情形，顯示出苻堅變亂的雙性戀行爲。此外，海西公（342～386）亦有數位男寵侍寢陪伴，雖其患有痿症而無法生育，但其妻妾們居然能生下三男，使「時人惑之」：

> 丁未，詣闕，因圖廢立，誣帝在藩夙有痿疾，嬖人相龍、計好、朱靈寶等參侍內寢，而二美人田氏、孟氏生三男，長欲封樹，時人惑之，溫因諷太后以伊霍之舉。〔註47〕
>
> 海西公初生皇子，百姓歌云：「鳳皇生一鷸，天下莫不喜。本言是馬駒，今定成龍子。」其歌甚美，其旨甚微。海西公不男，使左右向龍與內侍接，生子，以爲己子。〔註48〕

嬖人相龍、計好、朱靈寶等服寢海西公而爲其男寵，後又與二美人田氏、孟氏私通，使其生三男。作爲男寵的男同性戀者，不但爲男性服務，同時己身亦好女色，其行不只亂於自身，亦使國體爲之傾頹。

魏晉時期對性別變亂的情形，往往寬容以對，一方面反映出魏晉時期開放的性別觀念；另一方面，亦反映出當時士人對於傳統兩性關係的質疑與突破。魏晉士人以性別位置的錯置，使身體置於更爲自由的性別空間之中，對於性取向的選擇亦更多元而自由；另一方面，士人亦以其性別身體的位置之錯置，改變當代對性別的觀點，使社會的性別價值觀爲之變化。

二、女性身體

女性身體的局限性，在於社會建構賦予其低等而情緒化之形象，〔註49〕

〔註46〕楊家駱：《新校本晉書》，冊4，卷114，〈載記第十四·符堅·下〉，頁2922。
〔註47〕楊家駱：《新校本晉書》，冊1，卷8，〈帝紀第八·海西公記〉，頁214。
〔註48〕楊家駱：《新校本晉書》，冊2，卷28，〈志第十八·五行中〉，頁847。
〔註49〕「歇斯底里」這個字詞源自希臘詞 hystera，意爲「子宮」。在古典醫學裏，認爲歇斯底里症是由於子宮的閒置所引起的。福柯更以爲歇斯底里症是一種婦女疾病。詳見汪民安編：《身體的文化政治學》，頁182。

基礎上的不平等，使女性於各方面受到較男性為多之束縛。

　　女性身體的位置，無論在社會建構與生理結構上，都被賦予低於男性的地位，這可能與男權社會為鞏固家庭血源與宗族制度而對女性的控制有關，〔註50〕控制女性便成功地維護了家族的血脈純正，此外，獲得女性的身體支配權，亦為掌握家庭財產的繼承與分配權。〔註51〕

　　父權文化的形成，宣示了女性地位的變化，女性無論是在生理身體或是社會身體上，都明顯地被歧視與矮化，女性以低劣的位置存在於社會的性別建構中。

（一）低等的隱形之體

　　魏晉雖於思想上較前代有所解放，但對於女性的觀點，仍不出前代之局限，以女體劣於男體。女性不但於成仙之路上較男性困難，女體需先變化成男體，才能夠修鍊成仙。〔註52〕甚至在養生術上，女性都較難修鍊，且不易達致成果。在先天的生理結構上，女性以七為基數的循環，較男性以八為基數的循環早衰，加以每月因經行血虧而傷耗元氣，及懷胎妊娠等傷及身體之風險，使女性於養生方面，較男性多了許多不利因素。此外，在志怪小說中亦反映出女體之低下，以鬼魂還陽故事為例，女體因地位低下而無法自由轉化，其魂魄需藉由與男子的共同「寢息」才能還陽。〔註53〕

〔註50〕　男性對女性的身體控制，往往帶有一種自然生理上希冀延續其基因之因素。原始的男性尋找發情的女性以增加延續後代之機會，女性因體力上的弱勢與需要雄性之保護，使其身體沒有自主權。女性後來發展出一種「迂迴的誘餌」，以將發情期掩蓋這種身體上的變化，使其獲得更多的身體支配權。男性的反制即為制定法律以處罰女性的不貞，男權社會嚴屬要求女性的貞操及純潔，隱含男性欲恢復支配女性身體的權力之意味。詳見（美）琳・馬古利斯、多雷昂・薩甘（Lynn Margulis & Dorion Sagan）著、潘勛譯：《神秘的舞蹈——人類性行為的演化》，頁138～142。
〔註51〕　婚姻與家庭財產所有權是聯結財產所有權與身體支配權的關鍵機制，在父權制家庭中，男性通過控制和占有繁衍男人的婦女，控制財產的繼承與分配。詳見（英）布萊恩・特納（Bryan S.Turner）著、馬海良、趙國新譯：《身體與社會》第二版導言，頁3。
〔註52〕　在道教的成仙之路外，佛教也以脫離女身為入淨土之道。佛教視女性的身體視為欲望之源，因此要發願永離女身才有可能進入佛國淨土，在《佛說阿彌陀經》中即云：「滅四重、五逆等罪，現身不為諸橫所陷，命終身生無量壽國，永離女身。」詳見劉苑如：《身體・性別・階級——六朝志怪的常異論述與小說美學》，頁54～55。
〔註53〕　《搜神記》中的〈談生婦〉、《搜神後記》中的〈徐元方女〉、〈李仲文女〉，均

　　女性身體於先天體質上即不如男性，於社會觀點上亦受歧視，在《世說新語》中別立〈惑溺〉一章，記載之事均與女性相關，而篇名之立意更帶有貶斥與輕視之意味。無論是曹丕爲甄后破鄴城；或賈充妻的善妒；甚或是韓壽的偷情，均被譏爲爲情惑溺，至爲不當。士人之行被歸於惑溺一章，只因用情的對象關乎女性，牽涉男女私情，如孫秀夫妻吵架、荀粲對妻之深情，或王戎與妻之親暱，均以牽涉男女情感之流露，而被譏諷。反觀同樣因情而不能自己，痛苦不堪者，卻因用情之對象非關女人，反受讚揚。

　　女性的身體，在社會的性別分類中，被歸納爲難以控制與不理性，充滿原始的情感，對身體情緒無法控制自如。故男性的自然情感之流露，亦會被冠以陰性化的定義，在《世說新語·方正篇》中提到周謨因將與兄弟分別而淚流不止，被周嵩斥爲「婦女」，孔坦亦以庾冰之哭泣而斥責他：

> 周叔治作晉陵太守，周侯、仲智往別，叔治以將別，涕泗不止。仲智恚之曰：「斯人乃婦女，與人別，唯啼泣。」便捨去。周侯獨留與飲酒言話，臨別流涕，撫其背曰：「奴好自愛。」（〈方正26〉）

> 孔君平疾篤，庾司空爲會稽，省之，相問訊甚至，爲之流涕。庾既下床，孔慨然曰：「大丈夫將終，不問安國寧家之術，乃作兒女子相問！」庾聞，回謝之，請其話言。（〈方正43〉）

周嵩的斥周謨爲「婦女」，與孔坦以庾冰「作兒女子相問」之語，可知女性的情緒化特質深入人心，男性之哭泣行爲，往往與女性化形象相關連。

　　女性不但少有自我發聲的空間與自由，其思想亦多受男權文化之影響，而無自我思想與價值觀。在劉慧英的《走出男權傳統的樊籬——文學中男權意識的批判》一書中提到：

> 男權社會中的女性特質同樣也受到男權文化精神的嚴重污染和扭曲，……女性在確立新的自我形象方面實際上已不存在任何現存的完全可取的女性特徵或長處，……現實生活中衡量男女楷模的標準的界定往往都浸透了男權文化精神。〔註54〕

是女魂自願與男性發生關係，而使其白骨生肉，漸生顏色氣力。這種以「陽始出，物亦始出，……物隨陽而出入，數隨陽而終始」之思想，顯示男權至上的思想與女體的低落地位。詳見梅家玲：〈六朝志怪人鬼姻緣故事中的兩性關係——以「性別」問題爲中心的考察〉，載於成功大學中文系編輯：《魏晉南北朝文學與思想學術研討會論文集·三》，頁59～61。

〔註54〕劉慧英：《走出男權傳統的樊籬——文學中男權意識的批判》（生活·讀書·

女性的自我形象與價值觀，均浸潤了男權觀點，連女性自身的思維亦於男權文化標準下建構。這樣的女性是隱形而沒有自我的，無論是在文學作品或於日常生活中，女性都是無聲的，其身體充其量爲男性情感發抒的借代體。女性的自我價值之建構，端賴男權社會的觀點以成，是以女性的覺醒，充其量是符合男性社會中的男性身體之作爲。婦女以爲提高己身地位的方式，便是如男人一樣的生活著，因此婦女在對外社交或是對內持家，均以男性的行爲模式爲學習之樣板。〔註55〕

魏晉南北朝時期的婦女有一定的經濟地位和基礎，特別是上流社會的婦女更有大量的「私財」，經濟地位上的相對平等，使其於社會地位上亦欲與男子平等，甚至產生「制夫」之念。〔註56〕此外，此時期的女性受到社會風氣開放之影響，個人意識覺醒，要求更大程度的解放，女子的文才與思想漸漸受到重視。

魏晉時期女性文人大量出現，在胡應麟的《詩藪》中，提到婦女「有集行世，則六朝爲多」。在《玉台新詠》中，亦收錄了許多女性的文章，〔註57〕在《隋書·經籍志》中，也收了許多六朝女子的別集，〔註58〕可見得此時期的女性文人輩出。

〔註55〕 新知三聯書局，1995 年），頁 199。

〔註55〕 如在北朝社會中，婦女持門戶的現象極爲盛行，在《顏氏家訓·治家》中即云：「專以婦持門戶，爭訟曲直，造請逢迎，車乘填街衢，綺羅盈府寺，代子求官，爲夫訴屈。」

〔註56〕 魏晉南北朝時期，無論封建政府的屯田還是占田、均田，均規定婦女占有並經營一定數量的土地。曹魏屯田時，關於婦女經營土地的數量雖無明載，但西晉婦女從事屯田卻有確証。咸寧二年（276 年），西晉政府規定「奴婢各五十人爲一屯，屯置司馬。」占田課田法更明確規定婦女占田五十畝，課田二十畝，並以此爲標準，向婦女徵收賦稅。詳見王萬盈：〈魏晉南北朝時期上流社會閨庭的妒悍之風〉，《西北師大學報》，第 37 卷第 5 期（2000 年 9 月），頁 81。

〔註57〕 計收有：甄皇后樂府塘上行一首、劉勛妻王氏雜詩二首并序、周夫人贈車騎一首、鮑令暉雜詩六首、范靖婦四藏、徐悱妻劉令嫻答外二首、徐悱妻雜詩一首、王叔英妻雜詩一首、王叔英妻贈答一首、賈充與妻李夫人聯句三首、孫綽情人碧玉歌二首、桃 答玉團扇歌三首、鮑令暉寄行人一首、丹陽孟珠歌一首、錢塘蘇小歌一首、范靜婦詩三首、徐悱婦詩三首、王叔英婦暮寒絕句一首。但所收亦不完全，可見得當時女詩人之多。

〔註58〕 《隋書·經籍志》收錄梁武帝妹《臨安公主集》3 卷、范靖妻《沈滿願集》3 卷、徐悱妻《劉令嫻集》。此外還有合集數種：《婦人集》20 卷、《婦人集》30 卷、《婦人集抄》2 卷、《婦人集》11 卷、《雜文》。另有北魏崔光編《中古婦人文章錄》、梁徐勉編《婦人集》10 卷、宋殷淳撰《婦人集》30 卷等等。

　　婦女以自身的才華為傲，毫不掩飾地將其運用在各個方面，女性持家之風亦長，如許允婦的高明眼光〔註59〕、玉臺婦的為夫求情〔註60〕、孟昶妻周氏的建議〔註61〕、涼武昭王李玄盛后尹氏的贊謀其夫之創業〔註62〕等。此外，婦女亦將其智慧用於學術領域與當時流行的清談玄虛之風上，表現傑出。如謝道韞於小叔理屈之時，出而為其解圍，「乃施青綾步鄣自蔽，申獻之前議，客不能屈。」，後太守劉柳聞其高名，與之談議，亦「風韻高邁，敘致清雅，先及家事，慷慨流漣，徐酬問旨，詞理無滯。」。〔註63〕當時的才女郗璿、張玄妹等，在與名士對答時也妙言層出，不失為談玄之高手。劉聰妻劉氏，在幼時即夜誦書籍，「每與諸兄論經義，理趣超遠，諸兄深以歎伏。」，其姐劉英，「聰敏涉學，而文詞機辯，曉達政事，過於娥。」，〔註64〕甚而有之的是，女子立講堂以授徒，韋逞母宋氏「得《周官音義》，……就宋氏家立講堂，置生員百二十人，隔絳紗幔而受業，號宋氏為宣文君。……」，女子講課為少見的開放行為。甚而女子恃己才為傲，在《玉臺新詠》中的蘇伯玉妻〈盤中詩〉就寫道：「今時人，智不足。與其書，不能讀。」，〔註65〕輕視當時士族子弟之空有其表。

　　女性不只持家為文，更乘車外出，社交活動頻繁，在《抱朴子・疾謬》篇中云：

> 而今俗婦女，休其蠶織之業，廢其玄紞之務。不績其麻，市也婆娑。舍中饋之事，修周旋之好。更相從詣，之適親戚，承星舉火，不已于行。多將侍從，暐曄盈路，婢使吏卒，錯雜如市，尋道褻謔，可憎可惡。或宿于他門，或冒夜而反。游戲佛寺，觀視漁畋，登高臨水，出境慶弔。開車褰幃，周章城邑，盃觴路酌，絃歌行奏。轉相高尚，習非成俗。〔註66〕

〔註59〕 余嘉錫：《世說新語箋疏》，〈賢媛7、8〉，頁673～675。
〔註60〕 余嘉錫：《世說新語箋疏》，〈賢媛22〉，頁694～695。
〔註61〕 楊家駱：《新校本晉書》，冊4，卷96，〈列女傳〉中載孟昶妻：「其妻非常婦人，可語以大事。」，頁2518。
〔註62〕 楊家駱：《新校本晉書》，冊4，卷96，〈列女傳〉：「玄盛之創業也，謨謀經略多所毗贊，故西州諺曰：『李、尹王敦煌。』」，頁2526。
〔註63〕 楊家駱：《新校本晉書》，冊4，卷96，〈列女傳・王凝之妻謝氏〉，頁2516。
〔註64〕 楊家駱：《新校本晉書》，冊4，卷96，〈列女傳・劉聰妻劉氏〉，頁2519～2520。
〔註65〕 徐陵：《箋注玉臺新詠》（臺北：廣文書局，1979年5月再版），卷9，〈蘇伯玉妻・盤中詩〉，頁13。
〔註66〕 楊明照：《抱朴子外篇校箋》（北京：中華書局，1996年9月2刷），冊上，卷25，〈疾謬〉，頁616～618。

女性外出從事交遊、登山、駕車等以往男性從事的社會活動，成爲流尚。女性地位的提升，在身體的社會位置上，以由私領域的涉足公領域，造成一社會性別位置上的錯置，對禮教與社會秩序產生衝擊，亦使國體爲之一變。男女兩性在公、私領域上的性別位置之錯置，顯示出社會之變。

但婦女從事的種種開放行爲，往往以男性行爲作爲學習範本，〔註67〕以對男性社交的學習，藉以提升自我地位，欲與男性並駕齊驅。此種以模仿男性社交爲主的交際行爲，缺乏眞正的女性意識與自我觀念，亦沒有發揮女性眞正的性別特質。女性於開放的外表下，仍無自我發聲的機會。女性的身體，實際上仍隱形於男權建構的價值觀之下，女性思維仍以男權思考爲中心，缺乏女性的自覺與個體價值的認同感。

這種情形，反映在文學作品中，當代婦女雖多有文集行世，但在以陰性特質爲主的詩文中，女性作者亦缺乏己身特色。〔註68〕女性非但於自己的文學作品中沒有自己獨特的聲音，於男性文人的作品中，亦欠缺完整女性特質的塑造，〔註69〕男性往往以女性身體爲寄托理想的借代之用。男性作者以女

〔註67〕 在此並非以爲男性與女性有其特定的行爲準則與社會行爲，女性從事男性的活動與社會交際並非不可，事實上男女的社會活動之分際與社會化行爲亦於父權體制下所規定而成。長期以來，女性自主均以學習男性之生活方式爲主要目標，但女性有其特殊的性別特質，女性解放應以發揮己身特質，實現女性所希冀的生活方式與社會行爲，而非如男人一般地生活。李小江以爲男女兩性在社會中應是互存互補的，將已經確立的男性標準作爲女性自強的目標和檢驗自身發展或個人價值的尺度，是歷史所造就的最便當的權宜之計，但以男性標準來界定自我的女性，往往失去自身寶貴之特質。劉慧英亦以爲長期以來（直至七八十年代）中國婦女所嚮往的解放境界，是一種「同男人一樣」的人。詳見氏著：《走出男權傳統的樊籬——文學中男權意識的批判》，頁 194～198。

〔註68〕 無論是在男性書寫女性的文學作品或是歷史記載中，甚或在當代的性別角色之扮演或是性格上，女性都沒有一個完整的樣貌亦無特質的顯現。如潘岳以「悼亡詩」著稱，但在大量寫給妻子的詩文中，並無法把握到其妻楊氏的具體樣貌或其人格性情，楊氏只做爲潘岳綿密愛情的宣洩泉源而已。詳見林文月：《中古文學論叢》（臺北：大安，1989年），頁 117。

〔註69〕 曾珍珍以爲屈騷傳統將德、色融合爲好修的内涵，美人好比君子，無論是宋玉的神女或曹植的洛神均兼具雙性特徵。〈閑情賦〉中的佳人亦具雙性特質，但這樣兼美的形像，爲男性詩人之理想，並非眞實女人的塑像。六朝詩人以思婦爲女人塑像，又以美人況指君子，所表達的是男人失落的夢想。男性以女性彌補其於語言符號（signifier）與使用主體之間因缺乏必然關連而產生的意義間隙，是以拉岡提出除了作爲男人創造的幻影以用來補足心理上和語言上的匱缺外，「女人並不存在」。見氏著：〈粲粲三珠樹：論六朝詩賦文本兩性化的表現〉，載於東海大學中文系審訂、鍾慧玲主編：《女性主義與中國文學》，

體作爲理想投射之代碼，將女體表現爲一理想形象與人格之映現，女性作爲男性理想的代言者，眞正的身體與個性不復存在。甚至在文學中，亦無足以代表與彰顯女性特質之形容詞，當代文學作品中，對傑出女性並無相應之描述詞彙，而襲用男性之形容詞語。如於《晉書》中形容才女謝道韞爲「神情散朗，故有林下風氣」、「風韻高邁，敍致清雅」；〔註70〕王渾妻鍾琰「美容止，善嘯詠，禮儀法度爲中表所則」、「明鑒遠識」，〔註71〕這些描述言辭，與在〈賞譽〉、〈容止〉等篇中形容男性的詞語並無多大區別，而於〈賢媛〉篇中，對於女性的讚美則不脫賢德之名與婦德之舉。對女性的體態之美，則襲用大量的傳統詞語，可見得女性的身體，不脫美貌與婦德之形容，女體於角色與特質上的匱乏由此可見。當代女性的身體是隱形的，既無重量、也沒有質感，只有一些零星的表現，或是文才煥發，或是行爲前衛，或是遵守婦德，時或妒悍、放蕩，充滿欲望，時或婦德具足、禮儀具備，搖擺不定而無完整的形象呈顯。

　　魏晉女性的身體於傳統與新變之間依違不定，於思想上欲脫於傳統而求新變，卻走不出傳統父權的陰影；於社會地位上求提升，但卻於提升後仍以男性爲生活之樣板，缺乏己身之特質。在社會身體位置之變易與公領域的涉足之後，女性於思想上仍困於傳統。身體的社會位置變動了，但思想上，卻無法走出自己的路，使得此時期的婦女，在脫離以往女性溫婉嫻順的女性形象之後，並沒有塑造出另一種性別特質，既無法眞正如男性一般地生活，又失去女性的傳統特質，使其無法定位自身的性別位置，這往往形成情緒上的焦慮與不安。

（二）妒悍之風

　　在禮教稍稍式微的魏晉時期，婦女對於己身的自覺與解放，一是用一種學習男性的生活方式，將己身置於男性的社會活動之位置上，以達致身體於社會空間規範中的解放；再則是運用女性的長處，即情緒上的不理性之特點發揮而成的妒悍之風，從男性觀點中的弱勢特質，反制男性。

　　自古以來，男權社會中對女性的期待爲貞潔而順從的。女性在身心上應爲稚嫩而無知，以便能良好地被驅使和駕馭。〔註72〕女性處於順從禮教、良

　　　　頁 331、322～323。

〔註70〕楊家駱：《新校本晉書》，冊4，卷96，〈列女傳・王凝之妻謝氏〉，頁2517。

〔註71〕楊家駱：《新校本晉書》，冊4，卷96，〈列女傳・王渾妻鍾氏〉，頁2510。

〔註72〕劉慧英：《走出男權傳統的樊籬——文學中男權意識的批判》，頁18～19。

好的持家能力與男性對容貌的過度期待間，使其身體處在一種不自然而扭曲的狀態中。女性除需於家庭中取悅男性，面對夫婿納妾後，他人對其家庭地位的威脅，〔註73〕更需以寬容態度待之。

中國的多妻制度對女性造成某種程度的心理壓迫，婦女不但得與他人共享夫婿，亦需對丈夫的納妾，表現出不忌妒之心。妒忌為一種自然情性的表現，在愛情中往往因無法獨占而使一方心生妒忌，但禮教中教導婦女需壓抑妒忌之心，寬容有禮。

在社會的性別建構中，女性以其情緒上的不理性而為男性所輕視，忌妒正因其不理性與情緒化，而為女性的負面特徵之一。魏晉時期多妒婦，〔註74〕一方面反映女性在經濟地位提升下的自然的情性之舒展；另一方面，女性亦欲以其自然情性之發洩，達致壓抑男性之目的，以精神上的暴力施加於男性的身心之上，使其於心理或某方面的地位上凌駕於男性。

魏晉的妒婦之盛，史上有名。妒風之外，女性的強悍作風亦使男性聞之色變，歷史記載許多名宦、重臣，甚至皇帝，均名列懼內一族。早於三國時期，就已有關於妒婦之記載，例如袁紹妻劉氏「性酷妒，紹死，僵尸未殯，寵妾五人，劉盡殺之。以為死者有知，當復見紹於地下，乃髡頭墨面以毀其形。尚又為盡殺死者之家。」；〔註75〕袁術之妻馮氏有國色而使其甚寵愛之，「諸婦害其寵」，用盡心計卻適得其反，使袁術更愛幸之，後諸婦「因共絞殺，

〔註73〕王萬盈指出嫡妻把持門戶與妾媵爭寵之風，看似為財產權與繼承權而起，但亦是婦女在夫權制的婚姻關係之下而作出的某種反應。家庭財產及繼承權主由丈夫子嗣及子嗣的孕育者掌握，是以妻妾之間想盡辦法在挾制丈夫和傳嗣上下功夫。王萬盈：〈魏晉南北朝時期上流社會閨庭的妒悍之風〉，《西北師大學報》，第 37 卷第 5 期（2000 年 9 月），頁 78。

〔註74〕王萬盈以為妒忌與潑悍為魏晉南北朝時期上流社會婦女制夫與把持門戶的主要手段，為其婚姻理念的重要體現。上層社會婦女反抗禮教的規範，並以凶悍而殘暴的方式付諸實現。此風氣之形成亦與東漢中後期以來皇權與夫權不斷下降的趨勢有關，反映出當時婦女經濟地位的提高與多元文化格局的形成。見氏著：〈魏晉南北朝時期上流社會閨庭的妒悍之風〉，《西北師大學報》，第 37 卷第 5 期（2000 年 9 月），頁 77。張玲亦以為隨著蔑視君權父權與追求個性獨立的士風之感召，魏晉女性掙脫了社會關係（父權、夫權）所帶來的束縛，突破以往對女性「從人」的社會角色之限定。見氏著：〈從世說新語看魏晉士風的轉變〉，《史學會刊》，第 15 期（1988 年 6 月），頁 79。

〔註75〕陳壽撰、裴松之注：《三國志》，冊 1，卷 6，〈魏書・董二袁劉傳第六・袁紹傳〉注引《典論》語，頁 203。

懸之廁梁。」；〔註76〕此外，孫權的夫人潘氏更以妒聞名，其「性險妒容媚，自始至卒，譖害袁夫人等甚眾」。〔註77〕但這些在當時均爲個例，婦女之妒風至西晉時大爲盛行，西晉時有名的妒婦爲賈充（217～282）之妻、女，賈充之妻子郭槐因妒忌殺乳母，使其子隨之亡，據《世說新說‧惑溺3》載：

> 賈公閭后妻郭氏酷妒。有男兒名黎民，生載周，充自外還，乳母抱兒在中庭，兒見充喜踊，充就乳母手中鳴之。郭遙望見，謂充愛乳母，即殺之。兒悲思啼泣，不飲它乳，遂死。郭後終無子。

後更因賈充欲迎原妻李氏，而以「我有其分，李那得與我並！」，公然與君命、公婆之命對抗。〔註78〕其女賈南風得母酷妒之風，更以妒悍聞名，其「妒忌多權詐」，成爲太子妃後，運用權術使太子司馬衷望色卻步，以致「嬪御罕有進幸者」，更「性酷虐，嘗手殺數人。或以戟擲孕妾，子隨刃墮地。」，〔註79〕酷虐之性格使人聞之色變。

東晉名相王導（276～339）亦爲妒風下的受害者，其妻「性甚忌，禁制丞相，不得有侍御，乃至左右小人，亦被檢簡，時有妍妙，皆加誚責。」，王導以宰相之尊而懼內，但「不能久堪，乃密營別館，眾妾羅列，兒女成行。」，其妻曹氏知曉後，「驚愕大恚。命車駕，將黃門及婢二十人，人持食刀，自出尋討。」，王導懼妻而「遽命駕，飛轡出門」，其「狼狽奔馳」之狀顯示其妻之潑悍程度。〔註80〕女性的妒悍之風影響及於南北朝，婦女妒風之盛，甚至使在上位者要求嚴懲妒忌，但仍無法阻止妒風之盛。〔註81〕

女性的妒風之盛與男性對女性妒悍之風的懼怕，反映在當時盛行的「外室」之風與一夫一妻制的增多上，〔註82〕所謂的外室是指「養於他宅，不與

〔註76〕陳壽撰、裴松之注：《三國志》，冊1，卷6，〈魏書‧董二袁劉傳第六‧袁術傳〉注引《九州春秋》語，頁210。

〔註77〕陳壽撰、裴松之注：《三國志》，冊5，卷50，〈吳書‧妃嬪傳第五〉，頁1199。

〔註78〕楊家駱：《新校本晉書》，冊2，卷40，〈列傳第十‧賈充傳〉，頁1170～1171。

〔註79〕楊家駱：《新校本晉書》，冊2，卷31，〈列傳第一‧后妃上〉，頁963～966。

〔註80〕余嘉錫：《世說新語箋疏》，〈輕詆6〉注引《妒記》語，頁829。

〔註81〕「宋氏諸主，莫不嚴妒，太宗每疾之。湖熟令袁慆妻以妒忌賜死，使近臣虞通之撰《妒婦記》。左光祿大夫江湛孫斆當尚世祖女，上乃使人爲斆作表讓婚。曰：「……夫蠢斯之德，實致克昌；專妒之行，有妨繁衍。是以尚主之門，往往絕嗣；駙馬之身，通離釁咎。……」太宗以此表徧示諸主。」楊家駱編：《宋書》（臺北：鼎文書局，1975年6月），卷41，〈列傳第一‧后妃傳附孝武文穆王皇后傳〉，頁1290～1292。

〔註82〕楊瑞以爲「妒婦」盛行的結果，是魏晉及南北朝之間的社會存在相當多一

主婦同居的姬妾。」，本指未經媒妁之言與男子同居的女性，後來轉變爲男子私下偷娶的姬妾。魏晉至唐代外室現象的盛行，顯示女性的家庭地位提升，男子懼於妻子的妒忌之心，不敢明目張膽地娶妾，只能於外偷置外室。〔註83〕

妒風之盛，一方面反映出女子地位的提升；一方面則表現爲女性於情緒壓抑太過之後的極度反彈，行爲瘋狂而殘暴，情緒控制極度不當。女性在妒忌之時，多以暴力行爲反映出心中之不滿，而潑悍異常，以致當時有著「檢校夫婿」之風，甚至痛打丈夫致傷。〔註84〕祖約之妻即因性妒，使其不敢違忤，祖約嘗夜寢於外而遭人所傷，疑其妻所爲。〔註85〕

女性在妒悍之風之外，對於情欲也有著開放的行爲及思想，干寶即以爲當時女性：

> 莊櫛織紝皆取成於婢僕，未嘗知女工絲枲之業，中饋酒食之事也。
>
> 先時而婚，任情而動，故皆不耻淫泆之過，不拘妒忌之惡。〔註86〕

女性任情而動，對淫泆之事亦不拘而爲之。主動而大膽地追求愛情，在韓壽偷香的故事中，賈充之女愛韓壽之美，「恒懷存想，發於吟咏」，後主動示愛，與之通而後亦不覺羞愧，反而「盛自拂拭，說暢有異於常」，〔註87〕女性自主的情愛觀，顯示女性在兩性關係上的覺醒，有著自由追求愛情之想望。

女性地位的提升，與男女之間行爲的開放，在葛洪（283～363）的《抱朴子》中有著生動的記載：

> ……無賴之子，……攜手連袂，以遨以集，入他堂室，觀人婦女，
>
> 指玷修短，評論美醜。……於是要呼憒雜，入室視妻，促膝之狹坐，
>
> 交杯觴於咫尺；絃歌淫冶之音曲，以誂文君之動心。載號載呶，謔

夫一妻制的婚姻形式。見氏著：〈從《世說新語》看魏晉士風對女性生活的影響〉，《欽州師範高等專科學校學報》，第19卷第1期（2004年3月），頁79。

〔註83〕 焦杰指出魏晉南北朝與隋唐五代是婦女極力抗爭的時期，此時期一方面多妻制發達，刺激婦女的反抗心理；一方面禮教淡化，婦女於教育與社會地位上有所提高，使婦女對己身的不平等產生不滿與反抗。見氏著：〈中國古代的外室現象與婦女地位〉，《婦女研究》，第四期（2003年），頁36～40。

〔註84〕 至宋時，已至「制勒甚於僕隸，防閑過於婢妾」之地步。楊家駱編：《宋書》，卷41，〈列傳第一·后妃傳附孝武文穆王皇后傳〉，頁1291。

〔註85〕 楊家駱：《新校本晉書》，冊4，卷100，〈列傳第七十·祖約傳〉，頁2626。

〔註86〕 楊家駱：《新校本晉書》，冊1，卷5，〈帝紀第五·孝愍帝〉，頁136。

〔註87〕 《郭子》以爲與韓壽通者爲陳騫女。見余嘉錫：《世說新語箋疏》，〈惑溺5〉注引《郭子》、《類聚》語，頁921～922。

戲醜褻，窮鄙極黷，爾乃笑亂男女之大節，蹈相鼠之無儀。〔註88〕
男性可以入室觀賞婦女，造訪他人，可以徑入室內，與女眷處於一室，兩性的身體距離縮短了。兩性以「親密」、「親至」之身體接觸，亂禮教之節度。

男女性別位置的錯亂，亦反映於服飾之上，在《晉書・五行志》中記載：

初作屐者，婦人頭圓，男子頭方。圓者順之義，所以別男女也。至太康初，婦人屐乃頭方，與男無別。此賈后專妬之徵也。

惠帝元康中，婦人之飾有五兵佩，又以金銀「玳」瑁之屬，爲斧鉞戈戟，以當笄。干寶以爲「男女之別，國之大節，故服物異等，贄幣不同。今婦人而以兵器爲飾，此婦人妖之甚者。於是遂有賈后之事」。〔註89〕

文化中所制定之禮制，初始以天圓地方象徵男女之別，但至太康年間，男女之別的混亂，由服制的「無別」中顯現，婦女亦著男性的方頭屐，甚至於惠帝時，婦女以兵器爲飾。男女之別的突破，可以反映在衣飾與配件上，以屐的男女之別的錯亂，反映出國體的危難。

相對於男性的追求優雅；女性以妬悍之風，失去身體與情緒控制，從而展現出一種失控之體。史傳上記載的妬婦，與男性的優雅風度展現出截然不同的身體形象，明顯強調著男女於情性與身體控制上的巨大差異。男性在承受女性的妬悍之迫害時，另以文學語言與史傳文字反制女性，男性於此方面佔有絕對之優勢，而爲女性無法立足之場域。不但使女性之失控行爲載於史傳，並以之爲「戲笑」（《南史》卷23），女性在家庭地位上的高漲與自然情性之施展，使其身體承受更多的諷喻與醜化。〔註90〕

〔註88〕 楊明照：《抱朴子外篇校箋》，卷25，〈疾謬〉，頁620～623。

〔註89〕 以上引文見楊家駱編：《新校本晉書》，冊2，卷27，〈志第十七・五行上〉，頁824。

〔註90〕 「妬婦」的概念本身爲男權話語霸權的一種表達方式，男性以悅夫爲婦人之本份而認爲妬忌爲婦人之惡德。詳見楊瑞：〈從《世說新語》看魏晉士風對女性生活的影響〉，《欽州師範高等專科學校學報》，第19卷第1期（2004年3月），頁79。此外，楊玉成亦以爲男性試圖透過性別再現以控制並馴服女性，《妬婦記》等著作一方面預設女性讀者「以諷切之」；一方面亦預設男性讀者，「并爲戲笑」。其認爲「妬婦論是在家庭領域將女性妖魔化，女禍論則在政治領域將女性妖魔化，目的都是重建男性的權威。」（注69）詳見氏著：〈士庶、性別、地域——論南北朝的文學閱讀〉，載於李豐楙、劉苑如主編：《空間、地域與文化——中國文化空間的書寫與闡釋》（臺北：中研院文哲所，2002年12月），頁41、46。

女性於公領域的活動頻煩與於私領域的地位提升，顯示出當代婦女無論於經濟或社會地位上均有所提升。女性於社會與家庭中的性別位置之變動，亦使以往獨尊之男性，承受某一程度的壓力，尤以女性於情緒上的悍妒潑辣，使男性感覺大受迫害。女性身體於社會位置上的提升，與男性的性別位置之變亂，事實上互為表裏，男性於強悍的女性風氣下，轉而尋求同性間的心理慰藉，並以女性化的裝扮及情緒表達，尋求感情之宣洩。在兩性的制式化性別規範已被打破的同時，對己身自然情性的宣發與欲望的滿足，為重身貴己之士人首重者。男性不再苦守威武而理性之性別模式；女性亦不再貞淑而婉約，各自以其性別位置的偏離，尋求己身於情性抒發與性格安頓下的新位置，並以身體的自然情性之抒發，使身體與自然更為接近。男性與女性，各以其性別身體的偏離與再定位，重塑社會的性別規範，使社會呈現出新的風貌。

第二節　反社會化的變體

人處身社會中，無論地位高低貴賤，均有其位置與身份，不僅階級與階級之間難於溝通，職業亦往往有貴賤之差異。在古代的社會，個體於出生時即有一相應之社會位置，此位置決定其身份地位、思想、教育機會與相關之成長環境，個體需先接受其原本之位置，才能去改造或者順從它。〔註91〕

魏晉以門第階級森嚴著稱，個人出身之高低，決定往後的命運，在九品中正制度下，出身低賤之人往往難於晉升。

除了社會地位之位置，個人身處社會中，與人交接之時，均有其相對之位置，為人與人間相對應之關係，此位置對個人的自我地位與價值之肯定極其重要。社會中往往以禮教闡明與人交接時之相對地位與關係，並以禮制定相應之行為規範，以為個人遵循之準則。

魏晉士人重視自我身體情性上的抒發，於傳統的性別身體之規範上，以性別位置的錯置，尋求身體自然情性的發展。此外，於身體的社會位置上，亦以身體於禮教位置上的錯置，與身體的去社會化，達到對社會的反抗與反

〔註91〕王曉華以為：「我」身處於一定的社會共同體之中，必須先接受社會對「我」的位置化，然後才能決定改造或順應它。社會深層結構的物質操作是被規定著的，同時從內部和外部規定著「我」，成為「我」的原始操作的基礎性構成。這種規定既是對「我」的充實；又是對「我」的限制，其通過物質與語言規定著「我」。見氏著：《個體哲學》（上海：上海三聯書店，2002 年 7 月），頁 41。

饋作用。

一、支離其形的醜怪身體——失序的身體之意象

身體處於群體之中，在與社會交接時，無論是在意識上或是身體行為上均受社會既定成規所規範。傅柯認為社會支配、控制、塑造身體，〔註 92〕多數人順從於這種社會對身體的強勢控制，唯有順從社會規範，身體才有參與與被理解的可能，才能順利地社會化。

但身體並非單方向地接受社會的改造與模塑，其亦有一定的反抗與再造社會之能力，身體有其思想、反叛性與自我躍升之能力。巴赫定（Michail M. Bakhtin,1895～1975）即提出「醜怪」（the grotesque body）身體的概念，以為社會中的某些人會對這種社會化的歷程排斥、拒抗，以醜怪而不合於群體規範的身體，作為對社會控制的消極反抗。這種「醜怪」的身體區分於一般的正常社交身體，通常以如動物般的、脫離人文約束的、欲望無限放大的形象呈現。此概念來自於祭典中大吃大喝的意象及肆無忌憚的生命力，醜怪身體具有顛覆性的作用，破除禮教中對身體與思想的壓抑。〔註 93〕此外，魯滕（Deborah Lupton）亦將身體區分為「有教化」（civilised）與「怪誕的」（grotesque），有教化的身體趨近於文化，能良好地控制身體的意識和理性，成功地內化為管理身體的舉止、驅力與欲望的道德規範；而怪誕的身體趨近於自然，為無規則、無紀律的。〔註 94〕

醜怪身體展現為一種對正常社交身體的破壞與醜化。在中國史籍中常表現為知識份子的身諫，士人以對自己社交身體的破壞，或生命的結束，作為對統治者最大的抗議。

自古以來，無論是東西方的知識份子，均對政治社會存有批評之職志，在皇權高於一切法律的時代中，知識份子對無道政府僅能以評論、議論等方式形成輿論的制衡，但在文人言輕的情形下，其效果有限。為了不觸怒當權

〔註 92〕傅柯以為從古典時代，身體便是權力的對象及目標，社會控制個人身體的「論述塑造」（discursive formation）是全面性的。詳見（法）米歇爾・福柯（Michel Foucault）著、劉北成、楊遠嬰譯：《規訓與懲罰》（*SURVEILIER ET PUNIR*）（北京：生活・讀書・新知三聯書店，2003 年 1 月 2 版 3 刷）。

〔註 93〕詳見楊儒賓：《中國古代思想中的氣論及身體觀》（臺北：巨流出版，1993 年），頁 41。

〔註 94〕哈定（Jennifer Harding）著、林秀麗譯：《性與身體的解構》，頁 43。

者，知識份子往往藉迂迴的方式勸諫君王，如淳于髡、東方朔以「言談微中」的方式，以滑稽、嬉笑之方式寓意嚴肅的政治話題。俳優有言語上的優待權，機巧而智慧地解釋往往可以免禍。〔註95〕但知識份子在國君無道或欲向當權者抗議時，往往回頭向俳優學習，以裝瘋賣傻或佯狂的方式行之，其將正常具社交作用，且彬彬有禮而乾淨的身體形象毀壞，代之以狂放或醜怪的形象。

君王的無上權威經不起臣下的質疑，臣下唯有藉著非正常與瘋癲的身體，作為一種曲折的抗議手段，以身體於社交位置上的脫序，達到進言之目的。儒家傳統下的中國知識份子，講求身體的威儀棣棣與禮教的充盈於體，狂放的身體終止了正常身體的社交功能；醜怪的身體，則是對文質彬彬之禮教身體的反叛。〔註96〕

莊子於〈應帝王〉中形容列子「為妻爨，食豕如食人。於事无與親，彫琢復朴，塊然獨以其形立。」，〔註97〕列子的身體在莊子的描述中，為一不合於社交禮儀之身體，如支離疏般，為一種醜怪身體的展現。所謂的醜怪，表現在肢體的殘缺變形，及行為的不合於俗這二方面。列子以其不合於正常社交禮儀的身體形象，使世人以醜、怪視之。列子雖不似支離疏之殘缺，四肢健全而無殘疾變形，但其「為妻爨」與「食豕如食人」、「於事無與親」，在兩性分工的家庭位置上錯置其位，且於親親之等與人禽之別上不予講究，這於中國這種以倫常關係建立起親親之別，嚴格注重個人身體所處位置的制度中，顯然為秩序的破壞者。列子的身體，在莊子思想中展現為一醜怪的變形之體，莊子藉著這種醜怪的身體宣揚其理想，欲於亂世中保全人之自然純真之本性，拋棄人為虛偽且束縛人性之禮教。

魏晉士人的放肆醜怪之體，很大部份借由酒精的麻醉作用以顯。過量的飲酒使人神經麻木而動作遲緩，理性與禮教的束縛，亦藉由酒精之麻醉而鬆弛。社會上對於酒醉的失態往往予以寬容，故酒醉之言往往不具威脅性與不負責任，與俳優之戲言有著同等之效果。士人藉酒醉失常而脫離正常社交身體，以

〔註95〕相關論述見余英時：《士與中國文化》，頁104～105。
〔註96〕布萊恩‧特納（Bryan S.Turner）以為穩定的世界之對立面為否定的王國，否定的王國必須受到管理控制或遭到思想的排斥。瘋癲與理性相對立，如果瘋癲經常出現在理性和精神世界的話，自然世界就會受到來自妖魔、病態和其他偏常形式的威脅。肉體畸變是威脅事物秩序的一種混亂，與存在的偉大鏈條相對抗。詳見（英）布萊恩‧特納（Bryan S.Turner）著、馬海良、趙國新譯：《身體與社會》第二版導言，頁19～20。
〔註97〕郭慶藩輯、王孝魚整理：《莊子集釋》，上冊，卷3下，〈應帝王第七〉，頁144。

解放身體或進言君上，在壓抑身體的禮教中尋求抒放。在《世說新語》中記載：

> 周仲智飲酒醉，瞋目還面謂伯仁曰：「君才不如弟，而橫得重名！」
> 須臾，舉蠟燭火擲伯仁。伯仁笑曰：「阿奴火攻，固出下策耳！」

〔註 98〕

周嵩對於其兄的盛名不滿，藉著酒醉一吐爲快，並以燭火擲之。其心中之眞意藉酒醉而抒發。

世人雖寬容酒醉之言行，不予追究，但若飲酒成爲一股社會風氣，則會使社會面臨失序。魏晉時期，名士的行爲往往引起仿效，名士的飲酒失度，不但非個人行爲，對於主政者來講，亦爲政權穩固的一顆不定時炸彈。士人的醜怪身體，一方面爲對社會之反叛；另一方面，亦爲統一政權的隱憂。〔註 99〕

士人在傳統禮教的薰陶之下，致力身體的經營，有教化的身體爲士人賴以社交與維持尊嚴之必需。除非爲了更重要之「義」，士人的尊嚴不容侵犯，只有在必要時，士人才會選擇放棄最重要的社交身體，以身諫向國君做最大程度的抗議。魏晉士人在僵化的禮法中，以脫離正常社交功能的反社會化之醜怪身體，表達對虛僞禮教的不滿。

嵇、阮之所以要超越名教，源於司馬氏「將原始儒家從倫理學角度提出的『孝』等禮教轉化爲一種管理和控制的手段」，〔註 100〕以儒家倫常作爲治國之依據，本身又進行不忠的篡逆之事，將禮教視爲統治的手段。嵇阮以越名教而任自然之行爲，以其社交身體的毀壞與醜怪身體的運用，欲使士人能發掘禮之眞義，使禮身合一。

士人面對無力扭轉的現實，藉由社交身體在位置上的脫序，向執政者抗議。劉伶與阮咸即於痛苦矛盾之中，酒醉逃避現實；另一方面，他們以一介名士，其酒醉後的失序身體，爲對當權者的一大諷刺。劉伶於〈酒德頌〉中云：

> 有大人先生，以天地爲一朝，萬期爲須臾，日月爲扃牖，八荒爲庭
> 衢。行無轍迹，居無室廬，幕天席地，縱意所如。止則操卮執觚，
> 動則挈榼提壺，惟酒是務，焉知其餘。有貴介公子，搢紳處士，聞

〔註 98〕余嘉錫：《世說新語箋疏》，〈雅量 21〉，頁 363。
〔註 99〕楊儒賓以爲如一社會處於「非彝」、「非度」之境，表示此社會已陷於全面瓦解之緣，無法提供最起碼的運作架構，周人即以爲造成殷人「非彝」、「非度」最根本的原因爲殷人之酗酒。見氏著：《儒家身體觀》，頁 38。
〔註 100〕劉容：〈從反社會控制角度詮釋嵇康 "越名教而任自然" 思想〉，《淮北煤師院學報（哲學社會科學版）》，第 23 卷第 6 期（2002 年 12 月），頁 71。

吾風聲，議其所以，乃奮袂攘襟，怒目切齒，陳説禮法，是非蜂起。
先生於是方捧罌承槽，銜杯漱醪，奮髯箕踞，枕麴藉糟，無思無慮，
其樂陶陶。兀然而醉，怳爾而醒。靜聽不聞雷霆之聲，熟視不睹泰
山之形。不覺寒暑之切膚，利欲之感情，俯視萬物，扰扰焉若江海
之載浮萍。二豪侍側焉，如螺蠃之與螟蛉。

劉伶藉大人先生與貴介公子、搢紳處士的對比，諷刺禮法之士唯禮法是從，見
非我族類即群起圍攻的迂敗。大人先生「以天地爲一朝，萬期爲須臾」，脫離時
間對於身體的限制；以「日月爲扃牖，八荒爲庭衢」，脫離常規中對於身體所處
的空間概念，其「行無轍迹，居無室廬」地縱意所如，身體超越禮教與常規。
其身體於時間與空間上的脫序，與「惟酒是務」，酒醉而無束縛的身體，均爲無
社交性與怪粹的，大人先生的無序身體正足以與世俗的禮教身體形成對比。劉
伶以失序的身體與禮教之身體的對比，喻僵化之禮教對人體的殘害。

此外，劉伶亦以嗜酒荒放之行徑對抗名教，其容貌奇醜而縱放不拘、行爲
奇特，「肆意放蕩，悠焉獨暢」，終日爛醉如泥，將其身體阻絕於正常的社交功
能之外，〔註101〕呈現出脫離社會與無社會性之身體特質。酒後的身體，必定是
無修飾且醜怪，行爲脫序且怪誕荒唐，如其「捧罌承槽，銜杯漱醪，奮髯箕踞，
枕麴藉糟」，箕踞於地而鬚髮不整，終日枕槽捧杯之體，在禮教的位置上嚴重脫
序。劉伶是以其醜怪之體行其理念，在顏延之的《五君詠‧劉參軍》中云：

劉伶善閉關，懷情滅聞見。鼓鍾不足歡，榮色豈能眩。韜精日沈飲，
誰知非荒宴。頌酒雖短章，深衷自此見。〔註102〕

世人皆以劉伶玩世不恭而墮落放蕩，但其醜怪之體，背後往往有著深衷。魏
晉以一亂世，士人於進諫或抗爭時，往往只能借由身體的社交位置之斷絕，
在全生之餘實現其理念。同樣藉著酒以明志之士人大有人在，酒醉的身體有
著雙重的功用，一方面可藉由脫離禮法位置的身體對當權者形成諷刺；另一
方面，亦可藉酒後脫離正常社交位置之身體以規避責任。晉武帝（236～290）
時，衛瓘（220～291）即藉酒犯上：

〔註101〕此處的無社交性，是指當他酒醉之時，身體上失去社交功能上來說。劉伶他
　　　　仍然與竹林名士交遊，身體仍然具有社交性。但事實上，在玄學色彩濃厚的
　　　　魏晉時期，任誕而無禮的身體，亦具有社交性，且有時就是依靠著這種風流
　　　　不拘的身體，達到某種社交功能。
〔註102〕逯欽立輯校：《先秦漢魏晉南北朝詩》（臺北：木鐸出版社，1988 年 7 月），
　　　　中冊，〈宋詩卷五〉，〈顏延之‧五君詠五首‧劉參軍〉，頁 1235。

> 晉武帝既不悟太子之愚，必有傳後意。諸名臣亦多獻直言。帝嘗在
> 陵雲臺上坐，衛瓘在側，欲申其懷，因如醉跪帝前，以手撫床曰：「此
> 坐可惜。」帝雖悟，因笑曰：「公醉邪？」〔註103〕

衛瓘因「欲申其懷」，而「如醉」跪帝前，是以其語雖出口而帝雖悟，但仍可以藉著酒醉之無社交功能的身體，使雙方皆能規避此意，而不了了之。不但保護了進言者；亦讓被諫者有下台階之機會，雙方藉著失序的身體而達到一場溝通，雖然這溝通不見得有用。

　　失去正常社交位置的醜怪之體，一方面為士人表志的途徑；一方面亦為其肆情性之一途。魏晉士人以生於亂世而主張及時行樂，狂放的身體脫離禮教之束縛，而顯現為一種醜怪之體，南帆於〈軀體的牢籠〉一文中指出：

> 軀體彷彿就是在某種近於瘋狂的自我報復之中獲得快感，并且通過
> 毀滅自我破壞和踐踏社會秩序的存在。這樣的時刻，軀體往往會聚
> 集起奇異的能量，形成了難以預計的後果。這一切無疑是社會統治
> 機構所擔憂的。〔註104〕

對亂世中生命的易逝，往往使士人以一種瘋狂的行徑去行樂，這種瘋狂無理性的身體，亦為一種醜怪身體的旁支。人對於死亡所帶來的無解之悲哀，往往用一種對社會秩序的絕望與反抗來表達不滿，這種反抗是墮落且放縱的，表現出一種及時行樂的傾向，這種行為帶給身心極大的傷害，對社會亦然。

　　正如列子於莊子的解讀中，以狂放而醜怪之體出現；其思想則透過魏晉士人的解讀，成為一種肆情思想的展現。

二、隱以求其志──「隱士」身體的空間特質

　　如果說竹林七賢以放蕩的身體去反抗既定的權威，用醜怪身體的反社會性去達致理想中的社會性，是一種對禮教積極的反叛，為積極的反社會化；那麼隱士的隱居，則為消極的反社會化。隱士隱居在山林中，藉著身體的與社會隔絕，與社會地位的消除，達到身體在社會的去位置化。隱士的反抗是消極無聲的，並不引起太大的注目，將自我的身體安靜地由社會中引退，較之仍然身處社會中又放達不羈、以醜怪行徑引人注目的放曠行為，更多了一份消極的無奈與淒涼的意味。

〔註103〕余嘉錫：《世說新語箋疏》，〈規箴7〉，頁555。
〔註104〕南帆：〈軀體的牢籠〉，收錄於汪民安編：《身體的文化政治學》，頁152。

（一）身體的去位置化、去社會化

個人處於社群之中，需有一符合己身身份地位之位置，並恃之與人交往，為個人存在社群中之必需。一旦對社會不滿而欲加以反抗時，除了以種種偏激行為反抗之外，亦可以以身體的去位置化，對社會作無言之抗議，王曉華於《個體哲學》中指出：

> 如果一個社會的深層結構是封閉的，它對個體的規定將是十分嚴格的。即使個體決定退出該社會共同體，成為隱士，他也將依然從內部被占有著。而且這種退隱也是該社會共同體規定個體的一種方式：或者接受社會的位置化，或者退出該社會共同體，除此之外，你別無選擇。〔註105〕

隱居為身體退出社會中正常的社交位置，隱士於社會中因失去與人之相對應位置，而失去其身份與地位。隱士的離群索居，是對群體社會的一種反叛與抗議，當其對社會制度不滿而又無能改變時，只有以消極的抵抗方式，即於社會中消失，以作為抗議。

隱的思想為「不事王侯，高尚其事」，其最初的動機為避世，但至漢末，因士人對一統政權之疏離心理，渴望以「隱」之方式表現自己的存在。〔註106〕歷來知識份子以為最清高之行，即為離世獨居。隱士之所以清高，因其拋棄了社會中一切價值觀與社會規範，身體於社會中的位置不僅表明了與人交接之必要，亦代表某一程度的社會地位與財富、聲名。當隱士拋棄己身的社會位置時，同時亦宣告鄙視社會中一切的規範與價值觀，而與利祿聲名絕緣。

隱士的行為對於當朝者，無異表明一種抗議與鄙棄之意味。隱士以身體的去位置化自絕於社會，可以是以世亂而避世，如阮籍〈詠懷詩〉中所言；〔註107〕亦可以是疾世之亂而不願出，如魯褒以元康之後的「綱紀大壞」，「傷時之貪鄙，乃隱姓名」；〔註108〕或因政治因素而不願出仕，如郭琦的「已為武帝吏，不容復

〔註105〕王曉華：《個體哲學》，頁43。
〔註106〕詳見羅宗強：《玄學與魏晉士人心態》（臺北：文史哲出版社，1992年11月），頁41~42。
〔註107〕阮籍於〈詠懷詩32〉中云：「朝陽不再盛，白日忽西幽。去此若俯仰，如何似九秋？人生若塵露，天道邈悠悠。齊景升丘山，涕泗紛交流。孔聖臨長川，惜逝忽若浮。去者余不及，來者吾不留。願登太華山，上與松子游。漁父知世患，乘流泛輕舟。」，以世亂而有隱志。陳伯君校注：《阮籍集校注》（北京：中華書局，1987年10月），卷下，〈詩・詠懷五言八十二首・其三十二〉，頁310。
〔註108〕楊家駱編：《新校本晉書》，冊3，卷94，〈列傳第六十四・隱逸傳附魯褒傳〉，

為今世吏」，遂終身處於家。〔註109〕或以好神仙導養之術而隱，如陶淡的「年十五六，便服食絕穀，不婚娶。」，但無論何者，隱士之特質，多以身體的絕於世俗為隱居之目的，如陶淡於長沙臨湘山中結廬居之，「親故有候之者，輒移渡澗水，莫得近之。」，〔註110〕於居住之地的位置上遠離京城，而自外於社交活動，與其親近者為白鹿，親友欲近之而不得。

無論是何種因素致隱，隱士均以其對官祿名位的輕視，反應出輕視世俗權位的心態。同樣地，當朝者亦無法以此籠絡他們，在《世說新語》中另立〈栖逸〉一章，以彰隱士高遠之姿：

> 李廞是茂曾第五子，清貞有遠操，而少羸病，不肯婚宦。居在臨海，住兄侍中墓下。既有高名，王丞相欲招禮之，故辟為府掾。廞得牋命，笑曰：「茂弘乃復以一爵假人。」〔註111〕

李廞以「一爵假人」謂當朝者以世俗之爵位籠絡士人之態。隱士於心態上欲與主政者之政權有所隔離，當政者雖以華園厚祿招仕，其往往不為所動，郭文即於王導為其置的西園中居七年，而忽求還山，後逃歸臨安而結廬於山中。〔註112〕《世說新語》中亦記載：「山公將去選曹，欲舉嵇康，康與書告絕。」，〔註113〕嵇康以隱居表明其對當朝政權的鄙視，其「隱」帶有一種對政治的反叛性，以離世的身體與身體位置的去社會化，作為對當朝者的抗議。

無論是抗議或是避世，隱士的身體帶有明顯的去社會化之特徵，在身體的社會位置去除之後，隱士也將其身體由正常的社交位置中脫序，使其身體帶有一種狂亂與不服禮教之特質，與世人建構中的社會身體有很大的不同。如孫登「性無恚怒，人或投諸水中，欲觀其怒，登既出，便大笑。」；〔註114〕董京「或見推排罵辱，曾無怒色」，〔註115〕以喜怒等情感表達的不合於社會

頁2437。

〔註109〕楊家駱編：《新校本晉書》，冊3，卷94，〈列傳第六十四・隱逸傳附郭琦傳〉，頁2436。

〔註110〕楊家駱編：《新校本晉書》，冊3，卷94，〈列傳第六十四・隱逸傳附陶淡傳〉，頁2460。

〔註111〕余嘉錫：《世說新語箋疏》，〈栖逸4〉，頁653。

〔註112〕楊家駱編：《新校本晉書》，冊3，卷94，〈列傳第六十四・隱逸傳附郭文傳〉，頁2440～2441。

〔註113〕余嘉錫：《世說新語箋疏》，〈栖逸3〉，頁652。

〔註114〕楊家駱編：《新校本晉書》，冊3，卷94，〈列傳第六十四・隱逸傳附孫登傳〉，頁2426。

〔註115〕楊家駱編：《新校本晉書》，冊3，卷94，〈列傳第六十四・隱逸傳附董京傳〉，

建構，顯示身體在某一程度上的脫序。范粲更以社交身體的斷絕，裝病「陽狂不言」斷絕與人的身體之交接，遇家中大事則以身體上的微弱變化，如「色無變」、「眠寢不安」來表達；〔註116〕郭文亦於西園中面對朝士的共觀而「頹然跌踞，傍若無人」，於還山之後「不復語，但舉手指麾，以宣其意。」。〔註117〕范粲與郭文放棄語言的溝通而「不言」，其「不言」，表達了放棄社交身體的功能，而自絕於群體生活中與人之交接。此外，范粲更以「陽狂」的醜怪身體來拒絕仕進，隱士往往以稱病或發狂等身體社交功能的喪失作爲絕仕之途，在身體的去社會化之際，亦爲對社會的抗議與拒斥。

隱者以與世俗處的社交身體之斷絕，爲其隱之主旨，如同孔子說的，「賢者辟世，其次辟地，其次辟色，其次辟言。」，〔註118〕由辟世而辟地而辟色而辟言，顯示其與社會交接之身體功能的逐一消退，在言語功能均不行使的狀態下，隱者之身體呈現一種全然寂靜而自得的境界，不與外界交而自絕於群體。

但這種隱者的身體之去社會化，往往帶給社會很大的影響力，尤以重視隱者風度的中國，隱士代表著高邁的情操，有其象徵作用。〔註119〕隱士身體對社會的拒斥，往往對社會產生一種「反饋」作用，造成社會某一程度於思想與體質上的改易，尤以隱居形成一股風潮之時，對社會的作用更爲顯著。隱者往往以其身體對社會的拒斥，造成社會的重構。群體與個體在這個層面上來說，亦爲流動而非靜止之關係。

（二）以身體的去社會化達到社會化

隱重在心隱，而非身隱，在《莊子‧讓王》篇中記載：

> 中山公子牟問瞻子曰：「身在江海之上，心居魏闕之下，奈何？」瞻子曰：「重生。重生則利輕。」中山公子牟曰：「雖知之，未能自勝也。」瞻子曰：「不能自勝則從，神无惡乎？不能自勝而強不從者，

頁 2427。

〔註116〕楊家駱編：《新校本晉書》，冊3，卷94，〈列傳第六十四‧隱逸傳附范粲傳〉，頁 2431～2432。

〔註117〕楊家駱編：《新校本晉書》，冊3，卷94，〈列傳第六十四‧隱逸傳附郭文傳〉，頁 2441。

〔註118〕（宋）朱熹撰：《四書章句集注‧論語集注》（北京：中華書局，2005年9月9刷），卷7，〈憲問第十四〉，頁 158。

〔註119〕謝大寧以爲「隱士意識」正是構成中國知識份子深層心理的一大要素，隱居本身成了某種價值。見氏著：〈儒隱與道隱〉，《國立中正大學學報（人文分冊）》，1992年，第3卷第1期，頁 121。

此之爲重傷。重傷之人，无壽類矣。」〔註120〕

只要想到名利害生，自然便會放下名利之心，但中山公子车以爲「雖知之，未能自勝也」，闡釋隱之難，難在人有求利之心，雖知名利足以害生，但要做到忘名利而安生實爲困難。名利之不能忘，瞻子以爲不必勉強，求名之心往往深存於人心，過於勉強更傷害自身，反而不是隱以求保生之本意，由此以知名利之難忘與隱士之難爲。

隱居生活需杜絕與人之交接而自外於群體社會，這對慣於群居之個人並非易事；而自外於社會位置之作法，又使個人於自我的定位上出現混淆。魏晉士人以其愛身而重身之欲，又兼重高名，發展出「朝隱」之法，以隱爲名而行入世之實，與枕石漱流之隱士已大爲不同。在《世說新語·栖逸》中記載的隱士，於物質生活條件上往往十分優渥，如康僧淵以一介高僧，建立的精舍卻是精美而講究：

> 康僧淵在豫章，去郭數十里，立精舍。旁連嶺，帶長川，芳林列於軒庭，清流激於堂宇。乃閑居研講，希心理味。庾公諸人多往看之，觀其運用吐納，風流轉佳，加已處之怡然，亦有以自得，聲名乃興。
> 後不堪，遂出。〔註121〕

康僧淵的精舍位於山水秀麗之美地，精舍內部的佈置亦下了一番功夫，精舍旁列山嶺、長川，庭院中有芳林排列，堂宇旁置溪流環繞，使其流蕩於屋宇之間，於如此環境中閑居養生，實爲快意。此外，由陶淡的「家累千金，僮客百數，淡終日端拱，曾不營問。」，〔註122〕亦可看出名士之隱，往往於物質環境上充裕而奢華。〔註123〕

〔註120〕郭慶藩輯、王孝魚整理：《莊子集釋》，下冊，卷9下，〈讓王第二十八〉，頁979。

〔註121〕余嘉錫，《世說新語箋疏》，〈栖逸11〉，頁660。

〔註122〕楊家駱編：《新校本晉書》，冊3，卷94，〈列傳第六十四·隱逸傳附陶淡傳〉，頁2460。

〔註123〕隱士之生活不可一概而論，在《晉書·隱逸傳》中記載之隱士，亦有布衣蔬食，窮困以自給者，如郭文「洛陽陷，乃步擔入吳興餘杭大辟山中窮谷無人之地，倚木於樹，苫覆其上而居焉，亦無壁障。時猛獸爲暴，入屋害人，而文獨宿十餘年，卒無患害。」；孟陋「少而貞立，清操絕倫，布衣蔬食，以文籍自娛。」；韓績「布衣蔬食，不交當世，由是東土並宗敬焉。」；譙秀「常冠皮弁，弊衣，躬耕山藪」瞿湯「篤行純素，仁讓廉潔，不屑世事，耕而後食，人有饋贈，雖釜庾一無所受。」見楊家駱編：《新校本晉書》，冊3，卷94，〈列傳第六十四·隱逸傳〉，頁2440～2445。

　　名士身雖隱，往往心態上仍入世俗，這有如郭象心在山林，身在魏闕之說，只要人各適其性，則能逍遙自在，無入而不自得。是以魏晉士人對於隱居與世俗欲望之間自有一套處理的哲學，在許玄度的例子中即可知：

　　　　許玄度隱在永興南幽穴中，每致四方諸侯之遺。或謂許曰：「嘗聞箕山人，似不爾耳！」許曰：「筐篚苞苴，故當輕於天下之寶耳！」
〔註 124〕

其於隱居永興時，收受各方諸侯禮物饋贈，對於他人之質疑仍覺理直氣壯，在心態上與真隱之淡泊名利有顯著的不同。此外，郗超每聽聞欲高尚隱退之名士，即主動置辦田產，「辦百萬資」為其造立居宇，其為戴逵置辦之精舍，以「精整」稱名：

　　　　郗超每聞欲高尚隱退者，輒為辦百萬資，并為造立居宇。在剡為戴公起宅，甚精整。戴始往舊居，與所親書曰：「近至剡，如官舍。」
　　　　郗為傅約亦辦百萬資，傅隱事差互，故不果遺。〔註 125〕

郗超耗費百萬為名士們置辦精舍，供其隱居。隱居至此已不同於山林中刻苦之隱，而享盡現世之榮華。在隱士們的住所耗費百萬而如同「官舍」之時，「隱」亦成為一形式上之隱，為一附庸風雅之詞彙。

　　魏晉的朝隱之風，使得隱居與仕宦之間不僅界限不明，且士人往往以隱為工具，先隱後仕。藉著隱居所得之高名而後出仕，即所謂的「終南捷徑」。〔註 126〕魏晉時期先隱而後仕之士人眾多，如周邵與翟湯之隱：

　　　　南陽翟道淵與汝南周子南少相友，共隱於尋陽。庾太尉說周以當世之務，周遂仕。翟秉志彌固。其後周詣翟，翟不與語。〔註 127〕

庾亮對周邵陳以當世之務，周因而棄隱出仕，使原先友好之翟湯「不與語」。華歆亦以有仕意而使管寧以為「子非吾友」，〔註 128〕此外如謝安的先隱後仕，亦成為士人之玩笑。〔註 129〕

〔註 124〕余嘉錫：《世說新語箋疏》，〈栖逸 13〉，頁 661。
〔註 125〕余嘉錫：《世說新語箋疏》，〈栖逸 15〉，頁 662。
〔註 126〕早於漢代時，士人為博取清譽，往往先至山林隱居，後再以隱者的身份被朝廷徵用，較科舉出仕者有更高的聲譽，因而名之為「終南捷徑」。
〔註 127〕余嘉錫：《世說新語箋疏》，〈栖逸 9〉，頁 658。
〔註 128〕余嘉錫：《世說新語箋疏》，〈德行 11〉，頁 13。
〔註 129〕「謝公在東山，朝命屢降而不動。後出為桓宣武司馬，將發新亭，朝士咸出瞻送。高靈時為中丞，亦往相祖。先時，多少飲酒，因倚如醉，戲曰：『卿屢違朝旨，高臥東山，諸人每相與言："安石不肯出，將如蒼生何？"今亦蒼生將

當時某些士人之隱，往往並非真以隱居為志，而為一暫時的權宜之計。隱居成為一種社交行為，亦為一社會化的過程。士人透過隱居而可躋身清高的名士之列，不論是先隱後仕；抑或是朝隱；或是真隱於山林，均為當時士人的交際行為與名士風範。

隱士以其於中國傳統中的清高地位，使士人欲透過身體在隱居中的去社會化而達致高名，此舉有助於社會地位的提高，使其於回歸社會時，得到更高的聲望。是以隱居於魏晉士人，往往不只是身體對於社會的拒斥，亦是身體對於社會的相迎與相容，士人以身體的短暫去社會化，達致往後社交身體的圓融與改易其身體的社會位置之手段。由隱而使士人的社會地位有所提高，在《世說新語》中記載：

> 何驃騎弟以高情避世，而驃騎勸之令仕，答曰：「予第五之名，何必減驃騎！」〔註130〕

何准避世隱居，但其隱士之名望反較為官的兄長為高。名士隱居山中，對於身體在社會位置上的提升有著正面的助益，朝隱之行又可提供名士豐裕的物質生活；同時隱居時，身體仍具有正常的社交性，更因與名士們的社交互動，使身體的社會位置更為提升，隱居遂成風氣。

魏晉時期的隱士於心境上自由，物質上享受，於隱居生活中加進了世俗的享樂，交往的對象也多為當代名流、官員，並不因隱居而門前冷落車馬稀，這樣的隱居生活可以說是社交生活的一部份，為入世之身體。隱居成為提升士人社會生活與社交身體的必要途徑，靠著身體於不同位置的運用，而使其獲得更多的資源與高名，進而得以以更好的社會位置回歸社會，為魏晉士人於身體上的良好運用。

小　結

身體作為社會的縮影，不但體現了社會，亦構成了社會。在社會以約定俗成而建立的規範中，「常」的大體之建構，往往成為形塑小體之約束；但另一方面，小體的「異」，不只在本身與社會大體規範的衝突；而在形塑另一型式的社會，成就社會的新變與創化。是以小體在常的結構下有其社交身體之

如卿何？』謝笑而不答。」余嘉錫：《世說新語箋疏》，〈排調26〉，頁801。
〔註130〕余嘉錫：《世說新語箋疏》，〈栖逸5〉，頁653。

展現形式，受社會之規範；而在異的狀態下，則成爲社會之反饋，重構社會，大體與小體在此種形式下交流，而爲一流動的活體。

在常的結構之下，〔註131〕魏晉士人以身體位置的變易，構成社會中的異，而以其位置之異，達到對社會的反抗或者重構。在禮教對於男女身體位置的清楚劃份與規定下，士人以性別身體的位置之改變，這種位置可以是對性別思想的重新建構，與兩性衣著及性別規範上的跨越，或是兩性在禮教規範位置上的跨越。種種的作爲，均使禮教受到嚴重的挑戰，無形中對社會進行重構。

此外，隱士的身體以其離世而放棄社交身體，造成一種對社會的抗斥作用，又因世人崇尙隱士而使得這種抗斥有著一定的反抗作用，對當權者造成一定的壓力。隱者對社會身體與社交位置的放棄，對社會產生反向的作用，當權者要不就是改良自身；要不就是籠絡隱士；或者將其去除。

魏晉當權者選擇籠絡隱士，爲其置辦精舍以收其心，當時許多士人的確因而被收買，更多的士人以朝隱的方式兩得其中，而兼得隱之清名與仕之厚祿。隱之風氣於魏晉成爲一股時尙潮流，而爲高名之途，士人以身體位置的短暫改易而後獲得更高的聲名。甚至在隱士的身體之去社會化方面，亦不復如此，名士交互拜訪清談，山林儼然爲朝堂的另一個處所，甚至處魏闕無異於山林之中，身體位置不用改易，亦不必放棄社交身體，便可以成就隱之行爲。朝隱的行爲，爲魏晉士人大開方便之門，而實爲士人藉以入世，並提升其社會地位之手段。

此外，我們可以由士人性別身體與社會身體在位置上的改易，見出身體與社會的互動關係。以氣化成之體，其陰陽之氣的變異往往關聯及於社會之體，使社會之服制與國體隨之變動。魏晉婦女於經濟與家庭地位上的提升，促使女性強悍之風的興盛，某一程度上造成男性於同性之中尋求性之慰藉，與男性女性化裝扮之風氣。男性於兩性關係上的受制與壓抑，使其以隱語的方式對女性進行反制，我們由當代史傳中呈現的男性之優雅與女性之悍妒的

〔註131〕劉苑如以爲殘缺、病態等「負存在」亦有其地位，可視爲兩個圓滿狀態間的過渡形式，常與異乃並存於世而相互依存，飽經憂患的漢魏六朝人，如何在「異」的崩潰中重建「常」的秩序，是整個時代的基調。詳見氏著：《身體‧性別‧階級──六朝志怪的常異論述與小說美學》，頁 45〜46。其以魏晉爲一「異」的崩潰，但筆者以爲魏晉雖爲亂世，仍有其亂世中的秩序，此秩序即爲當代之「常」，此常因爲受到時代快速變換之影響，而快速變易，因而此「常」雖然短暫，但不失爲當代身體所依據之常則。

身體形象中，看出女性身體仍無法脫離男權思維及壓抑。另一方面，魏晉士人以其性別身體建構上的不同以往，以身體之「變」，構造出社會之「常」。

　　隱士的身體，亦以其社會與社交身體之位置上的運用，達致入世或身諫之功用，身體作為與社會交流之手段，本身亦為一與社會溝通之形式，而與群體社會互相交流影響。

第六章　魏晉的理想身體

　　魏晉以氣質論身，使士人於身體形象的建構上脫離不了先天質性的限制，其於論身時，先天決定的身體，限制了凡俗之人向聖人之路前進之可能，而使聖人與凡俗之人有著不可跨越之鴻溝。

　　魏晉士人於理想身體的建構上，亦有著聖凡之別，在建構出聖人的不可學致之體時，士人亦於其凡俗之質性上，建構出屬於己身性分能及之理想身體，而有著凡人的逍遙境界。

　　筆者於此理路上，將魏晉對於理想身體的建構，區別為「聖人」與「中人」之別，取王衍將人區分為上、中、下的說法，將士人區別於最上之聖人與最下之人，稱其為「中人」。〔註 1〕於建構魏晉士人的理想身體之際，闡發二理路的差異性。

　　此章首以士人論述中的聖人之形象，探討魏晉士人理想中的身體為何，魏晉以氣質論身而使聖人之身體意象帶有先天質性，區別於儒家後天的德性

<hr>

〔註 1〕關於聖凡之別，吳冠宏在論魏晉之情時，以為魏晉存在著「聖人」與「我輩」的區分，而將其區別為「聖人論」與「我輩說」。見氏著：〈從余英時〈名教危機與魏晉士風的演變〉一文中「情」之論述及其商榷談玄論與魏晉士風的合理關涉〉，《東華人文學報》第 8 期（2006 年 1 月），頁 6～23。本文之「中人」說，雖與其「我輩」所含括之士人範圍相同，皆為史料中所記載之魏晉士人。但取「中人」之語，是為更突顯出魏晉士人處「中」之智慧，其於了悟己身處於中人之資質，上不及聖；下不至愚，欣然接受其處中之性分，而於這種對性分的了悟中，盡力發揮而求其中人之逍遙。此外，此「中」亦含有魏晉身體觀中，人之身體處於自然的天、地、人之並構中，與天地自然同其俯仰而自處其中的尊重自然之思想；亦以其體置於禮教社會的建構中，以身體為人為與自然的體現場域，並縮合自然與名教，亦突顯其處「中」之智慧。

進修之身體觀點；亦以其重現世之欲望，而區別於道家以精神爲重之身體觀。魏晉士人雖以儒道爲內涵，但其身體觀點實不同於儒道之身體，而別爲一格。

士人於玄學的影響下，積極尋求一和諧兼融之體，由劉邵的《人物志》講「莫能兩遂」的「中」之體，至張湛的調和陰陽，無論是在儒道的交融與聖人質性上，都有一「中」的調和特質。

但聖人之體難以企及，在先天質性的限制下，理想與現實無法兼顧，士人轉而面對己身的中人之質性，並於此中人的質性之限制中，尋求其理想身體的建構。士人欣然接受其處中之質性，而貴其自然本眞之體，對自我身體持肯定與欣賞之態度。

重身而貴我之士人，以對身體欲望的重視，既無法達致儒家的德性之修養；亦無法放棄身體之享樂，最終表現爲對仙化身體的想望。如此，既能有儒之濟世志；亦能有道之山林遊；同時保全了現世的享樂與長生之渴望。

第一節　魏晉聖人論述中的身體意象

在聖人身體的建構上，傳統儒家於建構聖人意象時，不止重人道；亦加入了天道的成份。孔子、孟子均以古聖堯、舜爲聖人，孟子以爲聖人是「人倫之至也」，[註2] 爲人實踐倫理規範之典範。但眞正的儒家聖人，不只在禮樂名教等道德境界上達到極致，還要進一步達到一種「則天」、「無爲」的境界，所謂「大而化之之謂聖」，[註3] 力求與天道自然的契合，講求一種天人合一的境界。

道家的聖人觀亦以自然爲主，順應自然而無所作爲，《老子》云：

> 是以聖人處無爲之事，行不言之教。萬物作而不辭，生而不有，爲而不恃，成功不居。[註4]

> 聖人無爲，故無敗，……以輔萬物之自然而不敢爲。[註5]

莊子亦以聖人無爲，而云「至人无己，神人无功，聖人无名。」，[註6] 其聖

〔註 2〕　焦循撰、沈文倬點校：《孟子正義》（北京：中華書局，2004 年 2 月 5 刷），上冊，卷 14，〈離婁上〉，頁 490。

〔註 3〕　焦循撰、沈文倬點校：《孟子正義》，下冊，卷 28，〈盡心下〉，頁 994。

〔註 4〕　朱謙之：《老子校釋》（北京：中華書局，2000 年 9 月 5 刷），二章，頁 10～11。

〔註 5〕　朱謙之：《老子校釋》，六十四章，頁 260～262。

〔註 6〕　郭慶藩輯、王孝魚整理：《莊子集釋》（臺北市：華正書局，2004 年），上冊，卷 1 上，〈逍遙遊第一〉，頁 17。

人爲一種精神達於極致寧靜而不受外物與雜念干擾的「神全」狀態。〔註7〕道家講無名無爲，一方面順應自然；另一方面棄虛僞之名教。是以道家的聖人非絕離於人間而不講人道，而是一種達致自然無爲、用心若鏡，可以物我兩忘，與天道自然合而爲一的至人之境界。

儒道二家之聖人，看以一依人道；一依天道，事實上於聖人的理想境界上，均要求人道與天道的完美契合，爲兼通天人之道的聖人之體。

魏晉玄學思想承續儒、道二家之內涵，致力於自然與名教的結合，從正始玄學至張湛思想，均爲調和名教與自然之理路。在這種儒道兼融思想影響下，士人對於聖人的理想人格及身體意象之構築，亦爲一種兼融儒家威儀之身與道家放曠之體的形象。高華平於《魏晉玄學人格美研究》中云：

> 魏晉玄學……由人物品鑒而至哲學本體論的探討，建構了一個上至自然天道，下至個體人格生命的本體論系統，並樹立起一個有無、本末、性情、形神、名教與自然和諧統一的理想人格——聖人的形象。〔註8〕

士人於聖人的理想身體之建構中，以兼融的和諧方式，試圖表現出一種兼顧有無而形神交融，自然與名教一體之身體。

一、聖人身體不可學不可致

魏晉以氣質之性論身，使身體受先天氣性之影響，自劉劭《人物志》至東晉張湛的思想，均以先天之氣質論身。

身體的情性與思想亦由氣以成，而彰顯於體表，人的情性、血氣均是「著乎形容，見乎聲色，發乎情味，各如其象」的，身體的重要性在於「苟有形質，猶可即而求之」，內外的關係非常密切。所有內在的「心質」、「心氣」，與外在的儀、容、聲、色，均有密切的相應關係，這就是所謂的「儀動成容」、「聲暢於氣」、「色見於貌」，「徵神見貌，則情發於目」，內外關係的相聯，乃以氣爲基礎。

萬物雖緣生於氣，但因先天之氣的清濁不同，使物在生成時有質的不同，

〔註7〕《莊子・天地》：「執道者德全，德全者形全，形全者神全。神全者，聖人之道也。」郭慶藩輯、王孝魚整理：《莊子集釋》，上冊，卷5上，〈天地第十二〉，頁436。

〔註8〕高華平：《魏晉玄學人格美研究》（成都：巴蜀書社，2000年8月），頁141～142。

特別是秉受之氣的特鍾與混濁，導致質性的聖愚之差異。

聖人以其質性特鍾而異於常人，曹植於〈相論〉中即以為聖人之形異於常人：「……使形殊於外，道合其中，名震天下，不亦宜乎。語云，無憂而戚，憂必及之；無慶而歡，樂必還之。此心有先動，而神有先知，則色有先見也。故扁鵲見桓公，知其將亡，申叔見巫臣，知其竊妻而逃也。」，〔註9〕聖人之形之所以異於常人，亦因其所受的氣不同於凡俗之人，而特秀出之故。

劉邵以為人秉陰陽之氣以生，而聖人亦為氣所生成，其所以具備了中和之質，是因其天賦中稟受了均衡而不偏頗的五行之氣，先天稟性極為優良。由五行之氣所衍生出來的仁、義、禮、智、信五種道德與才能平衡無偏失，即所謂的「五常既備，包以澹味；五質內充，五精外章」，〔註10〕這種稟氣平衡的結果，使聖人在各方面都能有很好的天賦。這種各方面平衡的發展，即為「兼德」，為才與德的兼備與平衡發展。

王弼亦以為聖人神明茂於常人，而能作到動不違理，應物而無累於物，是因為其「自然已足」、「智慧自備」，〔註11〕其智慧出自於自然之本質，非後天之積累，故其以為聖人天成，不可學亦不可致。

嵇康即以為「元氣陶鑠，眾生稟焉，賦受有多少，故才性有昏明。唯至人特鍾純美，兼周外內，無不畢備。」，〔註12〕向秀亦云：「縱時有耆壽者老，此自特受一氣，猶木之有松柏，非導養之所致。」，〔註13〕其以人稟元氣所生，才性才質為先天決定，聖人兼周內外之資質亦為先天所稟賦。郭象亦持先天決定論之說，以為木中之傑的松柏，為先天所受之氣之影響，其云「夫松柏特稟自然之鍾氣，故能為眾木之傑耳，非能為而得之也。」，〔註14〕松柏同於聖人，為最特出者，因受自然之正氣者稀少而難得，故松柏與聖人為可貴：

〔註9〕嚴可均校輯：《全上古三代秦漢三國六朝文》（北京：中華書局，1958年），冊2，《全三國文》，卷18，〈陳王植〉，頁1150。

〔註10〕以上《人物志》引文見（漢）劉邵撰、王雲五編：《人物志》（臺北：臺灣商務印書館，1967年臺二版，四部叢刊影印縮本），卷上，〈九徵第一〉，頁4～6。

〔註11〕王弼：《老子道德經校釋》，第二章。

〔註12〕嚴可均校輯：《全上古三代秦漢三國六朝文》，冊2，《全三國文》，卷50，〈嵇康・明膽論〉，頁1335～1336。

〔註13〕嚴可均校輯：《全上古三代秦漢三國六朝文》，冊2，《全晉文》，卷72，〈向秀・難嵇叔夜養生論〉，頁1877。

〔註14〕郭慶藩輯、王孝魚整理：《莊子集釋》，上冊，卷2下，〈德充符第五〉，「受命於地，唯松柏獨也在冬夏青青」句郭象注，頁194。

言特受自然之正氣者至希也，下首則唯有松柏，上首則唯有聖人，

故凡不正者皆來求正耳。若物皆有青全，則無貴於松柏，人各自正，

則無羨於大聖而趣之。〔註15〕

松柏與聖人皆因秉受稀少而珍貴的自然正氣，使其體與常物異，並以通貫於自然之正氣，影響己身的體氣，使得體為之正，這種源於自然而相應於自然的思想，承《人物志》先天賦氣之餘緒。這種聖人氣質天賦而不可學之思想，亦於《世說新語》中顯現，在〈言語〉篇中記載：

孫齊由、齊莊二人小時詣庾公，公問：「齊由何字？」答曰：「字齊由。」公曰：「欲何齊邪？」曰：「齊許由。」「齊莊何字？」答曰：「字齊莊。」公曰：「欲何齊？」曰：「齊莊周。」公曰：「何不慕仲尼而慕莊周？」對曰：「聖人生知，故難企慕。」庾公大喜小兒對。

〔註16〕

齊莊以為聖人生知，凡人難以達致其境界。郭象更以：「俱食五穀而獨為神人，明神人者非五穀所為，而特稟自然之妙氣。」，〔註17〕闡明先天質性之不可改易，聖人之質性不可由後天導養而致。後天的導養對養生亦無多大益處，是以無論是成仙或長壽久生，甚或成聖，魏晉均以一種先天決定的角度否定了後天努力的可能性，這有如郭象所說的：

性各有分，故知者守知以待終，而愚者抱愚以至死，豈有能中易其

性者也！〔註18〕

性為天生命定，人的智愚賢達亦為先天賦予，無法藉由後天改易，聖人亦如是。

張湛雖云「上至聖人，下及昆蟲，皆形聲之物。以形聲相觀，則無殊絕者也。」，〔註19〕以為聖人與昆蟲皆為氣之化成，皆形聲之物而無殊絕，但其實以為先天之質性無由改易，聖人與凡人具有不同之資質，其資質從先天的

〔註15〕郭慶藩輯、王孝魚整理：《莊子集釋》，上冊，卷2下，〈德充符第五〉，「受命於天，唯舜獨也正」句郭象注，頁194。

〔註16〕余嘉錫：《世說新語箋疏》，〈言語50〉，頁109。

〔註17〕郭慶藩輯、王孝魚整理：《莊子集釋》，上冊，卷1上，〈逍遙遊第一〉，「不食五穀，吸風飲露」句注，頁29。

〔註18〕郭慶藩輯、王孝魚整理：《莊子集釋》，上冊，卷1下，〈齊物論第二〉，「一受其成形，不忘以待盡」句郭象注，頁59。

〔註19〕楊伯峻撰：《列子集釋》，卷2，〈黃帝篇〉，「凡有貌像聲色者，皆物也。」句張湛注，頁49。

秉氣與形貌上的殊異，及精神上的差異均可視出。其以「舊說聖人心有七孔也。」，[註20] 闡述體貌上的凡聖之別，又云：

> 人形貌自有偶與禽獸相似者，古諸聖人多有奇表；所謂蛇身人面，
> 非被鱗臆行、無有四支；牛首虎鼻，非戴角、垂胡、曼額、解領；
> 亦如相書龜背、鵲步、鳶肩、鷹喙耳。[註21]

聖人以其秉氣異於常人，故多有奇表而異於凡人，形異而神亦異，不僅聖人於神智上能「智周萬物，道濟天下。」，[註22] 其心且不定於一方，「應事而感，以外物少多爲度」，[註23] 能「忘懷任過，通亦通，窮亦通」，[註24] 且張湛亦以爲「聖人無夢也」[註25]、「聖人無眠覺也」，[註26] 於先天的質性上表現出聖凡之別。

這種先天氣性的決定論，不但彰顯出聖凡之別，亦昭示出凡人入聖之路的不可行。是以魏晉時期特重兒童之早慧，與對先天資質的早判，先天的氣性，影響後天之發展甚巨，亦是入聖或凡俗的判別之途。

二、中和之體

劉邵在《人物志》中，以聖人之體爲一種形神相濟、文質相符的中庸平淡之身體，其在〈九徵〉篇中云：「陰陽清和，則中叡外明，聖人淳耀，能兼二美。知微知章，自非聖人莫能兩遂。」，[註27] 這種「能兼二美」、「莫能兩遂」的聖人之體，體現了一種中庸之道。

但這種中庸之體的形成，前提是在陰陽二氣的清和與平衡之上，是故先天之陰陽二氣的中和平淡與兼得不偏，爲聖人身體異於常人之基礎，常人因

〔註20〕 楊伯峻撰：《列子集釋》，卷4，〈仲尼篇〉，「既而曰：『……子心六孔流通，一孔不達。』」句張湛注，頁130。

〔註21〕 楊伯峻撰：《列子集釋》，卷2，〈黃帝篇〉，「神農氏、夏后氏，蛇身人面，牛首虎鼻：此有非人之狀，而有大聖之德。」句張湛注，頁84。

〔註22〕 楊伯峻撰：《列子集釋》，卷4，〈仲尼篇〉，「非但修一身，治魯國而已。」句張湛注，頁115。

〔註23〕 楊伯峻撰：《列子集釋》，卷4，〈仲尼篇〉，「更無是非：從口之所言，更無利害。夫子始一引吾並席而坐。」句張湛注，頁127。

〔註24〕 楊伯峻撰：《列子集釋》，卷4，〈仲尼篇〉，「無所由而常生者，道也。」句張湛注，頁130。

〔註25〕 楊伯峻撰：《列子集釋》，卷2，〈黃帝篇〉，「晝寢而夢」句張湛注，頁41。

〔註26〕 楊伯峻撰：《列子集釋》，卷2，〈黃帝篇〉，「黃帝既寤」句張湛注，頁42。

〔註27〕 劉邵撰、王雲五編：《人物志》，卷上，〈九徵第一〉，頁4。

爲氣質之偏至，而無法達致聖人的純美中和之體。

　　劉卲依個人擁有法、術、德三種才能的多寡，將人分爲十二種才能：

　　　　三度不同，其德異稱。故偏至之材，以材自名；兼材之人，以德爲
　　　　目；兼德之人，更爲美號。

人材由低至高，分別爲偏才、兼才、兼德三種層次。常人因氣質才性之限制，
而爲「偏才」或「兼才」，無法如「中庸」之聖人般兼有眾德：〔註28〕

　　　　兼德而至，謂之中庸；中庸也者，聖人之目也。具體而微，謂之德
　　　　行。德行也者，大雅之稱也。一至謂之偏材；偏材，小雅之質也。
　　　　　〔註29〕

聖人「兼德而至」而兼有德、法、術三種品格及特質，聰明平淡而材質均衡。
這種中和之質，是「平淡無味」的。中庸之德統合各種才能與德性，無以名
之，故「其質無名」，「變化無方，以達爲節。」〔註30〕

　　劉卲基於氣質論身的基礎，建構了承陰陽中和之氣以成的聖人之體；另
一方面，其亦以聖人身體爲一儒道思想兼融之場域，將儒家聖人身體賦予道
家之思想內涵，而建構了一處儒道之「中」的聖人身體。在上位者治國需「勞
聰明於求人」，但於選拔人材時不免受自身器能與見識影響，選出與自己相似
之人，即「同體」。唯有「一流」之聖人，能識鑑一流之善，劉卲以老子「上
善若水」、「水能善下之」之思想釋聖人，〔註31〕需「盡有諸流」，才能「兼達
眾材」。〔註32〕

　　後王弼以崇無用有、體用一源，承此理路而行。以爲聖人有情，應物而
不累於物，以「無」融合有卻不滯於有，將無與有、本體與功用統一，爲一

〔註28〕劉卲所謂的中庸之德，與先秦儒家的中庸思想之內涵並不相同，其並非指儒
　　　　家的道德修養，而是指人之本然質地，如聖智與才幹。袁濟喜以爲其中庸之
　　　　德超越了具體之才幹，是一種無爲而無不爲之聖人智慧。見氏著：《和：審美
　　　　理想之維》（南昌：百花洲文藝出版社，2001 年），頁 72。此外，湯用彤以爲
　　　　劉卲的君德中庸之說，是以名家觀點講知人任官之本。見氏著：《魏晉玄學論
　　　　稿》，收錄於魯迅、容肇祖、湯用彤等著：《魏晉思想乙編三種》（臺北：里仁，
　　　　1995 年 8 月），頁 22。

〔註29〕劉卲撰、王雲五編：《人物志》，卷上，〈九徵第一〉，頁 6～7。

〔註30〕劉卲撰、王雲五編：《人物志》，卷上，〈體別第二〉，頁 7。

〔註31〕「上善若水，水善利萬物，又不爭。處眾人之所惡，故幾於道。」「江海所以
　　　　能爲百谷王，以其善下之，故能爲百谷王。」見朱謙之：《老子校釋》（北京：
　　　　中華書局，2000 年 9 月 5 刷），八章，頁 31；六十六章，頁 267。

〔註32〕劉卲撰、王雲五編：《人物志》，卷中，〈接識第七〉，頁 19

有無一體、儒道兼備之體。

王弼在君主的理想身體之建構上，亦以「中」的觀點統括之，王弼在《論語釋疑》中云「至和之調，五味不形；大成之樂，五聲不分；中和備質，五材無名也」，〔註33〕以「中和備質，五材無名」之道家貴無觀點來解釋儒家之聖人意象，其「中」即是一種守中無爲，不偏不倚之意。其以無爲的中庸平淡之德，而能役使眾材，是以無統有，崇無而舉有。

魏晉的身體觀點，建構在快速的世變之前提上，而不同於承平之世之身體觀。郭象亦於變易反覆的觀點上，提出「環中」之論，進而使得聖人之理想身體的建構，由氣質之體的陰陽調和之「中和」，與思想上調和儒道的「守中」，進至一種境界上的「無是無非」之「中」，其云：

> 夫是非反覆，相尋無窮，故謂之環。環中，空矣；今以是非爲環而得其中者，無是無非也。無是無非，故能應夫是非。是非無窮，故應亦無窮。〔註34〕

> 唯涉空得中者，曠然無懷，乘之以游也。〔註35〕

這種境界與心態上的「曠然無懷，乘之以游」，即是所謂神人、至人之逍遙之境，雖然凡俗之人亦可達致逍遙境界，但郭象在建構聖人的理想身體形象時，以一種應世變而空虛其心的「無」之觀點，應世變之環中，守中而應之以不變之心。

東晉時，張湛亦以中和爲聖人之特質，其以爲「失其中和，則濡溺恐懼也。」〔註36〕張湛亦以人爲陰陽之氣化而成，陰陽之氣需互相調和，其於〈周穆王〉注中云：

> 陰陽以和爲用者也，抗則自相利害，故或生或殺也。〔註37〕

以氣化成之人，需要陰陽之氣的持中與調和，否則會使人於氣性上有所

〔註33〕王弼著、樓宇烈校釋：《老子周易王弼注校釋・論語釋疑》（臺北：華正書局，1981年9月），「子溫而厲，威而不猛，恭而安。」句注，頁625。

〔註34〕郭慶藩輯、王孝魚整理：《莊子集釋》，上冊，卷1下，〈齊物論第二〉，「樞始得其環中，以應无窮。」句注，頁68。

〔註35〕郭慶藩輯、王孝魚整理：《莊子集釋》，上冊，卷1下，〈齊物論第二〉，「是亦一无窮，非亦一无窮也。」句注，頁68。

〔註36〕楊伯峻撰：《列子集釋》（北京：中華書局，1997年10月5刷），卷3，〈周穆王篇〉，「故陰氣壯，則夢涉大水而恐懼」句張湛注，頁102。

〔註37〕楊伯峻撰：《列子集釋》，卷3，〈周穆王篇〉，「陰陽俱壯，則夢生殺」句張湛注，頁103。

偏執，在情緒上會因氣的失中和而濡溺恐懼，陰陽的不和亦會使其「自相利害」而危及人體。相反地，至人因「心與元氣玄合，體與陰陽冥諧」，陰陽之和諧，而能使其「神定氣和，所乘皆順」，使「五物不能逆，寒暑不能傷。」這種「含德之厚，和之至也」〔註38〕的至人，為一陰陽調和適中，而含德至和之身體。故身體感官得中和之道，則可得安定而不變，張湛在〈仲尼篇〉注中云：

> 目耳口鼻身心此六者常得中和之道，則不可渝變。居亢極之勢，莫不頓盡；故物之弊必先始於盈滿，然後之於虧損矣。窮上反下，極盛必衰，自然之數。是以聖人居中履和，視目之所見，聽耳之所聞，任體之所能，順心之所識；故智周萬物，終身全具者也。〔註39〕

中和之道首先建立在耳目感官上的中和不逾矩，於身體感官對外的接觸中，能得中和之道，即能「任體之所能，順心之所識」，進而使人於智識上「智周萬物」，識物之理的圓滿之道，進而能全其身。是以身體的居於中和，是全身之道。此是在人的氣質身體上來講，而於應世心態上，亦以中和為貴，張湛於〈力命篇〉中云：

> 萬物皆有命，則智力無施；《楊朱篇》言人皆肆情，則制不由命；義例不一，似相違反。然治亂推移，愛惡相攻，情偽萬端，故要時競，其弊孰知所以？是以聖人兩存而不辯。將以大扶名教，而致弊之由不可都塞。或有恃詐力以干時命者，則楚子問鼎於周，無知亂適於齊。或有矯天真以殉名者，則夷齊守餓西山，仲由被醢於衛。故列子叩其二端，使萬物自求其中。苟得其中，則智動者不以權力亂其素分，矜名者不以矯抑虧其形生。〔註40〕

治亂之推移有如物之盈虧之理一般，處世之時若隨世而變，則使「愛惡相攻，情偽萬端」，必傷及體。故張湛以為「聖人兩存而不辯」，叩其二端，而求其中，得其中則使智動者不以權亂其分；而矜名者不以矯虧其形。處於亂世可保全身。處中之道，在張湛看來，以一種無心而順有之心態應世，其云「唯

〔註38〕楊伯峻撰：《列子集釋》，卷2，〈黃帝篇〉，「文侯曰：『夫子奚不為之？』……文侯大説。」句張湛注，頁69～70。

〔註39〕楊伯峻撰：《列子集釋》，卷4，〈仲尼篇〉，「心將迷者，先識是非」句張湛注，頁133。

〔註40〕楊伯峻撰：《列子集釋》，卷6，〈力命篇〉，「朕豈能識之哉？朕豈能識之哉？」句張湛注，頁193～194。

圓通無閡者，能惟變所適，不滯一方」，〔註41〕「都無所樂，都無所知，則能樂天下之樂，知天下之知，而我無心者也。」，〔註42〕張湛以爲世事皆形跡，應世應以無之心對之，其於〈仲尼篇〉注中云：

> 夫聖人既無所廢，亦無所用。廢用之稱，亦因事而生耳。故俯仰萬機，對接世務，皆形跡之事耳。冥絕而灰寂者，固泊然而不動矣。
> 〔註43〕

其「圓通無閡」而「惟變所適，不滯一方」的聖人之體，與劉卲的「能兼二美」的聖人之體遙相呼應。張湛的聖人之體，兼容儒道，而居宗體備，無論在身體的保全與處世的應用上，均以中和爲貴。〔註44〕而以聖人能履中和，故能爲貴，張湛以爲「自非聖人，莫能兩遂」。

魏晉的聖人之體，在氣質之性上以陰陽二氣的中和爲基礎，形成其常人不可企及之高妙身體；於思想上兼融儒道而居中體備，崇無用有；於世變中處中無爲而無所用心；並以「涉空得中」之修爲，達致逍遙之境。

第二節　理想身體與現實身體的接榫——中人〔註45〕的理想身體

魏晉士人既建構了不可學不可致的聖人形象，以爲聖人之先天質性異於

〔註41〕楊伯峻撰：《列子集釋》，卷4，〈仲尼篇〉，「而魯之君臣日失其序，仁義益衰，情性益薄。此道不行一國與當年，其如天下與來世矣？」句張湛注，頁115。

〔註42〕楊伯峻撰：《列子集釋》，卷4，〈仲尼篇〉，「無樂無知，是眞樂眞知」句張湛注，頁116。

〔註43〕楊伯峻撰：《列子集釋》，卷4，〈仲尼篇〉，「孔丘能廢心而用形」句張湛注，頁117。

〔註44〕東晉對於聖人的觀點，因爲佛教滲入玄學思想的關係，而有了不同的看法。印度佛教原是求出世與解脱之道，「内聖」不一定要「外王」，晉末受佛教影響而對理想聖人的觀點亦有所改變，慧遠在《沙門不敬王者書》中云：「不順化以求宗」，表明了體極者可以不順化，打破了長久以來自然與名教融合之路徑。但東晉佛教與玄學並非一脈相承之關係，魏晉時佛學又受到玄學之影響，故於此略去不論。參考自湯用彤：《魏晉玄學論稿》，收錄於魯迅、容肇祖、湯用彤等著：《魏晉思想乙編三種》（臺北：里仁，1995年8月），頁135～136。

〔註45〕所謂的「中人」，即如王衍所云，處於最上不及情與最下不解情的「我輩」之人，因其處於最上之人與最下之間，故稱其爲「中人」，中人不僅僅是位置上的，並於此突顯出魏晉士人處中之智慧。

常人，為凡俗之人所不可企及，而造就了凡聖之別。聖人之身體既難以企及，故凡俗之人，在明瞭聖凡的差異與聖人之不可學致後，接受己身性分上之限制，亦不將眼光放至來世，建構了現世中屬於「中人」之理想身體，使處於最上與最下之間的中人，亦有其理想身體之體現。

　　魏晉士人於重身的思想上，強調對現世身體的運用，順從本性而容許欲望的存在。中人既鍾於情而不能離情，故中人的理想身體之建構，在於順從自然之本性而重情，但於重情的當時，卻又能以心態上的達觀與無心順有，消解對於情與欲的執著。並以任其自然之本真與貴我的思想，達致對情與欲的寬容。

一、任真貴我

　　對於愛身惜身的魏晉士人來說，現世的身體為其存於世間最寶貴之資產。對自我身體的重視，亦表現在士人對「自我」的重視上。個體的思想與行為，與自我意識，均於身體的舉動與言行上表現。魏晉時期的士人之個體自覺與重身之身體觀，使士人發現自身獨特的價值所在，而有所謂的「寧作我」之思想，在《世說新語‧品藻》中提到：

> 桓公少與殷侯齊名，常有競心。桓問殷：「卿何如我？」殷云：「我與我周旋久，寧作我。」〔註46〕

這種「寧作我」之思想，顯現出魏晉士人高揚之自我價值觀，而何謂「我」，我即是結合了肉體與精神，與外在環境、文化、思想所綜合影響之下的個體，在「身體」的範疇之內，而更多了主觀與主體性的氛圍，所謂的「我」，是在客觀的文化與思想因素之外，更加重主體的自我意識之高揚，而有一種主動性。是以魏晉士人的身體，雖於世變中求其應世之道，而受社會與文化的影響甚巨，但其於客觀的環境與身體對於社會的反應之外，更加高揚了對於己身意識與自我價值的肯定，其身體是主動而非被動，更視己身為一具有高度價值之人，如於《世說新語》另一則中記載的：

> 桓大司馬下都，問真長曰：「聞會稽王語奇進，爾邪？」劉曰：「極進，然故是第二流中人耳！」桓曰：「第一流復是誰？」劉曰：「正是我輩耳！」〔註47〕

〔註46〕余嘉錫：《世說新語箋疏》，〈品藻35〉，頁521。
〔註47〕余嘉錫：《世說新語箋疏》，〈品藻37〉，頁522。

劉眞長以我輩爲第一流之人，顯示出其高度的個體自覺與對於自身價值的確立。此外，范榮期於孫綽寫成《天台賦》後，聽聞其佳句，輒以其爲「我輩」中語：

> 孫興公作《天台賦》成，以示范榮期，云：「卿試擲地，要作金石聲。」
> 范曰：「恐子之金石，非宮商中聲！」然每至佳句，輒云：「應是我
> 輩語。」〔註48〕

范榮期對於「中人」之境界與才學有一定之體認，並自以處於中人而不覺爲忤，甚而以孫綽之佳句爲我輩之人所云，其對於己身明確的定位與自信流露於言中。對於己身的自信，於王衍與庾敳的對話中亦可見：

> 王太尉不與庾子嵩交，庾卿之不置。王曰：「君不得爲爾。」庾曰：
> 「卿自君我，我自用我法，卿自用卿法。」〔註49〕

對於王衍的冷漠，庾敳卻「卿之不置」，並以「我自用我法」來面對王衍的斥責，其「我自卿卿」與「我自用我法」顯示出一種我自爲貴，而不與流俗的強烈自我意識，與對自我的肯定。阮籍亦以「禮豈爲我輩設也？」（〈任誕7〉）強調自我意識的高揚與不同於俗。

　　由此可知，士人雖於聖凡之差異上無法超凡入聖，但處於中人之境，仍能發掘自我價值，其不企及於聖，而於中人之境中求其圓滿與理想。

　　這種寧作我之思想，在確立了己身的價值之後，於己身的性份與限制之內，追求中人之逍遙。由心態上的轉變，達致另一種可比聖人的逍遙之道。聖人可由其無待而得致逍遙，凡人亦可因其心任自然與無心而達致逍遙之境。郭象以跡冥圓融之理論，指出有性分之限的凡俗之人，若能安於己性，順性則所之皆適。以一種無心爲之的心態，「凡得之不由於知，乃冥也。」，〔註50〕以「冥」之過程，將主觀之意識化爲無，而得與客觀之物與環境冥合一體，從而達致一種逍遙之境：

> 夫率自然之性，遊無迹之塗者，放形骸於天地之間，寄精神於八方
> 之表：是以無門無房，四達皇皇，逍遙六合，與化偕行也。〔註51〕

〔註48〕 余嘉錫：《世說新語箋疏》，〈文學86〉，頁267。
〔註49〕 余嘉錫：《世說新語箋疏》，〈方正20〉，頁303。
〔註50〕 郭慶藩輯、王孝魚整理：《莊子集釋》，下冊，卷7下，〈知北遊第二十二〉，「弗知乃知乎！知乃不知乎！孰知不知之知？」句郭象注，頁757。
〔註51〕 郭慶藩輯、王孝魚整理：《莊子集釋》，下冊，卷7下，〈知北遊第二十二〉，「其來无迹，其往无崖，无門无房，四達之皇皇也。」句郭象注，頁742。

「逍遙六合，與化偕行」的前提，是對己身性分的局限性之了解與接受，即「約之以至其分，故冥也。」〔註52〕能順應之而不與之對抗，則能獲得心境上的平靜與精神上的提升，無心順有，則能無入而不自得。魏晉士人於世變與時變之中，了解萬化之無奈與不可改易，進而以一種達觀與無心的思想去順應之，而能於精神的平靜之下，達致身體的保全與不傷。這是於確立「有」之後，再以「無」去消解之，使入於有之境而不執於有，能兩得其中而不傷。

　　這種確立後的消解，正如魏晉士人於己身價值的確立與高揚之後，在「寧作我」之後，又提出「吾喪我」：

　　　　吾喪我，我自忘矣；我自忘矣，天下有何物足識哉！故都忘外內，
　　　　然後超然俱得。〔註53〕

郭象以「我自忘矣」，消解在高揚自我價值之後，對於己身的執著。如此既崇身；又忘身，既有自我；又能忘我，而能使內外俱足，超然自得。

　　這種獨任自然而能使是非兩忘之思想，前提在於對個人本然性份的了解之下，了解了中人性分之限制，與氣性生命的智愚夭壽之限，而於本然的性份中，得其中人之逍遙。對於性命與自然之道的了解透徹，使士人能以一種「真」之態度面對生命，對此郭象云：

　　　　夫任自然而忘是非者，其體中獨任天真而已，又何所有哉！故止若
　　　　立枯木，動若運槁枝，坐若死灰，行若遊塵。動止之容，吾所不能
　　　　一也；其於無心而自得，吾所不能二也。〔註54〕

於體中運其天真，無心以應世之萬變，而能順任自然之化，使體氣與自然之氣同其消長，而能於自然之中俯仰自得，不覺體與自然之別。於「我」的性分之內，得自然性情之「真」，而順之自然，得其逍遙。

二、順性而適變

　　魏晉士人對身體的重視與對感官欲望的寬容態度，使其在面對身體的理想建構時，不從儒家德性之提升與道家對欲望之消解之途，無法以精神的提

〔註52〕郭慶藩輯、王孝魚整理：《莊子集釋》，上冊，卷6下，〈秋水第十七〉，「約分之至也。」句郭象注，頁577。

〔註53〕郭慶藩輯、王孝魚整理：《莊子集釋》，上冊，卷1下，〈齊物論第二〉，「今者吾喪我，汝知之乎？」句郭象注，頁45。

〔註54〕郭慶藩輯、王孝魚整理：《莊子集釋》，上冊，卷1下，〈齊物論第二〉，「形固可使如槁木，而心固可使如死灰乎？」句郭象注，頁44。

升與肉體的撥落爲重心，而落實於身體之「有」上。但在身體的「有」之上，如何落實於有，卻又不執著於有，從而造成生命的局限與精神的無法提升，爲其課題。

郭象即運用了以無順有，崇無用有之理路，於理解生命之局限與重身的思想下，以順性安命之思想，提出中人可以藉由精神上的「無」，達致逍遙之境，有其上升的可能性，其以「苟足於其性，則雖大鵬無以自貴於小鳥，小鳥無羨於天池，而榮願有餘矣。故小大雖殊，逍遙一也。」，〔註55〕說明中人的自足於性分而能與聖人之境界無異。其又云：

> 夫質小者所資不待大，則質大者所用不得小矣。故理有至分，物有定極，各足稱事，其濟一也。若乃失乎忘生之（主），而營生於至當之外，事不任力，動不稱情，則雖垂天之翼不能無窮，決起之飛不能無困矣。〔註56〕

小大各足於其性，則能得其自足。對於性分的限制，士人於理解之後而順應不逆。對於己身性分與生命的限制之透徹理解，使士人面對世事時有一種達觀之情以應之。

張湛亦以爲順性命之道，明白生命之極限，而能於現世的身體之運用中，運情而不繫著於情，則亦能達致一種生命之境界，這種境界雖不若儒家的德性上貫而與天道合一；亦不若道家的至人之精神高度。但可因爲精神上的無心，與不執著於情，而達致肉體的一種超脫：

> 此卷自始篇至此章明順性命之道，而不係著五情，專氣致柔，誠心無二者，則處水火而不燋溺，涉木石而不挂硋，觸鋒刃而無傷殘，履危險而無顛墜；萬物靡逆其心，入獸不亂羣；神能獨游，身能輕舉；耳可洞聽，目可徹照。〔註57〕

因「萬物靡逆其心」，心順應萬物之理，而能使身與之同爲呼應，而身亦融入萬化之中，如氣之運般於自然之中流化不已，超越了身軀之極限，而與自然同化。氣聚而化爲有形之身，並於形體形成之際，作爲其中的流動之介質，

〔註55〕郭慶藩輯、王孝魚整理：《莊子集釋》，上冊，卷1上，〈逍遙遊第一〉，「我決起而飛，……奚以之九萬里而南爲？」句郭象注，頁9。

〔註56〕郭慶藩輯、王孝魚整理：《莊子集釋》，上冊，卷1上，〈逍遙遊第一〉，「水淺而舟大也」句郭象注，頁7。

〔註57〕楊伯峻撰：《列子集釋》，卷2，〈黃帝篇〉，「文侯曰：『夫子奚不爲之？』……文侯大說。」句張湛注，頁69。

於內溝通人身之器官，於外溝通人身與自然之律動關係，亦作爲精神與肉體的溝通之介質。在精神達致一「無」的境界，而與自然同其化時，有形之身，亦可超越其形軀之限制，純化爲氣之形式，而以一自由而如氣般的方式，超越形軀的局限，使得「神能獨游」、「身能輕舉」，耳目感官皆能與自然同其俯仰，自然之音聲，至此已與人體化爲一物，而使得音聲在耳、景色在目之中，故使「耳可洞聽」、「目可徹照」。

　　以氣化成之身體，最終因爲精神的「無心」與「任無」，而復歸於氣，這正呼應了魏晉士人以氣成體及身體與自然相應之理論，並且於這個層面上，中人得以因其對生命的體認與精神上的任無，而達致一種逍遙與無體的境界。張湛又云：

　　　　夫人所以受制於物者，以心有美惡，體有利害。苟能以萬殊爲一貫，

　　　　其視萬物，豈覺有無之異？〔註58〕

無心以應世，以萬變爲一，正是對於世變與時變的萬殊之變在心態上的調解，如此則能使心不繫於物，有情而無情之係累，而能超脫於有無之累。

三、仙化身體的想望

　　理想的聖人之身體既不可企及，中人所建構的理想身體，雖有其逍遙之境界，但仍有其局限，其局限即是對於長生久壽的不可得，與儒道思想在現世之現實中的難求兩全。

　　魏晉士人兼受儒道思想之影響，士人心目中的理想身體形象，往往兼具儒、道之特質，既欲入世干政；又求出世而逍遙。此外，士人於現世身體的運用上，要求及時行樂之質的要求與久壽的量之提升，種種的想望，表現在對仙化身體之追求上。

　　阮籍於〈詠懷詩〉中云「朝爲媚少年，夕暮成醜老。自非王子晉，誰能常美好！」，〔註59〕求仙之路的美好，在於能滿足魏晉士人長壽久生之渴望。嵇康亦以「百年之期，孰云其壽？思欲登仙，以濟不朽。」，〔註60〕以求仙爲

〔註58〕楊伯峻撰：《列子集釋》，卷4，〈仲尼篇〉，「固不可事國君，交親友，御妻子，制僕隸。」句張湛注，頁129。

〔註59〕陳伯君校注：《阮籍集校注》（北京：中華書局，1987年10月），卷下，〈詩·詠懷五言八十二首·其四〉，頁219。

〔註60〕逯欽立輯校：《先秦漢魏晉南北朝詩》，上冊，〈魏詩卷九〉，〈嵇康·四言贈秀才入軍詩十八章之八〉，頁482。

長壽之路。

　　此外，世道的混亂、世事的無常與理想的難行，往往使士人徘徊去就，
猶豫於仕隱之間，在理想不得伸的同時，求仙似爲一解決難題之途徑：

> ……隨波紛綸客，汎汎若浮鳧。生命無期度，朝夕有不虞。列僊停修
> 齡，養志在沖虛。飄颻雲日間，邈與世路殊。榮名非己寶，聲色焉足
> 娛！採藥無旋返，神仙志不符。逼此良可惑，令我久躊躇。〔註61〕

亂世中人命朝不保夕，在「哀哉人命微」、「飄若風塵逝」的感嘆中，若遇理想
之不能行，有著「嗟哉尼父志，何爲居九夷」，〔註62〕之感慨，只能將理想寄託
仙道，「焉見王子喬，乘雲翔鄧林。獨有延年術，可以慰吾心。」，〔註63〕成仙
成爲士人的避世之路與理想之寄託，往往於詩文中表達出一種對仙道的嚮往：

> 東南有射山，汾水出其陽。六龍服氣輿，雲蓋切天綱。仙者四五人，
> 逍遙晏蘭房。寢息一純和，呼噏成露霜。沐浴丹淵中，照耀日月光。
> 豈安通靈臺，游瀁去高翔。〔註64〕

無論是希冀長生，或是對現實有著懷疑，均可由求仙之路，找到一種精神上
的寄託。

　　此外，求仙亦爲士人兼求儒、道思想與長生之體的結合，嵇康於〈卜疑〉
中提到的宏達先生，其：

> 恢廓其度，寂寥疏闊，方而不制，廉而不割，超世獨步，懷玉被褐，
> 交不苟合，仕不期達。常以爲忠信篤敬，直道而行之，可以居九夷，
> 遊八蠻，浮滄海，踐河源，甲兵不足忌，猛獸不爲患；是以機心不
> 存，泊然純素，從容縱肆，遺忘好惡，以天道爲一指，不識品物之
> 細故也。〔註65〕

宏達先生儼然爲此一儒道合的身體形象，其「方而不制，廉而不割」、「以爲
忠信篤敬，直道而行之」，方正而忠信，以直道而行，表現爲一儒者威儀之身

〔註61〕陳伯君校注：《阮籍集校注》，卷下，〈詩・詠懷五言八十二首・其四十一〉，
　　　　頁326～327。

〔註62〕陳伯君校注：《阮籍集校注》，卷下，〈詩・詠懷五言八十二首・其四十〉，頁
　　　　324。

〔註63〕陳伯君校注：《阮籍集校注》，卷下，〈詩・詠懷五言八十二首・其十〉，頁247。

〔註64〕陳伯君校注：《阮籍集校注》，卷下，〈詩・詠懷五言八十二首・其二十三〉，
　　　　頁289。

〔註65〕嚴可均校輯：《全上古三代秦漢三國六朝文》，冊2，《全三國文》，卷47，〈嵇
　　　　康・卜疑〉，頁1320。

體形象；而「機心不存」、「恢廓其度，寂寥疏闊」、「泊然純素，從容縱肆，遺忘好惡，以天道爲一指，不識品物之細故」之形象，又儼然道家之無心應世，忘情而與天地自然融合之身體形象；此外，宏達先生以「可以居九夷，遊八蠻，浮滄海，踐河源，甲兵不足忌，猛獸不爲患」，表現爲一脫離形軀限制，悠遊飄浮之體，而與自然冥合。其理想的身體形象，表現爲一兼融儒道而又無形軀年壽限制之體，這種身體形象，唯有在長生而無形軀之累的仙人身上才能體現。

　　阮籍的理想中之身體形象，亦表現爲一仙化的身體，其以「大人先生」爲：

> 被髮飛鬢，衣方離之衣，繞絨陽之帶，含奇芝，嚼甘華，噏浮霧，飡霄霞，興朝雲，颭春風，奮乎太極之東，遊乎崑崙之西，遺彎贖策，流眄乎唐、虞之都。

大人先生餐風食果而以天地爲衣，遊於太極之東與崑崙之西，食奇芝而嚼甘華，與自然同其俯仰，爲一種流動而精神化之身體，但這種靈化的身體卻以仙人的形式呈現。阮籍理想中的真人，懷太清而精神專一，其體爲寒暑不侵而憂患靡入的寧靜之體，此外，亦以「人且皆死我獨生」的長生之壽與駕龍曜日月而有著仙人之姿態：

> ……真人遊，駕八龍，曜日月，載雲旗，徘徊迴，樂所之。真人遊，太階夷，□原辟，天門開，雨濛濛，……〔註66〕

其理想的身體形象，可以如仙人一般地乘風自在，駕龍而乘雲，寒暑之氣不能傷之，而能長壽久生。

　　道家的逍遙之體雖然自由，但需跳脫身體有形的係累，魏晉士人之重視現世之身與對情之無法忘，使之對於成聖之道的絕情去欲有所顧慮，即便是成仙，亦有著凡俗之情累，在郭璞的〈遊仙詩〉中，提到：

> 六龍安可頓，運流有代謝。時變感人思，已秋復願夏。淮海變微禽，吾生獨不化。雖欲騰丹谿，雲螭非我駕。……臨川哀年邁，撫心獨悲咤。
>
> ……潛穎怨清陽，陵苕哀素秋。悲來惻丹心，零淚緣纓流。〔註67〕

〔註66〕以上〈大人先生傳〉引文見嚴可均校輯：《全上古三代秦漢三國六朝文》，冊2，《全三國文》，卷46，〈阮籍・大人先生傳〉，頁1317～1318。
〔註67〕逯欽立輯校：《先秦漢魏晉南北朝詩》，中冊，〈晉詩卷十一〉，〈郭璞・遊仙詩

其以「時變感人思」，闡述對於時間之變中，肉體的消逝之哀嘆，對於生命的流變，其抱持的並非豁達之情，而是「臨川哀年邁，撫心獨悲吒」的悲嘆之哀惜。對於「我」的身體之執著，與理想的無法達致，往往心生悲惻而流淚沾繾。在此看不出生命的曠達與自適，士人以貴身與重情，將求仙視爲現世身體與情感的延續之道。

此外，雖嵇康以成仙爲天資所賦予，其云「特受異氣，稟之自然，非積學所能致也」，但亦認爲後天的調養對養生不無幫助，提出「至於導養得理，以盡性命，上獲千餘歲，下可數百年，可有之耳。」，〔註68〕闡釋凡人成仙之可能性，是以仙化的理想身體，較之聖人不可企及之理想身體，更能符合中人之企願。

魏晉士人一方面欲於亂世中求精神之超越，希冀擺脫肉體的限制而達致精神上的自由；另一方面卻又無法放棄肉體的享樂，成仙既能滿足其超越肉體之想望，亦能延續現世之生命與享受，遂成爲士人之方便法門。士人思想上的矛盾，表現出既超越又沉淪；既精神又感官，無論是精神上的超越或者是肉體上的享樂，其基準點都在現世的身體。精神的提升與肉體欲望的追求，對士人來講同等重要。

這種看似矛盾的希求與兩難的解決方法，表現在對求仙的企望上。唯有成仙，才能擺脫身體於空間與時間上的雙重束縛；另一方面又能於永生之時存續現世之一切，能繼續享樂。此時期小說中大量出現的求仙故事與士人積極地鍊丹求仙藥，反映出求仙之風的盛行。魏晉仙道思想十分興盛，葛洪以好神仙導養之法而著《抱朴子》一書，他認爲道教若不能解決人長生不死、成仙得道的問題，便失去其存在之意義，明顯反映出士人求仙與長生的特殊要求。〔註69〕

仙道思想的盛行，一方面突顯魏晉士人對世俗失意生活的求解脫，欲求一永生之仙境，以脫離混亂的政治環境；另一方面，貴族們享盡各種特權而不忍放棄人世間的享樂，希望藉由養生鍊丹以達長生不老。士人所欲達致的

詩十九首之四、五〉，頁 865～866。

〔註68〕嚴可均校輯：《全上古三代秦漢三國六朝文》，冊2，《全三國文》，卷48，〈嵇康·養生論〉，頁 1324。

〔註69〕許抗生以爲早期道教不重視長生不死術的研究，故不適合封建統治階級之要求。封建貴族於享受人間樂趣之餘妄想長生不死，永過神仙般的生活。故需按照貴族之意以改造早期道教，使其著重於研究長生不死的神仙之術。見氏著：《三國兩晉玄佛道簡論》（山東：齊魯書社，1991 年 12 月 1 版），頁 392。

神仙境界，往往是人世享樂生活的延續，仙境中沒有政治鬥爭與冷酷戰爭，亦無死亡的陰影。

　　道教講長生成仙，追求神仙般脫離世俗的境界；佛教僧人與名士交流，沾染名士風氣，亦脫離苦修淡泊之理念，由僧人與道士在宗教思想與外在行徑上的改變，顯示出東晉時期士人追求一種閒適優遊之風氣，羅宗強以爲東晉士人的人生境界是「寧靜、高雅、飄逸」而從容，風流文雅而享受人生的。〔註70〕人生既是一種享樂，士人要求的是現世享樂的持續，能兼顧享樂與養生的修鍊之法大盛，在劉克的〈道教房中文化與西曲歌的情愛命題〉一文中提到：

> 房中術既能行樂，又能長壽，故而誘得世間男女趨之若鶩。《太上洞源神咒經》卷20載：「江左吳楚、漢秦蜀郡，多有習道之人矣。……然今之人禮道，正有中原、吳楚、蜀漢、建業、洛下之人耳。男女信法，荊楚、江夏、南陽、周地爲上爲矣。」身體成了西曲歌不可或缺的要素，性的本能和欲望的沖動，使男女二人構成的圓滿宇宙，
> 因此形而上的道德更具真實感而擁有無限的膠著力，……〔註71〕

面對佛教與儒學的抨擊與責難，南朝的陶弘景打出三教合流的主張，其創立的上清派隱書之道，影響世風至大。陶弘景對於房中術持著肯定的態度，以房中術爲道教的成仙之術。葛洪亦肯定這種兼養生與行樂爲一之思想，其以爲長生成仙是爲了延續現世之樂，故苦修之法因與現世之樂無關，而被摒棄。葛洪以爲忘卻一般情欲、服食丹藥固可昇天成仙，但若不願拋棄凡間之樂，服藥一半亦可成爲人間神仙。〔註72〕最簡易之方法爲服金液，服之可昇天成仙，服半兩可以「長生不死，萬害百毒，不能傷之，可以畜妻子，居官秩，任意所欲，無所禁也。」，此爲人間之仙境；而若欲昇天者，可以「齋戒，更服一兩，便飛仙矣」。〔註73〕人間神仙既能享人間之樂又能長壽久生，爲一方便之法門，士人趨之若鶩，何況能「任意所欲」，對士人更是一大誘惑。

〔註70〕羅宗強：《玄學與魏晉士人心態》（臺北：文史哲出版社，1992年11月），頁346~347。

〔註71〕劉克：〈道教房中文化與西曲歌的情愛命題〉，《南昌大學學報（人社版）》，第35卷第3期（2004年5月），頁94。

〔註72〕相關論述見劉克：〈道教房中文化與西曲歌的情愛命題〉，《南昌大學學報（人社版）》，第35卷第3期（2004年5月），頁95。

〔註73〕王明撰：《抱朴子內篇校釋》（北京：中華書局，2002年），卷4，〈金丹〉，頁83。

成仙久壽自古以來爲人所嚮往，但成仙之路所需對身體的修鍊與節欲之法又使得重視現世享樂的魏晉士人望之卻步，葛洪提供了一個兩全之道，既可享樂，又可成仙久壽，使得能以修鍊達致而能兼有儒道特質，並能延續現世享樂與久壽之法的仙化之體，成爲中人建構理想身體形象之想望。

四、體自爲美──質性之爲美

美的定義隨時代而有不同，當代名人對身體之美的追求，往往形成一股風尚，成爲社會中美的標準之定義。

魏晉士人對自我身體的重視與個體的自覺，使其對身體的美感體認超越以往。不同於以往以德爲美的身體觀點，士人以對己身的高度自覺與自我價值的肯定，使其對於自然賦予的身體，由接受而欣賞，並進而推及他人，容許並欣賞他人的不同質性之美。不論是氣質上的高妙之美，抑或是外貌上的如玉之美，均有可資讚賞之處。魏晉士人這種美自爲美的審美觀點，形成了當代多元而兼融的美之定義。

對己身自然質性的肯定與接受，使士人在面對自我身體時，採取一種欣賞之態度，對於先天賦予的氣分之體，順應之並接受之，並有高度的自信與自覺。如貌甚醜頓的劉伶，不以己身的貌醜爲忤，反而「肆意放蕩，悠焉獨暢」，其「自得一時」之行徑，〔註74〕顯示其對己身外貌與質性的欣然接受，亦以土木形骸之特質，受到當時名士之稱美。此外，庾敳以其「長不滿七尺」之短小形軀，與「腰帶十圍」之肥胖，其心態上卻能「從容酣暢」，並且「處眾人中，居然獨立」。貌不出眾的庾敳，以其於玄學與思想上的表現，使其「雅有遠韻」，〔註75〕不但接受己身之質性，且有著極強的自信，雖貌不驚人，卻能出於眾人之上。

貌醜之人尚且以己身之質性爲美，美男子更是欣賞己身的美好資質。何晏即「性自喜，動靜粉帛不去手，行步顧影。」，〔註76〕其顧影之行爲，可以由「性自喜」中，窺見其對於己身的高度自覺與欣賞，欣賞身體的純然之美，而觀影自視，不勝憐惜。另一位美姿容的王濛亦傲於己身的美貌，《晉書》中記載其：

　　美姿容，嘗覽鏡自照，稱其父字曰：『王文開生如此兒邪！』居貧，

〔註74〕余嘉錫：《世說新語箋疏》〈容止13〉引梁祚《魏國統》語，頁613。
〔註75〕楊家駱：《新校本晉書》，冊2，卷50，〈列傳第二十·庾峻傳附敳傳〉，頁1395～1396。
〔註76〕余嘉錫：《世說新語箋疏》〈容止2〉引《魏略》語，頁608。

帽敗，自入市買之，嫗悅其貌，遺以新帽，時人以爲達。〔註77〕

王濛傲於自己的美姿容，攬鏡自照，於鏡中觀視己身的美好，而云「王文開生如此兒邪！」。

這種「性自喜」之心態，承自魏晉士人對於自我的重視，與「寧作我」之貴我思想，使士人對於自己的身體，抱持欣賞與珍視之態度。對身體的喜好，無關乎德性與其他要求，而是純粹地珍愛自然所賦予的美好身體。

貌美之人自喜於其身體，貌醜之人亦對其身體有著一定的肯定，對於先天質性的肯定，可以由《世說新語・品藻》中，記載桓玄與劉瑾之語中看出：

> 桓玄問劉太常曰：「我何如謝太傅？」劉答曰：「公高，太傅深。」
> 又曰：「何如賢舅子敬？」答曰：「櫨、梨、橘、柚，各有其美。」
> 〔註78〕

桓玄欲與謝安、王子敬等人相比較，而問高下於劉瑾，劉瑾以爲各人之質性與特質不同，有如櫨、梨、橘、柚，各有其美，而不能硬加比較。這種各有其美的想法，透露出魏晉士人對於各種不同質性的人，均持一欣賞而寬容的態度，使當代對身體美感的建構，有著多元的觀點。自然資性之爲美，天資所成，皆有其美。此種美的論點，關乎魏晉時期以自然論身與崇尚身體自然之本眞，體因其與自然同化同流，而相應於自然，自然之本眞透顯於體，爲個人最重要的特質。此種思想，亦顯露於顧愷之的〈神情詩〉中，其云：「春水滿四澤，夏雲多奇峯，秋月揚明輝，冬嶺秀寒松。」，〔註79〕四季各有其美。

魏晉士人不僅接受自然之資質，由中人之性分中建構其理想身體與美之境界，並且以其對於自我價值之重視，以爲美自爲美，不必有其他附加因素，建構一種自然質性而自成其美的體之爲美之思想，不同於以德性或精神的高華而稱美的儒道思想，亦與以玉喻體之思想遙相呼應。

小　結

魏晉以氣質之性論身，故於聖人的理想身體之建構上，亦以氣爲其體之

〔註77〕楊家駱：《新校本晉書》，冊 3，卷 93，〈列傳第六十三・外戚傳附王濛傳〉，頁 2418～2419。

〔註78〕余嘉錫：《世說新語箋疏》〈品藻87〉，頁 546。

〔註79〕逯欽立輯校：《先秦漢魏晉南北朝詩》，中冊，〈晉詩卷十四〉，〈顧愷之・神情詩〉，頁 931。

基礎，聖人之體，表現爲質性純粹的中和之體，在先天的氣質構成上得氣之特殊，爲凡人所不可企及，爲一不可學而不可致的先天質性之體。

聖人的中和之體，在氣性上「含德之厚，和之至也」，得陰陽之中和，於境界則得「無是無非」之「中」，郭象以「環中」謂聖人之境界。這種「涉空得中」之境界，爲凡人所不能及，但處於最上與最下之間的「中人」，並不因此放棄逍遙之法，其於己身的性分之內，建構出屬於中人的理想身體。

對於己身質性的理解與接受，是中人建構其理想身體之基礎，魏晉士人於時變中，理解生命之無常，遂能與萬變中以無心順之，理出其萬變爲一之「常」，而能順應生命，接受性分之限制。郭象講適性安命，張湛講達生肆情，均基於這種對於生命與自然質性之透徹了悟中而來。中人在建構其理想身體時，主張不逆其性，重於自然之性分，個人自然之性分皆有不同，有著各別之殊異性，是以中人以爲需任其自然之本眞，重視自我之個性體現，重身而「貴我」的思想，體現出魏晉士人身體觀之基調。

既重身又貴我，「我」之存在成爲士人所求之重點，士人希冀延續現世之「我」，並無法捨棄身體與欲望的發展。對仙道的追求，既能滿足長壽久生之想望，「人間神仙」之理論，又可使士人於長生久壽之時，不廢享樂，長生與享樂的合一，呈顯出魏晉對於現世身體的運用與獨特之觀點，其理想身體之運用，要在行樂與適性的基礎上行之，若久壽而無樂，則無意義。

此外，魏晉玄學以溝通儒道爲內涵，士人於建構理想身體時，往往兼有儒道之痕跡，嵇康的宏達先生爲一兼合儒道與仙化之理想身體的建構，反映出魏晉士人欲於儒道中求一平衡，同時又不廢享樂，並希求長生之想望。

道家思想給予魏晉士人於世道無常之下的一方天地，以退的藝術尋求精神上的提升，莊子主張「形莫若就，心莫若和」的無心以應世，尋求一種逍遙而無欲的身體。但急於行樂的魏晉士人以無欲身體難求，而於隱或成仙之功夫中，均要求一種快速而可樂之道。隱居亦可享樂，而成仙則求速效，以鍊丹服食之術希冀快速達致成仙之路。

士人重視自然之質性，故其理想的美體，是重眞而貴自然的，同時士人以強烈的個人自覺與對於自我之重視，「寧作我」之思想，使士人重視己身本然之資質，雖於聖凡的差異上不可企及，但士人對自我身體的肯定與重視，欲發掘屬於中人之美好質性，並於中人之質中，求其理想與逍遙之境界。

第七章 結 論

　　魏晉士人於前代氣化論身及身心一如的基礎上，建構其身體觀點，於前代既有所承續，又有所新變。士人於世變、時間、地域之變易中，以其心態上或形體上的「適」變，順應世變而欲理出其「常」。此「常」展現為一與萬變為一，流動而整全之體。此整全之體，於個體之小體中，分殊之體以氣相流通而相關聯，共成一整全之身體。與自然亦以同氣相感而流通。禮樂以其為自然之化成，而與人身、自然有著共感之關係。

　　身體與自然、禮教間，以內部之氣與相應之情的流動變易，而因時、因地而變，於此層面上可以說是「變」，但又因隨時而變之基調與三者間的相關聯性，而成其「常」。士人並以內在氣性與心態、精神上的變，因應外在時事之變，故能與世同其俯仰，而不傷於己。

　　魏晉士人於世變中，以一「變」之心態因應世變，在理解生之無常與形非我有之後，以郭象遺生而忘憂、忘憂而後生為可樂，後形是我有之思想，反映出其重身而重欲之思想，其不走莊子淡泊欲望之途，而改易以「樂生」之心態，並以樂生與重情，使士人得以於及時行樂與對情之體悟中，掌握現世身體之存在感。士人於對生命無常的認知與世變之前提下，理解身非我有，命非己制。在生命的局限下，士人卻以及時行樂來度過短暫的人生，在此，看出魏晉士人樂生的思想主軸。士人對於承載欲望的身體，具有較前代更為寬容的態度。在中國的儒道傳統中，均崇精神而重精神之修養，魏晉之特殊，在於其以身體為重之思想，其身體觀不同於儒家以禮義喻身，以道德規範身體；與道家主張精神虛靜及欲望之消解，而主重欲與重情。行樂之風可能緣於政治高壓下，士人的身體於政治方面受到極度壓迫所尋求之出口。此外，

理想的幻滅使士人尋求精神上的提升，找尋一處可資寄託之所，表現為對玄學高遠玄虛之境的追求與仙化的理想身體之想望。

士人對自然本質的認同，與自我意識之高漲，在其明暸己身性分的局限後，不思齊聖人，而於「中人」之性分中，求適性逍遙，亦以一種「寧作我」之心態，高揚己身之價值。士人以對自我本然情性與性分之限制的理解，發揮自然之性分，使其身體更為接近自然。情之運用與氣的流通，使身體與自然為一相符而整全之全體，更以對自然情性的體認與重視，使士人於禮教等人文化制中，滲入情之成份，使人文化制適體以成，於此層面上，溝通身體與自然、人文。非但身體與自然以氣流通而為一整全而流動之關係，身體與社會亦因為個體之變異而對社會進行重組與改造，於此，身體與社會亦為一相應而流動之關係。小體反映出社會對身體之建制，個體體現社會；同時，個體亦以其變，造成對社會之反饋。

魏晉身體觀承續漢代以來的氣化論，與形神合一之身體觀點。形、神皆以氣化成而以氣互相流通轉化，精神可以映現於體，體亦顯現出精神之向度。形神互相關聯，士人之外在容行往往表現出內在精神之涵養，精神或心境上之變化亦往往映現於體。士人於應世上採莊子無心順世之思想，主張心無是非而使外在容行不變，建構出優雅閑靜之容行觀。此種容行觀，一方面構成社會之風尚；一方面亦為約束士人容止之規範。對美與優雅的要求，使士人往往需要以心境上或外在容行上的改易，以順應於世。心境之轉，使外在容行隨之改易，此為精神之體踐於形體。但魏晉之踐形觀點，不同於儒家之道德映顯於體，或道家之精神昇華，代之以玄學素養的內貫，玄理貫通而使其體無處不顯玄學韻味。玄理高妙之人，身體往往充滿高遠之韻味，而望若神仙。

體不止以顯神，亦可以觀世。個體顯現出社會之建構，反映出當代社會之風貌。魏晉重身之時代特徵，表現在士人對於容行與儀容的重視，對身體欲望之寬容與崇尚自然，使當代之儀容觀呈現出一種衣以「適」體的重身思想，及樂生思維表現出的奢華享樂之儀容觀。以玉喻體之思想，更突顯出魏晉士人對於身體的重視，迥異於以玉喻德的中國重德之傳統，士人以體自為美而不加入任何道德性評量，自然質性的顯現與身體純然為美之思想，表現出當代的特殊美學化身體觀點。

萬物以氣化成，形神皆為一氣之體現，故形神實為一體而不可相離，這

是在宇宙論與身體生成論上論氣化成體。此外，在整體與分殊的關係上，身體各部位皆爲氣之化成，爲相同之質性，體內的器官間以氣的流通而互相感應，郭象以「百節同和」、「表裏俱濟」（《莊子・大宗師》注）論內在個別器官與身體爲一相應而不可或缺之整體。在身體與自然的關係上，由中國的人身小天地，天地大人身之觀點看來，人之身體可放大爲一天地的形式。人之小體與天地之大體之間，亦因有氣之流通而能共感，人透過食物之氣與天地節氣之變化，與自然有著共鳴或感應。這種一體而共感的身體觀點，不只表現在思想上，在文學藝術與養生思想上，亦呈現出一整全而流通共感的形神一體之身體觀。

魏晉士人以世之萬變而心生憂懼，亂世中之心態不同於承平時期，而於時間之變與空間之變，甚至時局之變的三重異變上，承受著身心之恐慌。對於命非己制而智力無施之生命，士人一方面以及時行樂與養生的方式來獲得對身體密集之運用與生命之延續；一方面又以重情的方式，來獲得虛幻易逝之身體的存在感。對情的執著，使士人脫離最上之人的超脫與下人的不及世事，而能體驗「中人」存活於現世的眞實感受。在氣化的虛幻與形非我有的無奈中，士人以運情而行樂，掌握現世身體的眞實存在感，此亦爲士人於洞徹世變後所做的無奈應對。此外，情亦爲士人倡自然，使體與自然交合之一途，對情之壓抑實使人離自然日遠，魏晉之重情，亦爲使其身體與自然相符應之一法。

禮作爲個體與群體交接之規範，目的在使個體能融入群體生活。其制作原欲使個體於身體自在而合情的狀態下與群體交接，即所謂的「禮緣人情」。在這個立意上，個體置於群體之中，身體的舒展是自然而自在的，如處身自然一般，個人之身體與天地自然、人爲化制之社會爲一互相關聯而和諧相融之理想狀態，此關係隨時因其中一方之變動而隨之改易。後以禮無法應時而變，產生禮的僵化，身體則因處於虛禮中，與自然之理相形見遠，亦無法於僵化的人文化制中舒展其體，身體受重重壓迫，遂生種種悖亂之事。

魏晉士人以禮樂爲自然之體現，溝通人爲之禮與自然之情，進而將其結合於人身，使身體於服膺人爲禮制之時，體現出自然情性的抒發，而個體之禮的實踐，亦體現出與自然關係的密切，樂以節心；禮以制儀，禮樂的人爲化制，緣自然之情以成，情成爲溝通人文與自然之中介，人身則爲人文與自然之體現場域。禮緣人情之思考，爲禮與自然的合一之實踐。郭象以「適在

體中」釋禮樂與身之關係。禮樂以一種「適」體之狀態而制作，並以一種「適」自然之道的方式，溝通天地人之關係，使之和諧而共存。

身體與天地自然、人爲化制之禮和諧並存，彼此有一相應而呼應之位置。身體於與社會與自然的關係之中，可以處於一「天、地、人」之位置，爲一被動而無爲地存在；亦可以躍升爲一主動的地位，主動地改易與自然、社會之間的關係。人的身體既能被動亦能主動，處於有序且和諧的社會中時，身體置於己身適當之位置而與自然同其俯仰；在面對社會的僵化之時，身體亦可主動的以其工具性，利用其空間及時間身體上的運用，達致對社會的改造。群體的禮教規範對身體有某種形塑之作用，個體處於群體中不免地受到當代思想與文化風俗的影響而規範其體，使其身體具有一定的共通性；但相對地，身體亦以一主動的方式對社會進行改造與反饋，使社會產生新變之力。

我們於魏晉士人積極地塑造身體以求與世交接以得高名之行徑中，看到當代社會對身體的塑造作用，個體積極地改易或約束其體以求取社會之認同；但我們又由士人身體的反社會化之反抗禮教中，看到士人身體的主動改造社會之力量。士人以其身體於禮教位置中的變動，與性別位置的錯亂，反抗虛僞之禮。更利用社交身體的去位置化與社交身體之斷絕，達致對社會既定規範之反抗。隱士以其身體的脫離社交位置，達致諷諫之目的，以對世俗身體之社會位置的斷絕與社交性之放棄，以「不言」與「不與人交」之方式，對當權者作出身諫，其以身體在社會與社交位置上的變動與斷絕，達致一種與當權者溝通之管道，亦對社會進行一種改造。由此我們看到身體的主動能躍性，與對社會的反饋作用。在這個層面上，身體與社會亦爲一種流通而整全的形式。

我們亦於士人的身體性別位置之變異上，看出身體所承載的自然與政治意義，個體的性別變亂，往往危及社會之大體與自然氣運。以氣化成之身體，無論是在個人與自然、社會、甚或是禮情的關係上，均是互相影響而流動的。男女兩性於性別位置上的錯置，顯示出個體對群體的反饋之影響，個體於性別位置上的變亂，爲亂氣所生，而其氣影響及於國運，而產生妖風。男性以女性特質爲裝扮重點，女性則以強悍之風聞名，在這種性別位置的錯亂下，使得兩性關係亦發生變異，同性戀之風氣大盛。而男同性相戀之對象，多爲作女性裝扮之男性，反映了魏晉女性強勢作風下男性所生之補償心理。男女兩性的性別認同與關係之錯位，亦反映於服飾裝扮上，男女之服制亂而無常，

反映出國體之衰，這種牽一髮而動全身的關係，反映出個體與社會之間的密切關係。

在聖人理想身體形象的建構上，魏晉的聖人身體，不同於儒家德性修養之聖人，或道家精神逍遙之神人，以其先天質性之限制而不可學致。士人於明瞭己身的中人性分及其局限後，接受己身本然之性分，不求上達聖人，於中人之境中求其逍遙。士人理想身體之建構，以對己身限制的透徹了解，而顯現為對「我」的全然接受與欣賞，發掘己身性分之美好而「寧作我」；於明瞭世變無常與及命非己制之限制後，表現為一順性安命與適變之心態以應世。張湛之達生肆情，即為此思想之反映，士人於通達生命之理後，對自我本然情性全然之接受與發揮，為魏晉士人於體生之苦與知形終非我有後，對於生命的掌握與對身體的運用。此與郭象之忘憂而生為可樂，後形是我有之思想遙相呼應，而為魏晉士人身體觀點之基調。

對身體的重視與對欲望的容許，顯示出魏晉身體觀點的獨特之處，士人身處政治動盪的年代中，深刻體會到生命的無常與落寞，是以魏晉士人的身體帶有一種逆反的，無力掌握生命的灰暗色彩。士人們重身惜身的身體觀，緣於一種對性命無常的體認。之所以要及時行樂，並不是歡天喜地地為之，而是在洞悉生命的限制與無常之後，不得己而為之的無奈之情。正因為無力掌握，所以要及時行吟；因為世態混亂時不我予，故要無心應世，無累於物；又因人生短促，故需且盡當生。魏晉士人生命的基調，是在一種知其不可奈何，而安之若命的無奈基礎下進行，是以當時士人無論在行樂或是放肆時，都帶有一種淡淡的哀愁。以氣化成之身終會復返於氣，這種「身非我有」的身體觀，正是魏晉士人面對身體的基本態度，他們的重生、惜生、養生與行樂思想均基於此而衍生。

對生命無常的體認，一方面表現為對身體欲望的滿足與重視；一方面表現在對精神生命的重視與提升之上。在重視肉體的享樂之餘，傳統的禮教與儒家思想深植人心，士人於道家思想上的體認與醉心玄學思辯，使魏晉時期的身體之樂不同於一般之享樂主義，在重視身體之欲的同時，亦有著精神的超越與提升。士人重視身體外貌的儀容之美；亦重視氣質氣韻等精神上之美。此種兼重形神的身體觀點，實為對中國形神合一而並重之思想的最好承續。

引用文獻

壹、古籍原典（依經史子集分類）

1. 鄭玄注、王雲五編，《周禮》，臺北：臺灣商務印書館，1967 年臺二版，四部叢刊影印縮本。
2. 鄭玄注、王雲五編，《儀禮》，臺北：臺灣商務印書館，1967 年臺二版，四部叢刊影印縮本。
3. 鄭玄注，《黃丕烈校，《儀禮（附校錄）》，北京：中華書局，1985 年。
4. 鄭玄注，《盧文弨輯，儀禮注疏詳校》，北京：中華書局，1985 年。
5. 李學勤編，《十三經注疏‧禮記正義》，北京：北京大學出版社，1999 年 12 月。
6. 杜預註，《春秋經傳集解》，臺北：新興書局，1972 年，相臺岳氏本。
7. 蘇輿撰，《春秋繁露義證》，臺北：河洛圖書出版社，1974 年 3 月。
8. 朱熹撰，《四書章句集注》，北京：中華書局，2005 年 9 月 9 刷。
9. 朱熹撰，《四書章句集注》，高雄：復文圖書出版社，1985 年 9 月。
10. 朱熹集註、蔣伯潛廣解，《語釋廣解四書讀本》，臺北：啓明書局，出版日不詳。
11. 焦循撰、沈文倬點校，《孟子正義》，北京：中華書局，2004 年 2 月 5 刷。
12. 班固撰，《漢書》，臺北：鼎文書局，1995 年 6 月。
13. 范曄撰，《後漢書》，臺北：鼎文書局，1995 年 6 月。
14. 范曄撰，《後漢書》，臺北：新陸書局，1964 年 1 月。
15. 范曄撰、李賢等注，《新校後漢書注》，臺北：世界書局，1972 年 9 月。
16. 袁宏撰，《後漢紀》，臺北：臺灣商務印書館，1968 年 12 月。

17. 陳壽撰，裴松之注，《三國志》，北京：中華書局，2005 年 2 月 18 刷。

18. 楊家駱編，《新校本晉書》，臺北：鼎文書局，1995 年 6 月 8 版。

19. 喬治忠校注，《眾家編年體晉史》，天津：天津古籍出版社，1989 年 8 月 1 版。

20. 陳健夫編著，《東西晉新紀上‧下》，臺北：新儒家雜誌社，1983 年 9 月 初版。

21. 楊家駱編，《宋書》，臺北：鼎文書局，1975 年 6 月。

22. 姚思廉撰，《梁書》，臺北：鼎文書局，1975 年 1 月。

23. 姚思廉撰，《梁書》，臺北：洪氏書版社，1974 年 7 月。

24. 楊家駱編，《新校本魏書》，臺北：鼎文書局，1975 年 9 月。

25. 王弼著、樓宇烈校釋，《老子周易王弼注校釋》，臺北：華正書局，1981 年 9 月。

26. 王卡點校，《老子道德經河上公章句》，北京：中華書局，1997 年 10 月 2 刷。

27. 朱謙之撰，《老子校釋》，北京：中華書局，2000 年 9 月 5 刷。

28. 《二十二子（二）》，臺北：先知出版社，1976 年。

29. 郭象注，《莊子注》，臺北：臺灣中華書局，1973 年 2 月臺 2 版。

30. 郭慶藩輯、王孝魚整理，《莊子集釋》，臺北：華正書局有限公司，2004 年 7 月。

31. 楊伯峻撰，《列子集釋》，北京：中華書局，1997 年 10 月 5 刷。

32. 謝墉、盧文弨集解，《荀子集解》，臺北：新興書局，1963 年 12 月再版。

33. 文子著、李定生、徐慧君校釋，《文子校釋》，上海：上海古籍出版社，2004 年 3 月。

34. 劉安撰、高誘註，《淮南子注》，臺北：世界書局，1958 年。

35. 何寧撰，《淮南子集解》，北京：中華書局，1998 年 10 月。

36. 阮逸注、楊家駱編，《文中子中說注》，臺北：世界書局，1970 年 1 月再版。

37. 管仲撰、房玄齡注，《管子》，臺北：臺灣商務印書館，1967 年臺二版，四部叢刊影印縮本。

38. 王充著，《論衡》，臺北：世界書局，1955 年。

39. 黃暉撰，《論衡校釋》，北京：中華書局，1995 年 5 月 2 刷。

40. 王充著，《王充論衡》，臺北：宏業書局，1983 年。

41. 高誘註，《呂氏春秋》，臺北：藝文印書館，1974 年 1 月三版。

42. 劉邵著、王玫評著，《人物志評注》，北京：紅旗出版社，1996 年 2 月。

43. 劉卲撰、王雲五編，《人物志》，臺北：臺灣商務印書館，1967 年臺二版，四部叢刊影印縮本。

44. 賈誼著、盧文弨校，《賈誼新書》，上海：上海古籍出版社，1989 年 9 月。

45. 吳林伯著，《文心雕龍義疏》，武漢：武大學出版社，2002 年 2 月。

46. 王利器校注，《文心雕龍校證》，臺北：明文書局，1982 年 4 月。

47. 陳伯君校注，《阮籍集校注》，北京：中華書局，1987 年 10 月。

48. 楊明照撰，《抱朴子外篇校箋》，北京：中華書局，1996 年 9 月 2 刷。

49. 王明撰，《抱朴子內篇校釋》，北京：中華書局，2002 年。

50. 余嘉錫撰，《世說新語箋疏》，臺北：華正書局，1993 年 10 月。

51. 徐震堮撰，《世說新語校箋》，臺北：文史哲出版社，1989 年再版。

52. 王利器撰，《顏氏家訓集解（增補本）》，北京：中華書局，2002 年 8 月 3 刷。

53. 蕭統撰，李善注，《昭明文選》，臺北：文化圖書出版社，1975 年。

54. 歐陽詢撰，《藝文類聚》，臺北：文光出版社，1974 年。

55. 歐陽詢撰，《藝文類聚》，臺北：新興書局，1973 年 7 月。

56. 歐陽詢等撰，《木鐸編譯室編輯，藝文類聚》，臺北：文光出版社，1974 年 8 月。

57. 楊孚撰、曾釗輯，《異物志》，北京：中華書局，1985 年。

58. 賈思勰撰，《齊民要術》，臺北：臺灣中國書局，1980 年 11 月臺三版。

59. 李昉等撰，《太平御覽》，臺北：國泰文化事業有限公司，1980 年 1 月。

60. 陶弘景著、曾召南注譯，《新譯養性延命錄》，臺北：三民書局，1997 年 6 月。

61. 徐陵著，《箋注玉臺新詠》，臺北：廣文書局，1979 年 5 月再版。

62. 張彥遠撰，《歷代名畫記》，北京：中華書局，1985 年。

63. 胡應麟撰，《詩藪》，臺北：廣文書局，1973 年 9 月。

64. 干寶撰，《搜神記（下）》，臺北：黎明文化出版社，1996 年。

65. 釋僧祐撰、王雲五編，《弘明集》，臺北：臺灣商務印書館，1967 年臺二版，四部叢刊影印縮本。

66. 釋道宣撰、王雲五編，《廣弘明集》，臺北：臺灣商務印書館，1967 年臺二版，四部叢刊影印縮本。

67. 王冰注、王雲五編，《黃帝內經素問》，臺北：臺灣商務印書館，1967 年臺二版，四部叢刊影印縮本。

68. 舊題八仙合著、松飛破譯，《天仙金丹心法》，北京：中華書局，1990 年 8 月。

69. 《道藏》，北京：文物出版，1988 年。

70. 嚴可均校輯，《全上古三代秦漢三國六朝文》，北京：中華書局，1958 年。

71. 張溥輯，《漢魏六朝百三家集》，臺北：新興書局，1976 年 8 月。

72. 程榮纂輯，《漢魏叢書》，長春：吉林大學出版社，1992 年。

73. 逯欽立輯校，《先秦漢魏晉南北朝詩》，臺北：木鐸出版社，1988 年 7 月。

貳、當代論著（依作者姓氏筆劃排序）

一、專　書

（一）《中國哲學》、魏晉思想

1. 王世舜，《莊子譯注》，濟南：山東教育出版社，1995 年 7 月 2 刷。

2. 王煜，《老莊思想論集》，臺北：聯經出版社，1993 年 10 月 4 刷。

3. 王德有譯注，《老子指歸全譯》，四川省：巴蜀書社，1992 年 7 月。

4. 孔繁，《魏晉玄談》，瀋陽市：遼寧教育出版社，1995 年 6 月。

5. 丘為君，《自然與名教——漢晉思想的轉折》，臺北：木鐸出版社，1981 年 8 月。

6. 牟宗三，《才性與玄理》，臺北：學生書局，1993 年 2 月。

7. 江建俊，《漢末人倫鑑識之總理則》，臺北：文史哲出版社，1983 年 3 月。

8. 任繼愈，《中國哲學發展史——魏晉南北朝》，北京：北京人民出版社，1988 年 4 月 1 刷。

9. 朴美鈴，《世說新語中所反映的思想》，臺北：文津出版社，1993 年 12 月 2 刷。

10. 朱義雲，《魏晉風氣與六朝文學》，臺北：文史哲出版社，1980 年 8 月。

11. 那薇，《道家的直覺與現代精神》，北京：中國社會科學出版社，1994 年 1 月 1 版。

12. 余敦康，《魏晉玄學史》，北京：北京大學出版社，2004 年 12 月。

13. 李勉註，《管子今註今譯》，臺北：臺灣商務印書館，1988 年 7 月。

14. 林登順，《魏晉南北朝儒學流變之省察》，臺北：文津出版社，1996 年 4 月初版。

15. 周大興，《自然・名教・因果：東晉玄學論集》，臺北：中研院文哲所，2004 年。

16. 周紹賢，《魏晉哲學》，臺北：五南圖書出版社，1996 年 7 月初版。

17. 馬良懷，《張湛評傳——兼容三教，建立二元》，南寧市：廣西教育出版社，1997 年 7 月。

18. 馬良懷，《魏晉風度研究——崩潰與重建中的困惑》，北京：中國社會科學出版社，1993 年 4 月。

19. 袁峰，《魏晉六朝文學與玄學思想》，西安：三秦出版社，1995 年 12 月 1 版。

20. 孫述圻，《六朝思想史》，南京：南京出版社，1992 年 12 月 1 版。

21. 徐斌，《魏晉玄學新論》，上海：上海古籍出版社，2000 年 12 月。

22. 高華平，《玄學趣味》，武漢：湖北教育出版社，1997 年 5 月 1 版。

23. 高晨陽，《儒道會通與正始玄學》，山東：齊魯書社，2000 年 1 月。

24. 唐君毅，《中國哲學原論（導論篇)》，臺北：台灣學生書局，1986 年 9 月。

25. 莊耀郎，《郭象玄學》，臺北：里仁出版社，1998 年 3 月初版。

26. 陳順智，《魏晉玄學與六朝文學》，武昌市：武漢大學出版社，1993 年 7 月 1 版。

27. 陳鼓應，《老子今註今釋及評介》，臺北：商務印書館，1988 年。

28. 許杭生，《魏晉玄學史》，西安：陝西師範大學出版社，1989 年 7 月 1 版。

29. 許抗生，《魏晉思想史》，臺北：桂冠圖書公司，1992 年 12 月。

30. 許抗生，《三國兩晉玄佛道簡論，山東：齊魯書社，1991 年 12 月 1 版。

31. 許建良，《魏晉玄學倫理思想研究》，北京：人民出版社，2003 年 11 月。

32. 湯一介，《郭象與魏晉玄學》，臺北縣：谷風出版社，1987 年 3 月。

33. 湯一介，《郭象》，臺北：東大出版社，1999 年。

34. 湯用彤，《理學・佛學・玄學》，北京：北京大學出版社，1992 年 10 月 2 刷。

35. 湯用彤，《魏晉玄學論稿》，上海：上海古籍出版社，2001 年。

36. 張海明，《玄妙之境》，長春：東北師範大學出版社，1997 年 5 月 1 版。

37. 賀昌群、魯迅、容肇祖等著，《魏晉思想（甲乙編)》，臺北：里仁書局，1995 年 8 月。

38. 陶建國，《兩漢魏晉之道家思想》，臺北：文津出版社，1990 年 3 月出版。

39. 劉大杰，《魏晉思想論》，臺北：臺灣中華書局，1993 年 2 月 8 版。

40. 劉康德，《老子直解》，上海：復旦大學出版社，1999 年 7 月。

41. 盧建榮，《魏晉自然思想》，臺北：聯鳴文化出版社，1981 年 3 月再版。

42. 錢穆，《四書釋義》，臺北：中華文化出版社，1958 年 7 月三版。

43. 錢穆，《中國學術思想史論叢（三)》，臺北：東大出版社，1985 年 10 月 3 版。

44. 戴璉璋，《玄智、玄理與文化發展》，臺北：中央研究院中國文哲研究所，

2002 年 3 月。

（二）**身體有關專書**（氣論、醫學）

1. 小野澤精一、福永光司、山井涌等編、李慶譯,《氣的思想——中國自然觀和人的觀念的發展》,上海：上海人民出版社,1992 年 6 月 3 刷。

2. 王曉華,《個體哲學》,上海：上海三聯書店,2002 年 7 月。

3. 汪民安編,《身體的文化政治學》,開封：河南大學出版社,2004 年 7 月二刷。

4. 汪民安編,《後身體：文化、權力和生命政治學》,長春：吉林人民出版社,2003 年 12 月。

5. 杜小眞,《存在和自由的重負——解讀薩特《存在與虛無》》,濟南：山東人民出版社,2002 年 5 月。

6. 李似珍,《形神・心性・情志——中國古代心身觀述評》,南昌：江西人民出版社,2001 年 7 月。

7. 李鈞,《存在主義文論》,濟南：山東教育出版社,1999 年。

8. 周與沉,《身體：思想與修行——以中國經典爲中心的跨文化觀照》,北京：中國社會科學出版社,2005 年 1 月。

9. 馬小虎,《魏晉以前個體「自我」的演變》,北京：中國人民大學出版社,2004 年。

10. 涂光社,《原創在氣》,南昌：百花洲文藝出版社,2001 年。

11. 陳昌明,《沈迷與超越——六朝文學之「感官」辯證》,高雄：麗文出版社,2002 年 6 月。

12. 崔爲譯注,《黃帝内經・素問譯注》,哈爾濱：黑龍江人民出版社,2003 年 1 月。

13. 曾錦坤,《心靈與身體：傳統心身關係探論》,臺北：渤海堂,2002 年 5 月 16 日。

14. 張世英,《天人之際——中西哲學的困惑與選擇》,北京：人民出版社,1995 年。

15. 張立文編,《氣》,北京：中國人民大學出版社,1990 年 12 月。

16. 張文喜,《自我的建構與解構》,上海：上海人民出版社,2002 年 11 月。

17. 黃金麟,《歷史、身體、國家》,臺北：聯經出版社,2001 年 1 月。

18. 楊儒賓,《中國古代思想中的氣論及身體觀》,臺北：巨流出版社,1993 年。

19. 楊儒賓,《儒家身體觀》,臺北：中研院文哲研究所,1996 年 11 月。

20. 楊儒賓、黃俊傑編《中國古代思維方式探索》,臺北：正中書局,1996

年。

21. 蔡璧名,《身體與自然——以《黃帝內經素問》為中心論古代思想傳統中的身體觀》》,臺北:臺大文學院,1997 年。

22. 趙遠帆著,《死亡的藝術表現》,北京:群言出版社,1993 年 12 月。

23. 劉苑如,《身體・性別・階級——六朝志怪的常異論述與小說美學》,臺北:中研院文哲所,2002 年。

24. 鄭毓瑜,《文本風景——自我與空間的相互定義》,臺北:麥田出版社,2005 年。

25. 錢穆,《靈魂與心》,臺北:聯經出版社,1976 年。

26. 蕭春雷著,《我們住在皮膚裏——人類身體的人文細節》,臺北:三言社出版,2004 年。

(三)文化、社會、藝術美學、性別

1. 大村西崖,《中國美術史》,臺北:臺灣商務印書館,1987 年 11 月 10 版。

2. 王曉毅,《放達不羈的士族》,臺北:文津出版社,1990 年 7 月。

3. 王貴民,《中國禮俗史》,臺北:文津出版社,1993 年。

4. 王銘銘,《想像的異邦——社會與文化人類學散論》,上海:上海人民出版社,1998 年 6 月。

5. 卞敏,《六朝人生哲學》,南京:南京出版社,1992 年 11 月 1 版。

6. 田曼詩,《士人與社會》,天津市:天津人民出版社,1992 年 8 月 1 版。

7. 孔毅,《魏晉名士》,成都:巴蜀書社,1994 年 4 月。

8. 余英時,《士與中國文化》,上海:上海人民出版社,2003 年 9 月。

9. 李霖燦,《中國美術史稿》,臺北:雄獅美術出版社,1992 年 3 月 2 版 3 刷。

10. 李建中、高華平著,《玄學與魏晉社會》,石家莊市:河北人民出版社,2003 年。

11. 李豐楙、劉苑如主編,《空間、地域與文化——中國文化空間的書寫與闡釋》,臺北:中研院文哲所,2002 年 12 月。

12. 季國清,《隱性女權的王國》,哈爾濱:黑龍江人民出版社,2003 年 3 月。

13. 東海大學中文系審訂、鍾慧玲主編,《女性主義與中國文學》,臺北:里仁出版社,1997 年 4 月。

14. 周汛、高春明著,《中國古代服飾大觀》,重慶:重慶出版社,1995 年 3 月 1 版。

15. 洪淑苓、鄭毓瑜等著,《古典文學與性別研究》,臺北:里仁出版社,1997 年 9 月。

16. 施惟達，《中古風度》，北京：中國社會科學出版社，2002 年 9 月。

17. 高華平，《魏晉玄學人格美研究》，成都：巴蜀書社，2000 年 8 月。

18. 袁濟喜，人海孤舟——漢魏六朝士的孤獨意識，鄭州市：河南人民出版社，1995 年 4 月。

19. 徐復觀，《中國人性論史‧先秦篇》，上海：上海三聯書店，2001 年 5 月。

20. 華梅著，《服飾與中國文化》，北京：人民出版社，2001 年 8 月。

21. 郭繼生，《藝術史與藝術批評》，臺北：書林出版社，1991 年 9 月 2 刷。

22. 黃新普，《中國魏晉南北朝藝術史》，北京：北京人民出版社，1994 年 1 月 1 版。

23. 鄒昌林，《中國禮文化》，北京：社會科學文獻出版社，2000 年 5 月。

24. 趙聯賞，《服飾史話》，臺北：國家出版社，2003 年 6 月。

25. 寧稼雨，《魏晉風度——中古文人生活行為的文化意蘊》，北京：東方出版社，1992 年 9 月。

26. 劉慧英，《走出男權傳統的樊籬——文學中男權意識的批判》，北京：生活‧讀書‧新知三聯書局，1995 年。

27. 劉達臨，《性與中國文化》，北京：人民出版社，1999 年 1 月。

28. 劉達臨，《世界古代性文化》，上海：上海三聯書局，1998 年 6 月 2 刷。

29. 繆良雲主編，《中國衣經》，上海：上海文化出版社，2000 年 4 月。

30. 顧希佳，《禮儀與中國文化》，北京：人民出版社，2001 年 8 月。

（四）史　學

1. 王仲犖，《魏晉南北朝史》，中和市：谷風出版社，1987 年 9 月。

2. 王文清，《兩晉史話》，北京：北京出版社，1992 年 8 月 2 刷。

3. 方北辰，《魏晉南朝江東世家大族述論》，臺北：文津出版社，1991 年 1 月初版。

4. 中國社會科學院哲學研究所《中國哲學史研究》室編，《《中國哲學》史資料選輯——魏晉隋唐之部——中》，北京：中華書局，1990 年 5 月。

5. 中國魏晉南北朝史學會編，《魏晉南北朝史論文集》，山東：齊魯書社，1991 年 5 月。

6. 江蘇省六朝史研究會編，《六朝史論集》，合肥：黃山書社，1993 年 9 月 1 版。

7. 朱大渭，《魏晉南北朝社會生活史》，北京：中國社會科學出版，1998 年。

8. 呂思勉，《兩晉南北朝史》，上海：上海古籍出版社，1983 年。

9. 余英時，《中國知識階層史論〈古代篇〉》，臺北：聯經出版社，1993 年 5 月初版。

10. 何德章，《中國魏晉南北朝政治史》，北京：人民出版社，1994 年 1 月 1 版。

11. 唐長孺，《魏晉南北朝史論叢》，出版地不詳，1985 年。

12. 唐長孺，《魏晉南北朝史論拾遺》，出版地不詳，1982 年。

13. 唐長孺，《魏晉南北朝史論叢續編》，出版地不詳，1985 年。

14. 唐長孺，《魏晉南北朝隨唐史三論》，武昌市：武漢大學出版社，1992 年。

15. 章義和，《六朝史稿》，上海：華東師範大學出版社，1994 年 6 月 1 版。

16. 郭建，《滄桑分合——魏晉南北朝興衰啓示錄》，臺北縣：年輪文化事業公司，1998 年 5 月。

17. 許輝、邱敏，《六朝文化》，南京市：江蘇古籍出版發行，2001 年。

18. 陳長琦，《兩晉南朝政治史稿》，開封市：河南大學出版社，1992 年 1 月。

19. 陳琳國，《魏晉南北朝政治制度研究》，臺北：文津出版社，1994 年 3 月初版。

20. 張承宗、魏向東著，《中國風俗通史——魏晉南北朝卷》，上海：上海文藝出版社，2001 年 11 月。

21. 萬繩楠，《魏晉南北朝文化史》，合肥：黃山書社，1989 年 12 月 1 版。

22. 萬繩楠，《魏晉南北朝史講演錄》，香港：雲龍出版社，1995 年 2 月初版。

23. 萬繩楠，《魏晉南北朝史論稿》，香港：雲龍出版社，1994 年 12 月初版。

24. 趙吉惠等，《中國儒學史》，鄭州市：中州古籍，1993 年再版。

25. 趙輝，《六朝社會文化心態》，臺北：文津出版社，1996 年 1 月。

26. 蔡振豐，《魏晉名士與玄學清談》，臺北：黎明文化出版社，1997 年 8 月初版。

27. 羅宗強，《玄學與魏晉士人心態》，臺北：文史哲出版社，1992 年 11 月。

28. 蘇紹興，《兩晉南朝的士族》，臺北：聯經出版社，1993 年 11 月 2 刷 1 月 1 版。

（五）其 他

1. 中國古典文學研究會主編，《文心雕龍綜論》，臺北：台灣學生，1988 年。

2. 中國古典文學研究會主編，《古典文學（第六集）》，臺北：臺灣學生，1984 年 12 月。

3. 衣若芬、劉苑如編，《世變與創化：漢唐、唐宋轉換期之文藝現象》，臺北：中研院文哲所籌備處，2000 年。

4. 成功大學中文系編輯，《魏晉南北朝文學與思想學術研討會論文集（三）》，臺北：文津出版社，1997 年 9 月。

5. 汪超宏，《六朝詩歌》，北京：新華書店，1998 年 1 月。

6. 汪民安，《福柯的界限》（*The Limits of Michel Foucault*）》，北京：中國社會科學出版，2002 年 7 月。

7. 汪民安，《福柯的面孔》（*The Faces of Foucault*）》，北京：文化藝術出版社，2001 年 9 月。

8. 李宗侗註，《春秋左傳今註今譯》，臺北：臺灣商務印書館，1973 年 3 月二版。

9. 林文月，《中古文學論叢》，臺北：大安出版社，1989 年。

10. 武漢大學中國文化研究院編，《郭店楚簡國際學術研討會論文集》，武漢：湖北人民出版社，2000 年 5 月。

11. 袁濟喜，《和：審美理想之維》，南昌：百花洲文藝出版社，2001 年。

12. 徐復觀，《中國文學論集》，臺北：臺灣學生，1980 年 10 月 4 版。

13. 孫振青，《笛卡兒》，臺北：東大出版社，1999 年 9 月 2 刷。

14. 國立成功大學中文系，《魏晉南北朝文學與思想學術研討會論文集（三）》，臺北：文津出版社，1997 年 9 月。

15. 國立成功大學中文系，《魏晉南北朝文學與思想學術研討會論文集》，臺北：文史哲出版社，1991 年 8 月。

16. 陳喬楚，《人物志今註今譯》，臺北：商務印書館，1996 年。

17. 張仁青，《魏晉南北朝文學思想史》，臺北：文史哲出版社，1978 年 12 月。

18. 楊河，《笛卡兒》，香港：中華書局，2000 年 6 月。

19. 魯迅，《魯迅全集》，臺北：谷風出版社，1989 年。

20. 劉偉航，《三國倫理研究》，成都：巴蜀書社，2002 年 9 月。

21. 劉小楓編，《康德與啟蒙》，北京：華夏出版社，2004 年 4 月。

22. 劉文英著，《中國古代的時空觀念》，天津：南開大學出版社，2000 年 5 月。

23. 劉康，《對話的喧聲：巴赫金的文化轉型理論》，北京：中國人民大學出版社，1995 年 8 月。

24. 鄭金川，《梅洛——龐蒂的美學》，臺北：遠流出版社，1993 年 9 月。

25. 錢穆，《靈魂與心》，桂林：廣西師範大學出版社，2004 年 11 月。

（六）西方譯著與著作

1. Zito, A. & Barlow, T.E. *Body, Subject and Power in China.* Chicago: University of Chicago Press, 1994.

2. 安德魯·斯特拉桑（Andrew J. Strathern）著、王業偉、趙國新譯，《身體思想》（*Body Thoughts*），瀋陽：春風文藝出版社，1999 年 6 月。

3. （英）布萊恩・特納（Bryan S.Turner）著，馬海良、趙國新譯，《身體與社會》（*The Body and Society*），瀋陽：春風文藝出版社，2000 年 3 月。

4. 勃洛尼斯拉夫・馬林諾夫斯基（Bronislaw Malinowski）著、李安宅譯，《兩性社會學：母系社會與父系社會之比較》（*Sex and repression in savage society*）》，上海：上海人民出版社，2003 年。

5. 黛安・艾克曼（Diane Ackerman）著、莊安祺譯，《感官之旅》（*A natural history of the senses*）》，臺北：時報文化出版社，1994 年。

6. （德）狄特富爾特（Dilfurth,H .V.），（德）瓦爾特（Walter,R.）編、周美琪譯，《哲言集——人與自然》（*Im Bann der Natur*）》，北京：生活・讀書・新知三聯書局，1993 年 12 月。

7. 余蓮（Francois Jullien）著、林志明、張婉眞譯，《本質或裸體》（*De L'essence ou du nu*），新店市：桂冠出版社，2004 年 11 月。

8. 歐因斯特・卡西勒（Ernst Cassirer）著、劉述先譯，《論人：人類文化哲學導論》（*An essay on man : an introduction to a philosophy of human culture*）》，臺中：東海大學出版，1959 年。

9. （奧地利）赫爾穆特・舍克（Helmut Schoeck）著、王祖望、張田英譯，《嫉妒與社會》（*Der Neid Und Die Gesellschaft*）》，北京：社會科學文獻出版社，1999 年 2 月。

10. （美）郝大維（Hall,D.L.）、（美）安樂哲（Ames,R.T.）著、施忠連譯，《漢哲學思維的文化探源》（*Thinking From the Han*），南京市：江蘇人民出版社，1999 年 9 月。

11. 沙特（Jean-Paul Sartre）著，《陳宣良等譯，《存在與虛無》（*L'etre et le neant*）》，臺北：桂冠出版社，2002 年 2 月 3 刷。

12. 詹姆斯・施密特（James Schmidt）著、尚新建、杜麗燕譯譯，《梅洛龐蒂：現象學與結構主義之間》（*Maurice merleau-ponty : between phenomenology and structuralism*）》，臺北：桂冠出版社，1992 年。

13. （美）約翰・奧尼爾（John O'neill）著、張旭春譯，《身體形態——現代社會的五種身體》（*Five Bodies：The Human Shape of Modern Society*），瀋陽：春風文藝出版社，1999 年 6 月。

14. 法斯特（Julius Fast）著、戚辛夫譯，《身體語言學》（*Body language*），臺北：台灣商務印書館，民國 72 年 12 月 3 版。

15. 哈定（Jennifer Harding）著、林秀麗譯，《性與身體的解構》（*Sex acts : practices femininity and masculinity*），臺北：韋伯文化，2000 年 5 月。

16. （美）琳・馬古利斯、多雷昂・薩甘（Lynn Margulis & Dorion Sagan）著、潘勛譯，《神秘的舞蹈——人類性行爲的演化》（*Mystery Dance：On the Evolution of Human Sexuality*），北京：中國社會科學出版社，1999 年 10

月。

17. 米德（Mead,G .）著、霍桂桓譯，《心靈、自我與社會》（*Mind, Self, & Society*），北京：華夏出版社，1999 年 1 月。

18. 米歇爾‧福柯（Michel Foucault）著、錢翰譯，《不正常的人》（*Les Anormaux*），上海：上海人民出版社，2003 年。

19. 米歇爾‧福柯（Michel Foucault）著、沈力、謝石譯譯，《性》史（*The history of sexuality : volumes 1 & 2*），臺北：結構群出版，1990 年。

20. 烏納穆諾（Miguel de Unamuno）著、蔡英俊譯，《生命的悲劇意識》，臺北：長鯨出版社，1979 年。

21. 海德格爾（Martin Heidegger）著、陳嘉映譯，《存在與時間》（*Being & time*），北京：生活‧讀書‧新知三聯書局，1999 年 12 月。

22. 米歇‧翁福雷（Michel Onfray）著、劉漢全譯，《享樂的藝術：欲望的快樂科學》（*L'art de jouir : pour un materialisme hedoniste*），臺北：邊城出版社，2005 年。

23. 梅奎爾（Merquior,J.G）著、陳瑞麟譯，《傅柯》（*Foucault*），臺北：桂冠出版社，1998 年 2 月。

24. （法）米歇爾‧福柯（Michel Foucault）著、劉北成、楊遠嬰譯，《規訓與懲罰》（*SURVEILIER ET PUNIR*），北京：生活‧讀書‧新知三聯書店，2003 年 1 月 2 版 3 刷。

25. 莫里斯‧梅洛‧龐蒂（Maurice Merleau-Ponty）著、姜志輝譯，《知覺現象學》（*Phenomenologie de la perception*），北京：商務印書館，2001 年。

26. 鷲田清一著，劉績生譯，《梅洛‧龐蒂（Maurice Merleau-Ponty）：可逆性》（*Merleau-ponty*），石家庄：河北教育出版社，2001 年 8 月。

27. （美）布魯克斯（Peter Brooks）著、朱生堅譯，《身體活——現代敘述中的欲望對象》（*Objects of Desire in Modern Narrative*），北京：新星出版社，2005 年 5 月。

28. （法）讓‧克洛德‧布羅涅（Perrin）著、劉恒永譯，《廉恥觀的歷史》（*Historie de la pudeur*），北京：中信出版社，2004 年 12 月。

29. 理安‧艾斯勒（Riane Eisler）著，黃覺、黃棣光譯，《神聖的歡愛：性、神話與女性肉體的政治學》（*Sacred Pleasure：Sex, Myth,and the Politics of the Body*），北京：社會科學文獻出版社，2004 年 5 月。

30. 理查‧桑內特（Richard Sennett）著、黃煜文譯，《肉體與石頭：西方文明中的人類身體與城市》（*Flesh and Stone：The Body and the City in Western Civilization*），臺北：麥田出版社，2003 年 4 月。

31. （美）托馬斯‧拉克爾（Thomas Laqueur）著、趙萬鵬譯，《身體與性屬：從古希臘到弗洛伊德的性制作》（*Making Sex：Body and Gender from the*

Greeks to Freud），瀋陽：春風文藝出版社，1999 年 6 月。

32. 石田秀實著、楊宇譯：《氣‧流動的身體——中醫學原理與道教養生術》，臺北：武陵出版社，1996 年 2 月一版二刷。

33. （阿拉伯）伊本‧西那（阿維森納）著，王太慶譯，《論靈魂——《治療論》第六卷》，北京：商務印書館，1997 年 5 月 4 刷。

34. 栗山茂久著、陳信宏譯，《身體的語言——從中西文化看身體之謎》（*The expressiveness of the body and the divergence of Greek and Chinese medicine*），臺北：究竟出版社，2001 年。

二、學位論文

1. 王小滕，《試論莊子逍遙的心靈及其意境》，臺灣大學中國文學研究所碩士論文，1998 年 1 月。

2. 江建俊，《魏晉玄理與玄風之研究》，文化大學中文研究所博士論文，1987 年。

3. 吳冠宏，《魏晉玄論與士風新探——以情為綰合及詮釋進路》，國立臺灣大學中研所博士論文，1997 年 5 月。

4. 吳慕雅，《張湛《列子》注貴虛思想研究》，國立政治大學中國文學研所碩士論文，1994 年。

5. 朴敬姬，《魏晉儒道之爭》，政治大學中文研究所博士論文，1988 年。

6. 周翊雯，《時空之下的身體展演——「世說新語」之研究》，中興大學中國文學系碩士論文，2002 年。

7. 陳美朱，《西晉之理想士人論》，成功大學中國文學研究所碩士論文，1995 年 6 月。

8. 陳昌明，《從形體觀論六朝美學》，臺灣大學中國文學研究所博士論文，1992 年。

9. 蔡忠道，《魏晉儒道互補思想之研究》，高雄師範大學國文系博士論文，1998 年 6 月。

三、期刊論文

1. Neville,R.C. 1992. "Body-thinking in Chinese Philosophy". *Journal of National Chung Cheng University*. 3/1:149～170.

2. Neville,R.C. 1992. "Body-thinking in Western Philosophy". *Journal of National Chung Cheng University* .3/1:171～191.

3. Wu, K.M. 1992. "Body thinking in the Chuang Tzu". *Journal of National Chung Cheng University*. 3/1:193～214.

4. 丁永忠，〈儒玄兼宗、以禮閑情——陶淵明「新自然說」與東晉士風及佛教的關係〉，《九江師專學報》（哲學社會科學版），1998 年第 2 期，頁 17

～23。

5. 小尾郊一著、高輝陽譯,〈魏晉文學所表現的自然及自然觀〉（一）,《藝術學報》,第 42 期（1988 年 6 月）,頁 77～135。

6. 王曉華,〈身體美學：回歸身體主體的美學——以西方美學史爲例〉,《江海學刊》,2005 年 3 月,頁 5～13。

7. 王曉毅,〈漢魏之際儒道關係與士人心態〉,《漢學研究》,第 15 卷第 1 期,1997 年 6 月,頁 45～71,443～444。

8. 王萬盈,〈魏晉南北朝時期上流社會閨庭的妒悍之風〉,《西北師大學報》,第 37 卷第 5 期,2000 年 9 月,頁 77～82。

9. 王文進,〈南朝士人的時空思維〉,《東華人文學報》,第 5 期,2003 年 7 月,頁 235～260。

10. 王德軍,〈《世說新語》中的"形神"觀及其影響〉,《安慶師範學院學報》（社會科學版）,第 22 卷第 2 期,2003 年 3 月,頁 70～72。

11. 王永平,〈論曹操之「通脫」及其對世風的影響〉,《南都學壇》（哲學社會科學版）,1999 年第 4 期,頁 1～5。

12. 王鍾陵,〈無用之用——讀《莊》漫筆之五〉,《鐵道師院學報》,第 14 卷第 3 期,1997 年 6 月,頁 58～67。

13. 王華山,〈河北士族禮法傳統與北學淵源〉,《文史哲》,2003 年第 2 期,頁 91～95。

14. 王邦雄,〈老莊道家論齊物兩行之道〉,《鵝湖學誌》,第 30 期,2003 年 6 月,頁 43～65。

15. 王克奇,〈從漢代經學到魏晉玄學〉,《東岳論叢》,第 22 卷第 5 期,2001 年 9 月,頁 82～84。

16. 王天嬋,〈魏晉六朝志怪小說情愛作品中的女性形象〉,《福州師專學報》（社會科學版）,第 22 卷第 1 期,2002 年 2 月,頁 17～19。

17. 王麗梅,〈追求聖人的理想人格〉,《學術界》,第 99 期,2003 年 2 月,頁 234～237。

18. 王輝、時爾,〈古代文論「養氣」說之流變〉,《山東師範大學學報》（人文社會科學版）,2002 年第 47 卷第 2 期,頁 56～59。

19. 方燕,〈試論魏晉時期的返儒傾向〉,《四川師範大學學報》（社會科學版）,第 26 卷第 2 期,1999 年 4 月,頁 94～99。

20. 方立天,〈儒道的人格價值及其會通〉,《宗教哲學》,第 1 卷第 1 期,1995 年 1 月,頁 23～30。

21. 方正己,〈莊子的無用美學發微〉,《河池師專學報》（社會科學版）,第 19 卷第 1 期,1999 年 3 月,頁 40～41。

22. 方燕，〈試論魏晉時期的返儒傾向〉，《四川師範大學學報》（社會科學版），第 26 卷第 2 期，1999 年 4 月，頁 94～99。

23. 左其福，〈論阮籍《詠懷》詩的悲劇意識〉，《常德師範學院學報》（社會科學版），第 25 卷第 2 期，2000 年 3 月，頁 56～58。

24. 史孝進，〈道教養生學的形成與發展簡述〉，《道教論壇》，2003 年 1 月，頁 13～17。

25. 皮元珍，〈節情保性的生命追求──嵇康《養生論》探微〉，《船山學刊》，2000 年第 1 期，頁 18～21。

26. 江建俊，〈郭象之形上思想〉，《中華文化復興月刊》，第 18 卷第 11 期，1985 年 11 月，頁 41～44。

27. 吉川幸次郎著、鄭清茂譯，〈推移的悲哀──古詩十九首的主題（上）〉，《中外文學》，第 6 卷第 4 期，1977 年 9 月，頁 24～54。

28. 伍振勳，〈荀子的「身、禮一體」觀──從「自然的身體」到「禮義的身體」〉，《中國文哲研究集刊》，第 19 期，2001 年 9 月，頁 317～344。

29. 朱心怡，〈試論魏晉之「自然」思想〉，《逢甲人文社會學報》，第 4 期（2002 年 5 月），頁 119～149。

30. 朱生堅，〈「氣韻」在中國古代美學中的發展〉，《社會科學》，2002 年第 2 期，頁 75～78。

31. 吉宏忠，〈道教養生思想的基本結構〉，《中國道教》，2003 年 1 月，頁 18～21。

32. 余敦康，〈魏晉玄學與儒道會通〉，《宗教哲學季刊》，第 1 卷第 1 期，1995 年 1 月，頁 99～111。

33. 宋雪梅，〈人物畫論中形神論美學成因的審美文化觀照〉，《大連大學學報》，第 20 卷第 1 期，1999 年 2 月，頁 97～100。

34. 辛剛國，〈魏晉玄學視野中的養生論〉，《貴州社會科學》，2 期，2003 年 3 月，頁 109～112。

35. 杜維明，〈身體與體知〉，《當代》，第 35 期，1989 年 3 月，頁 46～52。

36. 杜正勝，〈形體、精氣與魂魄──中國傳統對「人」認識的形成〉，《新史學》，2 卷第 3 期，1991 年 9 月，頁 1～65。

37. 李永熾，〈身體與日本思想史〉，《當代》，第 35 期，頁 42～55。

38. 李祥林，〈寫形‧傳神‧體道──中國古典美學形神論述要〉，《學術論壇》，1997 年 2 月，頁 83～88。

39. 李玲，〈易性想象與男性立場──茅盾前期小說中的性別意識分析〉，《中國文化研究》，2002 年夏之卷。

40. 李明珠，〈略論莊子的「無用之用」〉，《學術界》，1998 年第 4 期，頁 38

～40。

41. 李修余，〈禮的流變與阮籍的自然之道〉，《重慶三峽學院學報》，第 19 卷，2003 年第 2 期，頁 47～51。

42. 李玉珍，〈魏晉女性的開放意識〉，《東疆學刊》，1999 年 4 月，頁 88～92。

43. 李玉珍，〈佛教譬喻（Avadana）文學中的男女美色與情慾──追求美麗的宗教意涵〉，《新史學》，第 10 卷第 4 期，1999 年 12 月，頁 31～65。

44. 李永熾，〈身體與日本思想史〉，《當代》，第 35 期，1989 年 3 月，頁 18～34。

45. 李建中，〈魏晉詩人的死亡意識與生命悲歌〉，《中南民族學院學報》（哲學社會科學版），第 96 期，1999 年第 1 期，頁 93～97。

46. 李建中，〈神女與寡婦──對魏晉文學中兩類女性形象的文化審視〉，《中南民族大學學報》（人文社會科學版），第 22 卷第 2 期，2002 年 3 月，頁 73～77。

47. 李建中，〈魏晉時期儒家人格的玄學化歷程〉，《華中師範大學學報》（人文社會科學版），第 39 卷第 4 期，2000 年 7 月，頁 47～53。

48. 李德平、張文秀，〈從王弼「聖人有情」說看魏晉時代的「重情」思潮〉，《河南師範大學學報》（哲學社會科學版），第 26 卷第 2 期，1999 年，頁 18～21。

49. 李靜，〈重提古代的形神之辯〉，《北京聯合大學學報》，第 14 卷第 2 期，2000 年 6 月，頁 20～26。

50. 伯梅（Gernot BÖhme）著、谷心鵬、翟江月、何乏筆譯，〈氣氛作為新美學的基本概念〉，《當代》，188 期，2003 年 4 月，頁 10～33。

51. 呂錫琛，〈嵇康「安心全身」的養生心理學思想〉，《船山學刊》，2000 第 1 期，頁 22～24。

52. 汪鳳炎，〈試論先秦儒道養生心理學思想的異同〉，《贛南師範學院學報》，1997 年第 1 期，頁 76～80。

53. 汪新建、溫江紅，〈同性戀成因的理論探討〉，《醫學與哲學》，第 23 卷第 4 期，2002 年 4 月，頁 1～3。

54. 何啟民，〈魏晉思想與士族心態〉，《國立政治大學歷史學報》，第 1 期，1983 年 3 月，頁 19～43。

55. 何乏筆（Fabian Heubel），〈修身‧個人‧身體──對楊儒賓「儒家身體觀」之反省〉，《中國文哲研究通訊》，第 10 卷第 3 期，2000 年 9 月，頁 293～308。

56. 何乏筆（Fabian Heubel），〈氣氛美學的新視野──評介伯梅〈氣氛作為新美學的基本概念〉〉，《當代》，188 期，2003 年 4 月，頁 34～43。

57. 何乏筆（Fabian Heubel），〈精微之身體：從批判理論到身體現象學〉，《哲

學雜誌》，第 29 期，1999 年夏季號，頁 162～175。

58. 宗明華、索燕華，〈莊子「逍遙游」在魏晉文學中的嬗變〉，北華大學學報（社會科學版），第 2 卷第 2 期，2001 年 6 月，頁 47～50。

59. 林校生，〈杜恕傅玄與魏晉的儒學人生論〉，《華僑大學學報》（哲學社會科學版），第 4 期，1998 年，頁 89～94。

60. 吳冠宏，〈從余英時〈名教危機與魏晉士風的演變〉一文中「情」之論述及其商榷談玄論與魏晉士風的合理關涉〉，《東華人文學報》，第 8 期，2006 年 1 月，頁 1～26。

61. 吳佳璇，〈嵇康的自然觀〉，《中國學術年刊》，第 23 期，頁 211～228。

62. 吳少梅，〈同性戀與古代羅馬社會──一項歷史學的分析〉，《陝西師範大學學報》（哲學社會科學版），第 29 卷第 3 期，2000 年 9 月，頁 43～49。

63. 吳文新，〈基因科技與身心二元論的消解──對人性技術化的沉思〉，《自然辯証法研究》，第 17 卷第 10 期，2001 年 10 月，頁 24～28。

64. 吳玉如，〈郭象的命論〉，《中國學術年刊》，第 15 期，1994 年 3 月，頁 93～110。

65. 周大興，〈樂廣名教中自有樂地的玄學意義〉，《哲學與文化》，第 21 卷第 7 期，1994 年 7 月，頁 635～644。

66. 周群振，〈儒家心、身位階之衡定──讀楊（儒賓）著《儒家身體觀》書後芻議〉，《中國文哲研究通訊》，第 7 卷第 2 期，1997 年 6 月，頁 161～169。

67. 易容，〈走近「醜、怪」：讀解近代審美意識嬗變之跡的新視角〉，《社會科學》，1999 年第 4 期，頁 72～76。

68. 易容，〈試論中國近代文藝審美中之「醜怪」意識〉，《社會科學戰線》，1999 年第 1 期，頁 112～119。

69. 林少雄，〈神韻超邁的藝術之美──魏晉審美文化論〉，《社會科學》，2003 年第 2 期，頁 114～118。

70. 林瀾，〈中西文學作品對同性戀的表現〉，《廣西師範大學學報》（哲學社會科學版），2002 年 8 月第 2 期，頁 37～40。

71. 侯興祥、汪曉梅，〈從《世說新語‧賢媛》看魏晉士人理想中的女性〉，《龍岩師專學報》，第 21 卷第 5 期，2003 年 10 月，頁 67～72。

72. 胡大雷，〈從全面關注到審視自身──論魏晉詩歌對女性及女性生活的描摹〉，《廣西師範學院學報》（哲學社會科學版），第 24 卷第 1 期，2003 年 1 月，頁 46～52。

73. 封思毅，〈列子張湛注纂要〉，《中國國學》，第 23 期，1995 年 11 月，頁 41～49。

74. 封思毅，〈從莊子到郭象《莊子注》〉，《中國國學》，第 22 期，1994 年 10

月。

75. 封思毅,〈莊子郭象注纂要〉,《中國國學》,第 22 期,1994 年 10 月,頁 27～40。

76. 徐嘉,〈論名教與自然之辨的倫理價值〉,《南京曉莊學院學報》,第 17 卷 第 3 期,2001 年,頁 53～57。

77. 徐國基,〈「形神兼備」釋疑——試論「以神寫形」還是「以形寫形」〉,《陶 瓷研究》,第 12 卷第 1 期,1997 年 3 月,頁 37～41。

78. 倪美玲,〈《世說新語》描容止以現神明論〉,《青海社會科學》,2003 年第 3 期,頁 68～80。

79. 倪美玲,〈《世說新語》的以形寫神論〉,《船山學刊》,2002 年第 3 期,頁 108～112。

80. 莊耀郎,〈魏晉玄學家的聖人觀〉,《國文學報》,第 22 期,1993 年 6 月, 頁 105～134。

81. 栗山茂久,〈身體觀與身體感——道教圖解和中國醫學的目光〉,《古今論 衡》,第 3 卷,1999 年 12 月,頁 147～154。

82. 栗子菁,〈魏晉任誕士風的表現風貌〉,《中正嶺學術研究集刊》,第 12 期, 1993 年 6 月,頁 27～53。

83. 郝虹,〈王肅與魏晉禮法之治〉,《東岳論叢》,第 22 卷第 1 期,2001 年 1 月,頁 44～47。

84. 郝敬勝、張允熠,〈入之于哲學、出之于美學——試論玄學與魏晉審美意 識的發生〉,《安徽史學》,2001 年第 4 期,頁 7～10。

85. 孫長祥,〈儒家禮樂思想中的身體思維〉,《東吳哲學學報》,第 10 期（2004 年 8 月）,頁 25～54。

86. 孫昌武,〈嵇康的養生術和游仙詩〉,《鄭州大學學報》（哲學社會科學版）, 第 35 卷第 4 期,2002 年 7 月,頁 86～91。

87. 孫亦平,〈「全真而仙」：論全真道對道教仙學的發展〉,《社會科學戰線》, 2003 年第 5 期,頁 53～56。

88. 孫燕,〈女性形象的文化闡釋〉,《中州學刊》,第 143 期,2004 年 9 月, 頁 78～82。

89. 梁滿倉,〈論魏晉南北朝時期的五禮制度化〉,《中國史研究》,2001 年第 4 期,頁 27～38。

90. 梁韋弦,〈《中庸》的道德修養論〉,《松遼學刊》（社會科學版）,1998 年 第 4 期,頁 15～19。

91. 梁建民,〈中國士人的文化心理結構場——也論儒道互補〉,《咸陽師範學 院學報》,第 17 卷第 1 期,2002 年 2 月,頁 38～40。

92. 陳明恩，〈氣化自然，無爲而成——略論魏晉玄學之宇宙論面向〉，《哲學與文化》，第 30 卷第四期（2003 年 4 月），頁 77～93。

93. 陳群，〈魏晉南北朝的生死觀〉，《淮陰師範學院學報》（哲學社會科學版），第 25 卷，2003 年 4 月，頁 503～508。

94. 陳靜，〈道教的女仙——兼論人仙和神仙的不同〉，《宗教學研究》，2003 年第 3 期，頁 33～39、54。

95. 陳鼓應，〈王弼道家易學詮釋〉，《臺大文史哲學報》，第 58 期，2003 年 5 月，頁 1～24。

96. 陳美華，〈另類身體觀〉，《當代》，第 34 卷，2000 年 4 月，頁 94～101。

97. 陳昌明，〈先秦儒道「感官」觀念探析〉，成大中文學報，第 10 期，2002 年 10 月，頁 97～130。

98. 陳紹燕，〈莊子養生說發微〉，《文史哲》，1997 年第 4 期，頁 26～31。

99. 陳林、尚黨衛，《莊子的實用觀：無用之用》，《江蘇大學學報》（社會科學版），第 5 卷第 1 期，2003 年 1 月，頁 14～18。

100. 陳衛平，〈中國傳統哲學的主要問題和哲學基本問題〉，《教學與研究》，1998 年第 2 期，頁 13～19。

101. 陳昌珠，〈外來文化對魏晉隋唐服飾民俗的影響〉，《民俗研究》，第 43 期，1997 年第 3 期，頁 81～85。

102. 許抗生，〈簡論中國傳統文化的儒道思想互補〉，《宗教哲學》，第 1 卷第 1 期，1995 年 1 月，頁 11～21。

103. 郭妍琳，〈「形」的解放與「神」的解放——略論魏晉和晚明「人的覺醒」在藝術上的表現〉，《金陵職業大學學報》，第 17 卷第 2 期，2002 年 6 月，頁 14～18。

104. 郭善兵，〈二十世紀八十年代以來魏晉南北朝時期婚喪禮俗研究概述〉，《貴州文史叢刊》，2001 年第 4 期，頁 21～27。

105. 郭善兵，〈就宗廟制度的損益看魏晉時代之特徵〉，《許昌師專學報》，第 20 卷第 3 期，2001 年，頁 39～43。

106. 郭建勛，〈兩漢魏晉辭賦中的現實女性題材與性別表達〉，《中國文學研究》，2003 年第 4 期，頁 30～34。

107. 盛偉，〈簡論繪畫理論中「形神兼備」說的歷史演變〉，《濟南大學學報》，第 8 卷第 3 期，1998 年，頁 49～50。

108. 曹劍波，〈抱朴子內篇養生智慧管窺〉，《中國道教》，2003 年 2 月，頁 42～45。

109. 傅永發，〈評王弼「得意忘象」的唯心主義先驗論〉，《黑龍江社會科學》，2001 年第 4 期，頁 12～14。

110. 甯稼雨，〈中國古代文人群體人格的變異——從《世說新語》到《儒林外史》〉，《南開學報》，1997 年第 3 期，頁 30～39。

111. 焦杰，〈中國古代的外室現象與婦女地位〉，《婦女研究》，第四期，2003 年，頁 36～40。

112. 曾昭旭，〈論儒道兩家之互為體用義〉，《鵝湖月刊》，第 21 卷第 4 期，1995 年 10 月，頁 6～11。

113. 曾春海，〈魏晉自然與名教之爭探義〉，《國立政治大學學報》，第 61 期，1990 年 6 月，頁 45～74。

114. 景蜀慧，〈西晉名教之治與放達之風〉，《中國文化月刊》，頁 16～28。

115. 程劍平，〈魏晉玄學與儒道互補〉，《文史雜誌》，2000 年第 6 期，頁 20～23。

116. 程宇宏，〈析魏晉南北朝道教基本信仰結構的構成〉，《中山大學學報》（社會科學版），第 42 卷，2002 年第 3 期，頁 82～87。

117. 葛紅兵，〈中國思想的一個原初立場——公元 3 世紀前中國思想中「身」的觀念〉，《探索與爭鳴》，2004 年 12 月，頁 2～5。

118. 張玲，〈從世說新語看魏晉士風的轉變〉，《史學會刊》，第 15 期，1988 年 6 月，頁 39～49。

119. 張再林，〈作為「身體哲學」的中國古代哲學〉，《人文雜志》，2005 年第 2 期，頁 28～31。

120. 張文喜，〈論笛卡爾與胡塞爾的身體觀及其實踐意義〉，《社會科學輯刊》，2002 年第 3 期

121. 張競生，〈倫理與法律融合的重要時期——從魏晉南北朝看封建法律的倫理法特點〉，《重慶教育學院學報》，1999 年第 2 期，頁 8～14。

122. 張白茹，〈魏晉南北朝婦女與家族教育的歷史考察〉，《江淮論壇》，2003 年第 1 期，頁 92～95。

123. 張晉瓊，〈揭開「醜」「怪」面紗：試析西方文藝中的醜怪現象〉，《理論與創作》，2000 年 4 月，頁 64～66。

124. 張東華，〈近十餘年來魏晉南北朝女性史研究述評〉，《史學月刊》，2003 年第 8 期，頁 105～112。

125. 黃俊傑，〈中國思想史中「身體觀」研究的新視野〉，*Modern Philosophy*，2002 年 3 月，頁 55～66。

126. 黃忠天，〈從《中庸》「素隱行怪」章論儒道二家避隱哲學的異同〉，《高雄師大學報》，第 14 期，2003 年，頁 169～178。

127. 黃克武，〈明清笑話中的身體與情慾：以「笑林廣記」為中心之分析〉，《漢學研究》，第 19 卷第 2 期，2001 年 12 月，頁 343～374。

128. 湯一介,〈從張湛《列子注》和郭象《莊子注》的比較看魏晉玄學的發展〉,《中國哲學史研究》,1981 年第一期,頁 60～72。

129. 雷慶翼,〈「中」、「中庸」、「中和」平議〉,《孔子研究》,2000 年第 3 期,頁 4～14。

130. 楊儒賓,〈從「生氣通天」到「與天地同流」——晚周秦漢兩種轉化身體的思想〉,《中國文哲研究集刊》,第 4 期,1994 年 3 月,頁 477～520。

131. 楊儒賓,〈變化氣質、養氣與觀聖賢氣象〉,《漢學研究》,第 19 卷第 1 期,2001 年 6 月,頁 103～136。

132. 楊儒賓,〈無心之諍——〈儒家心身位階之衡定〉讀後〉,《中國文哲研究通訊》,第 7 卷第 3 期,1997 年 9 月,頁 165～169。

133. 楊儒賓,〈論「管子、白心、心術上下、內業」四篇的精氣說與全心論——兼論其身體觀與形上學的繫聯〉,《漢學研究》,第 9 卷第 1 期,1991 年 6 月,頁 181～209。

134. 楊國榮,〈自由及其限制——魏晉玄學與人的自由〉,《中國文化月刊》,第 177 期,1994 年 7 月,頁 33～45。

135. 楊瑞松,〈身體、國家與俠——淺論近代中國民族主義的身體觀和英雄崇拜〉,《中國文哲研究通訊》,第 10 卷第 3 期,2000 年 9 月,頁 87～106。

136. 楊華,〈論《開元禮》對鄭玄和王肅禮學的擇從〉,《魏晉南北朝隨唐史》,2003 年第 4 期,頁 24～38。

137. 楊瑞,〈從《世說新語》看魏晉士風對女性生活的影響〉,《欽州師範高等專科學校學報》,第 19 卷第 1 期,2004 年 3 月,頁 78～81。

138. 楊立華,〈體驗、想像和語言:肉身的「放逐」及其影響〉,《哲學門》,第 1 卷第 1 冊,2000 年,頁 157～171。

139. 楊天宇,〈略論「禮是鄭學」〉,《齊魯學刊》,2002 年第 3 期,頁 90～95。

140. 蔡璧名,〈感應與道德——從判比儒、道與《易傳》的成德工夫論「道德」開展的另一種模式〉,《國立編譯館館刊》,第 26 卷第 2 期,頁 1～25。

141. 鄒登順,〈論戰國秦漢「人與天合」養生文化範式的建構及其特點〉,《貴州社會科學》,第 177 期,2002 年 5 月,頁 106～110。

142. 鄒登順,〈戰國秦漢養生思想體系研究〉,《重慶師院學報哲社版》,2000 年第 3 期,頁 12～20。

143. 褚婷婷,〈從魏晉六朝女性詩歌看女性生命意識的復蘇〉,《湖州師專學報》(哲學社會科學),第 19 卷第 4 期,19997 年 10 月,頁 36～39。

144. 廖智倩,〈從身體觀談起〉,《臺灣省學校體育》,第 9 卷第 4 期,1999 年 6 月,頁 24～26。

145. 廖建平,〈王夫之的儀容與君子人格關係論〉,《衡陽師專學報》(社會科學),第 18 卷第 2 期,1997 年 4 月,頁 64～66。

146. 廖建平，〈王夫之對儒家儀容觀的繼承和發展〉，《衡陽師專學報》（社會科學），第 19 卷第 1 期，1998 年 2 月，頁 96～98。

147. 廖建平，〈儒家儀容觀的內涵與現代意義〉，《衡陽師專學報》（社會科學），第 18 卷第 1 期，1997 年 2 月，頁 12～15。

148. 潘顯一，〈道家人格美到道教「仙格」美的嬗變──《河上公章句》與《想爾注》美學思想綜論之一〉，《宗教學研究》，2000 年第 2 期，頁 30～35。

149. 趙東栓，〈文中之支離疏──莊子醜怪藝術形象的美學開拓〉，《齊齊哈爾大學學報》（哲學社會科學版），第 4 期，2002 年 7 月，頁 88～89。

150. 蔣海怒，〈魏晉玄學中的本體與境界〉，《南京化工大學學報》（哲學社會科學版），2001 年第 4 期，頁 21～25。

151. 蔣海怒，〈從禮玄之辨看魏晉名士的倫理困境〉，《孔子研究》，2004 年第 3 期，頁 72～82。

152. 樓宇烈，〈郭象哲學思想剖析〉，《中國哲學》，第 1 輯，《頁 175～198。

153. 賴錫三，〈《莊子》「真人」的身體觀──身體的「社會性」與「宇宙性」之辯證〉，《臺大中文學報》，14 卷（2001 年 5 月），頁 1～34。

154. 賴錫三，〈《莊子》精、氣、神的功夫和境界──身體的精神化與形上化之實現〉，《漢學研究》，第 22 卷第 2 期（2004 年 12 月），頁 121～154。

155. 賴錫三〈《周易參同契》的「先天──後天學」與「內養──外煉一體觀」〉，《漢學研究》，第 20 卷第 2 期（2002 年 12 月），頁 109～140。

156. 劉暢，〈感官與心靈：中西方的不同命運──從魯道夫‧阿恩海姆《視覺思維──審美直覺心理學》談起〉，《天津師範大學學報》（社會科學版），第 160 期，2002 年第 1 期，頁 59～66。

157. 劉容，〈從反社會控制角度詮釋嵇康“越名教而任自然”思想〉，淮北煤師院學報（哲學社會科學版），第 23 卷第 6 期，2002 年 12 月，頁 69～71。

158. 劉克，〈道教房中文化與西曲歌的情愛命題〉，《南昌大學學報》（人社版），第 35 卷第 3 期，2004 年 5 月，頁 92～95。

159. 閻世平、董虹凌，〈劉劭的才德觀研究〉，《廣東社會科學》，2001 年第 2 期，頁 62～66。

160. 閻世平，〈劉劭和諧思想研究〉，《廣東經濟管理學院學報》，第 18 卷第 1、2 期合刊，2003 年 4 月，頁 38～45。

161. 戴繼誠、安華宇，〈「將無同？」──正始玄學的創立及儒道互補理論的形成〉，《江淮論壇》，2002 年第 3 期，頁 78～82。

162. 戴建平，〈試論兩漢魏晉自然觀的轉變──以政治與天象為中心〉，《中國文化月刊》，2002 年 5 月第 266 期，頁 18～25。

163. 韓國河，〈魏晉時期喪葬禮制的承傳與創新〉，《文史哲》，1999 年第 1 期，

頁 31～36。

164. 謝大寧,〈儒隱與道隱〉,《國立中正大學學報》(人文分冊),1992 年,第
3 卷第 1 期,頁 121～147。

165. 謝月玲,〈對經學玄學化一詞與其現象背後意義之重審〉,《人文學報》,
第 21 期,1997 年 8 月,頁 67～79。

166. 魏向東,〈論魏晉南北朝時期的交際風尚〉,《江海學刊》,2002 年 6 月,
頁 148～152。

167. 顏小華,〈服飾與魏晉風度〉,《哈爾濱學院學報》,第 23 卷第 4 期,2002
年 4 月,頁 131～133。

168. 顏國明,〈魏晉儒道會通思想之研究〉,《臺灣師範大學國文研究所集刊》,
第 32 期,1988 年 6 月,頁 319～406。

169. 譚敏,〈仙由技成——道教成仙方式的現實性生存特徵〉,《雲南社會科
學》,2003 年第 4 期,頁 79～82。